3T

shouted "Sit down, cross your legs", I didn't understand the last part but they anyway crossed my legs. "Head down!" pushing my head against the rear end of another detainee like a chicken. A female voice was shouting all the way to the Camp "No Talking", and a male voice "Do not talk", and an Arabic translator ▓▓▓ "Keep your head down". I was completely annoyed by the American way of talking, I hoped I had the option not to listen to those guards, and stayed that way for

by meeting
Although I w...
with two different wo...
"No talking". It was ...
chains in my ankles cut the blood off to my feet. My feet became numb. I heard only moaning and crying of other detainees. Beating was the order of the trip. I was not spared, the guard kept hitting me on my head, and squeeze my neck against the rear end of the other detainee. But I don't blame him as much as I do the poor, and painful detainee, who was crying, and kept moving, and so rose raised my head. Detainees told me so that we took a fairy during the trip, but I didn't notice.

A marca FSC® é a garantia de que a madeira utilizada na fabricação do papel deste livro provém de florestas que foram gerenciadas de maneira ambientalmente correta, socialmente justa e economicamente viável, além de outras fontes de origem controlada.

MOHAMEDOU OULD SLAHI

O diário de Guantánamo

Organização
Larry Siems

Tradução
Donaldson M. Garschagen
Paulo Geiger

Copyright do diário e das anotações do diário © 2015 by Mohamedou Ould Slahi
Copyright da introdução e das notas © 2015 by Larry Siems

*Grafia atualizada segundo o Acordo Ortográfico da Língua Portuguesa de 1990,
que entrou em vigor no Brasil em 2009.*

Título original
Guantánamo Diary

Capa
Claudia Espínola de Carvalho

Foto de capa
©SAUL LOEB/AFP/Getty Images

Preparação
Leny Cordeiro

Revisão
Marise S. Leal
Huendel Viana

Dados Internacionais de Catalogação na Publicação (CIP)
(Câmara Brasileira do Livro, SP, Brasil)

Slahi, Mohamedou Ould
    O diário de Guantánamo / Mohamedou Ould Slahi; organi-
zação Larry Siems; tradução Donaldson M. Garschagen, Paulo
Geiger. — 1ª ed. — São Paulo: Companhia das Letras, 2015.

Título original: Guantánamo Diary.
ISBN 978-85-359-2600-2

1. Afeganistão, Guerra do, 2011 – Prisioneiros e prisões
americanas 2. Guantánamo Bay Detetion Cam – Biografia 3.
Guerra contra o terrorismo, 2001-2009 – Biografia 4. Prisioneiros de guerra – Estados Unidos – Diários 5. Slahi, Mohamedou
Ould – Diários I. Siems, Larry. II. Título.

15-03827   CDD-909.831

Índice para catálogo sistemático:
1. Prisão de Guantánamo: Prisioneiros de guerra: Diários   909.831

[2015]
Todos os direitos desta edição reservados à
EDITORA SCHWARCZ S.A.
Rua Bandeira Paulista, 702, cj. 32
04532-002 — São Paulo — SP
Telefone: (11) 3707-3500
Fax: (11) 3707-3501
www.companhiadasletras.com.br
www.blogdacompanhia.com.br

Mohamedou gostaria de dedicar seu escrito à memória de sua falecida mãe, Maryem Mint El Wadia, e também gostaria de dizer que, não fossem Nancy Hollander e suas colegas Theresa Duncan e Linda Moreno, ele não poderia fazer esta dedicatória.

UNCLASSIFIED//FOR PUBLIC RELEASE

~~UNCLASSIFIED~~
76

you keep me in jail, so why should I cooperate? I said so not knowing that Americans use torture to facilitate interrogation. Of course, I was very tired from being taken to interrogation every day. My back was just conspiring against me. I sought Medical Help, "you're not allowed to sit for so long time" said the ███ ████ physiotherapist, "Pls, tell my interrogators so b/c they make sit for long hours almost every day", "I will write a note but I can not sure whether it will have effect" she replied. Feb 03 ███ washed his hands off me "I am going to leave but if you're ready to talk about ~~my~~ your telephone conversations request me. I'll come back" he said, "~~Be sure~~ I assure you that I am not going to talk about anything unless you answer my question - why I am here?" ███ asked me to dedicate an English copy of Koran to him, which I happily ~~did~~, and off he went. I never heard about ███████████ after that, ███ and I to "not" working ~~together~~ but he was an overbaring person. I don't think in a negative way. ███ just had tons of reports with all kind of evil theories. The ~~so~~ mis-mash of what-ifs was mainly fueled with prejudices, ~~and~~ hatered, and ignorance toward the Islamic Religion. "I am working on showing you

~~UNCLASSIFIED~~

UNCLASSIFIED//FOR PUBLIC RELEASE

Sumário

Uma linha do tempo da detenção 11

Notas sobre o texto, censuras e anotações 15

Introdução — *Larry Siems* 19

1. Jordânia-Afeganistão-GTMO
   julho de 2002-fevereiro de 2003 63

ANTES

2. Senegal-Mauritânia: *21 de janeiro
   de 2000-19 de fevereiro de 2000* 137

3. Mauritânia: *29 de setembro
   de 2001-28 de novembro de 2001* 175

4. Jordânia: *29 de novembro de 2001-19 de julho de 2002* 219

GTMO

5. GTMO: *fevereiro de 2003-agosto de 2003* 263

6. GTMO: *setembro de 2003-dezembro de 2003* 339

7. GTMO: *2004-2005* 384

Nota do autor.. 453
Agradecimentos do organizador.............................. 455
Sobre os autores.. 459

80

I hungrily started to read the letter but soon I got chocked. The letter was a cheap forgery, it was not from my family. It was the production of the Intel community. "Dear brothers what I received no letter, I am sorry!", " Bastards, they have done so with other detainees" said a detainee. But the forgery was so clumzy and unprofessional that no fool would fall for it. First, I have no brother of mine with that name, second, my name was misspelled, third my family doesn't live where the correspondent mention but close enough, forth I know not only the hand-writing of every single member of my family, I also know every phrases his ideas. The letter was kind of a sermon, "Be patient like your ancestors, and have faith that Allah is going to reward you". I was so mad at this attempt to fraud me and play with my emotions. Next day, [3] ▇ pulled me for interrogation. " How is your family doing?", "I hope they're doing well", "I've been working to get you the letter!", "Thank you very much, but good effort, but if you guys want you to forge a mail let me give some advices", "What are you talking about?", I smiled "I don't really know is okay, but it was cheap to forge a message and make me believe I have contact with my dear family" I said handing him

UNCLASSIFIED

Uma linha do tempo da detenção

JANEIRO DE 2000	Após passar doze anos estudando, vivendo e trabalhando no estrangeiro, primeiro na Alemanha e depois por breve período no Canadá, Mohamedou Ould Slahi decide voltar para seu país natal, a Mauritânia. No caminho, ele é detido duas vezes a pedido dos Estados Unidos — primeiro pela polícia do Senegal e depois por autoridades da Mauritânia — e interrogado por agentes do FBI, a propósito do chamado Complô do Milênio, para fazer explodir o LAX — o aeroporto de Los Angeles. Ao concluir que não há fundamento para crer que ele estava envolvido na trama, as autoridades o libertam em 19 de fevereiro de 2000.
2000-OUTONO DE 2001	Mohamedou mora com sua família e trabalha como engenheiro elétrico em Nouakchott, Mauritânia.
29 DE SETEMBRO DE 2001	Mohamedou é detido e mantido preso por duas semanas pelas autoridades da Mauritânia, e novamente interrogado por agentes do FBI sobre o Complô do Milênio. De novo é libertado, com as autoridades da Mauritânia afirmando publicamente sua inocência.

20 DE NOVEMBRO DE 2001	A polícia da Mauritânia vai à casa de Mohamedou e lhe pede que acompanhe os policiais para mais interrogatórios. Ele acede voluntariamente, dirigindo seu próprio carro até a delegacia de polícia.
28 DE NOVEMBRO DE 2001	Um avião de prisioneiros da CIA transporta Mohamedou da Mauritânia para uma prisão em Amã, Jordânia, onde ele é interrogado durante sete meses e meio pelos serviços de Inteligência Jordaniana.
19 DE JULHO DE 2002	Outro avião de prisioneiros da CIA tira Mohamedou de Amã; ele é despido, vendado, vestido com fralda, acorrentado e levado para a base aérea militar dos Estados Unidos em Bagram, no Afeganistão. Os eventos relatados em *O diário de Guantánamo* começam com esta cena.
4 DE AGOSTO DE 2002	Após dois meses de interrogatório em Bagram, Mohamedou é enfiado num transporte militar com outros 34 prisioneiros e transportado por avião até Guantánamo. O grupo chega e é internado nessa instalação em 5 de agosto de 2002.
2003-2004	Interrogadores americanos submetem Mohamedou a um "plano especial de interrogatório" que é aprovado pessoalmente pelo secretário da Defesa Donald Rumsfeld. A tortura de Mohamedou inclui meses de extremo isolamento; um ritual de humilhações físicas, psicológicas e sexuais; ameaças de morte; ameaças a sua família; e um sequestro e rendição simulados.
3 DE MARÇO DE 2005	Mohamedou escreve à mão uma petição por ordem judicial de habeas corpus.
VERÃO DE 2005	Mohamedou escreve à mão as 466 páginas que se tornariam este livro, em sua cela solitária em Guantánamo.
12 DE JUNHO DE 2008	A Suprema Corte dos Estados Unidos decide, por 5 a 4, no caso *Boumediene v. Bush*, que os detentos em Guantánamo têm direito de contestar sua detenção por meio de habeas corpus.

AGOSTO--DEZEMBRO DE 2009	O juiz de Tribunal Distrital dos Estados Unidos James Robertson ouve a petição de habeas corpus de Mohamedou.
22 DE MARÇO DE 2010	O juiz Robertson aceita a petição de habeas corpus de Mohamedou e ordena que seja libertado.
26 DE MARÇO DE 2010	A administração Obama entra com uma apelação.
5 DE NOVEMBRO DE 2010	O Tribunal Itinerante de Recursos em Washington, DC, envia o caso do habeas corpus de Mohamedou de volta ao tribunal distrital para reprocessamento. O caso ainda está pendente.
ATUALMENTE	Mohamedou continua em Guantánamo, na mesma cela na qual muitos dos eventos relatados neste livro tiveram lugar.

Notas sobre o texto, censuras e anotações

Este livro é uma versão editada do manuscrito de 466 páginas que Mohamedou Ould Slahi escreveu em sua cela na prisão de Guantánamo durante o verão e o outono de 2005. Ele foi editado duas vezes: primeiro, pelo governo dos Estados Unidos que inseriu mais de 2500 tarjas pretas na redação, censurando o texto de Mohamedou, e depois por mim. Mohamedou não pôde participar de nenhuma dessas edições ou responder por elas.

No entanto, ele sempre teve a esperança de que seu manuscrito chegasse ao público leitor — ele é dirigido diretamente a nós, e para os leitores americanos em particular — e autorizou explicitamente a publicação em seu formato editado, com o entendimento e expresso desejo de que o processo editorial fosse conduzido de modo a transmitir fielmente o conteúdo e respeitar a intenção do original. Ele me confiou esse trabalho, e tentei corresponder a isso na preparação deste manuscrito para publicação.

Mohamedou Ould Slahi escreveu suas memórias em inglês, sua quarta língua, e uma língua que ele aprendeu em sua maior parte sob a custódia dos Estados Unidos, como ele mesmo descreve, muitas vezes de maneira divertida, ao longo do livro. Trata-se ao mesmo tempo de um feito significativo e de uma conquista notável em si mesma. É também uma opção que cria alguns dos mais importantes efeitos literários da obra, ou contribui para isso. Pelos meus cálculos, ele emprega um vocabulário de menos de 7 mil palavras — um léxico do tamanho daquele que potencializa as epopeias homéricas. Ele o faz de maneiras que às vezes lembram essas epopeias, como quando repete frases que formulam fenômenos e eventos recorrentes. E ele o faz, assim como os criadores das epopeias, de maneiras que conseguem transmitir uma enorme gama de ação e de emoção. No processo da edição, tentei, acima de tudo, preservar esse sentimento e honrar essa realização.

Ao mesmo tempo, o manuscrito que Mohamedou conseguiu compor em sua cela, em 2005, é um rascunho incompleto e às vezes fragmentário. Em alguns trechos se percebe uma prosa mais burilada, e em outros a caligrafia parece menor e mais precisa, o que possivelmente sugerem, ambos os fatos, a existência de rascunhos anteriores; em outros lugares a escrita se assemelha mais a um primeiro rascunho esparramado e urgente. Há significativas variações na abordagem da narrativa, com menos aspecto de uma história contada linearmente nos trechos que relatam eventos mais recentes — como se poderia esperar, dada a intensidade dos eventos e a proximidade dos personagens que ele descreve. Nem mesmo o formato genérico da obra está resolvido, com uma série de flashbacks de eventos que precedem a narrativa central anexados no final.

Ao lidar com esses desafios, como todo editor que busca satisfazer as expectativas de cada autor de que os erros e as distrações sejam minimizados e a voz e a visão aguçados, eu editei o manuscrito em dois níveis. Linha a linha, o que significa sobretudo corrigir os tempos verbais, a ordem das palavras e algumas expressões e locuções estranhas, e ocasionalmente, em benefício da clareza, consolidar ou reordenar o texto. Também incorporei os flashbacks à narrativa principal e dei uma ordem de fluência ao manuscrito como um todo, processo que reduziu uma obra de cerca de 122 mil palavras para pouco menos de 100 mil nesta versão. Essas decisões editoriais foram minhas, e só posso esperar que tenham a aprovação de Mohamedou.

Ao longo desse processo, enfrentei um conjunto de desafios especificamente ligados ao processo de edição pelo qual passara antes o manuscrito: as censuras feitas pelo governo. Essas censuras são mudanças impostas ao texto pelo mesmo governo que continua a controlar o destino do autor e vem usando o sigilo como instrumento essencial desse controle há mais de treze anos. Assim, as tarjas pretas na página servem como claros lembretes visuais da situação vivida pelo autor. Ao mesmo tempo, intencionalmente ou não, essas censuras costumam servir para impedir que a narrativa tenha um sentido, para confundir os perfis de personagens e tornar obscuro o aberto e acessível tom da voz do autor.

Como depende de uma leitura cuidadosa e atenta, todo processo de editar um texto censurado envolve algum esforço de enxergar através das tarjas pretas e rasuras. As notas de rodapé ao longo do texto são uma forma de registrar esse esforço.

Essas notas representam as especulações a respeito dessas censuras, com base no contexto em que se revelam, em informação surgida em algum lugar do manuscrito e no que é hoje uma diversidade de fontes públicas disponíveis sobre as provações de Mohamedou Ould Slahi e sobre os incidentes e fatos por ele aqui relatados. Essas fontes incluem documentos não confidenciais do governo obtidos por meio de solicitações e processos com base na Lei da Liberdade de Informação, noticiários e a obra publicada de vários escritores e jornalistas investigativos, e investigações do Departamento de Justiça e do Senado dos Estados Unidos.

Nessas anotações, não tentei reconstruir a redação do texto original ou revelar material confidencial. Em vez disso, tentei o melhor que pude apresentar informação que, com a maior plausibilidade possível, corresponde ao trecho censurado quando tal informação é matéria de registro público ou evidenciada por uma leitura cuidadosa do manuscrito, e quando eu acredito ser importante para a legibilidade e impacto do texto como um todo. Se houver erros nessas especulações, a falha é totalmente minha. Nenhum dos advogados de Mohamedou Ould Slahi com acesso a questões que envolvem segurança reviu esse material introdutório ou as notas de rodapé, contribuiu para eles de algum modo, ou confirmou ou negou minhas especulações nele contidas. Nem outra pessoa qualquer com acesso ao manuscrito não censurado reviu este material introdutório ou as notas de rodapé, contribuiu para ele de algum modo, ou confirmou ou negou minhas especulações nele contidas.

Assim, muitos dos desafios de edição associados ao processo de trazer à luz esta obra notável resultam diretamente do fato de que o governo dos Estados Unidos continua a manter o autor da obra, sem uma explicação satisfatória até agora, sob um regime de censura que o impede de participar no processo editorial. Eu ainda aguardo o dia em que Mohamedou Ould Slahi estará livre para que possamos ler esta obra em sua plenitude, como ele a teria publicado. Enquanto isso espero que esta versão consiga captar o feito do original, mesmo nos fazendo lembrar, praticamente em todas as páginas, o quanto ainda precisamos ver.

Introdução

Larry Siems

No verão e no início do outono de 2005, Mohamedou Ould Slahi escreveu à mão um rascunho — com 466 páginas, 122 mil palavras — deste livro, em sua cela solitária numa cabana isolada do Campo Echo, Guantánamo. Ele escreveu intermitentemente, começando não muito tempo depois de ter afinal obtido permissão para se encontrar com Nancy Hollander e Sylvia Royce, duas advogadas da sua equipe jurídica voluntária. Sob os rigorosos protocolos de varredura do regime de censura, cada página que ele escrevia era considerada material confidencial a partir do momento de sua criação, e cada novo trecho era submetido à revisão do governo dos Estados Unidos.

Em 15 de dezembro de 2005, três meses após ter assinado e datado a última página do manuscrito, Mohamedou interrompeu seu testemunho durante uma audiência da Junta Administrativa de Revisão em Guantánamo para dizer aos funcionários que a conduziam:

Quero só mencionar que escrevi recentemente um livro enquanto estava na prisão aqui recentemente sobre toda a minha história, o.k.? Eu o enviei ao distrito [de] Columbia para ser liberado para publicação, e quando for liberado eu aconselho a vocês camaradas que o leiam. Uma pequena publicidade. É um livro muito interessante, eu acho.[1]

Mas o manuscrito de Mohamedou não foi liberado. Recebeu o carimbo de "SECRETO", um nível de sigilo para informação passível de causar sério dano à segurança nacional caso se tornasse pública, e de "NOFORN" [*no foreign nationals* — vedado a pessoas de nacionalidade estrangeira], significando que não poderia ser partilhado com quaisquer pessoas ou serviços de inteligência de nacionalidade estrangeira. Ele foi depositado numa instalação de segurança perto de Washington, DC, acessível apenas aos que tivessem autorização total de acesso a material relativo a segurança e de uma "informação imprescindível" oficial. Durante mais de seis anos, os advogados de Mohamedou moveram processos e negociações para ter o manuscrito liberado para acesso ao público.

Durante aqueles anos, forçado em grande medida pela Lei da Liberdade de Informação brandida pela União Americana de Liberdades Civis, o governo dos Estados Unidos liberou milhares de documentos secretos que descreviam o tratamento dado a prisioneiros sob custódia dos Estados Unidos desde os ataques terroristas de 11 de setembro de 2001. Muitos desses documentos davam indícios da provação de Mohamedou, primeiro nas mãos da CIA, e depois nas mãos dos militares americanos em Guantánamo, onde uma "Equipe de Projetos Especiais" o submetia a um dos mais obstinados, lentos e cruéis interrogatórios de que se tem registro. Alguns desses documentos continham algo a mais: perturbadoras amostras da voz de Mohamedou.

Um deles era em sua própria caligrafia, em inglês. Numa nota curta datada de 3 de março de 2005 ele escreveu: "Alô, eu, Mohamedou Ould Slahi, detido em GTMO sob ISN #760, solicito por meio deste uma ordem judicial de habeas corpus". A nota termina de forma simples: "Não cometi crimes contra os Estados Unidos, nem os Estados Unidos me acusam de crimes, por isso solicito minha soltura imediata. Para mais detalhes sobre meu caso, terei satisfação em comparecer a quaisquer futuras audiências".

Outro documento manuscrito, também em inglês, era uma carta para sua advogada Sylvia Royce datada de 9 de novembro de 2006, na qual ele brincava: "Você me pediu que lhe escrevesse tudo que eu disse a meus interrogadores. Você perdeu o juízo? Como posso reproduzir interrogatórios ininterruptos durante os últimos sete anos? É como perguntar a Charlie Sheen com quantas mulheres ele saiu". Ele continuou:

> Mas eu lhe forneci tudo (quase) em meu livro, ao qual o governo lhe nega o acesso. Eu ia me aprofundar em detalhes, mas imaginei que seria inútil.
>
> Para encurtar uma longa história, você pode dividir meu tempo em duas grandes etapas.
>
> (1) Pré-tortura (quero dizer que não pude resistir a ela): Eu lhes contei a verdade, que é eu não ter feito nada contra o seu país. Ela durou até 22 de maio de 2003.
>
> (2) Era pós-tortura: em que perdi os freios. Eu disse "sim" a toda acusação que meus interrogadores fizeram. Até escrevi a infame confissão sobre meu plano de atacar a CN Tower em Toronto, baseando-me num conselho ███████████ SSG. Eu só queria tirar os macacos de cima de mim. Não me importa por quanto tempo eu tenha de ficar na prisão. Minha fé me conforta.[2]

Os documentos também incluem um par de transcrições do testemunho sob juramento de Mohamedou diante de juntas de revisão de detentos em Guantánamo. A primeira — e a primeira amostra de sua voz em todos os documentos — é da sua audiência perante o Tribunal de Revisão de Status de Combatente (CSRT, na sigla em inglês): a data é 8 de dezembro de 2004, poucos meses após o encerramento do seu chamado "interrogatório especial". Ela inclui este diálogo:

P: Posso ter sua resposta à primeira alegação, a de que você é membro do Talibã ou da Al-Qaeda?

R: O Talibã, tampouco tenho, de modo algum, nada a ver com ele. Al-Qaeda, fui membro no Afeganistão em 91 e 92. Depois que deixei o Afeganistão, cortei todas as relações com a Al-Qaeda.

P: E você nunca lhes deu dinheiro, ou algum tipo de apoio desde então?

R: Nada, de maneira alguma.

P: Alguma vez recrutou para eles?

R: Não, absolutamente; não tentei recrutar para eles.

P: Você disse que foi pressionado a admitir que esteve envolvido no Complô do Milênio, certo?

R: Sim.

P: A quem você fez essa confissão?

R: Aos americanos.

P: E o que você quer dizer com "pressão"?

R: Sua excelência, não quero falar sobre a natureza dessa pressão se não for obrigado a isso.

P: Presidente do tribunal: Você não é obrigado, nós só queremos ter certeza de que você não foi torturado ou coagido a dizer algo que não era verdade. Esta é a razão de ele estar fazendo a pergunta.

R: O senhor acaba de ouvir de mim que não estou envolvido em um ataque tão horrível; sim, admito ser membro da Al-Qaeda, mas não quero falar sobre isso. Pessoas inteligentes vieram até mim e analisaram isso, e obtiveram a verdade. É bom para mim dizer a verdade, e a informação foi verificada. Eu disse que não tive nada a ver com isso. Fui testado e passei no polígrafo, e eles disseram que eu não precisava falar sobre isso nunca mais. Disseram por favor não fale sobre este tópico nunca mais e não voltaram a abrir esse tópico já faz um ano agora.

P: Então nenhuma autoridade dos Estados Unidos maltratou você de algum modo?

R: Não quero responder a essa pergunta; não sou obrigado, se o senhor não me forçar a isso.[3]

A outra transcrição vem da audiência na Junta Administrativa de Revisão em 2005, na qual ele anunciou ter escrito este livro. Um ano havia se passado desde a audiência na CSRT, um ano em que por fim lhe permitiram encontrar-se com advogados, e em que ele de algum modo encontrou o distanciamento e a energia necessários para registrar por escrito essa experiência. Dessa vez ele fala livremente sobre sua odisseia, sem medo ou raiva, mas numa voz com inflexões de ironia e de humor. "Ele foi muito tolo", diz Mohamedou sobe as ameaças de um de seus interrogadores, "quando disse que ia trazer uns pretos. Não tenho problemas com pretos, metade de meu país é formada por pretos!" Outro interrogador em Guantánamo, conhecido como Mr. X, ficava coberto da cabeça aos pés "como na Arábia Saudita, do jeito como as mulheres se cobrem", e usava "luvas, luvas de O. J. Simpson nas mãos". As respostas de Mohamedou são ricas em detalhes, para um efeito calculado e para um propósito mais sério. "Por favor", ele diz à junta, "quero que os senhores compreendam minha história, o.k., porque na verdade não importa se eles vão me libertar ou não, eu só quero que minha história seja compreendida."[4]

Não temos um registro completo dos esforços de Mohamedou para contar essa história à junta de revisão nessa audiência. Assim que ele começa a descrever o que experimentou em Guantánamo durante o verão de 2003, "o equipamento de gravação começou a dar defeito", diz uma nota em negrito que interrompe a transcrição. Em lugar do trecho perdido, no qual "o detento comentou como tinha sido torturado aqui em GTMO por vários indivíduos", o documento apresenta "o que a junta se lembra desse trecho inexato de mil toques":

O detento começou comentando o alegado abuso a que o submeteu uma interrogadora que ele conhecia como ███████████████. O detento tentou explicar à Junta ███████████████ ações mas ficou consternado e visivelmente aborrecido. Explicou que fora assediado sexualmente e embora goste de mulheres não gostou do que ███████████████ tinha feito com ele. O oficial na presidência percebeu que o detento estava aborrecido e disse-lhe que não estava sendo solicitado a contar a história. O detento ficou muito grato e optou por não elaborar quanto ao suposto abuso por parte de ███████████████.

O detento deu informação detalhada a respeito do alegado abuso de ███████████████ e ███████████████. O detento declarou que ███████████████ e ███████████████ entraram no quarto com os rostos cobertos e começaram a espancá-lo. Bateram tanto que ███████████████ ficou incomodado. ███████████████ não gostava do tratamento que o detento estava recebendo e começara a simpatizar com ele. Segundo o detento, ███████████████ estava chorando e dizendo a ███████████████ e ███████████████ que parassem de espancá-lo. O detento quis mostrar à junta suas cicatrizes e o local das lesões, mas a junta declinou de vê-los. A junta concorda que esta é uma recapitulação fiel da parte distorcida da fita.[5]

Só dispomos dessas transcrições porque na primavera de 2006 um juiz federal que presidia uma ação judicial da Foia (Freedom of Information Act) apresentada pela Associated Press ordenou que fossem liberadas. Essa ação também obrigou finalmente o Pentágono, quatro anos depois da abertura de Guantánamo, a publicar uma lista oficial das pessoas que mantinha na instalação. Pela primeira vez os prisioneiros tinham nomes, e os nomes tinham vozes. Nas transcrições de suas audiências secretas, muitos dos prisioneiros contavam histórias que descartam alegações de que esse campo de detenção em Cuba abrigue "os piores entre os piores" homens, tão perigosos, segundo a famosa declaração do general que o presidia quando os primeiros prisioneiros aterrissavam no campo em 2002, que eles "roeriam as linhas hidráulicas da cauda de um C-17 para derrubá-lo".[6] Muitos deles, como Mohamedou, mencionaram a questão de como estavam sendo tratados sob a custódia dos Estados Unidos.

O Pentágono redobrou a carga. "Detentos mantidos em Guantánamo são treinadores de terroristas, fazedores de bomba, potenciais homens-bomba suicidas, e outros tipos de pessoas perigosas", asseverou novamente um porta-voz militar quando as transcrições vieram a público. "E sabemos que são treinados para mentir para tentar conquistar solidariedade por sua condição e pressionar o governo dos Estados Unidos."[7] Um ano depois, quando os militares liberaram os registros das audiências em 2006 da Junta Administrativa de Revisão em Guantánamo, a transcrição de Mohamedou estava, toda ela, faltando. A transcrição ainda é mantida como confidencial.

O manuscrito de Mohamedou foi finalmente liberado para divulgação pública, e um integrante de sua equipe de advogados conseguiu entregá-lo a mim num disquete com a etiqueta "Manuscrito de Slahi — Versão não confidencial", no verão de 2012. A essa altura, Mohamedou estava em Guantánamo havia uma década. Um juiz federal havia aceitado sua petição de habeas corpus dois anos antes e ordenado sua liberação, mas o governo dos Estados Unidos apresentara recurso, e o tribunal de apelação devolveu a petição ao tribunal do distrito federal para reavaliação. O caso ainda está pendente.

Mohamedou permanece até hoje na mesma cela de isolamento onde escreveu seu diário de Guantánamo. Eu li, assim acredito, tudo que foi tornado público a respeito de seu caso, e, antes de mais nada, não entendo por que ele teria de estar em Guantánamo.

Mohamedou Ould Slahi nasceu em 31 de dezembro de 1970, em Rosso, então uma pequena aldeia, hoje uma cidadezinha, sobre o rio Senegal, na fronteira meridional da Mauritânia. Tinha oito irmãos mais velhos; mais três a ele se seguiriam. A família mudou para a capital, Nouakchott, quando Mohamedou estava terminando a escola fundamental, e seu pai, o comerciante itinerante de camelos, morreu pouco depois. A circunstância, e os óbvios talentos de Mohamedou, devem ter configurado sua visão do papel que desempenhava na família. O pai o ensinara a ler o Corão, que ele havia memorizado quando era adolescente, e ele foi bom aluno no ensino médio, com particular aptidão para a matemática. Uma reportagem de *Der Spiegel*, em 2008, descreveu um rapaz popular com paixão pelo futebol, especialmente pela seleção nacional da Alemanha — paixão que o levou a solicitar, e conseguir, uma bolsa da Carl Duisberg Society para estudar na Alemanha. Foi um enorme salto para toda a família, como registrou a revista:

> Slahi embarcou num avião com destino à Alemanha numa sexta-feira no final do verão de 1988. Era o primeiro membro da família a frequentar uma universidade — e no exterior, nada menos que isso — e o primeiro a viajar de avião. Consternada com a partida do filho favorito, o adeus de sua mãe foi tão lacrimoso que

Mohamedou hesitou por um instante antes de embarcar em seu voo. Afinal, os outros o convenceram a ir. "Imaginávamos que ele iria nos salvar em termos financeiros", diz hoje seu irmão Yahdih.[8]

Na Alemanha, Mohamedou tentou uma graduação em engharia elétrica, visando a uma carreira em telecomunicações e computadores, mas interrompeu os estudos para participar de uma causa que estava arregimentando jovens do mundo inteiro: a rebelião contra o governo liderado por comunistas no Afeganistão. Naquela época não havia restrições a essas atividades ou sua proibição, e homens jovens como Mohamedou viajavam para lá às claras; era uma causa que o Ocidente, e os Estados Unidos em particular, apoiavam ativamente. Juntar-se à luta exigia treinamento, e assim, no início de 1991, Mohamedou esteve no campo de treinamento de Al-Farouq, perto de Kost, durante sete semanas e fez um juramento de lealdade à Al-Qaeda, que operava o campo. Recebeu armas leves e treinamento com morteiros, as armas em sua maioria de fabricação soviética, e os obuses de morteiro, ele lembrou em sua audiência de 2004 de Revisão do Status de Combatente, eram fabricados nos Estados Unidos.

Mohamedou retornou a seus estudos depois do treinamento, mas no início de 1992, com o governo comunista à beira do colapso, ele foi enviado de volta ao Afeganistão. Juntou-se a uma unidade comandada por Jalaluddin Haqqani que impunha um cerco à cidade de Gardez, que caiu sem muita resistência três semanas após a chegada de Mohamedou. Cabul caiu pouco depois, e como explicou Mohamedou na audiência do CSRT, a causa rapidamente se tornou obscura:

> Logo após a queda de [dos] comunistas, os próprios *mujahidin* começaram a fazer um jihad contra eles mesmos, para ver quem ficaria no poder; as diferentes facções começaram a lutar entre si.

Decidi voltar porque não queria lutar contra outros muçulmanos, e não via razão para isso; tampouco hoje vejo razão para lutar para ver quem poderia ser o presidente e o vice-presidente. Meu objetivo era apenas lutar contra os agressores, principalmente os comunistas, que proibiam meus irmãos de praticar sua religião.

Isso, Mohamedou tem insistido sempre, marcou o fim de seu compromisso com a Al-Qaeda. Como ele disse à oficial que presidia seu CSRT,

Ma'am, eu tinha consciência de que estava lutando junto com a Al-Qaeda, mas então a Al-Qaeda não fazia jihad contra os Estados Unidos. Eles nos disseram para lutar com nossos irmãos contra os comunistas. Em meados da década de 1990 eles queriam fazer o jihad contra os Estados Unidos, mas eu pessoalmente não tive nada a ver com isso. Não me aliei a eles nessa ideia; isso era problema deles. Estou completamente fora da questão entre a Al-Qaeda e os Estados Unidos. Ele próprios precisam resolver esse problema; estou completamente afastado desse problema.[9]

De volta à Alemanha, Mohamedou começou a levar a vida que ele e sua família tinham planejado. Concluiu sua graduação em engenharia elétrica na Universidade de Duisburg, sua jovem esposa mauritana se juntou a ele, e o casal viveu e trabalhou em Duisburg na maior parte da década de 1990. Durante esse período, no entanto, ele manteve a amizade ou continuou em contato com companheiros da aventura no Afeganistão, alguns dos quais mantinham laços com a Al-Qaeda. Além disso, tinha sua própria e direta ligação com um proeminente membro da Al-Qaeda, Mahfouz Ould al-Walid, também conhecido como Abu Hafs al--Mauritani, que integrava o Conselho da Sura da Al-Qaeda e era um dos principais conselheiros teológicos de Osama bin Laden.

Abu Hafs é um primo distante de Mohamedou, e também cunhado, por seu casamento com a irmã da mulher de Mohamedou. Os dois tinham contatos telefônicos ocasionais quando Mohamedou estava na Alemanha — uma chamada de Abu Hafs, usando o telefone via satélite de Bin Laden, foi captada pela Inteligência Alemã em 1999 — e por duas vezes Mohamedou ajudou Abu Hafs a transferir 4 mil dólares para sua família na Mauritânia na época das festas do Ramadã.

Em 1998, Mohamedou e sua mulher viajaram para a Arábia Saudita em cumprimento da *hadji* [peregrinação a Meca]. No mesmo ano, não tendo conseguido residência permanente na Alemanha, Mohamedou seguiu a recomendação de um amigo de faculdade e fez uma petição para status de imigrante no Canadá, e em novembro de 1999 mudou-se para Montreal. Morou por um tempo com seu ex-colega de turma e depois na grande mesquita Al Sunnah de Montreal, onde, como um *hafiz*, ou seja, alguém que conhece o Corão de cor, foi convidado a conduzir as preces do Ramadã quando o imã estava viajando. Menos de um mês após sua chegada a Montreal, um imigrante argelino e membro da Al-Qaeda chamado Ahmed Ressam foi preso ao entrar nos Estados Unidos num carro carregado de explosivos e com um plano de explodir o Aeroporto Internacional de Los Angeles no dia de Ano-Novo, como parte do que se tornou conhecido como o Complô do Milênio. Ressam estivera baseado em Montreal. Deixara a cidade antes da chegada de Mohamedou, mas tinha frequentado a mesquita Al-Sunnah e teve ligações com vários daqueles que Mohamedou, em sua audiência do csrt, chamou de "maus amigos" de seu colega de turma.

A prisão de Ressam deslanchou uma grande investigação da comunidade de imigrantes muçulmanos em Montreal, e da comunidade da mesquita Al-Sunnah em particular, e pela primeira vez na vida Mohamedou foi interrogado sobre possíveis ligações com terroristas. A Real Polícia Montada do Canadá "veio e me interrogou", ele atestou em sua audiência de 2005 na Junta Administrativa de Revisão.

Eu estava assustadíssimo. Eles me perguntaram se eu conheço Ahmed Ressam, eu disse "Não" e então eles perguntaram você conhece esse sujeito e eu disse "Não, não". Eu estava tão assustado que tremia [...]. Não estava acostumado a isso, era a primeira vez que estava sendo interrogado e eu só queria ficar livre de problemas e deixar claro que dizia a verdade. Mas eles estavam me olhando de modo muito feio. Tudo bem estar sendo observado, mas não estava tudo bem ver as pessoas que observavam você. Era muito esquisito, mas eles queriam transmitir a mensagem de que estamos vigiando você.

Na Mauritânia, a família de Mohamedou estava alarmada. "O que você está fazendo no Canadá?", ele se lembra de que eles lhe perguntavam. "Eu disse nada, só procurando um emprego. E minha família decidiu que eu tinha de voltar para a Mauritânia porque esse cara deve estar num ambiente muito ruim e precisamos salvá-lo." Sua agora ex-mulher lhe telefonou em nome da família para informá-lo que sua mãe estava doente. Como ele descreveu à Junta de Revisão:

[Ela] me telefonou e estava chorando e disse: "Ou você me leva para o Canadá ou você vem para a Mauritânia". Eu disse: "Ei, tenha calma, não se preocupe". Eu não gostava dessa vida no Canadá, não podia usufruir de minha liberdade e ser vigiado não é muito bom. Eu odiava o Canadá e disse que o trabalho aqui é muito duro. Decolei na sexta-feira, 21 de janeiro de 2000; peguei um voo de Montreal para Bruxelas, e de lá para Dakar.[10]

Com esse voo, começa a odisseia que se transformaria em *O diário de Guantánamo* de Mohamedou.

Começa aqui porque, desse momento em diante, uma única força determina o destino de Mohamedou: os Estados Unidos. Geograficamente, o que ele chama de sua "interminável volta ao mundo" de detenções e interrogatórios vai percorrer mais de 30 mil quilômetros nos próximos dezoito meses, começando no que seria uma suposta volta ao lar e terminando com ele isolado a 6500 quilômetros de casa, numa ilha caribenha. Ele será mantido preso e interrogado em quatro países ao longo desse percurso, muitas vezes com a participação de americanos, e sempre por ordem dos Estados Unidos.

Eis aqui como a primeira dessas detenções é descrita numa linha do tempo que o juiz distrital dos Estados Unidos James Robertson incluiu em sua ordem não confidencial de 2010 deferindo a petição de habeas corpus de Mohamedou:

JAN. 2000	Voo do Canadá para o Senegal, onde irmãos o receberam a fim de levá-lo para a Mauritânia; ele e seus irmãos foram detidos por autoridades ▮▮▮▮▮▮▮▮ e foram inquiridos sobre o Complô do Milênio. Chegou um americano e tirou fotografias; então, alguém que ele supõe ser americano o levou num voo para a Mauritânia, onde autoridades mauritanas o submeteram a mais uma inquirição sobre o Complô do Milênio.
FEV. 2000	Interrogado por ▮▮▮▮ a respeito do Complô do Milênio.
14 FEV. 2000	▮▮▮▮▮▮▮▮ o dispensou, concluindo que não havia fundamento para crer que estivesse envolvido no Complô do Milênio.

"Os mauritanos disseram: 'Não precisamos de você, vá embora. Não temos interesse em você'", lembrou Mohamedou, descrevendo sua dispensa na audiência da ARB. "Eu perguntei a eles e quanto aos americanos? Eles disseram: "Os americanos continuam dizendo que você é uma conexão mas eles não nos dão nenhuma prova, então o que podemos fazer?".

Mas, segundo o relato do juiz Robertson nessa linha do tempo, o governo mauritano intimou Mohamedou novamente por exigência dos Estados Unidos pouco depois dos ataques terroristas de Onze de Setembro:

29 SET. 2001	Preso na Mauritânia; as autoridades lhe dizem ███████████ ██████████ preso porque Salahi estava supostamente envolvido no Complô do Milênio.
12 OUT. 2001	Enquanto ele está preso, agentes realizam uma busca em sua casa, apreendendo fitas e documentos.
15 OUT. 2001	Solto por autoridades ███████████[11]

Entre essas duas prisões na Mauritânia, ambas incluindo interrogatórios por agentes do FBI, Mohamedou levava uma vida bastante comum e, pelos padrões de seu país, bem-sucedida, fazendo trabalhos em computadores e em eletrônica, primeiro para uma empresa de suprimentos médicos que também provia serviços na internet, e depois para um negócio familiar de importação, que era igualmente diversificado. Mas agora ele estava nervoso. Embora estivesse livre e "tivesse voltado a sua vida", como explicou à ARB:

> Eu pensei agora vou ter um problema com meu empregador porque meu empregador não vai me aceitar de volta porque sou suspeito de terrorismo, e eles disseram que iam cuidar disso. Na minha frente quando eu estava sentado [lá] o sujeito mais graduado da Inteligência Mauritana ligou para o meu empregador e disse que eu era uma boa pessoa, não temos problema [com ele] e o prendemos por uma só razão. Tínhamos de interrogá-lo e o interrogamos e ele serve para você, assim você pode aceitá-lo de volta.[12]

O patrão o aceitou de volta, e apenas um mês depois disso seu trabalho o levou até o palácio presidencial da Mauritânia, onde passou um dia preparando uma proposta de upgrade para o telefone do presidente Maaouya Ould Sid'Ahmed Taya e para o sistema de computadores. Quando chegou em casa, a polícia nacional apareceu novamente, dizendo-lhe que era necessário interrogá-lo mais uma vez. Ele lhes pediu que esperassem enquanto tomava um banho. Vestiu-se, pegou suas chaves — ele foi voluntariamente, dirigindo seu próprio carro até a delegacia de polícia — e disse a sua mãe que não se preocupasse, voltaria logo para casa. Dessa vez, no entanto, ele desapareceu.

Durante quase um ano sua família foi levada a acreditar que ele estava sob custódia dos mauritanos. Seu irmão mais velho, Hamoud, visitava regularmente a prisão para levar roupas limpas e dinheiro para as refeições de Mohamedou. Uma semana depois de Mohamedou ter se apresentado, um voo de prisioneiros da CIA o havia levado embora para a Jordânia; meses depois, os Estados Unidos o retiraram de Amã e o entregaram na base aérea de Bagram, no Afeganistão, e, poucas semanas depois disso, em Guantánamo. Durante todo esse tempo sua família estava pagando por sua manutenção na prisão de Nouakchott; durante todo esse tempo os funcionários da prisão estavam embolsando o dinheiro, sem dizer nada. Finalmente, em 28 de outubro de 2002, o irmão mais moço de Mohamedou, Yahdih, que havia assumido o lugar de Mohamedou como o provedor da família na Europa, pegou aquela edição do *Der Spiegel* e leu que seu irmão estava àquela altura "preso há meses numa gaiola de arame na prisão dos Estados Unidos em Guantánamo".

Yahdih ficou furioso — não, pelo que ele se lembra, com os Estados Unidos, mas com as autoridades locais que haviam assegurado à família que estavam com Mohamedou e que ele se encontrava em segurança. "Esses policiais são gente ruim, são ladrões!", ele ficou gritando ao ligar para sua família para dar a notícia. "Não diga isso!", eles entraram em pânico, desligando. E ligou novamente e começou de novo. Eles tornaram a desligar.

Yahdih ainda mora em Düsseldorf. Ele e eu nos encontramos no ano passado em uma série de refeições num restaurante marroquino na Ellerstrasse, um lugar central para a comunidade norte-africana da cidade. Yahdih apresentou-me a vários de seus amigos, principalmente jovens marroquinos, muitos deles, como Yahdih, agora cidadãos alemães. Falam árabe, francês e alemão entre si; comigo, assim como Yahdih, eles brincaram de experimentar o inglês, rindo uns dos outros de seus erros. Yahdih contou uma piada clássica de imigrantes, em árabe para seus amigos e traduzindo depois para mim, sobre um teste de inglês de um candidato a emprego num hotel. "O que você diz quando quer que alguém venha até você?", perguntam ao candidato. "*Please come here* [Por favor, venha cá]", ele responde. "E se você quer que ele vá embora?" O candidato pensa um pouco e se ilumina: "Vou para fora do hotel e lhe digo: '*Please come here!*'"

Em Düsseldorf, Yahdih e eu passamos toda uma refeição separando e etiquetando fotografias dos irmãos, irmãs, cunhados, sobrinhas e sobrinhos, muitos deles vivendo na propriedade de várias gerações da família em Nouakchott. Durante sua audiência em 2004 ao CSRT, Mohamedou mencionou seu desinteresse pela Al-Qaeda após retornar da Alemanha, dizendo: "Eu tinha uma família grande para alimentar, eu tinha cem bocas para alimentar". Era um exagero, mas só pela metade, talvez. Agora Yahdih assume grande parte dessa responsabilidade. Como o ativismo pode ser um negócio arriscado na Mauritânia, ele também tomou para si a liderança da família quanto à defesa da libertação de Mohamedou. Durante a última refeição que fizemos juntos, assistimos a vídeos no YouTube de uma manifestação que ele ajudara a organizar em Nouakchott no ano passado, em frente ao palácio presidencial. O orador, ele destacou, era um ministro do parlamento.

Poucos dias antes de minha visita a Yahdih, tinham permitido que Mohamedou desse um de seus dois telefonemas anuais à família. As chamadas eram patrocinadas pelo Comitê Internacional da Cruz Vermelha e estabeleciam contato entre Mohamedou e a casa da família em Nouakchott e com Yahdih na Alemanha. Yahdih me disse que tinha escrito recentemente à Cruz Vermelha para pedir que o número de chamadas fosse aumentado para três por ano.

A primeira dessas chamadas teve lugar em 2008, seis anos e meio depois do desaparecimento de Mohamedou. Um repórter de *Der Spiegel* testemunhou a cena:

> Ao meio-dia de uma sexta-feira de junho de 2008, a família Slahi se reúne nos escritórios da Cruz Vermelha Internacional (IRC, na sigla em inglês) na capital da Mauritânia, Nouakchott. Sua mãe, seus irmãos, suas irmãs, seus sobrinhos, sobrinhas e tias estão todos vestidos com roupas que usariam normalmente numa festa de família. Eles vieram até aqui para falar com Mohamedou, seu filho perdido, por telefone. A Força-Tarefa Unificada em Guantánamo tinha dado sua aprovação, com o IRC atuando como intermediário. Grossos tapetes cobrem o chão de pedra e cortinas de cores claras ondulam nas janelas do escritório do IRC.
>
> "Meu filho, meu filho, como está se sentindo?", pergunta sua mãe. "Estou tão feliz de estar ouvindo você." Ela irrompe em lágrimas, e ouve a voz dele pela primeira vez em mais de seis anos. O irmão mais velho de Mohamedou fala com ele durante quarenta minutos. Slahi conta ao irmão que está passando bem. Quer saber quem casou com quem, o que seus irmãos estão fazendo e quem teve filhos. "Este era o meu irmão, o irmão que eu conheço. Ele não mudou", diz Hamoud Ould Slahi depois da conversa.[13]

Pelo que Yahdih me conta, as conversas continuavam a ser mais ou menos as mesmas cinco anos depois, embora duas coisas tivessem mudado. As chamadas eram agora por Skype, de modo que eles podiam ver uns aos outros. E agora estava faltando a mãe de Mohamedou e de Yahdih. Ela morrera em 27 de março de 2013.

O principal editorial do *New York Daily* de 23 de março de 2010 tinha o título: MANTENHA A PORTA DA CELA TRANCADA: RECORRA DA ULTRAJANTE DECISÃO DE UM JUIZ DE LIBERTAR UM BANDIDO DO ONZE DE SETEMBRO. O editorial começava assim:

> É chocante e é verdade: um juiz federal ordenou a libertação de Mohamedou Ould Slahi, um dos principais recrutadores para o ataque de Onze de Setembro — que já foi considerado o detento de mais alto valor em Guantánamo.

Essa ordem foi o memorando ainda confidencial do juiz James Robertson deferindo a solicitação de habeas corpus — a petição que Mohamedou tinha escrito à mão em sua cela no Campo Echo, cinco anos antes. Sem acesso a essa ordem ou aos arquivos jurídicos da audiência no tribunal que resultara naquela ordem, o conselho de editoriais do jornal assim mesmo conjecturou que um juiz estava libertando "um terrorista com o sangue de 3 mil pessoas nas mãos", acrescentando, distorcidamente, "sendo ele talvez um homem cuja culpa era certa mas que não pode ser provada acima de qualquer dúvida razoável por causa da precariedade de uma evidência obtida por meio de tratamento rude [aplicado ao suspeito]". Expressando sua confiança em que Mohamedou tivesse sido "espremido com o rigor adequado depois de Onze de Setembro" e que esse tratamento tornara o país mais seguro, os editores instavam a administração Obama a recorrer da ordem, acrescentando: "Qual a pressa em soltá-lo? O juiz poderia ter esperado, deveria ter esperado, para que o país compreendesse por que isso teria de acontecer, antes de exercer sua autoridade legal".[14]

Duas semanas depois, o tribunal emitiu uma versão não confidencial, editada, da ordem do juiz Robertson. Um trecho da opinião que resumia os argumentos do governo quanto ao motivo de Mohamedou continuar em Guantánamo incluía uma nota de rodapé que pode ter surpreendido os leitores do jornal:

> O governo também argumentou a princípio que Slahi também tinha sido detido pela cláusula acusatória "ajudou no atentado de Onze de Setembro", da AUMF, mas agora abandonou essa teoria, reconhecendo que Slahi provavelmente nem sequer sabia dos ataques de Onze de Setembro.[15]*

Com isso, certamente seria um exagero chamar Mohamedou de "um bandido do Onze de Setembro". Também é exagero, em qualquer medida, chamar uma sentença que ordena a libertação de um homem nove anos após ele ter sido posto em custódia uma "pressa para soltá-lo". Mas há uma verdade no cerne desse editorial do *Daily News* — e em grande parte da cobertura de imprensa do caso de Mohamedou — e essa verdade é a confusão. Os nove anos agora já são treze, e o país não parece estar mais próximo agora de compreender o interesse do governo dos Estados Unidos em manter Mohamedou preso do que quando o juiz Robertson, o único que reviu o caso meticulosamente, ordenou que fosse libertado.

O que parece estar muito claro nos registros disponíveis: a contagem do tempo da custódia de Mohamedou nos Estados

---

* A AUMF, ou Authorization for Use of Military Force, é de 14 de setembro de 2001, lei sob a qual Guantánamo funciona. Ela autoriza o presidente a "usar toda força necessária e adequada contra nações, organizações e pessoas que ele avalia ter planejado, autorizado, cometido ou ajudado os ataques terroristas ocorridos em 11 de setembro de 2001 ou abrigado tais organizações ou pessoas, a fim de prevenir futuros atos de terrorismo internacional contra os Estados Unidos por tais nações, organizações ou pessoas".

Unidos não começa com as acusações de que ele foi um dos principais recrutadores para o Onze de Setembro. Quando ele foi interrogado por agentes do FBI em sua volta à Mauritânia, em fevereiro de 2000, e mais uma vez poucas semanas após os ataques de Onze de Setembro, o foco era o Complô do Milênio. Esse também parece ter sido o motivo de sua transferência para a Jordânia: "Os jordanianos estavam investigando minha participação no Complô do Milênio", disse Mohamedou à Junta Administrativa de Revisão em 2005. "Eles me disseram que estavam especialmente preocupados com o Complô do Milênio."

No entanto, na época em que a CIA estava entregando Mohamedou à Jordânia, Ahmed Ressam vinha cooperando há meses com o Departamento de Justiça dos Estados Unidos, e quando a CIA recuperou Mohamedou oito meses depois, Ressam dera depoimento em dois julgamentos de terrorismo e fornecera ao governo dos Estados Unidos e de outros seis países os nomes de mais de 150 pessoas envolvidas em terrorismo. Algumas dessas pessoas estavam presas em Guantánamo, e o governo dos Estados Unidos tinha usado as declarações de Ressam como evidência contra eles em seus pedidos de habeas corpus. Mas não no caso de Mohamedou. Ressam "ostensivamente não implica Slahi", nota Robertson em sua opinião quanto ao habeas corpus.

A CIA devia estar sabendo disso. A agência também devia saber se os jordanianos tinham descoberto alguma coisa que conectasse Mohamedou ao Complô do Milênio, aos ataques do Onze de Setembro ou a quaisquer outros atentados terroristas. Mas ao que parece a CIA jamais forneceu aos acusadores de Guantánamo informação a respeito de seu interrogatório em Amã. Numa entrevista de 2012 ao Rule of Law Oral History Project na Universidade Columbia, o tenente-coronel Stuart Couch, promotor dos Fuzileiros Navais designado para expor argumentos contra Mohamedou em Guantánamo, disse que a CIA não lhe tinha exibido nenhum relatório de inteligência obtido por conta própria, e que a maioria dos relatórios que a agência havia compartilhado com ele provinham do interrogatório de Mohamedou em Guantánamo. "Ele tinha estado sob sua custódia durante seis meses. Eles sabiam que eu era o promotor-chefe. Sabiam que estávamos contemplando um caso capital. Se pudéssemos estabelecer sua ligação com o Onze de Setembro, isso nos levaria à pena de morte."

"Assim, algo deve ter acontecido na sequência", deduziu Stuart Couch naquela entrevista. "Slahi estava sob custódia da CIA, e eles devem ter percebido que haviam tirado dele toda informação que podiam, ou que a informação que tinham não batia com seu significado, e eles como que o jogaram para o controle militar dos Estados Unidos em Bagram, no Afeganistão."[16]

Há uma passagem assustadora no relatório de investigação do inspetor-geral da CIA "Contraterrorismo e atividades de interrogação de detentos, setembro 2001-outubro 2003", uma de apenas duas passagens que não foram censuradas em um trecho de quatro páginas tarjados de preto do relatório, sob o título "Fim de jogo". Ele diz:

> O número de detentos sob custódia da CIA é relativamente pequeno em comparação com os que estão sob custódia militar. No entanto, a Agência, assim como os militares, tem interesse em dispor dos detentos, e um interesse particular naqueles que, se não fossem mantidos em isolamento, provavelmente teriam divulgado informação sobre as circunstâncias de sua detenção.[17]

No início de 2002, nem mesmo a família de Mohamedou sabia que ele estava na Jordânia. Poucas pessoas, onde quer que seja, sabiam que os Estados Unidos operavam um programa de rendição, detenção e interrogatório, e que o estava realizando não somente com a assistência de aliados de longa data como os serviços de Inteligência Jordaniana, mas também com a cooperação de outros, mais vacilantes, amigos. A Mauritânia era um desses amigos. Em 2002 o presidente da Mauritânia e seu governante durante muitas décadas, Ould Taya, era alvo de críticas internacionais por causa da situação dos direitos humanos em seu país, e em casa, por sua estreita cooperação com as políticas antiterroristas dos Estados Unidos. O simples fato de Mohamedou ter sido interrogado por agentes do FBI em seu próprio país em 2000 fora controverso o bastante para atrair a imprensa. E quanto não seria o de ele ter retornado ao país em meados de 2002 com histórias de que tinha sido entregue aos americanos sem procedimentos de extradição, violando uma explícita medida de proteção constitucional da Mauritânia; e o de ter sido interrogado durante meses numa prisão jordaniana?

Seja como for, não há nenhuma indicação de que quando um avião militar de transporte C-17, dos Estados Unidos, levando Mohamedou e 34 outros prisioneiros, aterrissou em Guantánamo em 5 de agosto de 2002, aquele mauritano de 31 anos de idade fosse um detento de valor especialmente alto. Ele apareceria como tal se assim fosse: um artigo publicado duas semanas depois no *Los Angeles Times* intitulado NENHUM LÍDER DA AL-QAEDA ENCONTRA-SE NA BAÍA DE GUANTÁNAMO, CUBA citava fontes governamentais que diziam não haver ali "peixes grandes" sob custódia, e que os aproximadamente seiscentos detentos da ilha não tinham posição "alta o bastante no comando e na estrutura de controle para ajudar os especialistas em contraterrorismo a destrinçar a fechada célula e o sistema de segurança da Al-Qaeda".[18] Uma auditoria supersecreta da CIA na instalação mais ou menos na mesma época chegou, assim foi relatado, às mesmas conclusões. Quando jornalistas visitaram o campo naquele mês de agosto, o comandante da prisão de Guantánamo lhes disse que seus próprios oficiais de uniforme estavam questionando a sucessiva designação dos detentos como "combatentes inimigos", conceito contrário ao de prisioneiros de guerra, que tinham direito às proteções da Convenção de Genebra. A solução do Pentágono foi substituir o comandante e incrementar as operações de inteligência no campo. Quase imediatamente ocorreu uma cisão entre os interrogadores militares e o FBI e os agentes da Força-Tarefa de Investigação Criminal (CITF, na sigla em inglês), os quais geralmente conduziam as entrevistas com prisioneiros em Guantánamo. Em setembro e outubro, apesar das ferrenhas objeções dos agentes do FBI e da CITF, os militares criaram sua primeira "Equipe de Projetos Especiais" e desenvolveram por escrito um plano para o interrogatório do prisioneiro saudita Mohammed al-Qahtani. Esse plano incorporava algumas das "técnicas incrementadas de interrogatório" que a CIA vinha empregando havia vários meses em suas próprias prisões secretas. Por esse plano, implementado intermitentemente durante o outono e afinal, com a autorização assinada pelo secretário da Defesa Rumsfeld, numa cruciante investida de cinquenta dias que começou em novembro, os interrogadores submeteram Qahtani, 24 horas por dia, a um regime de extrema privação de sono, música em alto volume e ruídos brancos, temperaturas gélidas, posturas forçadas e estressantes, ameaças e uma variedade de humilhações físicas e sexuais.

Foi nessa época, em que a dissidência quanto aos métodos de interrogatório tinha lugar no campo, que surgiu uma conexão entre Mohamedou Ould Slahi e os sequestradores dos aviões em Onze de Setembro. "11 de setembro de 2002, os Estados Unidos prenderam um homem chamado Ramzi bin al-Shibh, que é tido como o homem-chave nos ataques do Onze de Setembro", relata Mohamedou em sua audiência à ARB em 2005.

Foi exatamente um ano depois do Onze de Setembro, e desde sua captura minha vida mudou drasticamente. O sujeito me identificou como a pessoa que ele viu em outubro de 1999, o que está correto, ele esteve em minha casa. Ele disse que eu o aconselhei a ir para o Afeganistão para treinar. O.k., então seu interrogador ▬▬▬▬▬ do FBI lhe pediu que especulasse quem era eu, pessoalmente. Ele disse Creio que é um [agente] operativo de Osama bin Laden e sem ele eu nunca teria sido envolvido no Onze de Setembro.[19]

Bin al-Shibh tinha sido alvo de uma caçada internacional desde o Onze de Setembro por seu suposto papel na coordenação da "célula de Hamburgo" de sequestradores. Ele foi transferido para a custódia da CIA imediatamente após sua captura num tiroteio nos subúrbios de Karachi, mantiveram-no primeiramente na "Prisão Escura" da CIA no Afeganistão e depois, durante o outono, numa prisão próxima a Rabat, Marrocos. Durante o interrogatório em uma dessas instalações, Bin al-Shibh falou de um encontro casual com um estranho em um trem na Alemanha, onde ele e dois amigos conversavam sobre jihad e sua vontade de viajar para a Tchetchênia para se juntar à luta contra os russos. O estranho sugeriu que contatassem Mohamedou em Duisburg, e quando do eles o fizeram, Mohamedou os abrigou por uma noite. "Quando eles chegaram", registrou a Comissão do Onze de Setembro numa descrição extraída de relatórios da inteligência sobre aqueles interrogatórios, "Slahi explicou que seria difícil chegar à Tchetchênia na época, porque muitos viajantes estavam sendo detidos na Geórgia. Ele recomendou que em vez disso passassem pelo Afeganistão, onde poderiam treinar para o jihad antes de viajar para a Tchetchênia."[20]

Bin al-Shibh não afirmou que Mohamedou o tinha enviado ao Afeganistão para aderir a um atentado contra os Estados Unidos. O tenente-coronel Couch, que viu o relatório da inteligência sobre Bin al-Shibh, lembrou numa entrevista em 2012: "Nunca vi nenhuma menção de que seria para atacar os Estados Unidos. Nunca vi prova de Ramzi bin al-Shibh ter dito: 'Nós lhe dissemos o que queríamos fazer, e ele disse: "É lá que vocês têm de ir treinar"'. Foi mais como: 'É lá que vocês podem ter um treinamento'".[21] Durante os procedimentos pelo habeas corpus de Mohamedou, o governo dos Estados Unidos não argumentou que ele tivesse convencido os homens a se juntar ao atentado de Bin Laden; mais exatamente, o governo alegou que ao sugerir que os homens fossem buscar treinamento no Afeganistão — o que Mohamedou sabia ser necessário para se juntar a uma luta anterior, que envolvia os russos — ele estava servindo, de modo genérico, como um recrutador da Al-Qaeda. O juiz Robertson discordou, achando que o registro demonstrava apenas que "Slahi deu alojamento na Alemanha por uma noite a três homens, um dos quais era Ramzi bin al-Shibh, e que houve uma conversa sobre jihad e sobre o Afeganistão".[22]

Stuart Couch recebeu os relatórios da inteligência sobre Al-Shibh quando foi designado para o caso de Mohamedou no outono de 2003. Os relatórios, e a própria designação, tiveram significado especial para o ex-piloto dos Fuzileiros: um amigo íntimo, Michael Horrocks, colega e piloto de aviões-tanque de reabastecimento nos Fuzileiros Navais, era o copiloto no voo da United Airlines que os sequestradores de Onze de Setembro utilizaram para derrubar a torre sul do World Trade Center. Esse fato tinha trazido Stuart Couch de volta ao serviço ativo. Ele se juntou à equipe de acusação da comissão militar de Guantánamo com um propósito, esperando, como explicou num perfil seu publicado em 2007 no *Wall Street Journal*, "ir para cima dos sujeitos que atacaram os Estados Unidos".[23]

Logo ele estaria examinando maços de relatórios da inteligência provenientes de outra fonte, o próprio Mohamedou, fruto daquilo que os interrogadores militares já estavam alardeando ser seu mais bem-sucedido interrogatório em Guantánamo. Os relatórios não continham nenhuma informação sobre as circunstâncias daquele interrogatório, mas o tenente-coronel Couch tinha suas suspeitas. Fora informado de que Mohamedou estava incluído nos "Projetos Especiais". Em sua primeira visita à base, tinha visto de relance um outro prisioneiro acorrentado no chão numa cabine de interrogatório vazia, balançando para trás e para a frente sob lampejos de uma luz estroboscópica e um som metálico em alto volume. Já tinha visto antes esse tipo de coisa: como piloto dos Fuzileiros, havia passado uma semana conhecendo essas técnicas num programa que prepara aviadores dos Estados Unidos para a experiência de ser capturado e torturado.

Essas suspeitas foram confirmadas quando o investigador do tenente-coronel, o agente do Navy Criminal Investigation Services (ncis), obteve acesso aos arquivos dos interrogadores militares. Esses arquivos incluíam os memorandos diários, para registro, da Equipe dos Projetos Especiais, os relatos detalhados dos interrogadores não só do que era dito em cada sessão mas também de como a informação era arrancada.

Esses registros continuam sob sigilo, mas estão resumidos no texto do Comitê do Senado dos Estados Unidos para os Serviços Armados "Inquiry into the Treatment of Detainees in U.S. Custody" [Inquérito sobre o tratamento dado aos detentos em custódia dos Estados Unidos] e na própria resenha de 2008 do Departamento de Justiça sobre os interrogatórios em Guantánamo, no Afeganistão e no Iraque. Esses relatórios documentam um "interrogatório especial" que se seguiu a um segundo e meticuloso plano aprovado por Rumsfeld e revelado quase exatamente como Mohamedou o descreve em seu *O diário de Guantánamo*. Entre os documentos específicos descritos nesse relato há dois que, quando Stuart Couch os descobriu no início de 2004, o convenceram de que Mohamedou tinha sido torturado.

44

O primeiro é uma carta forjada apresentada pelo Departamento de Estado a Mohamedou em agosto de 2003, que tinha a clara intenção de explorar seu estreito relacionamento com a mãe. Em seu relatório, o Comitê do Senado para os Serviços Armados descreve "uma carta fictícia esboçada pelo chefe da Equipe de Interrogatório declarando que sua mãe fora presa, seria interrogada, e se não cooperasse poderia ser transferida para GTMO. Essa carta destacava que ela seria a única mulher detida nesse 'ambiente que era antes uma prisão só para homens'".

O segundo era uma troca de e-mails em 17 de outubro de 2003, entre um dos interrogadores de Mohamedou e um psiquiatra militar americano. Nele, descobriu o comitê, o interrogador "declarava que 'Slahi me disse que ele estava agora ouvindo "vozes"… Ele está apreensivo porque sabe que isso não é normal… A propósito… isso é uma coisa que acontece com pessoas que têm pouco estímulo externo tais como a luz do dia, interação com humanos etc.???? Parece um tanto assustador'". O psicólogo respondeu: "A privação sensorial pode causar alucinações, comumente mais visuais que auditivas, mas nunca se sabe… No escuro criam-se coisas do pouco que se tem".[24]

Numa entrevista de 2009, o tenente-coronel Couch descreveu o impacto dessas descobertas:

> Nesse meio-tempo, quando eu tinha recebido essa informação do agente do NCIS — os documentos, a carta com o cabeçalho do Departamento de Estado — e era ao final de tudo isso, de ouvir toda essa informação, de ler toda essa informação, meses e meses e meses batalhando com essa questão, eu estava na igreja nesse domingo, e tínhamos um batizado. Estávamos na parte da liturgia em que a congregação repete — aqui estou parafraseando, mas a essência é que respeitamos a dignidade de cada ser humano e buscamos a paz e a justiça na Terra. E quando pronunciamos essas

palavras naquela manhã, havia muita gente naquela igreja, mas eu poderia ter sido o único ali presente. Senti que isso era incrível, tudo bem, é isso aí. Não se pode vir aqui num domingo, e como cristão subscrever a crença na dignidade de todo ser humano e dizer: Vou buscar justiça e paz na Terra, e continuar, com a acusação utilizando esse tipo de evidência. E a essa altura eu sabia o que teria de fazer. Tinha de sair do muro.[25]

Stuart Couch retirou-se do caso Mohamedou, recusando-se a continuar com qualquer tentativa de submetê-lo a uma comissão militar.

Nenhuma acusação formal jamais foi feita contra Mohamedou Ould Slahi em Guantánamo, nenhum defensor militar comissionado foi jamais designado para seu caso, e aparentemente não houve tentativas posteriores de reunir elementos para um processo. O editorial do *Daily News* execrando a decisão de habeas corpus do juiz Robertson a atribui ao "escrúpulo" quanto a usar "evidência obtida por meio de tratamento brutal", mas não é nada claro que o brutal interrogatório de Mohamedou tenha resultado em alguma evidência de que participara de qualquer atividade criminosa ou terrorista. Em sua audiência à ARB em 2005, ele falou de confissões obtidas sob tortura, mas os próprios interrogadores devem ter descartado o que eles sabiam terem sido confissões induzidas; o que eles transmitiram em seus trabalhados relatórios de inteligência consistia em vez disso, disse Stuart Couch, em uma espécie de "quem é quem na Al-Qaeda na Alemanha e em toda a Europa".[26]

Assim como o tratamento rigoroso a que foi submetido é frequentemente citado como indicador de sua culpa, da mesma forma esses relatórios de inteligência têm servido como uma espécie de prova pós-fato de que o próprio Mohamedou devia estar nesse quem é quem. E no entanto, sugeriu Stuart Couch, aquilo que Mohamedou sabia parece ter sido pouco mais do que sabiam seus interrogadores. "Creio, se me lembro bem, que a maioria dessas coisas já devia ser do conhecimento dos serviços de inteligência quando ele estava sendo interrogado", observou Couch em sua entrevista de 2012, acrescentando:

> Tive de ser claro quanto a uma coisa. Quando se leem os relatórios de inteligência sobre as informações dadas por Slahi, vê-se que ele não está implicado em nada. O único caminho para implicá-lo é o fato de ele conhecer essas pessoas. Ele nunca se envolve em nada daquilo que eu consideraria atos que foram abertamente parte da conspiração da Al-Qaeda para atacar os Estados Unidos em Onze de Setembro.[27]

Tampouco, assim parece, os serviços de Inteligência dos Estados Unidos descobriram qualquer outra coisa que implicasse Mohamedou em outros atentados ou ataques terroristas. Numa entrevista em 2013, o coronel Morris Davis, que em 2005 se tornaria promotor-chefe das comissões militares de Guantánamo, descreveu um esforço de última hora, quase dois anos após a retirada de Stuart Couch da acusação contra Mohamedou. O verdadeiro alvo do coronel Davis na época não era Mohamedou, que então quase não tinha sequer um registro no radar da promotoria, mas um prisioneiro que os militares haviam transferido para uma cabana vizinha à de Mohamedou para atenuar os efeitos de sua tortura e quase dois anos de confinamento numa solitária. No entanto, esse prisioneiro não aceitaria uma oferta de barganha a menos que se fizesse a Mohamedou oferta similar. "Tínhamos de inventar algum tipo de negócio similar para Slahi", disse o coronel Davis nessa entrevista, "o que significava que tínhamos de encontrar *alguma coisa* com que acusá-lo, e era aí que estávamos encontrando uma dificuldade efetiva."

Quando Slahi chegou, creio que havia a suspeita de que eles tinham agarrado um peixe grande. Ele me fez lembrar Forrest Gump, no sentido de que havia um monte de eventos dignos de nota na história da Al-Qaeda e do terrorismo, e ali estava Slahi, espreitando em algum lugar em segundo plano. Ele estivera na Alemanha e no Canadá, lugares diferentes que parecem suspeitos, o que os fez acreditar que ele era um peixe grande, mas depois, quando realmente fizeram o esforço de olhar para dentro, não foi a essa conclusão que chegaram. Lembro-me que pouco depois de eu estar nisso, no início de 2007, tivemos uma grande reunião com a CIA, o FBI, o Departamento de Defesa e o Departamento de Justiça, e ouvimos um relato dos investigadores que tinham trabalhado no caso de Slahi, e sua conclusão era de que havia muita fumaça e nenhum fogo.[28]

Quando a petição de habeas corpus de Mohamedou finalmente chegou ao tribunal federal em 2009, o governo dos Estados Unidos não tentou alegar que ele era uma figura importante da Al-Qaeda ou que tinha participado de quaisquer planos ou ataques da Al-Qaeda. Como anotou o Tribunal Itinerante de Recursos do DC numa subsequente resenha do caso:

> Os Estados Unidos pretendem deter Mohammedou Ould Slahi com base em que ele era "parte da" Al-Qaeda não por ter lutado com a Al-Qaeda ou seus aliados contra os Estados Unidos, mas porque fizera um juramento de fidelidade à organização, se associara a seus membros, e a ajudara de várias maneiras, inclusive hospedando seus líderes e indicando a aspirantes do jihadismo um conhecido [agente] operativo da Al-Qaeda.[29]

Quando o juiz Robertson ouviu a petição de Mohamedou em 2009, os tribunais distritais de Washington, DC, encarregados

dos casos de habeas corpus de Guantánamo estavam discutindo se um peticionário poderia ser considerado participante da Al-Qaeda com base na possibilidade de o governo demonstrar que ele era membro ativo da organização no momento de sua detenção. Mohamedou tinha ingressado na Al-Qaeda em 1991 e fizera um juramento de lealdade à organização naquele momento, mas era então uma Al-Qaeda completamente diferente, praticamente uma aliada dos Estados Unidos; Mohamedou sempre afirmara que a queda do governo comunista no Afeganistão tinha marcado o fim de sua participação na organização. Em seu processo de habeas corpus, o governo insistiu que seus contatos ocasionais e interações com seu cunhado e primo Abu Hafs e com um punhado de outros amigos e conhecidos que continuaram ativos na Al-Qaeda provavam que Mohamedou ainda participava da organização. Embora algumas dessas interações envolvessem possíveis gestos de apoio, nenhuma, sugeriu Robertson, chegava ao nível de apoio material criminoso ao terrorismo, e além de tudo os contatos de Mohamedou com essas pessoas foram tão esporádicos que "tendiam a dar suporte ao argumento de Slahi de que estava tentando encontrar um equilíbrio adequado — evitando relações estreitas com membros da Al-Qaeda, mas também tentando evitar tornar-se um inimigo".

A decisão do juiz Robertson concedendo habeas corpus a Mohamedou e ordenando sua libertação veio num momento crítico: em 1º de abril de 2010 o governo dos Estados Unidos já tinha perdido 34 dos 46 casos de habeas corpus. Nas apelações de vários desses caos, o governo tinha convencido o Tribunal Itinerante de Recursos a aceitar um padrão menos rigoroso para julgar se um peticionário era "parte da" Al-Qaeda; agora, como explicou o tribunal de apelações ao reverter a ordem do juiz Robertson e reenviar o caso ao tribunal distrital para reavaliação, o governo não mais era obrigado a demonstrar que um prisioneiro de

Guantánamo estava cumprindo ordens ou instruções da Al-Qaeda no momento em que fora tomado em custódia.

Em sua opinião, o tribunal de recursos fora cuidadoso ao delinear "a natureza exata do caso do governo contra Slahi". "O governo não indiciou Salahi criminalmente por dar apoio material a terroristas da 'organização terrorista estrangeira' Al-Qaeda", enfatizou o tribunal. "Nem", acrescentou, "o governo pretende deter Salahi sob a AUMF com base em ter ajudado os ataques de Onze de Setembro ou 'proposital e materialmente apoiado' forças associadas com a Al-Qaeda 'em atos hostis contra parceiros de coalizão dos Estados Unidos'." Em vez disso, quando o caso do habeas corpus de Mohamedou é reapresentado em tribunal federal, o governo provavelmente voltará a argumentar que essas interações esporádicas com membros ativos da Al-Qaeda na década de 1990 significam que ele também continuava a ser um membro. Sob esse novo padrão, o tribunal escreveu: "Mesmo que as ligações de Salahi com esses indivíduos não consigam provar por si mesmas que ele era 'parte da' Al-Qaeda, essas ligações tornam mais provável que Salahi fosse membro da organização quando foi capturado, e assim a questão quanto a ser ele passível de detenção se mantém relevante".[30]

Ironicamente, quando um tribunal distrital reexamina o caso, o governo provavelmente vai deparar com questões sobre o que ele sempre sustentou ser a mais danosa dessas ligações, o relacionamento de Mohamedou com seu primo e cunhado Abu Hafs. Sendo Abu Hafs membro do Conselho da Shura de Bin Laden, o prêmio pela sua captura oferecido pelo governo dos Estados Unidos em fins da década de 1990 era de 5 milhões de dólares, valor que subiu para 25 milhões de dólares depois dos ataques terroristas de Onze de Setembro. Durante anos, no entanto, os Estados Unidos estavam sabendo que Abu Hafs tinha se oposto a esses ataques. A Comissão do Onze de Setembro relatou que ele "até mesmo escreveu uma mensagem para Bin Laden fundamentando sua oposição a esses ataques no Corão". Depois dos ataques, Abu Hafs deixou o Afeganistão e foi para o Irã, onde as autoridades iranianas o puseram numa forma amena de prisão domiciliar durante mais de uma década. Em abril de 2012, o Irã repatriou Abu Hafs para a Mauritânia. Ele foi mantido por dois meses numa prisão mauritana, durante os quais, ao que consta, se encontrou com uma delegação internacional que incluía americanos, condenou os ataques de Onze de Setembro, e renegou suas ligações com a Al-Qaeda. Foi libertado em julho de 2012 e desde então tem vivido em liberdade

Nunca me encontrei com Mohamedou Ould Slahi. Afora ter lhe enviado uma carta apresentando-me, quando me perguntaram se eu ajudaria a publicar seu manuscrito — carta que não sei se ele recebeu —, não me comuniquei com ele de maneira alguma.

Pedi um encontro com ele pelo menos uma vez antes de entregar a obra completa, para ter certeza de que minhas edições contariam com a aprovação dele. A resposta do Pentágono foi breve e peremptória. "Visitar ou outra forma de se comunicar com qualquer detento na instalação de detenção em Guantánamo, a menos que seja um conselheiro jurídico que representa o detento, não é possível", escreveu um funcionário de relações públicas. "Como é de seu conhecimento, os detentos são mantidos sob Lei Marcial. Adicionalmente, não submetemos detentos à curiosidade pública."

A expressão "curiosidade pública" vem de um dos pilares da Lei Marcial, a Convenção de Genebra de 1949 Relativa ao Tratamento dos Prisioneiros de Guerra. O artigo 13 da convenção, "Tratamento humano dos prisioneiros", diz:

Prisioneiros devem ser o tempo todo tratados com humanidade. Todo ato ilegítimo ou omissão por parte do Poder Detentor que cause a morte ou ponha seriamente em perigo a saúde de um prisioneiro sob sua custódia será proibido, e considerado uma séria violação da presente Convenção [...].
Prisioneiros devem ser protegidos o tempo todo, particularmente de atos de violência ou intimidação e contra insultos e curiosidade pública.
Medidas de represália contra prisioneiros de guerra são proibidas.

Eu tinha proposto um encontro confidencial, sob estritos protocolos de segurança, para ter certeza de que a versão editada da obra de Mohamedou — obra que ele escreveu especificamente para ser lida pelo público — representa com exatidão o conteúdo e a intenção do original. Durante anos essa mesma obra fora mantida inacessível, sob um regime de censura que nem sempre atendeu aos propósitos de Genebra.

A censura tem sido, desde o início, parte integrante das operações pós-Onze de Setembro dos Estados Unidos. Isso tem sido proposital, não por um mas por dois motivos: primeiro, para abrir espaço aos maus-tratos contra prisioneiros, e depois para ocultar que tais maus-tratos tenham ocorrido. No caso de Mohamedou, esses maus-tratos incluem fazê-lo desaparecer; detenção e incomunicabilidade arbitrárias; tratamento cruel, desumano e degradante; e tortura. Sabemos disso graças a um registro documental que também foi, durante anos, rigorosamente suprimido.

Não sei em que medida interesses pessoais e institucionais de esconder esses maus-tratos contribuíram para a prolongada prisão de Mohamedou. Mas sei que, nos cinco anos que passei lendo os registros sobre esse caso, não me convenceram as vagas e cambiantes explicações de meu governo quanto ao motivo de ele estar em Guantánamo, ou as afirmativas dos que defendem seus agora completados treze anos de detenção dizendo que isso ou aquilo é quase certo, ou bem possível. Meu próprio senso de equidade me diz que a questão quanto à possibilidade disso ou daquilo, e por que ele deve permanecer sob custódia dos Estados Unidos, deveria ter sido respondida há muito tempo. Teria sido assim, eu creio, se este *O diário de Guantánamo* não tivesse sido mantido secreto por tanto tempo. Quando Mohamedou escreveu o manuscrito para este livro, há nove anos, na mesma cabana isolada em que algumas das piores cenas de pesadelo do livro aconteceram há muito pouco tempo, ele estava se impondo uma tarefa: "Só escrevi aquilo que experimentei, que vi e que ouvi pessoalmente", ele explica já perto do final. "Tentei não exagerar nem atenuar. Tentei ser tão imparcial quanto possível, com o governo dos Estados Unidos, com meus irmãos e comigo mesmo."

Por tudo que vi, ele fez exatamente isso. A história que ele conta está bem corroborada pelos registros não confidenciais; ele prova mais de uma vez ser um narrador confiável. Por certo não exagera: os registros mencionam tormentos e humilhações que não estão incluídos no livro, e ele trata vários dos que estão incluídos com considerável discrição. Mesmo quando as ocorrências que ele relata chegam a um ponto mais extremo, sua narrativa é equilibrada e direta. Os horrores dessas ocorrências falam por si mesmos.

Isso acontece porque seu real interesse está sempre nos dramas humanos que essas cenas evocam. "A lei de guerra é rude", escreve Mohamedou no começo. "Se existe em geral algo de bom na guerra, é que ela extrai das pessoas o que elas têm de melhor e de pior: algumas pessoas tentam usar a ausência da lei para ferir outras, e algumas tentam reduzir o sofrimento ao mínimo." Na crônica de sua jornada pelas regiões mais sombrias do programa de detenção e interrogatório pós-Onze de Setembro dos Estados

Unidos, sua atenção permanece focada em seus interrogadores e guardas, em seus colegas detentos e em si mesmo. Em seu desejo de ser, em suas palavras, "imparcial", ele reconhece o amplo contexto de medo e confusão no qual todos esses personagens interagem, e muito mais forças institucionais e sociais locais que moldam essas interações. Mas vê também a capacidade que cada personagem tem de configurar ou mitigar essa ação, e tenta entender as pessoas, a despeito de posições ou uniformes ou condições, como protagonistas por direito próprio. Ao fazê-lo, ele transforma até mesmo as situações mais desumanizantes numa série de permutas humanas individuais, às vezes penosamente íntimas.

Este é o mundo secreto de Guantánamo — um mundo de espantosas e premeditadas brutalidades e degradações peculiares, mas também um mundo de gestos que buscam melhora e bondade, de reconhecimentos e constatações, de curiosidades recíprocas e incursões arriscadas através de divisões profundas. O fato de Mohamedou ter conseguido experimentar tudo isso, malgrado os quatro anos do mais arbitrário tratamento imaginável e em meio a um dos mais horrendos interrogatórios de Guantánamo, diz muito de seu próprio caráter e humanidade. Diz ainda mais de seu talento como escritor que foi capaz de, pouco depois da mais traumática dessas experiências, criar a partir delas uma narrativa que consegue ser ao mesmo tempo condenatória e redentora.

E ainda não foi isso o que mais me impressionou, como leitor e como escritor, quando abri o arquivo com o manuscrito de *O diário de Guantánamo*, do próprio punho de Mohamedou. O que me atraiu foram personagens e cenas muito distantes de Guantánamo: o azarado passageiro clandestino numa prisão senegalesa. Um pôr do sol em Nouakchott após uma tempestade de areia saariana. Um comovente momento de saudade durante uma convocação à oração no Ramadã. O acesso ao aeroporto de Nouakchott passando sobre as favelas da cidade. Uma pista brilhando na chuva em Chipre. Um sonolento cochilo antes do amanhecer num avião de prisioneiros da CIA. Foi aí que reconheci pela primeira vez o escritor Mohamedou, sua percepção aguda de um personagem, seu notável ouvido para vozes, a maneira pela qual suas lembranças estão imbuídas de informação que foi registrada por seus cinco sentidos, o modo como acessa todos os registros emocionais, nele mesmo e nos outros. Ele tem as qualidades que eu mais valorizo num escritor: uma comovente percepção de beleza e um agudo sentido de ironia. Tem um fantástico senso de humor.

Ele faz tudo isso em inglês, sua quarta língua, uma língua cujo domínio ele ainda não havia alcançado quando escreveu o manuscrito. Esse feito indica a facilidade e o fascínio pelas palavras que teve durante toda a vida. Mas também se origina, isso é claro, de uma determinação de se engajar e se agregar a seu ambiente em seus próprios termos. Em um nível, aprender a dominar o inglês em Guantánamo significa ir além de tradução e de interpretação, além da necessidade de ter uma terceira pessoa no recinto, e abrindo a possibilidade de que todo contato com cada um de seus captores fosse um intercâmbio pessoal. Em outro nível, significava decodificar e entender a linguagem do poder que controlava seu destino — um poder, como ilustra de forma tão intensa sua odisseia de mais de 30 mil quilômetros de detenção e interrogatório, de influência e alcance assombrosos. Desse engajamento nasce uma obra verdadeiramente notável. Por um lado, é um espelho no qual, pela primeira vez, de alguma forma, eu soube de Guantánamo, e reconheci aspectos de mim mesmo, tanto nos personagens de meus compatriotas quanto nos daqueles que meu país mantém prisioneiros. Por outro, é uma lente que mostra um império com uma dimensão e um impacto que poucos de nós, que vivemos dentro dele, compreendemos totalmente.

Por enquanto, esse poder ainda controla a história de Mohamedou. Ele está presente nestas páginas na forma de mais de 2600 tarjas pretas aplicadas ao texto. Essas censuras não se limitam a ocultar elementos importantes da ação. Também turvam os princípios que servem de guia a Mohamedou e seu propósito básico, suprimindo a candura com a qual ele apresenta seu próprio caso, e obscurecem seus esforços para distinguir seus personagens como indivíduos, alguns culpados, alguns admiráveis, a maioria uma complexa e mutante combinação das duas coisas.

E ele está presente acima de tudo em seu duradouro e mal explicado aprisionamento. Há treze anos, Mohamedou deixou sua casa em Nouakchott, Mauritânia, dirigindo o próprio carro até o quartel da polícia nacional onde seria interrogado. Ele não retornou. Em benefício de nossa ideia coletiva de história e de justiça, precisamos ter uma compreensão clara de por que isso ainda não aconteceu, e do que acontecerá em seguida.

Guantánamo vive de perguntas não respondidas. Mas agora que temos *O diário de Guantánamo*, como não responder pelo menos às perguntas no caso de Mohamedou?

Quando o fizermos, creio que haverá um retorno ao lar. Quando isso acontecer, as partes censuradas serão preenchidas, o texto será reeditado e corrigido e atualizado pelo próprio Mohamedou, e estaremos todos liberados para ver em *O diário de Guantánamo* aquilo que ele em última instância é: um relato da odisseia de um homem através de um mundo cada vez mais sem fronteiras e mais aflito, um mundo onde as forças que atuam nas vidas humanas são cada vez mais distantes e clandestinas, onde destinos são determinados por poderes com alcance aparentemente infinito, um mundo que ameaça desumanizar mas não consegue desumanizar — em resumo, uma epopeia de nossos tempos.

Notas da introdução

1. Transcrição da audiência de Mohamedou Ould Slahi com a Junta de Revisão Administrativa (ARB, na sigla em inglês) em 15 de dezembro de 2005, p. 18. Disponível em: <http://www.dod.mil/pubs/foi/operation_and_plans/Detainee/csrt_arb/ARB_Trans cript_Set_8_20751-21016.pdf>.

OBSERVAÇÃO DO ORGANIZADOR SOBRE A INTRODUÇÃO: Nenhum dos advogados de Mohamedou Ould Slahi com acesso a informação confidencial reviu esta introdução ou para ela contribuiu de alguma forma, nem confirmou ou negou algo de seu conteúdo. Nenhuma pessoa que tenha tido acesso ao manuscrito não censurado reviu esta introdução, ou para ela contribuiu de alguma forma, nem confirmou ou negou algo de seu conteúdo.

2. Carta à advogada Sylvia Royce, 9 mar. 2006. Disponível em: <http://online.wsj.com/public/resources/documents/couch-slahiletter-03312007.pdf>.

3. Transcrição da audiência de Mohamedou Ould Slahi com o Tribunal de Revisão da Condição de Combatente (CSRT, na singla em inglês) em 8 dez. 2004, pp. 7-8. Disponível em: <http://online.wsj.com/public/resources/documents/couch-slahihearing-03312007.pdf>.

4. Transcrição da audiência com a ARB, pp. 14, 18-9, 25-6.

5. Transcrição da audiência com a ARB, pp. 26-7.

6. Briefing de notícias do Departamento da Defesa, secretário Rumsfeld e general Myers, 11 jan. 2002. Disponível em: <http://www.defense.gov/transcripts/transcript.aspx?transcriptid=2031>. —

7. Comunicado à imprensa do Departamento da Defesa, 3 abr. 2006. Disponível em: <http://www.defense.gov/news/newsarticle.aspx?id=15573>.

8. John Goetz, Marcel Rosenbach, Britta Sandberg, Holger Stark, "From Germany to Guantanamo: The Career of Prisoner No. 760". *Der Spiegel*, 9 out. 2008. Disponível em: <http://www.spiegel.de/international/world/from-germany-to-guantanamo-the-career-of-prisoner-no-760-a-583193-2.html>.

9. CSRT, pp. 3-4.

10. ARB, pp. 15-6.

11. Despacho ordinatório "Mohammedou Ould Salahi v. Barack H. Obama", No. 1:05-cv- 00569-jr, at 13-14. Disponível em: <https://www.aclu.org/files/assets/2010-4-9-Slahi-Order.pdf>.

12. ARB, p. 19.

13. "From Germany to Guantanamo: The Career of Prisoner No. 760", *Der Spiegel*, 9 out. 2008.

14. "Keep the Cell Door Shut: Appeal a Judge's Outrageous Ruling to Free 9/11 Thug", editorial, *New York Daily News*, 23 mar. 2010. Disponível em: <http://www.nydailynews.com/opinion/cell-door-shut-appeal-judge-outrageous-ruling-free-9-11-thug-article-1.172231>.

15. Despacho ordinatório em 4.

16. Reminiscências de V. Stuart Couch, 1/2 mar. 2002, pp. 94 e 117, na Coleção de História Oral do Columbia Center (doravante citada como CCOHC, na sigla em inglês). Disponível em: <http://www.columbia.edu/cu/libraries/inside/ccoh_assets/ccoh_10100507_transc ript.pdf>.

17. CIA, Escritório do Inspetor-Geral (OIG, na sigla em inglês), "Counterterrorism Detention and Interrogation Activities, September 2001-October 2003", 7 maio 2004, p. 96. O relatório CIA-OIG está disponível em: <http://media.luxmedia.com/aclu/IG_Report.pdf>.

18. Bob Drogin, "No Leaders of Al Qaeda Found at Guantanamo", *Los Angeles Times*, 18 ago. 2002. Disponível em: <http://articles.latimes.com/2002/aug/18/nation/na-gitmo18>.

19. ARB, pp. 23-4.

20. Comissão Nacional para Ataques Terroristas, "The 9/11 Commission Report", p. 229.

21. Entrevista com V. Stuart Couch, CCOHC, p. 90.

22. Despacho ordinatório em 19.

23. Jess Bravin, "The Conscience of the Colonel", *Wall Street Journal*, 31 mar. 2007. Disponível em: <http://online.wsj.com/news/articles/sb117529704337355155>.

24. Comitê das Forças Armadas do Senado dos Estados Unidos, "Inquiry Into the Treatment of Detainees in U.S. Custody", 20 nov. 2008, pp. 140-1. O relatório está disponível em: <http://www.armed-services.senate.gov/imo/media/doc/Detainee-Report-Final_April-22-2009.pdf>.

25. Transcrição da entrevista concedida pelo tenente-coronel Stuart Couch à "Torturing Democracy". Disponível em: <http://www2.gwu.edu/~nsarchiv/torturingdemocracy/interviews/stuart_couch.html>.

26. Jess Bravin, "The Conscience of the Colonel".

27. Entrevista com V. Stuart Couch, CCOHC, p. 95.

28. Larry Siems, entrevista concedida pelo coronel Morris Davis, *Slate*, 1 maio 2013. Disponível em: <http://www.slate.com/articles/news_and_politics/foreigners/2013/04/mohamedou ould_slahi_s_guant_namo_memoirs_an_interview_with_colonel_morris.html>.

29. Despacho, "Salahi v. Obama", 625 F.3d 745, 751-52 (D.C. Cir. 2010) em 2; a decisão pode está disponível em: http://caselaw.findlaw.com/us-dc-circuit/1543844.html.

30. Despacho em 15.

~~SECRET//NOFORN~~   103   ~~PROTECTED~~

comfort items, except for a thin iso-mat and
a very thin, small, and worn-out blanket. I was
deprived from my books, which I owned. I was
deprived from my Koran. I was deprived
from my soap. I was deprived from my
toothpaste — maybe —, I was deprived from
the roll of toilet paper I had. The cell —
better the box — was cooled down that I was
shaking most of the time. I was forbidden
from seeing the light of the day. Every
once in a while they gave me a rec-time in
the night to keep me from seeing or interacting
with any detainees. I was living litterally in
tenor, I don't remember having slept one
night quietly, and that if they gave me a break,
which was rarely. For the next seventy days
to come I hadn't known the sweetness of
sleeping. Interrogation for 24-hours, three,
and some times, four shifts a day. I rarely
got a day-off, "If you ~~can~~ ~~start~~ to cooperate you will have some sleep, and a hot
meals" ▮ used to tell me repeatedly.
The last visit of ICRC: After a couple days of
my tranfer ▮ from ICRC showed up at
my cell and asked me whether I wanted to write
a teller, "yes!" I said, ▮ handed a
paper and I wrote, "Mama I love you, I
just wanted to tell you that I love you!"

~~SECRET//NOFORN~~   ~~PROTECTED~~

UNCLASSIFIED//FOR PUBLIC RELEASE

~~SECRET//NOFORN~~ \04 ~~PROTECTED~~

After that visits I never saw the ICRC for more than a year. They tried to see me but in vain " You started to torture me, but you don't know how much I can ~~take~~. You might end up Killing me I said when ███████ and ███████ pulled me for interrogation, " We do re command ~~things~~, but we don't have "the final decision" ███████ said, "I just want to warn you, I am suffering b/c of the harsh conditions ∮ you expose me to, I already have sciatic nerve ~~crisis~~ attack. And torture will not make me more cooperative", " According to my experience, you will cooperate. We are stronger than you, and have more resources" ███████ said. ███████ never wanted me to know his name, ~~but he got busted~~, when mistakenly one of his colleague called him with his name. He doesn't know that I Know his name, but well I do. ███████ grew worse with every day passing by. He started ~~to~~ lay me out my case — He started with the story of ███████, and me having recruit him for sep 11 attack, "why should he lie to us" ███████ said, "I don't Know". "All you have to say is, I don't remember, I don't Know, I have done nothing. You Think you are going to impress an American jury with these word. ∮ In the eyes of Americans, you are doomed. Just looking at you in orange suits, chains, being muslim, and Arabic is enough to convict you" ███████ said "That is injust", " We Know that you are Criminal"

~~SECRET//NOFORN~~ ~~PROTECTED~~

UNCLASSIFIED//FOR PUBLIC RELEASE

UNCLASSIFIED//FOR PUBLIC RELEASE

~~SECRET//NOFORN~~   /11   ~~PROTECTED~~

██████████████████████████████████████
██
██ ███ . I have a great body." Every once in a
while ███ offered me to other side of the coin."
If you start to cooperate, I am gonna stop harassing
you? otherwise I will be doing the same with you
and worse every day. I am ███████ and that why
my gov't designated me to this job. I've been always
successful. Having sex with somebody is not a considered
as torture" ███ was leading the manlog ██████
Every now and then the ██████ entered the room, and
try to make me speak, "You cannot defeat us, we have
so many people, and we keep humilate you with America
███████", "I have a ████████ friend. I'm gonna
bring tomorrow to help me" ███ said, "At least
cooperate" said ███ wryly. ███ didn't undress me
but ███ was touching my private parts with ███ body.
In the late afternoon, an other torture squad started
with other poor detainee. I could hear loud music
playing. "Do you want me to send you to that team
or are you gonna cooperate" said ███, but I didn't
answer. The guards wryly used to call ██████
██████████████ b/c the most of the torture
took place in those buildings, and in the nights. When
the darkness started to cover the sorry camp, ██
████ sent me back to my cell. "Today is just
the begin, what's coming is worse and that is
every day" ████ Doctor Routine check: In
order ████ to see how much a detainee

~~SECRET//NOFORN~~   ~~PROTECTED~~

UNCLASSIFIED//FOR PUBLIC RELEASE

1. Jordânia-Afeganistão-GTMO
Julho de 2002-fevereiro de 2003

A equipe americana assume o comando... Chegada a Bagram... De Bagram para GTMO... GTMO, o novo lar... Um dia no paraíso, o dia seguinte no inferno.

████████████████, ████ de julho de 2002, dez da noite*

* Fica claro, a partir de uma data não censurada algumas páginas mais adiante do manuscrito, que a ação tem início tarde da noite de 19 de julho de 2002. Manuscrito MOS, 10. Uma investigação do Conselho da Europa confirmou que um jato da Gulfstream arrendado pela CIA com número de cauda N379P tinha partido de Amã, Jordânia, às 11h15 daquela noite para Cabul, Afeganistão. Um adendo a esse relatório de 2006 com a lista dos registros do voo está disponível em: <http://assembly.coe.int/CommitteeDocs/2006/20060614_Ejdoc162006 PartI–Appendix.pdf>. OBSERVAÇÃO DO ORGANIZADOR SOBRE AS NOTAS DE RODAPÉ: Nenhum dos advogados de Mohamedou Ould Slahi com acesso a documentos confidenciais revisou as notas de rodapé deste livro, para elas contribuiu de alguma forma, ou confirmou ou contestou minhas especulações nelas contidas. Nem qualquer outra pessoa com acesso ao manuscrito não censurado revisou as notas de rodapé, para elas contribuiu de alguma forma, ou confirmou ou contestou minhas especulações nelas contidas.

A música tinha acabado. As conversas dos guardas iam sumindo. O caminhão esvaziou-se.

Me senti sozinho num carro funerário.

A espera não durou muito. Percebi a presença de gente nova, uma equipe silenciosa. Não me recordo de uma simples palavra dita durante a extradição que se seguiu.

Uma pessoa estava abrindo as correntes em meus pulsos. Libertou o primeiro braço, e outro sujeito agarrou esse braço e o dobrou enquanto um terceiro colocava algemas novas, mais firmes e mais pesadas. Agora minhas mãos estavam acorrentadas à minha frente.

Alguém começou a cortar minhas roupas com algo parecido com uma tesoura. O que eu sentia era: "O que diabos está acontecendo aqui?". Comecei a ficar preocupado com essa viagem que eu nunca tinha querido nem iniciado. Alguma outra pessoa estava decidindo tudo por mim; eu tinha todas as preocupações do mundo menos a de tomar uma decisão. Muitos pensamentos passaram rapidamente por minha cabeça. Os pensamentos otimistas sugeriam: Talvez você esteja nas mãos dos americanos, mas não se preocupe, eles só querem levar você para casa, ter certeza de que tudo está sendo feito em segredo. Os pessimistas eram: Você está ferrado! Os americanos deram um jeito de espetar alguma merda em você, e estão levando você para prisões americanas para o resto de sua vida.

Despiram-me até eu ficar nu. Foi humilhante, mas a venda me ajudou a não ter a indecente visão de meu corpo nu. Durante todo o procedimento, a única prece de que me lembrei foi a oração da crise, "*Ya hayyu! Ya kayyum!*", e eu a balbuciava o tempo todo. Sempre que eu ficava numa situação parecida, eu esquecia todas as minhas orações exceto a oração da crise, que aprendi da vida de nosso Profeta, a Paz esteja com ele.

Um dos membros da equipe pôs uma fralda em minhas partes íntimas. Só então eu tive absoluta certeza de que o destino do avião eram os Estados Unidos. Agora comecei a convencer a mim mesmo de que "tudo vai ficar bem". Minha única preocupação era se minha família ia me ver na TV numa situação tão degradante. Eu era tão magrinho. Sempre fui, mas nunca magrinho *assim*: minhas roupas de sair tinham ficado tão folgadas que eu parecia um gatinho dentro de um grande saco.

Quando a equipe dos Estados Unidos terminou de me vestir com as roupas que tinham preparado para mim, um sujeito removeu minha venda por um momento. Não pude ver muita coisa porque ele dirigiu a luz de uma lanterna para meus olhos. Ele abriu a boca e pôs a língua para fora, sinalizando que eu fizesse o mesmo, uma espécie de exame de garganta, que eu fiz sem resistir. Vi parte de seu braço, muito pálido e com pelos louros, o que consolidou minha teoria de estar nas mãos do Tio Sam.

A venda foi puxada para baixo. O tempo todo eu estava ouvindo um forte ruído de motores de avião; acredito muito que alguns aviões estavam pousando e outros decolando. Senti que meu avião "especial" se aproximava, ou que o caminhão se aproximava do avião. Não me lembro de mais nada. Mas lembro que, quando o sujeito que me escoltava me tirou do caminhão, não havia espaço entre o caminhão e a escada do avião. Eu estava tão exausto, enjoado e cansado que não consegui andar, o que obrigou meu acompanhante a me arrastar escada acima como um corpo morto.

Dentro do avião estava muito frio. Deitaram-me num sofá e os guardas me acorrentaram, muito provavelmente preso ao chão. Senti que puseram sobre mim um lençol; apesar de ser muito fino, foi um alívio para mim.

Relaxei e me entreguei a meus sonhos. Fiquei pensando em vários membros de minha família que eu não veria nunca mais. Como eles ficariam tristes! Eu estava chorando em silêncio e sem lágrimas; por algum motivo, derramei todas as minhas lágrimas no início da jornada, que era como a fronteira entre a morte e a vida. Desejei ter sido melhor para as pessoas. Desejei ter sido melhor para minha família. Lamentei cada erro que havia cometido em minha vida, com Deus, com minha família, com qualquer pessoa!

Fiquei pensando sobre como seria a vida numa prisão americana. Pensei nos documentários que tinha visto sobre as prisões deles, e no modo duro como tratam seus prisioneiros. Pensei que gostaria de ser cego ou ter algum tipo de deficiência, para que eles me pusessem em isolamento e me dessem algum tipo de tratamento humano e proteção. Fiquei pensando. Como ia ser a primeira audiência com um juiz? Teria chance de ter um processo justo num país tão cheio de ódio aos muçulmanos? Já estarei de fato condenado, mesmo antes de ter a oportunidade de me defender?

Mergulhei nesses dolorosos sonhos na tepidez do lençol. De vez em quando me beliscava a dor de uma urgência de urinar. A fralda não funcionou comigo: não consegui convencer meu cérebro a mandar um sinal para minha bexiga. Quanto mais eu tentava, mais o meu cérebro resistia. O guarda a meu lado ficava despejando água de tampas de garrafa em minha boca, o que piorava minha situação. Não tinha como recusar, ou a gente engolia ou engasgava. Ficar deitado de lado estava me matando de maneira inacreditável, mas toda tentativa de mudar de posição resultava em fracasso, pois uma mão vigorosa me empurrava de volta para a mesma posição.

Posso afirmar que o avião era um grande jato, o que me levou a acreditar que o voo era direto para os Estados Unidos. Mas após cerca de cinco horas, o avião começou a perder altitude e tocou suavemente na pista. Eu me dei conta de que os Estados Unidos ficavam um pouco mais longe do que isso. Onde estamos? Em Ramstein, na Alemanha? Sim! É Ramstein: em Ramstein há um aeroporto militar dos Estados Unidos para aviões em trânsito de ida e volta para o Oriente Médio; vamos fazer uma escala aqui para abastecer. Mas assim que o avião pousou, os guardas começaram a trocar minhas correntes de metal por outras de plástico, que feriram dolorosamente meus tornozelos na breve caminhada até um helicóptero. Um dos guardas, enquanto me puxava do avião, deu-me uma batidinha no ombro como se dissesse: "você vai ficar bem". No estado de angústia em que eu estava, esse gesto me deu a esperança de que havia alguns seres humanos entre as pessoas que estavam lidando comigo.

Quando o sol bateu em mim, veio novamente a pergunta: Onde estou? Sim, é a Alemanha: era julho e o sol nasce cedo. Mas por que a Alemanha? Eu não cometi nenhum crime na Alemanha! Que merda eles querem atribuir a mim? Ainda assim o sistema legal alemão seria de longe melhor para mim; conheço os procedimentos e falo a língua. Além do mais, o sistema alemão é um tanto transparente, e não há sentenças de duzentos e de trezentos anos. Eu não teria muito com que me preocupar quanto a isso: um juiz alemão vai me encarar e me mostrar o que quer que o governo tenha contra mim, e depois serei enviado a uma prisão temporária até que meu caso chegue a uma decisão. Não serei objeto de tortura, e não terei de ver os rostos maus dos interrogadores.

Após cerca de dez minutos o helicóptero aterrissou e fui levado para um caminhão, com um guarda de cada lado. O motorista e o sujeito que estava a seu lado falavam numa língua que eu nunca tinha ouvido antes. Pensei: Que diabo eles estão falando, filipino, talvez? Pensei nas Filipinas porque estava sabendo da enorme presença militar dos Estados Unidos ali. Oh, sim, são as Filipinas: *eles* conspiraram com os Estados Unidos e jogaram merda em mim. Quais serão as perguntas do juiz *deles*? Por enquanto, contudo, eu só queria chegar e fazer xixi, e depois disso eles podem fazer o que quiserem. Por favor, deixem-me chegar! Pensei: Depois vocês podem me matar!

Os guardas me tiraram do caminhão depois de um percurso de cinco minutos, e parecia que tinham me colocado num salão. Obrigaram-me a me ajoelhar e curvaram minha cabeça para baixo: eu tinha de ficar nessa posição até eles me pegarem. Eles gritaram: "Não se mova". Antes de me preocupar com qualquer outra coisa, eu dei a mais extraordinária urinada desde que nasci. Foi um alívio tão grande; era como se estivesse sendo libertado e enviado de volta para casa. De repente todas as minhas preocupações desapareceram, e eu sorri por dentro. Ninguém percebeu o que tinha feito.

Cerca de um quarto de hora depois, alguns guardas me puxaram e me arrastaram até um aposento onde obviamente tinham "processado" muitos detentos. Assim que entrei, os guardas tiraram o equipamento de minha cabeça. Oh, como doíam minhas orelhas, e minha cabeça também; na verdade todo o meu corpo estava conspirando contra mim. Quase não conseguia ficar de pé. Os guardas começaram a tirar minhas roupas, e logo eu estava ali de pé nu como minha mãe me pariu. Fiquei lá de pé, pela primeira vez na frente de soldados dos Estados Unidos, não na TV, dessa vez era real. Tive uma reação das mais comuns, cobrir minhas partes íntimas com as mãos. Também comecei a recitar baixinho a prece da crise, "*Ya hayyu! Ya kayyum!*". Ninguém me fez parar de rezar: no entanto, um dos MPS [policiais militares, na sigla em inglês] me fitava com olhos cheios de ódio. Depois ele me ordenou que parasse de olhar em volta do aposento.

Um ▓▓▓▓▓▓▓▓▓▓▓▓▓▓▓ médico me submeteu a um rápido exame médico, depois fui enrolado em roupas afegãs. Sim, roupas afegãs nas Filipinas! É claro que eu estava acorrentado, braços e pernas, a partir da cintura. Além disso, minhas mãos estavam enfiadas em luvas de boxe. Agora eu estou pronto para a ação! Que ação? Nenhuma pista!

A equipe da escolta me arrastou vendado para uma sala de interrogatório vizinha. Assim que entrei na sala, várias pessoas começaram a gritar e a atirar coisas pesadas contra a parede. Naquela confusão, pude distinguir as seguintes perguntas:

"Onde está mulá Omar?"

"Onde está Osama bin Laden?"

"Onde está Jalaluddin Haqqani?"

Uma análise muito rápida me passou pelo cérebro: os indivíduos dessas perguntas tinham liderado um país, e agora eram um bando de fugitivos! Os interrogadores deixaram escapar algumas coisas. Primeiro, eles tinham acabado de me informar das últimas notícias: o Afeganistão fora tomado, mas as pessoas de nível mais alto não tinham sido capturadas. Segundo, eu me reportei mais ou menos à época em que a guerra ao terrorismo começou, e desde então estive numa prisão jordaniana, literalmente desligado do resto do mundo, então como poderia saber sobre a tomada do Afeganistão pelos Estados Unidos, e muito menos sobre a fuga de seus líderes? E menos ainda onde eles estão agora.

Eu respondi humildemente: "Não sei!".

"Você é um mentiroso!", gritou um deles num árabe estropiado.

"Não, não estou mentindo, eu fui capturado e assim, e só conheço Abu Hafs...", eu disse, num rápido resumo de toda a minha história.*

---

* Abu Hafs, cujo nome aparece aqui e em outros pontos do manuscrito não censurado, primo de MOS e seu ex-cunhado. Seu nome completo é Mahfouz Ould al-Walid, e é também conhecido como Abu Hafs al-Mauritani. Abu Hafs casou com a irmã da ex-mulher de MOS. Foi membro proeminente do Conselho da Shura da Al-Qaeda, principal corpo de consultoria do grupo, na década de 1990, e depois, até os ataques terroristas nos Estados Unidos de 11 de setembro de 2001. Foi amplamente mencionado que Abu Hafs se opôs a esses ataques; a Comissão do Onze de Setembro registrou que "Abu Hafs, o mauritano, teria até

"Devíamos interrogar esses filhos da puta como fazem os israelenses."

"O que eles fazem?", perguntou o outro.

"Eles os põem nus e os interrogam!"

"Talvez devêssemos fazer isso!", sugeriu um outro. Cadeiras ainda voavam em volta, chocando-se contra as paredes e o chão. Eu sabia que isso era apenas uma demonstração de força, para provocar medo e ansiedade. Eu me deixei levar e até me abalei mais do que o necessário. Não acreditava que os americanos torturassem, embora sempre tivesse considerado uma possibilidade remota.

"Vou interrogar você mais tarde", disse um deles, e o intérprete dos Estados Unidos repetiu a mesma coisa em árabe.

"Leve-o para o hotel", sugeriu o interrogador. Dessa vez o intérprete não traduziu.

E estava terminado o primeiro interrogatório. Antes que a escolta me agarrasse, com medo e aterrorizado, eu tentei fazer contato com o intérprete.

"Onde você aprendeu tão bem o árabe?", perguntei.

"Nos Estados Unidos!", ele respondeu, parecendo lisonjeado. Na verdade, ele não falava bem o árabe; eu só estava tentando fazer alguns amigos.

O pessoal da escolta me levou embora. "Você fala inglês", disse um deles com forte sotaque asiático.

"Um pouquinho", respondi. Ele deu uma risada, assim como seu colega. Eu me senti como um ser humano conduzindo uma

---

mesmo escrito uma mensagem para Bin Laden fundamentando no Corão a oposição aos ataques". Abu Hafs deixou o Afeganistão depois dos ataques de Onze de Setembro e passou a década seguinte em prisão domiciliar no Irã. Em abril de 2012 ele foi extraditado para a Mauritânia, onde foi mantido preso por breve período e depois libertado. Hoje é um homem livre. O trecho pertinente no relatório da Comissão do Onze de Setembro está disponível em: <http://govinfo.library.unt.edu/911/Report_Ch7.pdf>.

conversa trivial. Disse a mim mesmo: Olha como os americanos são amigáveis, eles vão pôr você num hotel, interrogar você durante alguns dias e depois enviá-lo num voo de volta para casa em segurança. Não há espaço para preocupação. Os Estados Unidos só querem verificar tudo, e como você é inocente eles vão acabar descobrindo isso. Pelo amor de Deus, você está numa base nas Filipinas; mesmo sendo uma situação no limite da legalidade, isso é só temporário. O fato de um dos guardas parecer asiático reforçou minha teoria errada de que estava nas Filipinas.

Eu cheguei logo, não a um hotel, mas a uma cela de madeira que não tinha nem banheiro nem pia. Com base no modesto mobiliário — um surrado, fino colchão e um cobertor velho — dava para perceber que alguém tinha estado aqui. De certa forma eu estava feliz por ter deixado a Jordânia, a situação de aleatoriedade, mas estava preocupado com as orações que não poderia fazer, e queria saber quantas orações tinha perdido durante a viagem. O [A]* guarda da cela era pequeno[a], magro[a] e branco[a] ██████████, fato que me deu mais conforto: nos últimos oito meses eu só tinha sido tratado por homens grandes e musculosos.**

Perguntei a ████ que horas eram, e ████ me disse que eram aproximadamente onze horas, se me lembro bem. Eu tinha mais uma pergunta.

"Que dia é hoje?"

"Não sei, todo dia aqui é igual", ████ respondeu. Eu me dei conta de que tinha perguntado demais; ████ parece que não poderia sequer ter me dito a hora, como mais tarde vim a saber.

---

* Recurso do tradutor para dar aos termos a possibilidade de múltipla flexão do inglês. Esse recurso será adotado em casos semelhantes. (N. T.)
** O contexto sugere que o guarda pode ter sido uma mulher. Ao longo do manuscrito, se nota que os pronomes "ela" e "dela" aparecem constantemente com tarja, e "ele" e "seu" aparecem sem tarja.

Achei um Corão delicadamente colocado sobre algumas garrafas de água. Percebi que não estava sozinho na cela, que com certeza não era um hotel. Como se constatou depois, eu fora levado à cela errada. De repente, avistei o maltratado pé de um detento, cujo rosto não pude ver porque estava coberto com um saco preto. Sacos pretos, eu logo ia descobrir, eram postos nas cabeças de todos, inclusive o escritor, para vendá-los e torná-los irreconhecíveis. Honestamente, eu não queria ver o rosto do detento, por precaução, caso estivesse com dores ou sofrendo, porque detesto ver pessoas sofrendo; isso me deixa louco. Nunca vou esquecer os gemidos e os gritos dos pobres detentos na Jordânia quando estavam sob tortura. Lembro-me de pôr as mãos sobre as orelhas para parar de ouvir os gritos, mas por mais que tentasse, ainda podia ouvir o sofrimento. Foi horrível, pior ainda do que a tortura.

O [A] guarda ▆▆▆▆▆▆postado[a] na minha porta mandou a escolta parar e organizou minha transferência para outra cela. Era idêntica àquela onde eu estava, mas na parede em frente. No recinto havia uma garrafa de água cheia pela metade, cujo rótulo estava escrito em russo. Gostaria de ter estudado russo. Eu disse comigo mesmo, uma base dos Estados Unidos nas Filipinas com garrafas de água da Rússia? Os Estados Unidos não precisam de suprimentos da Rússia, e além disso, geograficamente isso não faz sentido. Onde eu *estou*? Talvez numa ex-república russa, como o Tadjiquistão? Tudo que sei é que não sei!

A cela não tinha instalações para cuidar das necessidades naturais. Lavar-se para orar era impossível e proibido. Não havia indício para descobrir a *Qibla*, a direção de Meca. Fiz o que pude. Meu vizinho de porta estava mentalmente doente; ele gritava numa língua com a qual eu não era familiarizado. Depois eu soube que ele era um líder talibã.

Mais tarde naquele dia, 20 de julho de 2002, os guardas me arrastaram para um trabalho policial de rotina, impressões digitais, altura, peso etc. Ofereceram-me ▮▮▮▮▮▮▮▮▮▮▮▮ como intérprete. Era óbvio que o árabe não era sua primeira língua. ▮▮▮▮▮▮▮▮▮▮ ensinou-me as regras: não falar, não rezar muito alto, não se lavar para a oração, e um monte de outros nãos nessa linha.* O [A] guarda me perguntou se eu queria usar o banheiro. Pensei que se referia a um lugar onde pudesse tomar um banho de chuveiro. "Sim", eu disse. O banheiro era um barril cheio de excrementos humanos. Era o banheiro mais nojento que já vi. Os guardas tinham de vigiar você enquanto você fazia suas necessidades. Não consegui comer a comida — a comida na Jordânia era, de longe, melhor do que as rações de combate que me davam em Bagram — e assim não precisei de fato usar o banheiro. Para urinar, usava as garrafas de água vazias que tinha em meu quarto. A situação higiênica não era exatamente uma perfeição. Às vezes, quando a garrafa enchia, eu continuava a fazer no chão, cuidando para que não chegasse até a porta.

Nas várias noites seguintes em isolamento, tive um guarda divertido, que ficava tentando me converter ao cristianismo. Eu gostava das conversas, apesar de meu inglês ser o básico. Meu parceiro de conversa era jovem, religioso e enérgico. Ele gostava de Bush ("o verdadeiro líder religioso", segundo ele); odiava Bill Clinton ("o Infiel"). Gostava do dólar e odiava o euro. Tinha sua cópia da Bíblia com ele o tempo todo, e sempre que surgia uma oportunidade ele lia histórias para mim, a maioria do Velho Testamento. Eu não seria capaz de compreendê-las se não tivesse lido a Bíblia em árabe várias vezes — sem falar que as versões das histórias não estavam tão distantes das do Corão. Eu tinha estudado a Bíblia na prisão jordaniana; pedi um exemplar e eles me

---

* Novamente, pronomes censurados sugerem que o intérprete era uma mulher.

deram. Foi muito útil para compreender as sociedades ocidentais, mesmo que muitas delas neguem estar sob a influência de livros sagrados.

Não tentei argumentar com ele. Estava contente por ter alguém com quem falar. Ele e eu éramos unânimes em que os livros sagrados, inclusive o Corão, devem ter vindo da mesma fonte. Depois se constatou que o conhecimento que o exaltado soldado tinha de sua religião era muito raso. No entanto, eu gostei que ele fosse meu guarda. Ele me dava mais tempo no banheiro, e até olhava para o outro lado quando eu estava usando o barril.

Perguntei-lhe sobre minha situação. "Você não é um criminoso, porque eles põem os criminosos no outro lado", ele me disse, gesticulando com a mão. Pensei nesses "criminosos" e imaginei um bando de jovens muçulmanos, e como sua situação poderia ser penosa. Me senti mal. Como se viu depois, fui transferido para esses "criminosos", e tornei-me um "criminoso de alta prioridade". Senti uma certa vergonha quando o mesmo guarda me viu depois com os "criminosos", depois de ter me dito que eu seria libertado em no máximo três dias. Ele agiu normalmente, mas tinha muita liberdade para falar comigo sobre religião ali, por causa de seus inúmeros colegas. Outros detentos me contaram que ele tampouco não era mau com eles.

Na segunda ou terceira noite ▮▮▮▮▮▮▮▮ tirou-me ele mesmo de minha cela e levou-me para um interrogatório, onde o mesmo ▮▮▮▮▮▮▮▮ árabe já tinha tomado assento. ▮▮▮▮▮ ▮▮▮▮▮▮▮▮▮▮▮▮▮▮▮▮▮▮▮▮▮▮▮▮▮▮▮▮▮▮▮▮▮▮▮ ▮▮▮▮▮▮▮▮▮▮▮▮▮▮▮▮▮▮▮▮▮▮▮▮▮▮. Pode-se dizer que era o homem certo para a tarefa: era o tipo de homem que não se incomodaria de fazer o trabalho sujo. Os detentos lá em Bagram costumavam chamá-lo ▮▮▮▮▮▮▮▮▮▮▮▮▮▮▮ dizia-se que era responsável pela tortura até de indivíduos inocentes que o governo libertava.*

██████████████ não precisou me acorrentar porque eu estava acorrentado 24 horas por dia. Eu dormia, comia, usava o banheiro estando todo acorrentado, das mãos aos pés. ███████████████ abriu uma pasta em sua mão ████████████████████ e começou, por intermédio de um intérprete. ████████████████ me fazia perguntas genéricas sobre minha vida e meu contexto. Quando me perguntou: "Que línguas você fala?", não acreditou em mim; ele riu junto com o intérprete, dizendo: "Haha, você fala alemão? Espere, vamos checar".

Subitamente ███████████████████████████████ ████████████████████ o quarto ███████████████ ████████████████████████. Não havia engano quanto a isso, ele estava ████████████████████████████████████ ██ ████████████████████████████.**

"*Ja Wohl*", respondi. █████████████████ não era ████████████ ██████████████████████████ mas seu alemão era razoavelmente aceitável, dado que ele passara ██████████████ ████████████████████████████████. Ele confirmou para seu colega que meu alemão era "████████████████████.

Depois disso ambos olhavam para mim com certo respeito, embora o respeito não fosse suficiente para me livrar da ira de

---

* Em sua audiência de 15 de dezembro de 2005 na Junta Administrativa de Revisão (ARB, na sigla em inglês), MOS descreveu um interrogador dos Estados Unidos em Bagram que era americano de origem japonesa e ao qual os prisioneiros de Bagram se referiam como "William, o torturador". O principal interrogador aqui poderia ser aquele. A transcrição da audiência de MOS à ARB de 2005 está disponível em: <http://www.dod.mil/pubs/foi/operation_and_plans/Detainee/csrt_arb/ARB_Transcript_Set_8_20751-2016.pdf>, p. 23 da transcrição, p. 206 no link. Transcrição da ARB, 23.
** O contexto sugere que o segundo interrogador se dirigiu a MOS em alemão.

████████. ███████████ me perguntou onde eu tinha aprendido a falar alemão, e disse que ia me interrogar novamente mais tarde.

██,

"*Wahrheit macht frei*, a verdade o liberta."

Quando o ouvi dizendo isso, eu sabia que a verdade não me libertaria, porque "*Arbeit*" não tinha libertado os judeus. A máquina de propaganda de Hitler costumava iludir os prisioneiros judeus com o slogan "*Arbeit macht frei*", O trabalho liberta. Mas o trabalho não libertou ninguém.

████████████ fez uma anotação em seu caderninho e deixou o recinto. ████████████ enviou-me de volta a meu quarto e desculpou-se ███████████.[*]

"Sinto muito por manter você acordado[a] por tanto tempo."

"Não faz mal!", █████ respondeu.

Após vários dias de isolamento, fui transferido para o grupo geral, mas eu só podia olhar para eles porque fui colocado no estreito corredor de arame farpado entre as celas. No entanto, me senti como se estivesse fora da cadeia, e chorei agradecendo a Deus. Depois de oito meses de isolamento total, eu via colegas detentos mais ou menos na mesma situação que eu. "Maus" prisioneiros como eu ficavam acorrentados 24 horas por dia e eram colocados no corredor, onde todo guarda ou detento que passava pisava neles. O lugar era tão estreito que o arame farpado ficou me espetando durante os dez dias seguintes. Eu vi ████████ ████████████ sendo alimentado à força; ele estava numa greve de fome de 45 dias. Os guardas estavam gritando com ele, e ele jogava um pedaço de pão de uma mão para a outra. Todos os detentos pareciam tão depauperados, como se tivessem sido queimados e ressuscitados depois de vários dias,

---

[*] O contexto sugere que as desculpas são dirigidas ao intérprete.

mas ███████████████████ era outra história, completamente diferente: era só ossos sem carne. Me fazia lembrar as imagens que se veem nos documentários sobre prisioneiros da Segunda Guerra Mundial.

Os detentos não tinham permissão para falar uns com os outros, mas gostávamos de olhar uns para os outros. A punição para quem falasse era pendurar o detento pelas mãos, os pés mal tocando o chão. Vi um prisioneiro afegão que tinha desfalecido algumas vezes quando estava pendurado pelas mãos. Os médicos "o consertaram" e o penduraram novamente. Outros detentos tiveram mais sorte: foram pendurados por algum tempo e depois soltos. A maioria dos detentos tentava falar quando estava pendurado, o que fazia os guardas duplicarem a punição. Havia um camarada afegão muito idoso que, segundo se dizia, fora preso para entregar seu filho. O sujeito era doente mental; não conseguia parar de falar porque não sabia onde estava, nem por quê. Não creio que ele estivesse compreendendo em que ambiente se encontrava, mas os guardas continuavam obedientemente a pendurá-lo. Era tão lamentável. Um dia um dos guardas o atirou de rosto no chão, e ele chorou como um bebê.

Fomos colocados em cerca de seis ou sete grandes celas de arame farpado que tinham os nomes de operações realizadas contra os Estados Unidos: Nairobi, U.S.S. Cole, Dar-Es-Salaam, e assim por diante. Em cada cela havia um detento chamado Inglês, que benevolentemente servia de intérprete para traduzir as ordens aos codetentos. Nosso Inglês era um senhor do Sudão chamado ███████████████████. Seu inglês era muito básico, e assim ele me perguntou secretamente se eu falava inglês. "Não", respondi — mas depois se viu que eu era um Shakespeare comparado com ele. Meus companheiros pensaram que eu estava negando a eles meus serviços, mas eu só não sabia até que ponto a situação era ruim.

Agora eu estava diante de um bando de cidadãos americanos bem comuns. Minha primeira impressão, quando os vi mascando [chiclete] sem parar foi: O que tem de errado com esses sujeitos que eles têm de comer tanto assim? A maioria dos guardas eram altos, e com excesso de peso. Alguns deles eram amigáveis, outros, hostis. Sempre que eu me dava conta de que um guarda era mau, eu fingia não entender inglês. Lembro-me de um caubói vindo até mim com expressão carrancuda no rosto:

"Você fala inglês?", ele perguntou.

"*No English*", respondi.

"Não gostamos que você fale inglês. Queremos que você morra lentamente", ele disse.

"*No English*", continuei a responder. Não queria dar a ele a satisfação de pensar que sua mensagem tinha sido recebida. Pessoas com ódio têm sempre algo a arrancar de seus peitos, mas eu não estava disposto a ser esse dreno.

Não era permitido rezar em grupos. Cada um rezava por si mesmo, e assim fazia eu. Os detentos não tinham pistas para saber as horas de oração. Nós só imitávamos: quando um detento começava a rezar, todos presumíamos que a hora era essa e acompanhávamos. O Corão estava disponível para detentos que o pedissem. Não me lembro de eu mesmo o ter pedido, porque a maneira como os guardas o tratavam era desrespeitosa; eles o jogavam de um para o outro como se fosse uma garrafa d'água, quando estavam passando o livro sagrado. Eu não queria ser um motivo para a humilhação da palavra de Deus. Além disso, graças a Deus, eu sei o Corão de cor. Até onde me lembro, um dos detentos me passou às escondidas um exemplar que ninguém estava usando na cela.

Após alguns dias, ▮▮▮▮▮▮▮▮▮▮▮▮▮▮▮▮▮ puxou-me para me interrogar. ▮▮▮▮▮▮▮▮▮▮▮▮ atuou como intérprete.

"Conte-me sua história", pediu ▮▮▮▮▮▮▮▮▮▮.

"Meu nome é, me formei em 1988, ganhei uma bolsa para a Alemanha...", respondi, com detalhes muito tediosos, nenhum dos quais parecia interessar ou impressionar ██████████████. Ele ficou cansado e começou a bocejar. Eu sabia exatamente o que ele queria ouvir, mas não tinha como ajudá-lo.

Ele me interrompeu. "Meu país valoriza muito a verdade. Agora eu vou lhe fazer algumas perguntas, e se o que você responder for verdade você será libertado e enviado em segurança para sua família. Mas se você não fizer isso, vai ficar preso indefinidamente. Uma pequena anotação em minha agenda é bastante para destruir sua vida. De qual organização terrorista você participa?"

"De nenhuma", respondi.

"Você não é um homem, e não merece respeito. Ajoelhe-se, cruze as mãos e ponha-as atrás do pescoço."

Obedeci às regras e ele pôs um saco em minha cabeça. Minhas costas vinham doendo ultimamente e aquela posição era muito dolorosa; ████████████ estava tirando proveito de meu problema com a ciática.* ███████████████ trouxe dois projetores e os apontou para meu rosto. Eu não podia enxergar, mas o calor era demais e comecei a suar.

"Você será enviado a uma instalação dos Estados Unidos, onde vai ficar durante o resto de sua vida", ele ameaçou. "Você nunca mais verá sua família. Sua família vai ser fodida por outro homem. Nas prisões americanas, terroristas como você são estuprados por muitos homens ao mesmo tempo. Os guardas em meu país fazem seu serviço muito bem, mas ser estuprado é uma coisa inevitável. Mas se você me disser a verdade, você será libertado imediatamente."

---

* Em sua audiência na ARB de 2005, MOS revelou que um interrogador apelidado "William, o torturador" o fez ajoelhar-se por "muitas e prolongadas horas" para piorar sua dor no nervo ciático, e depois o ameaçou. Transcrição da ARB, 23.

Eu tinha idade suficiente para saber que ele era um sórdido mentiroso e um homem sem honra, mas ele estava no comando, e assim eu tinha de ficar ouvindo suas besteiras continuamente. Eu só queria que as agências começassem a empregar pessoas mais espertas. Será que ele achava de verdade que alguém acreditaria em suas bobagens? Teria de ser muito estúpido: será que ele era estúpido ou pensava que eu era estúpido? Eu o teria respeitado mais se me dissesse: "Olhe, se você não disser o que eu quero ouvir, eu vou torturar você".

Assim mesmo eu disse: "É claro que eu vou dizer a verdade!".

"De qual organização terrorista você participa?"

"De nenhuma!", respondi. Ele tornou a pôr o saco em minha cabeça e começou um longo discurso de humilhação, xingamento, mentiras e ameaças. Não me lembro realmente de todo ele, nem estou disposto a peneirar na minha memória tanta bobagem. Eu estava muito cansado e doído, e tentei me sentar, mas ele me conteve à força. Chorei de dor. Sim, um homem de minha idade chorando em silêncio. Simplesmente não aguentei aquela agonia.

Após algumas horas ██████████████ me mandou de volta a minha cela, prometendo-me mais tortura. "Isto foi só o começo", foi o que disse. Fui levado de volta a minha cela, aterrorizado e exaurido. Rezei a Alá para que me salvasse dele. Vivi os dias seguintes em horror: sempre que ███████████████ passava por nossa cela, eu olhava para outro lado, evitando vê-lo para que ele não me "visse", exatamente como um avestruz. ███████████ inspecionava todo mundo, dia e noite, dando aos guardas a receita de como tratar cada detento. Eu o vi torturar um outro detento. Não quero relatar o que ouvi falar sobre ele; quero apenas contar o que vi com meus próprios olhos. Era um adolescente afegão, eu diria que tinha dezesseis ou dezessete anos. ██████████████ o fez ficar de pé durante três dias, sem dormir. Eu me senti muito mal, com pena dele. Sempre que caía os guardas iam até ele, gritando "nada de sono para terroristas", e o faziam ficar de pé novamente. Lembro que eu adormecia, acordava, e ele ainda estava lá de pé como uma árvore.

Sempre que eu via ▮▮▮▮▮▮▮▮▮▮▮▮▮ por ali meu coração começava a bater, e ele estava sempre por ali. Um dia ele me mandou ▮▮▮▮▮▮▮▮▮▮▮ intérprete para me passar um recado.

"▮▮▮▮▮▮▮▮▮▮▮▮▮ vai acabar com você."

Não respondi, mas disse comigo mesmo: Que Alá o detenha! Mas na verdade ▮▮▮▮▮▮▮▮▮▮▮▮ não acabou comigo; em vez disso, arrastou-me para um interrogatório.* Ele era um sujeito legal; talvez sentisse que podia se entender comigo por causa da língua. E por que não? Alguns guardas até costumavam me procurar para praticar seu alemão, quando souberam que eu falava essa língua.

Seja como for, ele me contou uma longa história. "Não sou como ▮▮▮▮▮▮▮▮▮▮▮▮. Ele é jovem e esquentado. Eu não faço uso de métodos desumanos; tenho meus próprios métodos. Quero te contar um pouco da história americana, e de toda a guerra contra o terrorismo."

▮▮▮▮▮▮▮▮▮▮▮▮▮ era direto e esclarecedor. Ele começou com a história americana e os puritanos, que castigavam até mesmo os inocentes afogando-os, e terminou com a guerra contra o terrorismo. "Nessa campanha não existem detentos inocentes: ou você coopera conosco e nós te arranjamos o melhor acordo, ou vamos enviar você para Cuba."

"O quê? *Cuba*?", exclamei. "Eu nem mesmo falo espanhol, e vocês aí *odeiam* Cuba."

"Sim, mas temos um território americano em Guantánamo",

---

* Parece que se trata aqui do interrogador falante de alemão que ajudou no interrogatório anterior.

ele disse, e contou-me sobre Teddy Roosevelt e coisas assim. Soube que ia ser enviado para mais longe ainda de casa, o que eu detestei.

"Por que vocês me enviariam para Cuba?"

"Temos outras opções, como o Egito, ou a Argélia, mas só enviamos para lá as pessoas muito más. Detesto enviar pessoas para lá, porque serão submetidas a torturas dolorosas."

"Mande-me então para o Egito."

"Você com certeza não quer isso. Em Cuba eles tratam humanamente os prisioneiros, e lá tem dois imãs. O campo é administrado pelo DOJ,* não os militares."

"Mas não cometi crimes contra seu país."

"Sinto muito, se não cometeu. Pense nisso como se você tivesse câncer!"

"Vou ser enviado a um tribunal?"

"Não no futuro próximo. Talvez em três anos, ou algo assim, quando meu povo tiver esquecido o Onze de Setembro." ▮▮▮▮▮ ▮▮▮▮▮▮▮▮ continuou, falando sobre sua vida particular, mas não quero escrever isso aqui.

Tive mais algumas sessões com ▮▮▮▮▮▮▮▮ depois disso. Ele me fez algumas perguntas e tentou me enganar, dizendo coisas do tipo "Ele disse que conhece você!", referindo-se a pessoas das quais eu nunca tinha ouvido falar. Ele pegou meu endereço de e-mail e minhas senhas. Também pediu a ▮▮▮▮▮▮ ▮▮▮▮▮▮ que estavam em Bagram que me interrogassem, mas eles se recusaram, dizendo que a lei ▮▮▮▮▮▮▮▮ os proibia

---

* Departamento de Justiça, na sigla em inglês. Isso, claro, não é verdade. O campo de detenção na baía de Guantánamo fica situado na Base Naval da baía de Guantánamo e é administrado por uma força-tarefa conjunta militar dos Estados Unidos sob o controle do Comando do Sul dos Estados Unidos.

de interrogar estrangeiros fora do país.* Ele estava tentando o tempo todo me convencer a cooperar para que pudesse me salvar da viagem até Cuba. Para ser honesto, eu preferia ir para Cuba a ficar em Bagram.

"Deixa estar", eu lhe disse. "Não creio que possa mudar nada."

De algum modo eu gostava de ███████████████. Não me interprete mal, ele era um interrogador sorrateiro, mas ao menos falava comigo de acordo com o nível de meu intelecto. Eu pedi a ████████████████ que me pusesse numa cela junto com o resto do grupo, e mostrei-lhe as feridas causadas pelo arame farpado. ██████████████ aprovou: em Bagram os interrogadores podiam fazer com você o que quisessem; eles tinham controle sobre tudo, e os MPs estavam a seu serviço. Às vezes ████████████████ me oferecia uma bebida, pelo que eu ficava grato, especialmente com o tipo de dieta que recebia: rações de combate frias e pão seco em toda refeição. Eu passava, escondido, refeições para outros detentos.

Uma noite ███████████████ apresentou dois interrogadores militares que me perguntaram sobre o Complô do Milênio. Falavam um árabe estropiado, e foram muito hostis comigo; não permitiram que me sentasse e me ameaçaram com todo tipo de coisas. Mas ████████████████ os detestava, e me disse em ██████████:

---

* Pode se referir a agentes do serviço de Inteligência Alemã no exterior, o Bundesnachrichtendienst (BND). Relatos da imprensa indicam que MOS foi interrogado em Guantánamo por agentes tanto da Inteligência Alemã quanto da Canadense; mais adiante no manuscrito, na cena em que ele se encontra com o que parecem ser interrogadores do BND em GTMO, MOS se refere especificamente a essa proibição de interrogatórios no exterior. Veja a nota na p. 114. Veja também <http://www.spiegel.de/international/world/from-germany-to-guantanamo-the-career-of-prisioner-no-760-a-583193-3.html>; e <http://www.thestar.com/news/canada/2008/07/27/csis_grilled_trio_in_cuba.html>.

"Se você quiser cooperar, faça-o comigo. Esses sujeitos MI [interrogadores militares] não são de nada". Eu me senti disputado num leilão, para a agência que oferecesse o maior lance!*

Naquele grupo nós sempre violávamos as regras e falávamos com nossos vizinhos. Eu tinha três vizinhos imediatos. O primeiro era um adolescente afegão que fora sequestrado quando se dirigia aos Emirados; ele trabalhava lá, motivo pelo qual falava árabe com sotaque do Golfo. Era muito engraçado, e me fazia rir; nos últimos nove meses eu quase tinha esquecido como era isso. Ele estava passando as férias com a família no Afeganistão e foi para o Irã. De lá dirigiu-se aos Emirados de barco, mas o barco foi sequestrado pelos Estados Unidos e os passageiros foram presos.

Meu segundo vizinho era um mauritano de vinte anos de idade que tinha nascido na Nigéria e se mudado para a Arábia Saudita. Nunca havia estado na Mauritânia, nem falava o dialeto mauritano; se não tivesse se apresentado, passaria por um saudita.

Meu terceiro vizinho era um palestino da Jordânia chamado ▇▇▇▇▇▇▇▇▇▇. Fora capturado por um líder tribal afegão e torturado durante sete meses. Seu sequestrador queria dinheiro da família de ▇▇▇▇▇▇▇▇ ou o entregaria aos americanos,

---

* A observação do interrogador sobre interrogadores militares e a referência de MOS a uma competição interagências pelo controle de seu interrogatório sugerem que este interrogador pode ser de uma das agências civis, como o FBI. O prolongado conflito interagência entre o FBI e a Agência de Informações de Defesa do Pentágono sobre os métodos militares de interrogatório tem sido amplamente documentado e relatado, especialmente num relatório de 2008 do inspetor-geral do Departamento de Justiça dos Estados Unidos intitulado "A Review of the FBI's Involvement in and Observations of Detainee Interrogations in Guantanamo Bay, Afghanistan, and Iraq" (doravante citado como DOJ IG). O relatório, está disponível em: <http://www.justice.gov/oig/special/s0805/final.pdf>, inclui seções substanciais dedicadas especificamente ao interrogatório de MOS.

embora esta última opção fosse menos compensatória, porque os americanos só pagavam 5 mil dólares por cabeça, a menos que fosse uma cabeça das grandes. Os bandidos combinaram com a família de ███████████ tudo que concernia ao resgate, mas ███████████ deu um jeito de fugir do cativeiro em Cabul. Foi para Jalalabad, onde se apresentou como *mujahid* árabe e foi capturado e vendido aos americanos. Eu disse a ███████████ que tinha estado na Jordânia, e ele pareceu ser um entendido quanto aos serviços de informações deles. Conhecia todos os interrogadores que tinham estado comigo, já que o próprio ███████████ havia passado cinquenta dias na mesma prisão em que eu estive.

Quando falávamos, cobríamos a cabeça para que os guardas pensassem que estávamos dormindo, e falávamos até ficarmos cansados. Meus vizinhos me disseram que estávamos em Bagram, no Afeganistão, e eu lhes informei que íamos ser transferidos para Cuba. Mas eles não acreditaram em mim.

Por volta de dez da manhã de ███ de agosto de 2002, uma unidade militar, alguns portando armas, apareceu do nada.* Os MPS armados apontavam suas armas para nós do alto das escadas, e os outros gritavam ao mesmo tempo: "Levantem, levantem...". Eu fiquei muito assustado. Apesar de estar esperando ser transferido para Cuba em algum momento daquele dia, nunca tinha visto esse tipo de espetáculo.

Nós nos levantamos. Os guardas continuaram dando ordens: "Não falem... Não se movam... Vou matar você, porra...

---

* Fica claro, a partir de uma data não censurada que aparece adiante neste capítulo, assim como em registros oficiais de processamento interno, que MOS chegou a Guantánamo em 5 de agosto de 2002, o que significa que esta cena se passou em 4 de agosto de 2002.

Estou falando sério!". Detestei quando ███████████ da Palestina pediu para usar o banheiro e os guardas negaram: "Não se mova". Eu disse algo do tipo: Você não pode se segurar até que esta situação tenha passado? Mas o problema com ███████████ é que ele estava com disenteria, e não podia segurar; ███████ ███████ tinha sido submetido a tortura e desnutrição em Cabul quando esteve prisioneiro do líder tribal da Aliança do Norte. ███████████ me disse que ia usar o banheiro de qualquer maneira, o que fez, ignorando os gritos dos guardas. Fiquei esperando que a qualquer segundo fosse disparada uma bala nele, mas isso não aconteceu. O banheiro de nossas celas compartilhadas também era um barril, mas os detentos que estavam de castigo o limpavam todo dia para cada cela. Era muito nojento e cheirava muito mal. Sendo de um país do terceiro mundo, eu tinha visto muitos banheiros sujos, mas nenhum deles se comparava ao de Bagram.

Comecei a tremer de medo. Um MP se acercou do portão de nossa cela e passou a chamar os nomes, ou então os números, dos que estavam sendo transferidos. Todos os números chamados em minha cela eram de árabes, o que era mau sinal. Os irmãos não tinham acreditado em mim quando lhes disse que íamos ser transferidos para Cuba. Mas agora senti que estava se confirmando, e olhávamos uns para os outros sorrindo. Vários guardas vieram até o portão com montes de correntes, sacos e outros materiais. Começaram a nos chamar um por um, pedindo a cada detento que se aproximasse do portão, onde era acorrentado.

"███████████", gritou um dos guardas. Avancei até o portão como um carneiro sendo levado para o açougueiro. No portão, um guarda berrou: "Vire-se!", o que fiz, e "As duas mãos para trás!".

Quando passei minha mão pela abertura atrás de mim, um dos guardas agarrou meu polegar e torceu meu pulso: "Se você fizer uma porra de um movimento, eu quebro a sua mão". Outro guarda acorrentou minhas mãos e meus pés com duas correntes em separado. Então puseram um saco em minha cabeça para me vendar. Abriu-se o portão e fui puxado com brutalidade e atirado sobre as costas de outro detento, numa fileira. Embora fisicamente atingido, fiquei confortado ao sentir à minha frente o calor de outro ser humano sofrendo a mesma coisa. Esse conforto aumentou quando ▮▮▮▮▮▮▮▮▮▮▮▮ foi jogado sobre minhas costas. Muitos detentos não compreenderam o que os guardas de fato queriam deles, e se machucaram ainda mais. Senti que era uma sorte ter sido vendado, em primeiro lugar porque deixei de ver uma porção de coisas ruins que estavam acontecendo à minha volta, e em segundo lugar, porque a venda me ajudou em meu sonho diurno com circunstâncias melhores. Graças a ALÁ, tive a capacidade de ignorar o que me cercava e sonhar de dia com tudo que eu quisesse.

Nós deveríamos ficar muito próximos uns dos outros. Era muito difícil respirar. Éramos 34 detentos, todos árabes com exceção de um afegão e um das Maldivas.* Quando nos puseram em fila, estávamos unidos por uma corda enrolada em nossos braços. A corda era tão apertada que estancava a circulação, fazendo todo o meu braço ficar dormente.

Recebemos ordem de ficar de pé e fomos arrastados para um lugar no qual o "processamento" continuou. Eu estava detestando aquilo, pois ▮▮▮▮▮▮▮▮▮▮▮▮ ficava pisando em minha corrente, e isso fazia doer muito. Tentei ao máximo não pisar na corrente do homem à minha frente. Graças a Deus o percurso foi curto: em algum lugar no mesmo prédio nos fizeram sentar lado a lado

---

* Registros de processamento interno de altura e peso indicam que 34 detentos chegaram a Guantánamo em 5 de agosto de 2002. Os registros desse grupo estão disponíveis em: <http://www.dod.mil/pubs/foi/operation_and_plans/Detainee/measurements/isn_680-isn_838.pdf>. Uma lista oficial de todos os detentos de Guantánamo está disponível em: <http://www.defense.gov/news/may2006/d20060515%20list.pdf>.

em bancos compridos. Tive a impressão de que os bancos formavam um círculo.

O grupo começou a preparar os passageiros. Eu recebi um fone de ouvido que me impedia de ouvir. Isso me causou uma forte dor de cabeça; o fone estava tão apertado que a parte de cima das orelhas ficou sangrando durante alguns dias. Minhas mãos estavam agora presas à minha cintura na parte da frente, e ligadas com uma corrente até os meus pés. Eles prenderam meus pulsos com uma peça de plástico duro com quinze centímetros, e me fizeram usar grossas luvas sem divisões para os dedos, como as de boxe. Era engraçado, eu tentei achar um meio de libertar meus dedos, mas os guardas batiam em minhas mãos para me fazer parar de movê-las. Estávamos cada vez mais cansados; as pessoas começaram a gemer. De vez em quando um dos guardas tirava um de meus tapadores de orelha e me sussurrava uma frase desencorajadora:

"Sabe, você não cometeu nenhum erro: sua mãe e seu pai cometeram o erro quando produziram você."

"Você vai gostar da viagem para o paraíso caribenho…" Eu não respondia a nenhuma provocação, fingindo não entender o que ele dizia. Outros detentos me contaram que também haviam sido submetidos a essa humilhação, mas eles tinham mais sorte: não sabiam inglês.

Meus chinelos foram retirados e recebi um tênis feito na China. Em meus olhos puseram como venda uns óculos grossos e realmente feios, que foram amarrados atrás da cabeça e em cima das orelhas. Eram semelhantes a máscara de mergulho. Para se ter uma ideia da dor, ponha uma velha máscara de mergulho em volta da mão, amarre muito apertada e fique assim durante algumas horas. Estou certo de que vai removê-la. Agora imagine que você amarrou essa mesma máscara em torno da cabeça durante mais de quarenta horas. Para fixá-la, puseram uma pequena almofada adesiva atrás da minha orelha.

Em algum momento durante esse procedimento, fizeram uma busca em nossas cavidades, para o riso e os comentários dos guardas. Odiei aquele dia em que comecei a aprender meu desprezível vocabulário inglês. A maioria dos detentos não falava dessas buscas em cavidades a que nos submetiam, e ficavam zangados quando se começava a falar sobre isso. Eu pessoalmente não tinha vergonha; penso que as pessoas que faziam essas buscas sem motivos é que deveriam ficar com vergonha de si mesmas.

Eu estava ficando doente, cansado, frustrado, faminto, enjoado, e todos os outros adjetivos ruins do dicionário. Estou certo de que não era o único. Recebemos novos braceletes de plástico com um número. Meu número era 760, e meu próximo ███████████ ████████████████. Pode-se dizer que meu grupo era da série 700.

████████████████████ usou o banheiro algumas vezes, mas eu tentei não usar. Finalmente fui, à tarde, talvez por volta de duas horas da tarde.

"Você gosta de música?", perguntou o guarda que me acompanhou até lá quando estávamos sozinhos.

"Sim, eu gosto!"

"De que tipo?"

"Boa música!"

"Rock 'n' roll? Country?" Na verdade, eu não era familiarizado com esses tipos que ele tinha mencionado. Às vezes eu ouvia rádio na Alemanha com diferentes gêneros de música ocidental, mas não saberia dizer qual era o quê.

"Qualquer música boa", respondi. Essa boa conversa valeu no sentido de que ele me tirou a venda, de modo que pude cuidar do meu assunto. Era muito complicado, já que eu tinha correntes em volta de todo o corpo. O guarda gentilmente me colocou de volta no banco, e nas duas horas seguintes a ordem foi esperar. Foi-nos negado o direito de fazer nossas orações diárias nas 48 horas seguintes.

Por volta de quatro da tarde partiu o transporte para o aeroporto. Eu era então um "morto-vivo". Minhas pernas já não eram capazes de me carregar; a partir daí os guardas tiveram de me arrastar durante todo o percurso de Bagram até GTMO. Fomos embarcados num caminhão, que nos levou ao aeroporto. Levou entre cinco e dez minutos para chegar lá. Eu ficava feliz com qualquer movimentação, só por ter a oportunidade de mudar o corpo de posição, pois minhas costas estavam me matando. Ficamos amontoados no caminhão, ombro contra ombro e coxa contra coxa. Infelizmente me puseram de frente para a traseira do veículo, o que na verdade eu detesto, pois me dá náuseas. O veículo estava equipado com bancos duros, de modo que os detentos sentavam de costas um para o outro, e os guardas na extremidade, gritando: "Sem falar!". Não tenho ideia de quantas pessoas estavam no caminhão; tudo que sei é que havia um detento sentado à minha direita e um à minha esquerda, e outro contra as minhas costas. É sempre bom sentir o calor de outro detento, de alguma forma isso é um conforto.

A chegada ao aeroporto foi óbvia por causa do gemido dos motores, que atravessava facilmente os tampões nas orelhas. O caminhão fez marcha a ré até chegar ao avião. Os guardas começaram a gritar alto numa língua que não pude identificar. Comecei a ouvir corpos humanos se chocando com o chão. Os guardas agarravam um detento e o jogavam para dois outros guardas no avião, gritando "Code"; os guardas que recebiam gritavam de volta confirmando que tinham recebido o pacote. Quando chegou minha vez, dois guardas me agarraram pelos braços e pernas e me jogaram para a equipe da recepção. Não me lembro se bati no chão ou se fui pego pelos outros guardas. Eu tinha começado a perder os sentidos, e isso de qualquer maneira não ia fazer diferença.

Outra equipe dentro do avião me arrastou e me amarrou num assento pequeno e reto. O cinto estava tão apertado que eu não conseguia respirar. O ar-condicionado me fustigava, e um dos MPs gritava: "Não se mova, não fale", enquanto acorrentava meus pés ao chão. Eu não sabia como se dizia "apertado" em inglês. Eu estava chamando "MP, MP, cinto...". Ninguém veio me ajudar. Eu estava quase asfixiando. Tinha uma máscara na minha boca e no meu nariz, mais o saco cobrindo minha cabeça e meu rosto, sem falar no cinto apertado em torno da barriga: era impossível respirar. Continuei dizendo: "MP, senhor, não consigo respirar!... MP, SENHOR, por favor". Mas parecia que meus apelos por ajuda estavam se perdendo num vasto deserto.

Após alguns minutos, ▇▇▇▇▇▇▇▇▇▇ foi jogado a meu lado, à minha direita. Eu não estava certo de que era ele, mas ele mais tarde me disse que percebera minha presença a seu lado. De vez em quando, se um dos guardas ajustava minha máscara, eu via alguma coisa. Vi a cabine do piloto, que estava à minha frente. Vi os uniformes verdes de camuflagem dos guardas da escolta. Vi os vultos de meus companheiros detentos à minha esquerda e à minha direita. "Mister, por favor, meu cinto... dói...", eu chamava. Quando os gritos dos guardas foram diminuindo, eu soube que os detentos estavam todos a bordo. "Mister, por favor... cinto..." Um guarda respondeu, mas ele não só não me ajudou como ainda apertou o cinto ainda mais em torno da minha barriga.

Então não consegui suportar a dor; senti que ia morrer. Não pude evitar pedir ajuda ainda mais alto: "Mister, não consigo respirar...". Um dos soldados veio e desapertou o cinto, não ficou muito confortável, mas era melhor do que nada.

"Ainda está apertado...", eu tinha aprendido a palavra quando ele me perguntou: "Está apertado?".

"Isso é tudo que você vai ter." Desisti de pedir que aliviassem o cinto.

"Não consigo respirar!", eu disse, apontando para meu nariz. Apareceu um guarda e tirou a máscara do meu nariz. Inspirei profundamente e senti-me muito aliviado. Mas para meu desânimo, o guarda pôs a máscara de volta em meu nariz e minha boca. "Senhor, não consigo respirar... MP... MP." O mesmo sujeito veio novamente, mas em vez de tirar a máscara do meu nariz, ele tirou o abafador da minha orelha e disse: "Pode esquecer isso!", e imediatamente pôs o abafador de volta. Foi duro, mas foi a única maneira de não asfixiar. Eu estava entrando em pânico. Eu tinha ar na medida justa do necessário, mas a única maneira de sobreviver seria convencer o cérebro a se satisfazer com a minúscula porção de ar que estava recebendo.

O avião estava no ar. Um guarda gritou em minha orelha: "Vou te dar um remédio, [ou] você vai ficar enjoado". Ele me fez tomar uma porção de comprimidos e me deu uma maçã e um sanduíche de manteiga de amendoim, minha única refeição desde que começara o processo de transferência. Desde então detesto manteiga de amendoim. Não tinha apetite para nada, mas fingi estar comendo o sanduíche para que os guardas não me molestassem. Eu tentava sempre evitar contato com esses guardas violentos a menos que fosse extremamente necessário. Dei uma mordida no sanduíche e mantive o resto na mão até os guardas recolherem o lixo. Quanto à maçã, foi difícil comer, pois minhas mãos estavam presas à cintura e eu usava aquelas luvas sem separação para os dedos. Eu espremi a maçã entre as mãos e levei a cabeça até a cintura, como um acrobata, para mordê-la. Um escorregão e a maçã já era. Tentei dormir, mas, cansado como estava, toda tentativa de cochilar acabava em fracasso. O assento era reto como uma flecha, e duro como pedra.

Após cinco horas, o avião pousou e nossos fantasmas foram transferidos para outro avião, talvez maior. Era estável no ar. Eu ficava feliz com toda mudança, qualquer mudança, esperando uma melhora de minha situação. Mas estava enganado, o novo avião não foi melhor. Eu sabia que Cuba era bem longe, mas nunca pensei que fosse tão longe, por causa dos aviões de alta velocidade dos Estados Unidos. A certa altura, pensei que o governo queria explodir o avião sobre o Atlântico e declarar que fora um acidente, já que todos os detentos tinham sido interrogados mais e mais e mais uma vez. Mas esse plano maluco era a menor de minhas preocupações; estaria realmente preocupado com uma morte com pouca dor, após a qual eu, assim esperava, iria para o paraíso, com a graça de Deus? Viver sob a misericórdia divina seria melhor do que viver sob a misericórdia dos Estados Unidos.

O avião parecia estar se dirigindo para o Reino Muito Muito Distante. Sentia-me enfraquecer a cada minuto que passava. Meu corpo estava dormente. Lembro-me de ter pedido para ir ao banheiro uma vez. Os guardas me arrastaram até o lugar, me empurraram num quartinho e baixaram minhas calças. Não pude fazer minhas necessidades por causa da presença de outros. Mas creio que consegui, com um bocado de esforço, espremer um pouco de líquido. Eu só queria chegar, não importa onde! Qualquer lugar seria melhor do que este avião.

Após não sei quantas horas, o avião pousou em Cuba. Os guardas começaram a nos puxar para fora do avião. "Andem!... Parem!" Eu não conseguia andar, pois meus pés eram incapazes de me carregar. E então percebi que em algum momento tinha perdido um de meus sapatos. Depois de meticulosa busca fora do avião, os guardas gritaram: "Ande! Não fale! Cabeça para baixo! Degrau!". Eu só compreendi "Não fale", mas os guardas estavam me arrastando assim mesmo. Dentro do caminhão, os guardas gritaram: "Sente-se! Cruze as pernas!". Não entendi esta última parte, mas os guardas cruzaram minhas pernas do mesmo jeito. "Cabeça para baixo!", gritou um deles, empurrando minha cabeça de encontro ao traseiro de outro detento, como uma galinha. Uma voz feminina gritava durante todo o percurso até o campo "Sem conversas", e uma voz masculina "Não falem!", e um tradu-

tor para o árabe ███████████████████████████
████████████████████████ "Mantenham suas cabeças baixas". Eu ficava muito irritado com a maneira americana de falar; fiquei assim durante muito tempo, até me curar disso quando conheci outros, e bons, americanos. Ao mesmo tempo, eu ficava pensando em como eles davam a mesma ordem de duas maneiras diferentes: "Não falem" e "Sem conversas". Isso era interessante. Mas agora as correntes em meus tornozelos estavam impedindo que o sangue chegasse a meus pés. Meus pés ficaram dormentes. Eu só ouvia os gemidos e o choro de outros detentos. A ordem naquela viagem era bater. Eu não fui poupado: o guarda ficou me batendo na cabeça e espremendo meu pescoço contra o traseiro do outro detento. Mas eu não o culpo tanto quanto culpo o pobre e dolorido detento, que chorava e se mexia, e com isso fazia minha cabeça levantar. Outros detentos me disseram que havíamos tomado uma balsa durante o percurso, mas eu não tinha percebido.

Após cerca de uma hora chegamos finalmente à terra prometida. Por mais dor que sentisse, eu estava muito contente de já ter deixado essa viagem para trás. Um dito do Profeta declara: "Viagem é uma tortura". Essa viagem tinha sido certamente uma tortura. Agora minha única preocupação era se eu iria ficar de pé quando me pedissem para ficar. Eu estava simplesmente paralisado. Dois guardas me agarraram e gritaram: "De pé". Tentei dar um salto mas nada aconteceu; em vez disso eles me arrastaram e jogaram para fora do caminhão.

O sol quente de Cuba me atingiu delicadamente. Foi uma sensação tão boa. A viagem tinha começado ████████████████ ███████████████████ às dez da manhã, e chegamos a Cuba por volta de meio-dia ou uma hora da tarde, ████████████ ████████, o que significava que tínhamos passado mais de trinta horas num avião frio como gelo.* Tive mais sorte do que um irmão ▆▆▆▆▆▆▆▆▆ que congelou totalmente. Ele chegou a pedir ao guarda que desligasse o ar-condicionado do avião. O guarda não só se recusou a atender seu pedido como o molhava com gotas d'água durante todo percurso para Cuba. Os médicos tiveram de levá-lo para um compartimento e tratá-lo acendendo um fogo. "Quando eles começaram o fogo, eu disse para mim mesmo, é isso aí, agora estão começando a tortura!", ele nos contou. Eu ri quando ele contou sua história no ▆▆▆▆▆▆▆▆▆▆▆▆ na manhã seguinte.

Posso dizer que eles trocaram a equipe de guardas por uma melhor. A equipe antiga dizia "Wader"; a nova equipe dizia "Water". A equipe antiga dizia *"Stan' up"*, e equipe nova, *"Stand up"*. A equipe antiga simplesmente falava muito alto.

Posso dizer também que os detentos tinham chegado ao limite da dor. Eu só ouvia gemidos. Perto de mim tinha um afegão que estava chorando muito alto e pedindo ajuda ▆▆▆▆▆▆▆▆▆▆ ▆▆▆▆▆▆▆▆▆. Estava falando em árabe: "Senhor, como pôde fazer isso comigo? Por favor, aliviem minha dor, cavalheiros!". Mas ninguém se deu sequer ao trabalho de examiná-lo. O sujeito estava mal já em Bagram. Eu o tinha visto na cela ao lado da nossa; ele vomitava o tempo todo. Senti tanta pena dele.

---

* Nesta passagem, MOS descreve um voo de cinco horas, uma troca de aviões, e depois um voo muito mais longo. Uma investigação em 2008 pela organização de direitos humanos britânica Reprieve descobriu que a transferência de prisioneiros de Bagram para Guantánamo envolvia tipicamente uma parada na base aérea dos Estados Unidos em Incirlik, Turquia, e o Projeto Extradição descobriu que um avião de transporte militar C-17, voo número RCH233Y, voou de Incirlik para Guantánamo em 5 de agosto de 2002, levando 35 prisioneiros. Veja <http://www .libertysecurity.org/IMG/pdf_08.01.28FINALPrisonersIllegallyRenderedtoGuantanamoBay.pdf> e <http://www.therenditionproject.org.uk/pdf/ PDF%20154%20[Flight%20data.%20Portuguese%20f light%20logs%20to%20 GTMO,%20collected%20by%20Ana%20Gomes].pdf>.

Ao mesmo tempo, eu ria. Dá para acreditar nisso, eu ria estupidamente! Não dele; eu ria da situação. Primeiro, ele se dirigiu a eles em árabe, que nenhum guarda entendia. Depois, ele os chamou de cavalheiros, o que eles certamente não eram.

No início eu aproveitei o banho de sol, mas o sol ficava mais quente a cada minuto. Comecei a suar, e estava cada vez mais cansado da posição ajoelhada na qual tive de permanecer durante seis horas. De vez em quando um guarda gritava: "Preciso de água!". Não me lembro de ter pedido água, mas é provável que o tenha feito. Eu ainda tinha a venda enfiada em mim, mas minha excitação por estar numa nova instalação correcional com outros seres humanos com os quais eu podia socializar, num lugar onde não haveria tortura ou mesmo interrogatório, suplantou meu sofrimento; isso e o fato de eu não saber quanto tempo ia durar a detenção. E assim, não abri minha boca para quaisquer reclamações ou gemidos, enquanto muitos irmãos à minha volta estavam gemendo e até chorando. Creio que meu limite de sofrimento já tinha sido atingido havia muito tempo.

Eu estava doido para ser "processado"; as pessoas que tinham se machucado no avião provavelmente tinham prioridade, como ████████████████████████████████. Por fim, dois guardas me escoltaram até a clínica. Eles me despiram e me empurraram para um chuveiro aberto. Tomei banho de chuveiro acorrentado sob os olhares de todos, meus irmãos, o pessoal médico e o exército. Os outros irmãos que tinham me precedido ainda estavam todos nus. Aquilo era feio, e embora o chuveiro tivesse sido consolador, eu não consegui aproveitar. Estava envergonhado e fiz o velho truque do avestruz: olhei para baixo, para meus pés. Os guardas me enxugaram e me levaram para a próxima etapa. Basicamente, os detentos passavam por um exame médico, no qual eles anotavam a descrição biológica de cada um, altura, peso, cicatrizes, e já experimentavam um primeiro interrogatório ali mesmo na clínica. Era como uma linha de produção de automóveis. Eu ia atrás do detento que me precedia, e ele ia atrás de alguém, e assim por diante.

"Você sofre de alguma doença conhecida?", perguntou a jovem enfermeira.

"Sim, do nervo ciático e hipotensão."

"Alguma outra coisa?"

"Não."

"Onde eles capturaram você?"

"Não entendi", eu respondi. O doutor repetiu a pergunta da enfermeira, mas eu ainda não tinha entendido. Ele falava muito depressa.

"Não importa!", disse o doutor. Um de meus guardas fez um gesto em minha direção, pondo uma das mãos sobre a outra. Só então entendi a pergunta do doutor.

"Em meu país!"

"De onde você é?"

"Mauritânia", respondi, enquanto os guardas me arrastavam para a próxima etapa. Não é atribuição dos médicos interrogar os detentos, mas eles o fazem mesmo assim. Pessoalmente eu gosto de conversar com todo mundo e pouco me importava se eles violavam as regras.

Dentro do hospital estava fresco, e havia muita gente. Fiquei confortado ao ver detentos na mesma situação que eu, especialmente depois que eles nos envolveram em uniformes laranja. Havia interrogadores disfarçados de médicos, para reunir informações.

"Você fala russo?", perguntou-me um civil idoso, uma ruína da inteligência no tempo da guerra fria. Mais tarde ele me interrogou algumas vezes, e disse-me que uma vez tinha trabalhado com ████████████████, um líder *mujahidin* no Afeganistão durante a guerra com os soviéticos, que pelo jeito entregava prisioneiros russos aos Estados Unidos. "Eu os interroguei. Eles agora são cidadãos dos Estados Unidos e estão entre meus melhores amigos", ele me contou. Alegou ser responsável por uma seção da Força-Tarefa de GTMO. Interrogadores como ele rondavam por ali, tentando conversar "inocentemente" com os detentos. No entanto, interrogadores têm dificuldade em se misturar com outras pessoas. Eles simplesmente são muito desastrados.

A escolta me levou a um aposento onde havia muitos detentos e interrogadores em atividade. "Qual é o seu nome? De onde você é? Você é casado?"

"Sim!"

"Qual é o nome de sua mulher?" Eu tinha esquecido o nome de minha mulher e de vários familiares devido ao persistente estado de depressão em que estivera nos últimos nove meses. Como eu sabia que ninguém ia acreditar numa coisa assim, eu mandei "Zeinebou", um nome que me veio à cabeça.

"Que línguas você fala?"

"Árabe, francês, alemão."

"*Sprechen Sie Deutsch?*", perguntou-me o interrogador uniformizado que estava ajudando ▮▮▮▮▮▮▮▮▮▮ digitando num laptop.

"*Bist du* ▮▮▮▮▮▮▮▮▮▮?, eu lhe perguntei. ▮▮▮▮▮▮▮ ▮▮▮ ficou chocado quando mencionei seu nome.

"Quem te contou sobre mim?"

"▮▮▮▮▮▮▮▮, de Bagram!", eu disse, explicando que em Bagram ▮▮▮▮▮▮▮▮ tinha me falado sobre ▮▮▮▮▮▮▮ ▮▮▮▮▮▮▮, caso eu precisasse de um tradutor do alemão no GTMO.*

---

* MOS pode estar se referindo aqui ao interrogador que falava alemão, no Afeganistão.

"Vamos manter a conversa em inglês, mas muito simples", ele disse. ████████████ evitou-me pelo resto do tempo que passou em GTMO.

Eu estava ouvindo o interrogatório de um camarada detento tunisiano.

"Você treinou no Afeganistão?"

"Não."

"Você sabe que, se mentir, vamos obter a informação da Tunísia!"

"Não estou mentindo!"

O exame médico foi retomado. Um homem do corpo médico ████████████████████████ me tirou mil e um tubinhos de sangue. Pensei que ia desmaiar ou até mesmo morrer. A tomada de minha pressão sanguínea mostrou 110 por 50, o que é muito baixo. O doutor imediatamente me deu uns pequenos comprimidos vermelhos para aumentar minha pressão sanguínea. Tiraram fotografias. Odiei o fato de minha privacidade estar sendo desrespeitada de todos os modos possíveis. Estava totalmente à mercê de alguém em quem não confiava e que poderia ser brutal. Muitos detentos talvez sorrissem para a câmera quando fotografados. Eu, pessoalmente, nunca tinha sorrido, e não creio que naquele dia, 5 de agosto de 2002, qualquer detento tenha sorrido.

Após esse interminável procedimento, a equipe da escolta me levou embora da clínica. "Mantenha a cabeça baixa!" Já estava escuro lá fora mas eu não saberia dizer que horas eram. O clima estava agradável. "Sente-se." Fiquei sentado do lado de fora por cerca de trinta minutos antes de a escolta me levar, me enfiar num quarto e me acorrentar ao chão. Não percebi o cadeado, nem jamais tinha sido submetido a isso. Pensei que aquele recinto ia ser minha futura casa.

O quarto estava vazio, a não ser por um par de cadeiras e uma mesa. Não havia sinal de vida. "Onde estão os outros detentos?", eu me perguntei. Estava ficando impaciente e decidi sair do quarto e tentar encontrar outros camaradas prisioneiros, mas assim que tentei me levantar as correntes me puxaram fortemente para baixo. Só então eu soube que havia algo errado em minhas suposições. Como depois se revelou, eu estava na cabine de interrogatório em ▬▬▬▬▬▬▬▬▬, uma construção que tinha uma história.

Subitamente entraram três homens no quarto: o sujeito mais velho que tinha falado comigo antes na clínica, um ▬▬▬▬ ▬▬▬▬▬▬▬▬▬▬▬▬▬▬▬▬▬▬▬▬▬▬▬▬▬▬▬ e um ▬▬▬▬▬▬▬▬▬▬▬▬▬▬▬ que serviu como intérprete.*

"*Comment vous vous appelez?*", perguntou ▬▬▬▬▬▬▬ ▬▬▬▬▬ com um sotaque carregado.

"*Je m'appele...*", respondi, e isso foi o fim de ▬▬▬▬▬▬▬ ▬▬▬▬▬▬. Interrogadores tendem sempre a usar o fator surpresa como técnica.

Olhei de relance para o relógio de um dos sujeitos. Era aproximadamente uma hora da tarde. Eu estava num estado no qual meu sistema tinha se desordenado todo; estava bem desperto apesar de mais de 48 horas sem dormir. Os interrogadores queriam se utilizar de minha fraqueza para facilitar o interrogatório. Não me ofereceram nada, nem água nem comida.

---

* O FBI conduziu o interrogatório de MOS durante seus primeiros meses em Guantánamo, num bem documentado esforço para mantê-lo fora do alcance dos interrogadores militares. "O FBI tratou de entrevistar Slahi imediatamente após sua chegada a GTMO", relatou o inspetor-geral do DOJ. "O FBI e agentes da Força-Tarefa entrevistaram Slahi durante os meses que se seguiram, utilizando técnicas de construir um relacionamento." Em sua audiência de 2005 na ARB, MOS descreveu um "sujeito do FBI" que o interrogou brevemente após sua chegada e lhe disse: "Não batemos em pessoas, não torturamos, isso não é permitido". Ele parece ter sido, nesse cenário, quem liderava o interrogatório — e talvez também o "cavalheiro mais velho" que aparece numa sessão subsequente. DOJ IG, 122. Transcrição da ARB, 23.

██████████ conduziu o interrogatório, e ███████████ era um bom tradutor. O outro sujeito não teve oportunidade de fazer perguntas, ele só tomava notas. ████████████ na verdade não obteve nenhum milagre: tudo que fez foi me fazer perguntas já feitas a mim ininterruptamente durante os últimos três anos. ███ ██████████ falava um inglês muito claro, e eu quase não precisei do tradutor. Ele parecia ser inteligente e ter experiência. Quando a noite já ia avançada, ████████████ agradeceu-me por minha cooperação.

"Acredito que você está se abrindo bastante", ele disse. "Da próxima vez vamos soltar suas mãos e trazer-lhe algo para comer. Não vamos torturar você, nem extraditar você para outro país." Fiquei contente com as garantias de ███████████, e incentivado em minha cooperação. Como depois se revelou, ███████████ estava me iludindo ou não tinha conhecimento dos planos de seu governo.

Os três homens deixaram o quarto e enviaram a equipe de escolta, a qual me levou para minha cela. Ela ficava no bloco ████████████████, um bloco destinado ao isolamento.* Eu era o único em nosso grupo de 34 detentos que tinha sido levado para um interrogatório. Não havia sinal de vida dentro do bloco, o que me fez pensar que eu era o único por lá. Quando o guarda me largou naquela caixa fria a ponto de congelar, eu quase entrei em pânico atrás da pesada porta de metal. Tentei convencer a mim mesmo: É apenas um lugar temporário, de manhã vão me trans-

---

* Os Procedimentos-Padrão de Operação do Campo Delta, de 3 de março de 2003, instruíam que os prisioneiros que chegassem fossem processados e mantidos por quatro semanas num bloco de isolamento de segurança máxima "para aumentar e explorar a desorientação e desorganização sentidas por um recém-chegado durante o processo do interrogatório" e "para [fomentar] a dependência do detento a seu interrogador". O documento está disponível em: <http://www.comw.org/warreport/fulltext/gitmo-sop.pdf> (doravante citado como SOP).

ferir para onde está a comunidade. Este lugar não pode ser para mais do que o resto da noite! Na verdade, eu passei um mês inteiro em ███████████████████.

Eram cerca de duas da manhã quando o guarda me deu uma ração de combate [MRE: *meals ready to eat*]. Tentei comer o máximo que pude, mas estava sem apetite. Quando cheguei o que havia por lá vi um Corão novinho em folha, o que me deixou feliz. Beijei o Corão e logo adormeci. Dormi mais profundamente do que jamais tinha dormido.

Os gritos de meus camaradas detentos me acordaram de manhã cedo. Finalmente a vida estava sendo soprada dentro de ██████████████████████. Quando eu cheguei, mais cedo naquela manhã, nunca imaginei que seres humanos pudessem ser alojados numa porção de caixas frias; pensei que eu era o único, mas estava enganado, meus camaradas detentos só estavam fora de combate, devido à dura viagem punitiva por que tinham passado. Enquanto os guardas serviam a comida, nos apresentamos uns aos outros. Não podíamos nos ver, por causa da disposição do bloco, mas podíamos nos ouvir.

"*Salaam Aleikum!*"

"*Uaalaikum Salaam.*"

"Quem é você?"

"Sou da Mauritânia… Palestina… Síria… Arábia Saudita…!"

"Como foi a viagem?"

"Quase morri congelado", gritou um sujeito.

"Eu dormi a viagem inteira", respondeu ██████████████ ██████████████.

"Por que eles puseram aquele chumaço embaixo de minha orelha?", disse um terceiro.

"Quem estava na minha frente no caminhão?", eu perguntei.

"Ele ficou se mexendo, o que fez os guardas me baterem durante todo o percurso do aeroporto até o campo."

"A mim também", respondeu outro detento.

Nós nos chamávamos pelos números ISN que nos tinham sido atribuídos em Bagram. Meu número era ███████. * Na cela à minha esquerda estava ████████████████ de ████████████ ███████. Ele ████████████████████████. Embora fosse mauritano, na verdade nunca tinha estado em meu país; posso afirmar isso devido a seu sotaque ████████████████. À minha direita estava o sujeito de ████████████████████. Ele falava mal o árabe, e alegava ter sido capturado em Karachi, onde frequentava a universidade. Em frente à minha cela eles puseram os sudaneses, um ao lado do outro.**

O desjejum era parco: um ovo cozido, um pedaço duro de pão, e alguma outra coisa que não sei como se chama. Era minha primeira refeição quente desde que deixara a Jordânia. Oh, o chá era reconfortante! Eu gosto de chá mais que de qualquer comida, e tanto quanto me lembro eu sempre tomei chá. Chá é um componente crucial da dieta de pessoas de regiões mais quentes; parece contraditório, mas é um fato.

---

* O número já apareceu sem ser censurado, e o Departamento de Defesa reconheceu oficialmente que o ISN de MOS é 760. Veja, por exemplo, a lista de detentos DOD divulgada publicamente, disponível em: <http://www.defense.gov/news/may2006/d20060515%20list.pdf>.

** MOS pode estar se referindo a Mohammed al-Amin (ISN 706), que nasceu na Mauritânia mas mudou-se para a Arábia Saudita para estudos religiosos, e Ibrahim Fauzee (ISN 730), que é das Maldivas. Ambos chegaram a GTMO com MOS em 5 de agosto de 2002; desde então, foram ambos libertados. Veja <http://projects.nytimes.com/guantanamo/detainees/706-mohammad-lameen-si-di-mohammad>; e <http://projects.nytimes.com/guantanamo/detainees/730--ibrahim-fauzee>.

Ouviam-se pessoas falando em voz alta por todo canto, em conversas indistintas. Era uma sensação boa, quando todo mundo começava a contar sua história. Muitos detentos estavam sofrendo, alguns mais, outros menos. Não me considerei nem o pior nem o mais afortunado. Alguns tinham sido capturados junto com seus amigos e os amigos haviam desaparecido da face da terra; o mais provável é que tenham sido enviados para outros países aliados para facilitar seu interrogatório sob tortura, como o ███

███████████. Eu considerava a chegada a Cuba uma bênção, e disse isso aos irmãos. "Como vocês aí não estão envolvidos em crimes, não têm nada a temer. Quanto a mim, vou colaborar, já que ninguém vai me torturar. Não quero que nenhum de vocês sofra o que sofri na Jordânia. Na Jordânia eles quase não dão valor a sua cooperação."

Acreditei, erroneamente, que o pior tinha passado, e assim fiquei menos preocupado com o tempo que levaria para que os americanos concluíssem que eu não era o cara que eles estavam procurando. Eu confiava demais no sistema de justiça americano e partilhei essa confiança com os detentos de países europeus. Todos tínhamos uma ideia de como funcionava o sistema democrático. Outros detentos, por exemplo, os do Oriente Médio, não acreditavam nisso nem por um segundo e não confiavam no sistema americano. O argumento no qual se baseavam era a crescente hostilidade por parte dos extremistas americanos contra os muçulmanos e os árabes. A cada dia os otimistas perdiam terreno. Os métodos de interrogatório pioravam consideravelmente à medida que o tempo avançava, e como se verá, os responsáveis por GTMO romperam com todos os princípios sobre os quais os Estados Unidos eram estruturados e comprometeram cada grande princípio como o de Ben Franklin: "Aqueles que abrem mão da liberdade essencial para obter um pouco de segurança temporária não merecem nem liberdade nem segurança".

Todos nós queríamos nos recuperar de meses de silêncio forçado, queríamos tirar de nossos peitos toda a raiva e toda a agonia, e ouvimos as espantosas histórias uns dos outros durante os trinta dias seguintes, que foi o tempo que passamos no Bloco ████████████████. Quando fomos depois transferidos para um bloco diferente, muitos colegas detentos choraram por estarem sendo separados de seus novos amigos. Eu também chorei.

████████████████████ equipe da escolta apareceu em minha cela.

"████████████████!", disse um dos MPS, segurando a comprida corrente nas mãos. ████████████████ é a palavra de código para o ato de ser levado a interrogatório.* Embora eu não entendesse para onde estava indo, prudentemente obedeci suas ordens até me entregarem ao interrogador. Seu nome era ████████████ ████████████ usando um uniforme do Exército dos Estados Unidos. Ele é um ██ ████████████, um homem com todos os paradoxos que se possam imaginar. Falava um árabe decente, com sotaque ████████ ████████████; era de imaginar que crescera entre amigos ████ ████████████.**

---

* A palavra provavelmente é "convocado". Ela aparece sem tarja em outros pontos ao longo do manuscrito. Veja, por exemplo, Manuscrito de MOS, 69, 112, 122.

** Nessa época, as equipes de interrogatórios conduzidos pelo FBI incluíam frequentemente membros da Força-Tarefa de Investigação Criminal dos Militares (CITF, na sigla em inglês) e agentes da Inteligência Militar. O relatório do inspetor-geral do DOJ registra que, "em maio de 2002, os militares e o FBI adotaram o conceito da 'Equipe Tigre' para interrogar os detentos. De acordo com o primeiro agente de um caso no GTMO, essas equipes consistiam em um agente do FBI, um analista, um linguista contratado, dois investigadores do CITF e um interrogador da Inteligência Militar". O IG descobriu que "o FBI recuou de sua participação nas Equipes Tigre no outono de 2002 após desentendimentos

Eu estava aterrorizado quando entrei no quarto no prédio ████████████ por causa do CamelBak nas costas de ████████████, do qual ele estava bebericando. Eu nunca tinha visto coisa igual. Pensei que era uma espécie de ferramenta para me fisgar, como parte de meu interrogatório. Na verdade não sei por que estava assustado, mas o fato de eu nunca ter visto ████████████ nem seu CamelBak, e de eu não estar esperando um cara do Exército, todos esses fatores contribuíram para o meu medo.

O cavalheiro mais velho que tinha me interrogado na noite anterior entrou no recinto com algumas guloseimas e me apresentou ████████████: "Escolhi ████████████ porque ele fala a sua língua. Vamos lhe fazer perguntas detalhadas sobre você ████████████. Quanto a mim, logo irei embora, mas meu substituto cuidará de você. Até logo". Ele saiu do quarto deixando eu e ████████████ para fazer o trabalho.

████████████ era um sujeito amigável. Ele era um ████ ████████████ no Exército dos Estados Unidos que acreditava ter tido sorte na vida. ████████████ quis que eu lhe repetisse toda a minha história, que eu vinha repetindo nos últimos três anos vezes sem conta. Eu estava acostumado que os interrogadores perguntassem as mesmas coisas. Antes de o interrogador começar a mexer os lábios eu já sabia quais eram suas perguntas, e assim que ele ou ela começavam a falar, eu ligava o meu "gravador". Mas quando cheguei à parte da Jordânia, ████████████ disse que sentia muito!

---

surgidos entre o FBI e a Inteligência Militar quanto a táticas de interrogatório. Diversos agentes do FBI contaram à OIG que, enquanto continuavam a manter um bom relacionamento com CITF, seu relacionamento com as entidades da Inteligência Militar tinham se deteriorado muito no decorrer do tempo, principalmente devido à oposição do FBI à maneira pela qual a Inteligência Militar lidava com os interrogatórios dos detentos". DOJ IG, 34.

"Esses países não respeitam direitos humanos", ele disse. Me senti confortado: se ███████████████ estava criticando os métodos cruéis de interrogatório, isso significava que os americanos não fariam nada parecido com isso. Sim, eles não estavam exatamente cumprindo a lei em Bagram, mas isso era no Afeganistão, e agora estávamos em território controlado pelos Estados Unidos.

Depois que ██████████████ terminou seu interrogatório, ele me enviou de volta, prometendo voltar se surgissem novas perguntas. Durante a sessão com ███████████████ eu lhe pedi para usar o banheiro. "Número 1 ou número 2?", ele perguntou. Era a primeira vez que eu ouvia as necessidades privadas humanas serem codificadas como números. Nos países em que tinha estado não se costuma perguntar às pessoas o que tencionam fazer no banheiro, nem isso tem um código.

Nunca mais vi ███████████████ num interrogatório. O ████████████████ retomou seu trabalho alguns dias depois, só que o ██████████████ estava agora reforçado com ████████ ███, ███████████████████████. ████████ era outro sujeito amigável. Ele e █████████████████ trabalhavam muito bem juntos. Por alguma razão, ████████████████ estava interessado em assumir meu caso. Embora um interrogador militar viesse com sua equipe algumas vezes e me fizesse perguntas, pode-se dizer que ██████████████ é quem comandava.*

A equipe trabalhou em meu caso durante mais de um mês, quase diariamente. Fizeram-me todo tipo de perguntas, e falávamos sobre outros tópicos da política à margem do interrogatório. Ninguém jamais me ameaçou ou tentou me torturar, e de minha parte eu estava cooperando muito bem com a equipe. "Nossa tarefa é tomar suas declarações e enviá-las aos analistas

---

* Como deixa claro o relatório DOJ IG, o FBI manteve o controle total do interrogatório de MOS durante o ano de 2002 e início de 2003. DOJ IG, 122.

em Washington, DC. Mesmo se você mentir para nós, não podemos realmente afirmar isso até que entrem mais informações", disse ▬▬▬▬▬▬.

A equipe podia ver claramente como eu estava doente; as marcas deixadas na Jordânia e em Bagram eram mais que óbvias. Eu parecia um fantasma.

"Você está melhorando", disse o sujeito do Exército quando me viu três semanas após minha chegada a GTMO. Em meu segundo ou terceiro dia em GTMO, eu havia desmaiado em minha cela. Tinha sido levado a meus limites; as rações não me apeteciam. Os médicos me tiraram da cela e eu tentei ir andando para o hospital, mas assim que saí de ▬▬▬▬▬▬▬ eu desabei mais uma vez, o que fez os médicos terem de me carregar para a clínica. Vomitei tanto que fiquei completamente desidratado. Recebi primeiros socorros e uma intravenosa. A intravenosa foi terrível; eles devem ter posto nela algum medicamento ao qual eu era alérgico. Minha boca ficou toda seca e minha língua, tão pesada que não consegui pedir ajuda. Gesticulei com as mãos para que os atendentes parassem de instilar o fluido em meu corpo, o que fizeram.

Mais tarde naquela noite os guardas me levaram de volta a minha cela. Estava tão mal que não consegui subir na cama; dormi no chão pelo resto do mês. O doutor me receitou Ensure e algum medicamento para hipertensão, e toda vez que eu tinha uma crise de nervo ciático os atendentes me davam Motrin.

Embora eu estivesse muito fraco fisicamente, os interrogatórios não foram interrompidos. Mas eu estava, mesmo assim, de bom humor. No bloco nós cantávamos, gracejávamos e contávamos histórias uns para os outros. Tive também oportunidade de ficar sabendo algo sobre o detento célebre, tal como sua excelência ▬▬▬▬▬▬▬▬▬▬▬▬

██████████ nos fornecia as últimas novidades e rumores no campo. ██████████████████ tinha sido transferido para nosso bloco devido a seu "comportamento".*

████████████████ nos contou como tinha sido torturado em Kandahar, junto com outros detentos. "Eles nos puseram debaixo do sol durante muito tempo, fomos espancados, mas irmãos, não se preocupem, aqui em Cuba não há tortura. Os recintos têm ar-condicionado, e alguns irmãos até se recusam a falar a menos que lhes deem comida", disse ele. "Eu chorei quando vi na TV detentos sendo vendados e levados para Cuba. O secretário da Defesa americano falou na TV e alegou que esses detentos eram as pessoas mais vis na face da terra. Nunca pensei que eu seria uma dessas 'pessoas vis'", disse ███████████████████████████ ████████████████.

██████████████████████████ tinha trabalhado como um ██████████████████████████████████. Fora capturado com quatro outros colegas seus em sua residência em ███████████████████ depois da meia-noite, em meio aos gritos dos filhos; ele foi arrancado de seus filhos e de sua mulher. Exatamente a mesma coisa aconteceu com seus amigos, que confirmaram sua história. Ouvi toneladas de histórias assim e cada uma me fazia esquecer a anterior. Não poderia dizer qual história era a mais triste. Isso até começou a tirar o impacto de minha história, mas os detentos foram unânimes em que minha história era a mais triste. Eu, pessoalmente, não sei. Diz o provérbio alemão: "*Wenn das Militär sich bewegt, bleibt die Wahrheit auf der Strecke*". Quando os militares se põem em movimento, a verdade é lenta demais para acompanhar, e assim ela fica para trás.

---

* O contexto aqui sugere que o mesmo bloco do Campo Delta no qual os detentos que chegavam eram mantidos no primeiro mês também servia como bloco de punição a detentos da população geral.

A lei de guerra é dura. Se existe algo de bom numa guerra é que ela extrai das pessoas o que elas têm de melhor e de pior: algumas pessoas tentaram usar a ausência da lei para atingir outras, e algumas tentaram reduzir o sofrimento ao mínimo possível.

Em 4 de setembro de 2002, fui transferido para ▇▇▇▇▇▇▇▇ ▇▇▇▇▇▇▇▇▇▇▇▇▇▇▇ e com isso os interrogadores acabaram com meu isolamento e me puseram junto com a população geral. Por um lado, foi difícil para mim deixar os amigos que tinha acabado de fazer, mas eu estava animado quanto à ida para um bloco totalmente normal, e para ser um detento totalmente comum. Estava cansado de ser um detento "especial", percorrendo o mundo inteiro contra a minha vontade.

Cheguei a ▇▇▇▇▇▇▇▇▇▇▇▇▇▇▇ antes do pôr do sol. Pela primeira vez em mais de nove meses puseram-me numa cela de onde podia ver a planície.* E pela primeira vez eu podia falar com meus colegas detentos e vê-los ao mesmo tempo. Puseram-me em ▇▇▇▇▇▇▇▇▇▇▇▇▇▇ entre dois sauditas do sul. Ambos eram amigáveis e divertidos. Os dois tinham sido capturados ▇▇▇▇▇▇▇▇▇▇▇▇▇▇▇▇▇▇▇▇▇. Quando os prisioneiros tentaram se livrar do exército paquistanês, que estava agindo no interesse dos Estados Unidos, um deles, um argelino, arrebatou um AK-47 de um guarda ▇▇▇▇▇▇▇▇▇▇ e atirou nele. Na confusão, os detentos ▇▇▇▇▇▇▇▇▇▇ assumiram o controle ▇▇▇▇▇▇▇▇▇▇▇▇▇▇▇; os guardas

---

* Por "planície" creio que MOS se referia à paisagem cubana em torno do campo. Do manuscrito transparece que MOS foi mantido em dois ou três blocos diferentes no Campo Delta durante os meses seguintes, inclusive um bloco onde ficavam detentos de países europeus e do norte da África. Manuscrito de MOS, 62. MOS indicou em sua audiência a ARB que estava sendo mantido no Bloco Mike do Campo Dois a partir de junho de 2003. Transcrição da ARB, 26.

fugiram, e os detentos fugiram também — mas só até onde outra divisão ▮▮▮▮▮▮▮▮▮▮ dos Estados Unidos os aguardava, e foram capturados de novo. O incidente de ▮▮▮▮▮▮▮▮▮ resultou em muitas baixas e ferimentos. Vi um detento argelino que ficou completamente inválido por causa da quantidade de ferimentos à bala que sofrera.

No início eu estava bem em ▮▮▮▮▮▮▮▮▮▮▮▮ mas as coisas começaram a ficar feias quando alguns interrogadores passaram a praticar métodos de tortura em alguns detentos, embora timidamente. Até onde ouvi e presenciei, o único método praticado no início foi o do quarto frio, toda noite. Conheço um jovem saudita que era levado para interrogatório toda noite e trazido de volta a sua cela pela manhã. Não sei os detalhes do que exatamente acontecia com ele porque ele era muito calado, mas meus vizinhos me contaram que ele se recusava a falar com seus interrogadores ▮▮▮▮▮▮▮▮▮▮▮▮▮▮▮▮▮▮▮▮ ▮▮▮▮▮▮▮▮▮▮▮▮▮ também me contou que o tinham posto no quarto frio duas noites seguidas por ter se recusado a cooperar.

A maioria dos detentos a essa altura se recusava a cooperar, depois de ter transmitido tudo que, em sua opinião, era relevante em relação a seus casos. As pessoas estavam desesperadas e cada vez mais cansadas de serem interrogadas o tempo todo, sem esperança de ver aquilo terminar. Quanto a mim, era relativamente novo ali, e queria tentar minha sorte: talvez meus colegas detentos estivessem enganados! Mas acabei indo ao encontro da mesma parede de tijolos, como todos os outros. Os detentos estavam ficando mais preocupados quanto a sua situação e ao fato de não haver um devido processo legal, e as coisas começaram a piorar com a utilização de métodos dolorosos para extrair informação dos prisioneiros.

Em meados de setembro de 2002, uma ▮▮▮▮▮▮▮▮▮▮
▮▮▮▮▮▮▮▮▮▮▮▮▮▮▮▮▮▮▮▮▮▮▮▮▮▮▮▮▮▮▮▮▮▮▮▮▮

me trouxe para interrogatório e se apresentaram como a equipe que ia tratar do meu caso durante os próximos dois meses.*

"Por quanto tempo vou ficar sendo interrogado?"

"Pelo tempo que o governo tiver perguntas a lhe fazer!"

"E quanto tempo é isso?"

"Só posso lhe dizer que você não vai ficar aqui mais de cinco anos", disse ██████████████████. A equipe se comunicava comigo por intermédio de um intérprete do árabe, que parecia ██████
████████████.

"Não estou disposto a que me façam as mesmas perguntas repetidas vezes."

"Não, temos algumas perguntas novas." Mas, como se viu depois, eles estavam me fazendo as mesmas perguntas que me faziam havia três anos. Mesmo assim, eu estava cooperando relutantemente. Eu não via, honestamente, nenhuma vantagem em cooperar. Só queria ver até onde ia chegar aquela situação.

Mais ou menos na mesma época outro interrogador ██████
████████████████████████ me trouxe para um interrogatório. Ele era ████████████████████████████████████
████████████████, um cavanhaque bem aparado, e falava ████████
████████████ com sotaque ████████████████████████
██
████████████████. Ele foi direto comigo, e até compartilhou comigo o que ████████████████ sobre mim. ████████████████ falava, e falava, e dizia algo mais: ele estava interessado em conseguir que eu trabalhasse para ele, como tinha tentado com outros árabes do norte da África.**

---

* Como isso ocorreu durante o período no qual o FBI tinha controle total do interrogatório de MOS, provavelmente esta seria outra equipe de interrogatório do FBI; veja nota de rodapé na p. 107.

** Esse interrogador poderia ser da CIA. Em 2013, a Associated Press relatou que entre 2002 e 2005 agentes da CIA em GTMO tentaram recrutar detentos para

"Na próxima quinta-feira, marquei um encontro com ████ ████████████████. Você vai falar com eles?"

"Sim, vou." Esta foi a primeira mentira que eu detectei, pois ████████████████████████████ tinha me dito: "Nenhum governo estrangeiro vai falar com você aqui, só nós, americanos!".*
Na verdade, eu ouvi falar que muitos detentos se encontraram com interrogadores não americanos, tais como ███████████████
██
██ estavam ajudando os Estados Unidos a extrair informação dos detentos ████████████████. Os interrogadores ██████████████████████
e os █████████████████████ ameaçaram alguns dos entrevistados com tortura quando voltassem para casa.

"Espero ver você em outro lugar", disse o interrogador ███████████████ a ██████████████████.

"Se nos encontrarmos no Turquestão você vai falar muita coisa!", o interrogador ███████████████████ disse a ███████████
███████████████████.**

---

servir de informantes e agentes duplos para os Estados Unidos. A CIA também ajudou a facilitar interrogatórios em Guantánamo conduzidos por agentes de inteligência estrangeiros. Adam Goldman e Matt Apuzzo, "Penny Lane, Other Secret CIA Facility em GTMO", Associated Press, 26 nov. 2013. Disponível em: <http://bigstory.ap.org/article/penny-lane-gitmos-other-secret cia-facility>.

* Provavelmente foi o "cavalheiro mais velho", ou um de seus outros interrogadores do FBI.

** Ao que parece essas citações foram dirigidas a dois detentos diferentes. O "Turquestão" não censurado nesta passagem sugere que MOS podia estar se referindo aos interrogatórios de detentos da etnia Uighur por agentes da Inteligência Chinesa em GTMO. Esses interrogatórios, que segundo relatos eram precedidos por períodos de privação de sono e de manipulação da temperatura, foram primeiramente revelados no relatório de maio de 2008 do inspetor-geral do DOJ, "A Review of the FBI's Involvement in and Observations of Detainee Interrogations in Guantanamo Bay, Afghanistan, and Iraq". Jornais da companhia McClatchy relataram que os interrogatórios ocorreram durante um dia e

Mas eu não estava com medo de falar com ninguém. Não tinha cometido crimes contra ninguém. Eu até queria falar, para provar minha inocência, uma vez que o lema dos americanos era "detentos no GTMO são culpados até provar sua inocência". Eu sabia o que me esperava quando chegasse a vez dos interrogadores ███████████████, e queria desabafar.

O dia chegou, e os guardas me pegaram e levaram ███████ ███████████████████, onde os detentos usualmente encontravam███████████████████████████████████████. Dois cavalheiros ███████████████████ estavam sentados do outro lado da mesa, e eu olhava para eles, acorrentado ao chão. █ ██ ██ ████ que fazia o papel do sujeito mau durante o interrogatório. Nenhum deles se apresentou, o que era completamente contrário a ██████████████████; só ficaram lá diante de mim como se fossem fantasmas, igual ao resto dos interrogadores secretos.*

"Você fala alemão, ou precisamos de um intérprete?", perguntou o ███████████████.

"Infelizmente não", respondi.

---

meio em setembro de 2002. Disponível em: <http://www.mcclatchydc.com/2009/07/16/72000/uighur-detainees-us-helped-chinese.html>.

* Provavelmente esses visitantes eram alemães. Em 2008, *Der Spiegel* relatou que em setembro de 2002 dois membros do Bundesnachrichtendienst (BND) e um membro do Departamento de Proteção da Constituição, agências estrangeira e doméstica da Inteligência Alemã, entrevistaram MOS durante noventa minutos em Guantánamo. Tudo indica que MOS se refere a dois desses visitantes, um mais velho e outro mais moço. John Goetz, Marcel Rosenbach, Britta Sandberg e Holger Stark, "From Germany to Guantanamo: The Career of the Prisioner No. 760", *Der Spiegel*, 9 out. 2008. Disponível em: <http://www.spiegel.de/international/world/from-germany-to-guantanamo-the-career-of-prisoner-no-760-a-583193.html>.

"Bem, você compreende a gravidade da questão. Viemos de ▮▮▮▮▮▮▮▮▮▮▮ para falar com você."

"Pessoas foram mortas", continuou o homem mais velho.

Eu sorri. "Desde quando vocês têm permissão para interrogar pessoas fora ▮▮▮▮▮▮▮▮▮▮?"

"Não estamos aqui para discutir as bases jurídicas de nosso interrogatório!"

"Eu poderia, em algum momento futuro, ter chance de falar com a imprensa e denunciar vocês", eu disse. "Embora não saiba seus nomes, eu os reconhecerei em fotografias, não importa o tempo que levar até lá!"

"Você pode dizer o que quiser, não vai conseguir nos atingir. Sabemos o que você andou fazendo", disse ele.

"Então vocês estão claramente se valendo da ilegalidade deste lugar para extrair de mim informação?"

"▮▮▮▮▮▮▮▮▮▮▮ Salahi, se quiséssemos, poderíamos pedir aos guardas que o pendurassem na parede para acabarmos com você!"* Quando ele mencionou os caminhos tortuosos de sua maneira de pensar, meu coração começou a bater mais forte, porque eu estava tentando me expressar cautelosamente e ao mesmo tempo evitar a tortura.

"Você não me assusta, não está falando com uma criança. Se continuar a falar comigo nesse tom, pode arrumar suas coisas e voltar para ▮▮▮▮▮▮▮▮▮▮▮."

"Não estamos aqui para processar você ou assustá-lo, só ficaríamos gratos se você respondesse a algumas perguntas que temos para fazer", disse ▮▮▮▮▮▮▮▮▮▮▮▮▮▮.

"Veja, estive em seu país, e você sabe que nunca me envolvi em nenhum tipo de crime. Além do mais, com que vocês estão

---

* Provavelmente, "Herr Salahi". "Salahi" é uma variante de pronúncia do sobrenome de MOS geralmente usada em documentos de tribunais nos Estados Unidos.

preocupados? Seu país nem sequer está ameaçado. Eu vivi pacificamente em seu país e nunca abusei de sua hospitalidade. Sou muito grato por toda a ajuda que recebi de seu país; não apunhalo pelas costas. Então que teatro é esse que vocês estão fazendo comigo?"

"███████ Salahi, sabemos que você é inocente, mas não fomos nós que o capturamos, foram os americanos. Não estamos aqui em nome dos Estados Unidos. Trabalhamos para ██████ ██████████████████████ e ultimamente evitamos alguns atentados bem ruins. Sabemos que não há possibilidade de que você saiba dessas coisas. No entanto, só queremos perguntar a você sobre dois indivíduos, ██████████████████████████████, e ficaríamos gratos se você respondesse a algumas perguntas sobre eles."

"É bem engraçado que vocês tenham vindo de ████████ ████████████ para me fazer perguntas sobre sua própria gente! Esses dois indivíduos são bons amigos meus. Frequentávamos as mesmas mesquitas, mas não tenho conhecimento de que estivessem envolvidos em quaisquer operações terroristas."

A sessão não durou muito mais do que isso. Eles me perguntaram como eu estava passando e como era a vida no campo e se despediram de mim. Nunca mais vi ████████████████ depois disso.

Enquanto isso, ██████████████████████████████ ████████ continuaram a me interrogar.

"Você conhece este sujeito, ██████████████████ ?", perguntou ████████████████.

"Não, não conheço", respondi com sinceridade.

"Mas ele conhece você!"

"Sinto muito, mas vocês devem estar com outra pasta, não a minha!"

"Não, nós lemos a sua pasta meticulosamente."

"Podem me mostrar a fotografia dele?"

"Sim. Vou lhe mostrar amanhã."

"Está bem. Talvez eu o conheça com outro nome!"

"Você sabe algo sobre as bases americanas na Alemanha?"

"Por que está me perguntando isso? Não fui para a Alemanha a fim de estudar as bases americanas, nem estou interessado nelas de forma alguma!", respondi com raiva.

"Meu povo respeita detentos que falam a verdade!", disse ██████████████, enquanto ███████████████ tomava notas. Captei a insinuação de que ele estava me chamando de mentiroso de maneira bem estúpida. A sessão estava terminada.

No dia seguinte ███████████████████ me chamou à parte no ███████████████████████ e me mostrou duas fotos. A primeira acabou se revelando de ███████████████████████, que era suspeito de ter participado do ataque de Onze de Setembro e fora capturado ███████████████████████████. A segunda foto era de ████████████████████████████ um dos sequestradores do Onze de Setembro. Quanto a ██████ ██████████████████, nunca tinha ouvido falar dele, nem sequer o vira, e quanto a ████████████████████████████, pensei já ter visto o sujeito, mas onde e quando? Não tinha a menor pista! Mas também pensei que o sujeito deveria ser muito importante, pois ████████████████████████ estavam juntos, agindo rápido para encontrar uma ligação minha com ele.* Naquelas circunstâncias, neguei ter visto o sujeito algum dia. Considerando

---

* A primeira foto provavelmente era de Ramzi bin al-Shibh, que foi capturado em tiroteio num subúrbio de Karachi, Paquistão, em 2002, bem naquela data, 11 de setembro. Em sua audiência a ARB de 2005, MOS contou ao comitê, "11 de setembro de 2002, os Estados Unidos prenderam um homem chamado Ramzi bin al-Shibh, que é tido como o homem-chave nos ataques de Onze de Setembro. Foi exatamente um ano depois do Onze de Setembro, e desde sua captura minha vida mudou drasticamente". Transcrição da ARB, 23.

bem, que aspecto teria o caso se eu dissesse que tinha visto o sujeito, mas não me lembrava onde e quando? Que interrogador iria acreditar em algo assim? Nenhum! E para ser honesto com você, eu estava assustadíssimo.

A equipe ███████ me chamou novamente no dia seguinte e me mostrou a foto de ███████████, e eu neguei conhecê-lo, da mesma forma que tinha feito no dia anterior. Minha negativa de conhecer um homem que eu na verdade não conhecia, só tinha visto rapidamente uma ou duas vezes e não tinha nenhuma outra associação com ele, alimentou todo tipo de teorias desvairadas que me ligavam aos ataques de Onze de Setembro. Os investigadores estavam afundando, e buscavam qualquer palha para se agarrar, e eu, pessoalmente, não queria ser bem essa palha.

███████████████████████████████████
███████████████████ disse ███████ "███████████
███████████████████████████████████
███████████████████████████████████
███████████████████████████████████
███████████████████████████████████
███████████████████████████████████
███████████████████████████████████
███████████████████████████████████
███████████████████████████████████
███████████████████████████████████
███████████ "

"Nos próximos dias!"

Entretanto fui transferido para ██████████████████, onde encontrei o ███████████████████████ ███████████ pela primeira vez. Ele era outro dos detentos considerados "célebres". ██████████████ tinha ouvido falar de minha história, e como todo ██████████████████, queria ter mais informações. De minha parte, eu também queria conversar com pessoas instruídas. Até onde posso julgar, █████████████ era um sujeito decente; me foi difícil imaginá-lo como criminoso.

Fiquei em ████████████████████████████ menos de duas semanas até ser transferido para ████████████████ ████████████████████ estava cheio de detentos europeus e norte-africanos. Pela primeira vez conheci ███████████████ ██████████ e █████████████████████████████████ ███.

███
███
███
███
███
███
███
███
███
███

███████████████████ em █████████████████████████
█████████████████ antes. Eu sempre queria saber para onde estava indo e por quê. Lembro que uma vez, quando a equipe de escolta se recusou a me dizer aonde estava indo: pensei que estavam me levando para minha execução.* Quando eu entrei ████████

---

* O extenso trecho censurado que se segue é uma das duas sequências de muitas páginas censuradas no manuscrito. A segunda, que ocorre no fim do capítulo 6, parece corresponder a um exame de MOS em polígrafo, realizado no fim do outono de 2003 (veja notas de rodapé nas pp. 374 e 376. Possivelmente esta primeira extensa censura também diz respeito ao exame no polígrafo. Em sua audiência à ARB em 2005, ao descrever seus interrogatórios pelo FBI durante o inverno de 2002, MOS disse: "Então eu aceitei o polígrafo e [Ramzi bin al-Shibh]

se recusou a submeter-se ao polígrafo por muitos motivos. Acontece que ele é muito contraditório, e ele mente. Eles mesmos me disseram isso. Disseram que minha credibilidade era alta porque eu tinha aceitado o polígrafo". Após sua captura em 11 de setembro de 2002, Ramzi bin al-Shibh foi mantido e interrogado em vários locais ocultos da CIA. Novos relatos sugerem que Bin al-Shibh foi interrogado numa instalação administrada pela CIA perto de Rabat, Marrocos, no final de setembro e durante todo o outono de 2002, e em 2010 o governo dos Estados Unidos admitiu que possuía videotapes do interrogatório de Bin al-Shibh em 2002 no Marrocos. Veja, por exemplo, <http://www.nytimes.com/2010/08/18/world/18tapes.html> e <http://hosted.ap.org/specials/interactives/wdc/binalshibh/content.swf>.

estava acompanhado por um ▮▮▮▮▮▮▮▮▮▮▮▮▮▮▮▮▮ intérprete do árabe. Ele era muito fraco nessa língua. ▮▮▮▮▮▮▮▮

████████████████████████████████
██████████████████████████████████
████████████████████████████████████
██████████████████████████████████
████████████████████████.

Após alguns dias, fui levado para um interrogatório.

"Como vai você?", disse ███████████████████. Fazia muito tempo que eu não o via.

"Bem!"

████████████████████ estavam em ███████████

████████, quando você concordou ███████████
████████████████████████████████
████████████████████████████████
██████████████████████████████████
████████████████████████████████
████████████████████████████████
████████████████████████████████
██████████████████████████████████
████████████████████████████████
████████████████████████████████
████████████████████████████████
██████████████████████████████████
████████████████████████████████
████████████████████████████████
████████████████████████████████
██████████████████████████████████
████████████████████████████████
████████████████████████████████
████████████████████████████████
██████████████████████████████████
████████████████████████████████
████████████████████████████████
████████████████████████████████

▬▬▬▬▬▬▬▬▬▬▬▬ época posterior, houve muitos casos, a maioria causados pelo desespero dos detentos. Interrogatórios intermináveis. Desrespeito pelo sagrado Corão por parte de alguns guardas. Tortura de detentos, ao obrigá-los passar a noite num quarto muito frio (embora esse método não fosse praticado tanto quanto seria na época de ▬▬▬▬▬▬ ▬▬). Decidimos, pois, começar uma greve de fome; muitos detentos participaram, inclusive eu. Mas só pude fazer a greve durante quatro dias, depois disso virei um fantasma.*

---

* Mais adiante no manuscrito, MOS escreve que participou de uma greve de fome em setembro de 2002, e há notícias que relatam uma greve de fome no final de setembro e em outubro daquele ano (veja, por exemplo, em <http://america.aljazeera.com/articles/multimedia/guantanamo-hungerstriketimeline.html>, que cita um documento do FBI que atribui esse protesto à revolta com o tratamento dispensado pelos guardas e a detenção continuada sem julgamento ou processo legal). A greve de fome ocorreu no fim da gestão do major-general Michael E. Dunlavey, que foi o comandante de JTF-170, as operações da inteligência em Guantánamo, de fevereiro a outubro de 2002. Ele foi sucedido pelo major-general Geoffrey D. Miller, que se tornara, em novembro de 2002, o comandante de JTF-GTMO, que abrangia todas as operações em Guantánamo. O Comitê das Forças Armadas do Senado tinha documentado em grande extensão a tendência a interrogatórios mais abusivos em outubro e novembro de 2002, o que incluía o desenvolvimento do primeiro "Plano Especial de Interrogatório" dos militares para Mohammed al-Qahtani. Em 2 de dezembro de 2002, o secretário da Defesa Donald Rumsfeld assinou memorando autorizando métodos de interrogatório que incluíam a nudez, posturas forçadas, de pé e em posições de estresse, e interrogatórios com vinte horas de duração. Comitê das Forças Armadas do Senado dos Estados Unidos, "Inquiry in the Treatment of Detainees in U.S. Custody", 20 nov. 2008. Disponível em: <http://www.armed-services.senate.gov/imo/media/doc/Detainee-Report-Final_April-22-2009.pdf> (doravante citado como Sasc).

"Não entregue os pontos, você vai enfraquecer o grupo", disse meu vizinho saudita.

"Eu disse a vocês, camaradas, que ia fazer greve de fome, não que ia cometer suicídio. Vou entregar os pontos", respondi.

███████████████████████████████

███████████████████████. Ele era o tipo de homem a ser escolhido para as tarefas mais sujas, quando muitos outros tinham fracassado. ██████████era muito radical em seu ódio. Ele mudou completamente as políticas de detenção em GTMO, em todos os aspectos. ████████████████████████████

████████████████████████████

████████████████████████████
████████████████████████████
████████████████████████████
████████████████████████████
████████████████████████████
████████████████████████████
████████████████████████████
████████████████████████████
████████████████████████████

██████████████████. Um dia no paraíso, no dia seguinte no inferno. Detentos desse nível ficam completamente à mercê de seus interrogadores, o que era muito conveniente para os interrogadores. ████████████████████████████

████████████████████████████
████████████████████████████
████████████████████████████
████████████████████████████
████████████████████████████
████████████████████████████.

E eu pensava, que diabo está acontecendo, nunca tive problemas com os guardas, estou dando respostas a meus interrogadores e cooperando com eles. Mas eu deixei escapar que cooperação significava dizer a seus interrogadores o que quer que eles quisessem ouvir.

Puseram-me mais uma vez em ██████████████ fim ██████████████.*
Uma equipe de escolta apareceu em ██████████████ em frente a minha cela.

"760, convocado", disseram.

"O.k., deem-me só um segundo!" Eu me vesti e lavei o rosto. Meu coração começou a bater forte. Eu detestava interrogatório; tinha ficado cansado de ser aterrorizado o tempo todo, vivendo em temor constante entra dia sai dia nos últimos treze meses.

"Que Alá esteja convosco! Fique com a cabeça ligada! Eles trabalham para Satã!", gritaram meus colegas detentos para me manter inteiro, como sempre fazíamos quando alguém era levado para interrogatório. Eu detestava o som das pesadas correntes metálicas; mal posso arrastá-las quando as colocam em mim. Pessoas estavam sempre sendo levadas do bloco, e cada vez que eu ouvia as correntes, pensava que seria eu. Nunca se sabe o que vai acontecer no interrogatório; tinha vezes em que as pessoas não voltavam para o bloco, simplesmente desapareciam. Isso aconteceu com um colega detento do Marrocos, e aconteceria comigo, como vão ficar sabendo, se Deus quiser.

Quando entrei na sala em ██████████████ ██████████████ ela estava cheia de ██████████████ ██████████████ ██████████████ ██████████████.**

---

* Isso ocorreu no final de 2002.

** O relatório de 2008 do inspetor-geral do DOJ identifica os dois agentes do FBI que entrevistaram MOS a partir desse ponto até que ele fosse entregue à Força-

"Oi!"

"Oi!"

"Escolhi ████████████████████████ com base na experiência e maturidade deles. Eles cuidarão de seu caso de agora em diante. Há uma ou duas coisas que precisam ser completadas no seu caso. Por exemplo, você não nos contou tudo sobre ████ ████████████████████. Ele é um sujeito muito importante ████████████████████."

"Em primeiro lugar, eu contei a vocês o que sei sobre ████ ████████████████ apesar de não ter de lhes dar informação sobre ninguém. Estamos falando aqui sobre mim. Em segundo lugar, para que eu continue a cooperar com vocês, preciso que vocês respondam a uma pergunta: POR QUE ESTOU AQUI? Se não me derem a resposta, podem me considerar um detento não existente." Mais tarde eu soube, de meus grandes advogados ████████ ████████████████████████ que a fórmula mágica para minha solicitação é uma petição por um mandado de habeas corpus. Obviamente, essa expressão não faz sentido para um mortal mediano como eu. A pessoa mediana diria apenas: "Por que diabos vocês estão me prendendo?". Não sou advogado, mas o bom senso estipula que após passar três anos me interrogando e me privando da liberdade, o governo pelo menos me deve uma explicação de por que está fazendo isso. Qual é exatamente meu crime?

"Isso não faz sentido: é como se alguém desistisse de uma viagem de dez quilômetros depois de ter viajado nove quilôme-

---

-Tarefa do JTF-GTMO, em maio de 2003, sob os pseudônimos "Poulson" e "Santiago". O contexto sugere que o grupo na sala incluía também um interrogador militar e um tradutor que falava francês. De acordo com o relatório do DOJ IG, a equipe incluía, nesse momento, um detetive da Força-Tarefa Conjunta para Terrorismo do Departamento de Polícia de Nova York, que interrogou Slahi por intermédio de "Poulson" em janeiro de 2003. DOJ IG, pp. 295-9.

tros", disse ▓▓▓▓▓▓▓▓▓. Seria mais exato se ele tivesse dito "uma viagem de 1 milhão de quilômetros depois de ter viajado um quilômetro".

"Olhe, é simples como o ABC: responda a minha pergunta e vou cooperar totalmente com você."

"Não tenho a resposta!", disse ▓▓▓▓▓▓▓▓▓.

"Nem eu!", respondi.

"Está escrito no Corão que quem mata uma só alma é como se tivesse matado toda a humanidade", disse o tradutor francês, tentando alcançar uma trégua. Eu olhei para ele de lado, desrespeitosamente.

"Não sou o cara que vocês estão procurando!", eu disse em francês, e repeti num inglês claro.

▓▓▓▓▓▓▓▓▓ começou. "Estou certo de que você é contra matar pessoas. Não estamos procurando você. Estamos procurando os sujeitos que estão por aí tentando atingir inocentes." Ele disse isso enquanto me mostrava um monte de fotografias fantasmagóricas. Recusei olhar para elas, e sempre que ele tentava colocá-las à minha vista eu olhava para algum outro lugar. Não queria lhe dar nem mesmo a satisfação de ter me feito olhar para elas. "Veja, ▓▓▓▓▓▓▓▓▓▓▓▓▓▓▓▓▓ está cooperando, e ele tem uma boa probabilidade de ter sua sentença reduzida para 27 anos, e ▓▓▓▓▓▓▓▓▓▓▓ é realmente uma pessoa má. Alguém como você só precisa falar cinco minutos, e será um homem livre", disse ▓▓▓▓▓▓▓▓▓. Ele podia ser qualquer coisa, menos razoável. Quando pensei no que ele tinha declarado, meu Deus, um sujeito que estava cooperando ia ser trancado por mais 27 anos, depois disso não seria capaz de usufruir de nenhum tipo de vida. Que espécie de país tão rude é este? Sinto dizer que a declaração de ▓▓▓▓▓▓▓▓▓ não merecia uma resposta. Ele e ▓▓▓▓▓▓▓▓▓ tentaram argumentar com a ajuda do sujeito do MI, mas eu não tinha convicção para falar.

128

Pode-se dizer que os interrogadores estavam ficando acostumados com detentos que se recusavam a cooperar depois de ter cooperado por algum tempo. Assim como eu estava aprendendo com outros detentos a deixar de cooperar, os interrogadores estavam aprendendo uns com os outros a lidar com os detentos não cooperativos. A sessão foi encerrada e fui mandado de volta a minha cela. Estava contente comigo mesmo, uma vez que eu não pertencia oficialmente à maioria, a dos detentos não cooperativos. Eu não ligava tanto para o fato de ser preso injustamente pelo resto da minha vida; o que me deixava louco era também esperarem que eu cooperasse. Vocês me prendem, eu não lhes dou informações. E ficamos os dois tranquilos.

■■■■■■■■■■■■■■■ as sessões continuaram com a nova equipe. ■■■■■■■■■■ raramente comparecia às sessões; "Não virei enquanto você não nos der cada informação que você tem para dar", ele disse uma vez. "De novo, é porque somos americanos que tratamos vocês de acordo com nossos altos padrões. Olhe o ■■■■■■■■■■■■■■■■, estamos oferecendo a ele a mais recente tecnologia médica."

"Vocês só querem mantê-lo vivo porque ele pode ter algumas informações, e se ele morrer, elas morrerão com ele!", respondi. Os interrogadores dos Estados Unidos sempre tendiam a mencionar comida e tratamento médico ilimitados para os detentos. Eu não compreendo que outras opções eles teriam! Eu, pessoalmente, tinha sido um detento em países não democráticos, e o tratamento médico era de alta prioridade. O bom senso determina que se um detento ficar gravemente doente não haverá informações, e é bem provável que ele morra.

Passamos quase dois meses nessas argumentações. "Levem-me para o tribunal, e responderei a suas perguntas", eu dizia à equipe.

"Não haverá tribunal!", eles respondiam.

"Vocês são uma máfia? Vocês sequestram pessoas, as mantêm trancadas e as chantageiam", eu disse.

"Vocês são um caso problemático para a aplicação da lei", disse ▮▮▮▮▮▮▮▮▮▮▮▮▮▮. "Não podemos aplicar a lei convencional em vocês. Só precisamos de evidência circunstancial para fritar vocês."

"Não fiz nada contra o seu país, fiz?"

"Você é parte de uma grande conspiração contra os Estados Unidos!", disse ▮▮▮▮▮▮▮▮▮▮▮▮▮.

"Você pode fazer essa acusação a qualquer pessoa! O que foi que eu fiz?"

"Eu não sei, me diga você!"

"Ouça, vocês me raptaram de minha casa na Mauritânia, não de um campo de batalha no Afeganistão, porque suspeitavam que eu participei do Complô do Milênio — o que eu não fiz, como vocês sabem agora. Então qual é a acusação seguinte? Tenho a impressão de que vocês querem inventar uma merda qualquer para mim."

"Não quero inventar uma merda para você. Só queria que você tivesse acesso a alguns relatórios, como nós temos!", disse ▮▮▮▮▮▮▮▮▮▮.

"Não me importa o que dizem os relatórios. Só queria que você desse uma olhada nos relatos de janeiro de 2000 que me ligam ao Complô do Milênio. E você, depois que ▮▮▮▮▮▮▮▮▮▮ ▮▮▮▮ cooperou, sabe agora que não participei dele."*

---

* Neste e no próximo parágrafo, o assunto pode ser Ahmed Ressam. Ressam foi preso quando tentava entrar nos Estados Unidos a partir do Canadá, num carro carregado com explosivos, em 14 de dezembro de 1999; no ano seguinte foi condenado por planejar um atentado à bomba contra o Aeroporto Internacional de Los Angeles no dia do Ano-Novo de 2000, como parte do que ficou conhecido como o Complô do Milênio. Em maio de 2001, depois do veredicto de culpado e antes da sentença, Ressam começou a cooperar com as autoridades

"Não penso que você tenha participado dele, nem creio que você conheça ███████████." Mas sei que você conhece pessoas que conhecem ████████████", disse ██████████ ██████.

"Não sei, mas não vejo onde está o problema, se o caso é este", respondi. "Conhecer alguém não é crime, não importa quem seja ele."

Um jovem egípcio que servia de intérprete naquele dia tentou me convencer a cooperar. "Olhe, vim até aqui, sacrificando meu tempo para ajudar vocês, camaradas, e a única maneira de vocês se ajudarem é falando", ele disse.

"Você não se envergonha de trabalhar para essas pessoas vis, que prendem seus irmãos de fé sem outro motivo que não serem muçulmanos", eu lhe perguntei. "███████████, sou mais velho que você, falo mais línguas, tenho uma formação acadêmica su-

---

dos Estados Unidos em troca de garantias de que teria a pena reduzida. Um tribunal de apelações dos Estados Unidos escreveu mais tarde que "Ressam continuou a cooperar até o início de 2003. No decurso dessa cooperação de dois anos, ele teve 65 horas de julgamento e de depoimento testemunhal, e 205 horas de contribuições e inquirições. Ressam forneceu informações aos governos de sete países diferentes e testemunhou em dois julgamentos, ambos os quais terminaram com a condenação dos réus. Deu os nomes de pelo menos 150 pessoas envolvidas em terrorismo e descreveu muitas outras. Também forneceu informações sobre explosivos, o que potencialmente salvou as vidas de agentes da lei, e extensa informação sobre a mecânica das operações do terrorismo global". Como mos indica aqui, Ressam nunca o citou ou o implicou de nenhuma forma em todas essas sessões. Ressam mais tarde refutou alguns de seus testemunhos que envolviam outros no Complô do Milênio. Ele recebeu originalmente uma sentença de 22 anos com cinco anos de supervisão após sua libertação. Em 2010, o Tribunal de Apelações da Nona Circunscrição determinou que a sentença era leniente demais e violava a linha-mestra mandatória das sentenças, e reenviou o caso a um juiz federal para uma nova sentença. A opinião do tribunal está disponível em: <http://cdn.ca9.uscourts.gov/datastore/opinions/2010 /02/02/09-30000.pdf>.

perior, e estive em mais países do que você esteve. Entendo que você queira aproveitar e fazer dinheiro. Se está querendo enganar alguém, é só você mesmo!" Eu só estava tão irritado porque ele falou comigo como se eu fosse criança. ███████████████ ███████████████████████████████ ficaram só olhando. Essa conversa se repetiu várias vezes em diferentes sessões. Eu continuei dizendo: "Vocês me dizem por que estou aqui, e eu coopero; vocês não me dizem, não vou cooperar. Mas podemos falar sobre qualquer outra coisa além do interrogatório". ██████████████████████ gostou da ideia. Ele me assegurou que ia pedir a seu chefe que lhe informasse o motivo de minha prisão, pois ele mesmo não sabia. Enquanto isso, ele me contou muita coisa sobre a cultura e a história americanas, sobre os Estados Unidos e o islã, e sobre os Estados Unidos e o mundo árabe. A equipe começou a trazer filmes; assisti a *The Civil War*, sobre muçulmanos nos Estados Unidos, e vários outros programas do Frontline sobre terrorismo. "Toda essa merda acontece por causa do ódio", ele dizia. "O ódio é o motivo de todas as catástrofes."

██████████████████████, ele estava interessado em obter informação o mais rápido possível utilizando métodos clássicos da polícia. Um dia ele me ofereceu um McDonald's, mas recusei porque não queria ficar devendo nada a ele. "O Exército está se esforçando para levar você para um lugar muito ruim, e não queremos que isso aconteça!", ele me advertiu.

"Deixem que me levem para lá; vou me acostumar com isso. Vocês me mantêm na prisão quer eu coopere quer não, então por que deveria cooperar?" Eu disse ainda sem saber que os americanos usam de tortura para facilitar interrogatórios. Eu estava muito cansado de ser levado diariamente para ser interrogado. Minhas costas conspiravam contra mim. Eu até procurei ajuda médica.

"Você não pode ficar sentado durante tanto tempo", disse o fisioterapeuta ███████████████████ .

"Por favor, diga isso a meus interrogadores, pois eles me fazem ficar sentado durante longas horas, todos os dias."

"Vou escrever um bilhete, mas não estou seguro de que vai adiantar alguma coisa", respondeu.

Não adiantou. Em vez disso, em fevereiro de 2003, ▮▮▮▮▮ ▮▮▮▮▮▮▮▮▮ lavou as mãos em relação a mim.*

"Eu vou embora, mas se você estiver disposto a falar sobre suas conversas telefônicas, chame por mim, e eu voltarei", disse ele.

"Eu lhe garanto, não vou falar sobre nada a menos que respondam à minha pergunta: por que estou aqui?"

---

* Este pode ter sido o interrogador do Departamento de Polícia de Nova York que o relatório DOJ IG indica ter participado da equipe de interrogatório em janeiro de 2003. O relatório descreve o detetive do NYPD que MOS identificou como "Tom", que "disse a Slahi que, se ele não explicasse certos telefonemas, seria enviado para um 'lugar muito ruim'". DOJ IG, 299.

ANTES

UNCLASSIFIED//FOR PUBLIC RELEASE

~~SECRET//NOFORN~~   ~~PROTECTED~~

285

or crying. ~~Ultl~~ Ultimately I ended up doing both. I kept reading the short message over and over. I knew it was for real ~~from~~ my mom not like the fake one I got one year ago. The only problem I couldn't respond the letter b/c I was still then not allowed to see the ICRC.

was the one who handed me that historical piece of paper. The ~~First~~ Unofficial Laughter in the ocean of Tears: [ ] kept getting me English ~~litterature books~~ I enjoyed reading, most of them were Western. But I ~~remember~~ still remember one book called The Catcher in The Rye that made me laugh until my stomach hurt. I was a funny book. I ~~keep~~ tried to keep my laughter as low as possible and pushing it down, but the guards felt something — "Are you crying?" asked me one of them — "No, I am alright!" I responded. And since interrogators are not professional come dians, most of the humour they, some times, came up with ~~was~~ a bunch of lame jokes that really didn't make me laugh, but I ~~forced myself to always to an~~ official smile. [ ]

[ ] came on sunday morning and waited outside the ~~building~~. [ ] appeared before my cell [ ]. I didn't recognize him. I thought he was a new interrogator. But he spoke I knew it was him. "~~Are~~ [ ]" — "Don't worry. Your interrogator is waiting outside on you". — I was overwhelmed and terrified at the same time. It was too much for me. ~~Looki~~ [ ] led me outside the building where [ ]

~~SECRET//NOFORN~~   ~~PROTECTED~~

UNCLASSIFIED//FOR PUBLIC RELEASE

2. Senegal-Mauritânia

21 de janeiro de 2000-19 de fevereiro de 2000

Primeira prisão no Senegal... Chegando em casa sob escolta... O primeiro interrogatório na Mauritânia... Empacado num beco sem saída... Os Estados Unidos dramatizam a questão

Uma lenda popular mauritana conta a história de um homem que tinha fobia de galos e quase perdia a razão sempre que se deparava com um galo.

"Por que você tem tanto medo do galo?", perguntou-lhe o psiquiatra.

"O galo pensa que eu sou milho."

"Você não é milho. Você é um homem muito grande. Ninguém pode confundir você com um pequeno grão de milho", disse o psiquiatra.

"Eu sei disso, doutor. Mas o galo não sabe. Seu trabalho é ir até ele e convencê-lo de que eu não sou milho."

O homem nunca ficou curado, uma vez que falar com um galo é uma coisa impossível. Fim da história.

Há anos venho tentando convencer o governo dos Estados Unidos de que eu não sou milho. Tudo começou em janeiro de 2000, quando estava voltando para a Mauritânia após ter vivido doze anos no exterior. Às oito da noite de ████████████████████████████, meus amigos ██ me deixaram no aeroporto Dorval, em Montreal. Peguei o voo noturno da Sabena para Bruxelas e ia continuar para Dakar na tarde seguinte.* Cheguei a Bruxelas pela manhã, sonolento e exaurido. Desabei em um dos bancos do setor internacional, usando minha sacola como travesseiro. Uma coisa era certa: qualquer um poderia roubar minha sacola, tão cansado eu estava. Dormi por uma ou duas horas, e quando acordei, procurei um banheiro onde eu pudesse me lavar, e um lugar para rezar.

O aeroporto era pequeno, organizado e limpo, com restaurantes, lojas duty-free, cabines telefônicas, computadores com internet, uma mesquita, uma igreja, uma sinagoga e um lugar para consulta psicológica, para ateus. Eu examinei todas as casas de Deus e fiquei impressionado. Pensei: Este país bem que podia ser um lugar onde eu gostaria de morar. Por que não então simplesmente pedir asilo? Eu não teria problemas: falo a língua e tenho qualificação suficiente para arranjar um emprego no coração da Europa. Na verdade eu já tinha estado em Bruxelas, e gostei da vida multicultural e dos múltiplos aspectos da cidade.

Eu tinha deixado o Canadá sobretudo porque os Estados Unidos tinham atiçado seus serviços de segurança sobre mim, mas sem me prender, eles só começaram a me vigiar. Ser vigiado

---

* As transcrições das audiências no Tribunal para Revisão do Status de Combatente (CSRT) de MOS em 2004 e na Junta Administrativa de Revisão em 2005 deixam claro que a data é 21 de janeiro de 2000. A transcrição do CSRT está disponível em: <http://online.wsj.com/public/resources/documents/couch-slahi-hearing-03312007.pdf>. Transcrição do CSRT, 6; transcrição da ARB, 16.

é melhor do que ser posto numa prisão, agora me dou conta disso; no final das contas, eles teriam constatado que eu não sou um criminoso. "Eu nunca aprendo", como minha mãe sempre diz. Nunca acreditei que os Estados Unidos estavam maldosamente tentando me pegar num lugar onde a lei nada tivesse a dizer. A fronteira estava a polegadas de distância. Se eu tivesse cruzado a fronteira, nunca teria escrito este livro.

Em vez disso, na pequena mesquita, fiz o ritual da lavagem e rezei. Estava tudo muito silencioso; reinava a tranquilidade. Eu me sentia tão cansado que me deitei na mesquita, li o Corão por algum tempo e caí no sono.

Acordei com a movimentação de outro sujeito que tinha vindo rezar. Ele parecia conhecer o lugar e ter passado muitas vezes por esse aeroporto. ████████████████████████ ███████████████████. Cumprimentamo-nos após ele terminar sua oração.

"O que você está fazendo aqui?", ele me perguntou.

"Estou em trânsito. Vim do Canadá, e estou indo para Dakar."

"De onde você é?"

"Da Mauritânia. E você?"

"Sou do Senegal. Sou comerciante, faço negócios entre meu país e os Emirados. Estou esperando o mesmo voo que você."

"Que bom!", eu disse.

"Vamos descansar. Sou membro do Clube Tal e Tal", ele sugeriu, não lembro o nome do clube. Fomos para o clube, e era simplesmente espantoso: TV, café, chá, biscoitos, uma poltrona confortável, jornais. Fiquei maravilhado, e passei a maior parte do tempo dormindo na poltrona. A certa altura meu novo amigo ███████████████ quis almoçar, e me acordou para fazer o mesmo. Fiquei preocupado de não poder voltar, porque eu não tinha um cartão do clube e só tinham me deixado entrar porque meu amigo ████████████████ havia mostrado seu cartão de membro. Contudo, meu estômago falou mais alto, e decidi sair e comer alguma coisa. Fui até o balcão da Sabena Airlines, pedi meu tíquete de refeição grátis e achei um restaurante. A maior parte dos pratos incluía carne de porco, e assim decidi por uma refeição vegetariana.

Voltei para o clube e esperei até que meu amigo e eu fôssemos chamados para o voo Sabena #502 para Dakar. Eu tinha escolhido Dakar porque era muito mais barato do que um voo direto para Nouakchott, na Mauritânia. Dakar fica a apenas 480 quilômetros de Nouakchott, e eu tinha combinado com minha família que eles me pegariam lá. Até aí, tudo bem; pessoas fazem isso o tempo todo.

Durante o voo eu estava cheio de energia, porque tinha dormido bem no aeroporto de Bruxelas. A meu lado estava uma jovem francesa que morava em Dakar, mas estudava medicina em Bruxelas. Fiquei pensando que talvez meus irmãos não chegassem ao aeroporto a tempo e eu teria de passar algum tempo num hotel. A moça francesa, generosa, me esclareceu como eram os preços em Dakar, e como os senegaleses tentam cobrar a mais dos estrangeiros, especialmente os motoristas de táxi.

O voo durou cerca de cinco horas. Chegamos por volta de onze da noite, e todo o lance das formalidades levou cerca de trinta minutos. Quando estava pegando minha mala na esteira, dei com meu amigo ▮▮▮▮▮▮▮▮▮▮▮ e nos despedimos.* Assim que saí levando minha mala, vi meu irmão ▮▮▮▮▮▮▮▮▮ sorrindo; ele obviamente tinha me visto antes que eu o visse. ▮▮▮▮▮▮▮▮▮▮▮ estava acompanhado de meu outro irmão ▮▮▮▮▮▮▮▮▮▮ e dois amigos dele que eu não conhecia.

---

* O contexto e os eventos que se seguem deixam claro que este era o homem de negócios senegalês com quem ele tinha passado um tempo no aeroporto de Bruxelas.

▆▆▆▆▆▆▆▆▆▆ pegou minha mala e fomos até o estacionamento. Gostei do cálido clima noturno que me envolveu assim que ultrapassei o portão de desembarque. Estávamos conversando, perguntando um ao outro como iam as coisas. Quando atravessamos a rua, não posso, honestamente, descrever o que aconteceu comigo. Tudo que sei é que em menos de um segundo minhas mãos estavam acorrentadas atrás das costas e eu cercado por um bando de fantasmas que me isolaram do resto de meu grupo. Primeiro pensei que era um assalto à mão armada, mas depois se constatou que era um assalto de outro tipo.

"Nós o estamos prendendo em nome da lei", disse o agente especial enquanto fechava as algemas em torno de minhas mãos.

"Estou preso!", eu gritei a meus irmãos, os quais eu já não conseguia ver. Imaginei que, se notassem de repente minha falta, isso seria penoso para eles. Não sabia se tinham me ouvido ou não, mas como depois se viu eles de fato me ouviram, porque meu irmão ▆▆▆▆▆▆▆▆▆▆ ficou rindo de mim depois, dizendo que eu não era corajoso, já que tinha pedido ajuda. Talvez eu não seja, mas foi isso que aconteceu. O que eu não sabia era que meus dois irmãos e seus dois amigos haviam sido presos no mesmo momento. Sim, seus dois amigos, um que viera com meus irmãos de Nouakchott, e o outro, seu irmão, que vive em Dakar e só tinha vindo com eles ao aeroporto a tempo de ser preso como parte de uma "gangue": quanta sorte!

Honestamente, eu não estava preparado para essa injustiça. Se eu soubesse que os investigadores dos Estados Unidos eram capazes de tanta injustiça, eu não teria deixado o Canadá, ou mesmo a Bélgica, quando estava lá em trânsito. Porque os Estados Unidos não me prenderam na Alemanha? A Alemanha é dos aliados mais próximos dos Estados Unidos. Por que os Estados Unidos não me prenderam no Canadá? O Canadá e os Estados Unidos são quase o mesmo país. Os interrogadores e investigadores dos Estados

Unidos alegam que eu deixei o Canadá por medo de ser preso, mas isso não faz o menor sentido. Em primeiro lugar, eu saí usando meu passaporte com meu verdadeiro nome, depois de cumprir todas as formalidades, inclusive tudo quanto é tipo de registros. Em segundo lugar, é melhor ser preso no Canadá ou na Mauritânia? É claro que no Canadá! Ou então, por que os Estados Unidos não me prenderam na Bélgica, onde fiquei quase doze horas?

Entendo a raiva e a frustração dos Estados Unidos diante de ataques terroristas. Mas atirar-se sobre indivíduos inocentes e fazê-los sofrer, em busca de falsas confissões, não ajuda ninguém. Só faz agravar o problema. Eu diria sempre aos agentes dos Estados Unidos: "Caras! Tenham calma! Pensem antes de agir! Considerem uma pequena percentagem de possibilidade de que vocês podem estar enganados antes de ferir alguém irreparavelmente!". Mas quando alguma coisa ruim acontece, as pessoas começam a desatinar e a perder a compostura. Tenho sido interrogado durante os últimos seis anos por mais de cem interrogadores de diferentes países, e eles têm uma coisa em comum: confusão. Talvez os governos queiram que seja assim, quem vai saber?

Seja como for, a polícia local no aeroporto interveio quando viram aquele entrevero — as Forças Especiais estavam vestidas em roupas civis, e assim não eram muito diferentes de um bando de bandidos tentando assaltar alguém —, mas o sujeito atrás de mim exibiu um distintivo mágico, o que imediatamente fez os policiais recuarem. Nós cinco fomos jogados num caminhão de gado, e logo tínhamos outro companheiro, o sujeito que eu tinha conhecido em Bruxelas, só porque tínhamos nos despedido junto à esteira da bagagem.

Os guardas entraram junto conosco. O líder do grupo sentou na frente, no lugar do carona, mas podia nos ver e ouvir porque o vidro que normalmente separa o motorista do gado não estava mais lá. O caminhão arrancou como numa cena de perseguição de Hollywood. "Você vai matar a gente", deve ter dito um dos guardas, porque o motorista desacelerou um pouco. O sujeito local que tinha vindo ao aeroporto com meus irmãos estava perdendo o controle; ficava o tempo todo cuspindo algumas palavras indistintas que expressavam sua apreensão e sua infelicidade. Depois soubemos que o cara pensou que eu era um traficante de drogas e ficou aliviado quando a suspeita passou a ser de terrorismo! Como eu era o protagonista, me senti mal por causar tanto transtorno a tanta gente. Meu único consolo era que eu não tivera essa intenção — e também, naquele momento, o medo suplantava em meu coração o resto de minhas emoções.

Quando sentei no áspero assoalho, me senti melhor, cercado pelo calor de uma companhia, inclusive a dos agentes das Forças Especiais. Comecei a recitar o Corão.

"Cale-se!", disse o chefe no banco da frente. Eu não me calei; abaixei o tom de voz, mas não o suficiente para o chefe. "Cale-se!", ele disse, dessa vez erguendo seu cassetete para me bater. "Você está tentando nos lançar um feitiço!" Eu sabia que ele estava falando sério, e assim rezei com o coração. Não tinha tentado lançar nenhum feitiço, nem sabia como fazê-lo, mas os africanos são das pessoas mais crédulas que já conheci.

A viagem durou entre quinze e vinte minutos, e assim passava um pouco da meia-noite quando chegamos ao Comissariado de Polícia. Os mentores da operação ficaram atrás do caminhão, envolvidos numa discussão com meu amigo de Bruxelas. Não entendi nada; estavam falando na língua local ▮▮▮▮▮▮▮▮▮▮▮▮.⋆ Após breve discussão, o sujeito pegou sua pesada bagagem e foi embora. Quando perguntei a meus irmãos mais tarde o que ele havia contado à polícia, eles me disseram que ele tinha dito que

---

⋆ A língua provavelmente é o uólofe; é novamente mencionada, sem tarja, algumas páginas depois. Manuscrito de MOS, 436.

me vira em Bruxelas e nunca antes disso, e que não sabia que eu era um terrorista.

Agora éramos cinco pessoas presas dentro do caminhão. Estava muito escuro do lado de fora, mas posso dizer que havia gente chegando e indo embora. Esperamos no caminhão entre quarenta minutos e uma hora. Eu ficava cada vez mais nervoso e com medo, especialmente quando o sujeito no banco da frente disse: "Detesto trabalhar com os brancos", e talvez tenha usado a palavra "mouros", o que me fez acreditar que estavam esperando uma equipe da Mauritânia. Comecei a sentir náusea, meu coração era uma pluma, e eu me encolhi todo para me segurar. Pensei em todos os tipos de tortura de que tinha ouvido falar, e quanto dela poderia sofrer essa noite. Fiquei cego, uma espessa nuvem se formou ante meus olhos. Não consegui ver nada, e fiquei surdo; depois daquela declaração, tudo que conseguia ouvir eram sussurros indistintos. Perdi a sensação de ter meus irmãos comigo no mesmo caminhão. Imaginei que só Deus poderia me ajudar na situação em que estava. Deus nunca falha.

"Saia", gritou o sujeito, impaciente. Avancei com esforço e um dos guardas me ajudou a pular para o degrau e sair. Fomos conduzidos a um pequeno quarto que já estava tomado de mosquitos, bem a tempo de eles começarem sua festa. Nem mesmo esperaram que adormecêssemos; começaram logo a realizar seu trabalho, fazendo-nos em pedaços. O curioso em relação aos mosquitos é que eles são tímidos quando em grupos pequenos, e agressivos em grupos grandes. Quando em grupos pequenos, eles esperam que você adormeça, mas se, ao contrário, os grupos são grandes, começam logo a provocá-lo, como se dissessem: "O que você pode fazer a respeito?". De fato, nada. O toalete estava tão imundo quanto é possível estar, o que o tornava um ambiente ideal para a proliferação de mosquitos.

Eu era a única pessoa acorrentada. "Eu te bati?", perguntou o sujeito enquanto tirava as algemas.

"Não, você não bateu." Quando olhei, notei que já tinha marcas em torno dos pulsos. Os interrogadores começaram a nos trazer um a um para interrogatório, a começar pelos estrangeiros. Foi uma longa, assustadora, sombria e triste noite.

Minha vez chegou pouco antes da primeira luz do dia. Na sala de interrogatório havia dois homens ████████████ ██ ██ █████████████████████████, um interrogador homem e seu anotador.* O [A] chefe de polícia ████████████ era responsável pela delegacia, mas ███ não participava do interrogatório; ███ parecia tão cansado[a] que ███ adormeceu várias vezes de puro tédio. O [A] americano[a] tomava notas, e às vezes ███ passava as notas ao interrogador. O interrogador era um ████████████ tranquilo, magro, esperto, certamente religioso e pensador profundo.

"Temos alegações muito graves contra você", ele disse, tirando um grosso maço de papéis de um envelope amarelo-claro. Antes que os puxasse pela metade já se podia ver que tinha lido aquilo muitas vezes. E eu já sabia sobre o que ele ia falar, porque os canadenses já tinham me entrevistado.

"Eu não fiz nada. Os Estados Unidos querem conspurcar o islã atribuindo coisas horríveis aos muçulmanos."

* Parece que o elenco era constituído de dois homens e duas mulheres: o interrogador senegalês e seu anotador, ambos homens; e a chefe de polícia senegalesa e uma americana, que os pronomes censurados sugerem serem ambas mulheres.

"Você conhece ████████████████████?"*

"Não, não conheço. Eu acho até que toda a história dele é uma farsa, para desbloquear o orçamento do terrorismo e atingir os muçulmanos." Eu estava realmente sendo honesto no que dizia. Eu então não sabia de uma porção de coisas que hoje eu sei. Eu acreditava excessivamente em teorias de conspiração — embora talvez não tanto quanto o governo dos Estados Unidos acredita.

O interrogador também me perguntou sobre um monte de outras pessoas, a maioria das quais eu não conhecia. Que eu soubesse, as que eu conhecia não estavam envolvidas em nenhum crime, de modo algum. Finalmente, o senegalês me perguntou sobre minha posição em relação aos Estados Unidos e por que eu estava em trânsito por seu país. Não compreendi por que minha posição em relação ao governo dos Estados Unidos seria da conta de quem quer que seja. Não sou cidadão americano, e nunca fiz requisição para entrar nos Estados Unidos, nem trabalho para a ONU. Além disso, eu sempre poderia mentir. Dizer que eu amo os Estados Unidos ou que o odeio realmente não faz diferença, contanto que eu não tenha cometido nenhum crime contra os Estados Unidos. Expliquei tudo isso ao interrogador senegalês com uma clareza que não deixava dúvida sobre as circunstâncias em que eu me encontrava.

"Você parece muito cansado! Sugiro que vá dormir um pouco. Sei como é difícil", ele disse. É claro que eu estava muito cansado, e faminto e sedento. Os guardas me levaram de volta ao pequeno quarto onde meus irmãos e os dois outros sujeitos estavam deitados no chão, lutando contra o mais eficiente ██████████ da Força Aérea Senegalesa dos mosquitos. Não tive mais sorte do que os outros. Eu dormi? Na verdade não.

---

* Em razão da data anterior ao Onze de Setembro dessa entrevista e da referência aos canadenses, pode se referir a Ahmed Ressam. Ver nota da p. 131.

O interrogador e seu assistente apareceram de manhã cedo. Eles libertaram os dois sujeitos e me levaram junto com meus irmãos à sede do *Ministère de L'Intérieur*. O interrogador, que acabou se revelando uma pessoa da mais alta hierarquia no governo senegalês, me levou para seu gabinete e fez uma ligação para o ministro do Interior.

"O sujeito que está à minha frente não é o chefe de uma organização terrorista", disse ele. Não pude ouvir o que o ministro disse. "No que me diz respeito, não tenho interesse em manter esse sujeito na prisão — nem tenho motivo", continuou o interrogador. A ligação telefônica foi breve e direta. Enquanto isso, meus irmãos se ajeitaram confortavelmente, compraram algumas coisas e começaram a fazer chá. O chá é a única coisa que mantém um mauritano vivo, com a ajuda de Deus. Já se passara muito tempo desde a última vez que cada um de nós havia comido ou bebido, mas a primeira coisa que veio à mente foi o chá.

Eu estava contente porque a pilha de uma tonelada de papel que o governo dos Estados Unidos havia passado aos senegaleses sobre mim não parecia tê-los impressionado; meu interrogador não precisou de muito tempo para compreender a situação. Meus dois irmãos começaram a conversar com ele em uólofe. Eu perguntei a meus irmãos sobre o que conversavam, e eles disseram que o governo senegalês não estava interessado em me segurar, mas eram os Estados Unidos que se encarregariam disso. Ninguém ficou feliz com isso, pois tínhamos uma ideia de como os Estados Unidos cuidariam disso.

"Estamos aguardando que apareçam algumas pessoas da embaixada dos Estados Unidos", disse o interrogador. Por volta das onze horas apresentou-se um[a] ▄▄▄▄▄▄▄▄▄▄▄▄ americano[a] negro[a].* ▄▄▄▄ tirou fotos, recolheu impressões digitais

---

* Os pronomes censurados sugerem aqui, também, que era uma mulher.

e o relatório que o anotador tinha datilografado mais cedo naquela manhã. Meus irmãos se sentiam mais confortáveis em torno do[a] ███████████ negro[a] que do[a] ███████████ branco[a] da noite anterior. Pessoas se sentem mais confortáveis com as aparências com que estão acostumadas, e como 50% dos mauritanos são negros, meus irmãos podiam se relacionar melhor com eles. Mas era uma atitude muito ingênua: em qualquer um dos casos, negro[a] ou branco[a], ███████████ seria somente um[a] mensageiro[a].

Após terminar seu trabalho, ███████████ fez algumas ligações, chamou o interrogador de lado e falou com ele brevemente, e então ███████ foi embora. O inspetor nos informou que meus irmãos estavam livres para ir e que eu ficaria detido por algum tempo por desacato.

"Acha que podemos esperar por ele até que seja liberado?", perguntou meu irmão.

"Eu sugeriria que vocês fossem para casa. Se ele for liberado, ele vai achar o caminho." Meus irmãos foram embora e eu me senti abandonado e solitário, embora achasse que meus irmãos tinham feito a coisa certa.

Durante alguns dias, os senegaleses ficaram me interrogando sobre as mesmas coisas; os investigadores dos Estados Unidos lhes enviaram as perguntas. Isso foi tudo. Os senegaleses não me magoaram de maneira alguma, nem me ameaçaram. Como a comida na prisão era horrível, meus irmãos combinaram com uma família de Dakar que eles conheciam que me trouxessem uma refeição por dia, o que fizeram sistematicamente.

Minha preocupação, como já disse, ainda era convencer o governo dos Estados Unidos de que eu não era milho. Meu único colega detento na prisão senegalesa tinha uma preocupação diferente: entrar na Europa ou na América. Sem dúvida, nossas Julietas eram outras. O jovem da Costa do Marfim estava determinado a deixar a África.

"Não gosto da África", ele me disse. "Muitos amigos meus morreram. Tudo mundo é muito pobre. Quero ir para a Europa ou para a América. Tentei duas vezes. Na primeira vez consegui penetrar no Brasil, enganando os funcionários do porto, mas um sujeito africano me denunciou às autoridades brasileiras, que me puseram na prisão até me deportarem de volta à África. O Brasil é um país muito bonito, com mulheres muito bonitas", acrescentou.

"Como é que você sabe? Você esteve na prisão o tempo todo!", eu o interrompi.

"Sim, mas de vez em quando os guardas nos escoltavam para dar uma volta, depois nos levavam de volta para a prisão", ele sorriu.

"Sabe, irmão, na segunda vez eu quase consegui, na Irlanda, mas o cruel ████████████████ me manteve no navio e me entregou aos guardas aduaneiros."

"Parece Cristóvão Colombo", pensei. "Como você entrou no navio, para começar?", eu quis saber.

"É muito simples, irmão. Subornei alguns trabalhadores do porto. Essas pessoas me puseram clandestinamente num navio que seguia para a Europa ou a América. Isso realmente não importava. Eu me escondi na área dos contêineres durante cerca de uma semana, até minhas provisões acabarem. Então eu subi e me misturei com a tripulação. No início eles ficaram muito zangados. O capitão do navio, que ia para a Irlanda, estava tão furioso que quis me afogar."

"Que animal!", interrompi, porém meu amigo continuou.

"Mas depois de algum tempo a tripulação me aceitou, me deu de comer e me botou para trabalhar."

"Como pegaram você desta vez?"

"Os caras que me puseram para dentro me traíram. Tinham dito que o navio seguiria para a Europa sem escalas. Mas fizemos escala em Dakar, e os guardas aduaneiros me tiraram do navio, e aqui estou eu!"

"E qual é o seu plano a seguir?"

"Vou trabalhar, economizar algum dinheiro, e tentar novamente." Meu colega detento estava determinado a deixar a África a qualquer custo. Além disso, estava confiante de que um dia pisaria na terra prometida.

"Cara, o que você vê na TV não se parece com o que é a vida real na Europa", eu disse.

"Não!", ele respondeu. "Meus amigos conseguiram penetrar na Europa e levam uma boa vida. Mulheres bonitas e muito dinheiro. A África é ruim."

"Você pode acabar facilmente numa prisão na Europa."

"Não me importa. A prisão na Europa é boa. A África é ruim."

Imaginei que o sujeito estava completamente deslumbrado com o mundo rico que é mostrado de propósito a nós pobres africanos, como sendo um "paraíso" no qual não podemos entrar, embora ele num ponto tivesse razão. Na Mauritânia, a maioria dos jovens quer emigrar para a Europa ou os Estados Unidos. Se a política nos países africanos não mudar radicalmente para melhor, vamos experimentar uma catástrofe que afetará o mundo inteiro.

A cela dele era catastrófica. A minha era um pouco melhor. Eu tinha um colchão muito fino e desgastado, mas ele só contava com um pedaço de papelão para dormir. Eu dava minha comida para ele, pois quando fico ansioso não consigo comer. Além disso, eu recebia comida boa de fora, e ele recebia a comida ruim da prisão. Os guardas nos deixavam ficar juntos durante o dia, e o trancavam durante a noite. Minha cela estava sempre aberta. Um dia antes de eu ser extraditado para a Mauritânia, o embaixador da Costa do Marfim veio para confirmar a identidade de meu colega detento. É claro que ele não tinha nenhum documento ou coisa parecida.

* * *

"Estamos liberando você!", disse alegremente o anotador que estivera me interrogando nos últimos dias.

"Obrigado!", eu o interrompi, olhando na direção de Meca, e me prostrando para agradecer a Deus por estar livre.

"Contudo, nós temos de levá-lo para seu país."

"Não, conheço o caminho, farei isso sozinho", eu disse inocentemente, pensando que na verdade não queria voltar para a Mauritânia, mas talvez para o Canadá ou algum outro lugar. Meu coração já fora provocado o bastante.

"Sinto muito, temos nós mesmos de levar você!" Toda a minha felicidade se transformou em angústia, medo, nervosismo, impotência, confusão e outras coisas que não consigo descrever.

"Junte suas coisas!", disse o sujeito. "Estamos saindo."

Comecei a juntar meus poucos pertences, o coração quebrado. O inspetor pegou minha mala maior e eu levei minha pasta. Durante minha prisão, os americanos tinham copiado cada pedacinho de papel que eu tinha e enviado a Washington, DC, para análise.

Eram cerca de cinco horas da tarde quando cruzei o portão do *Commissariat de Police*. Diante dele estava um SUV Mitsubishi. O inspetor pôs minha bagagem no porta-malas, e sentamos no banco de trás. À minha esquerda estava um guarda que eu não tinha visto ainda, mais velho e de grande ossatura. Estava calado, e bem reclinado; ficou olhando direto para a frente a maior parte do tempo, só raramente me perscrutando com o canto do olho. Eu detestava quando os guardas ficavam olhando para mim como se nunca tivessem visto um mamífero antes. À minha direita ia o inspetor que tinha servido de anotador. No banco do carona sentava-se o interrogador principal.

O motorista era ███████████████████████████████
███

■■■■■■■■■■■■■■■■■■■■.* Pelo bronzeado poderia se dizer que tinha passado algum tempo em um lugar quente, mas não no Senegal, porque meu interrogador ficou lhe dando instruções de como chegar ao aeroporto. Ou talvez estivesse buscando um roteiro melhor, não sei dizer. Falava francês com sotaque carregado, embora fosse lacônico ao falar; limitava-se ao necessário. Nunca me olhou ou a mim se dirigiu. Os outros dois interrogadores tentavam falar comigo, mas eu não respondia. Fiquei lendo meu Corão em silêncio. Por uma questão de respeito, os senegaleses não confiscaram meu Corão, à diferença dos mauritanos, dos jordanianos e dos americanos.

A viagem até o aeroporto durou 25 minutos. O trânsito estava tranquilo em volta e dentro do terminal. O motorista branco achou rapidamente um lugar para estacionar. Saímos da caminhonete, os guardas carregando minha bagagem, e todos passamos direto pelos procedimentos diplomáticos, até a sala de espera. Era a primeira vez que eu cortava caminho ao passar pelas formalidades civis, ao deixar um país e seguir para outro. Seria uma delícia, mas eu não aproveitei. Todo mundo no aeroporto parecia estar preparado. À frente do grupo o interrogador e o sujeito branco continuavam a exibir os distintivos mágicos, levando todos junto com eles. Pode-se dizer que o país não era soberano: ainda era a colonização em seu aspecto mais feio. No chamado mundo livre, os políticos proferem coisas tais como patrocinar a democracia, a liberdade, a paz e os direitos humanos: que hipocrisia! E muita gente ainda acredita nesse lixo de propaganda.

A sala de espera estava vazia. Todos se sentaram, e um dos senegaleses pegou meu passaporte e voltou para carimbá-lo. Pensei que ia embarcar no voo regular da Air Afrique programado

---

* Este personagem é descrito nos parágrafos subsequentes sem tarja, como "o motorista branco", "o sujeito branco" e o "americano".

para Nouakchott naquela tarde. Mas não levou muito tempo para que eu percebesse que eu dispunha de meu próprio avião. Assim que o sujeito retornou com meu passaporte carimbado, todos os cinco fomos em direção à pista, onde um avião branco muito pequeno já estava com os motores ligados. O americano me indicou num gesto que ficasse atrás e teve uma rápida conversa com a piloto. Talvez o interrogador também estivesse com ele, não consigo me lembrar. Eu estava assustado demais para memorizar tudo.

Logo nos disseram para entrar. O avião não poderia ser menor do que era. Éramos quatro, e mal conseguimos nos apertar dentro daquela borboleta, as cabeças abaixadas e as costas encurvadas. A piloto tinha o lugar mais confortável. Era uma senhora francesa, a julgar pelo sotaque. Era muito faladora, quanto à idade mais para idosa, magra e loura. Não falou comigo, mas durante a viagem trocou algumas palavras com o inspetor. Soube depois que ela contou a seus amigos em Nouakchott sobre o pacote secreto que tinha trazido de Dakar. O guarda mais corpulento e eu nos apertamos, joelho com joelho, no banco de trás, de frente para o inspetor, que tinha um lugar um pouco melhor à nossa frente. O avião estava obviamente sobrecarregado.

O interrogador e o americano ficaram esperando até terem certeza de que o avião tinha decolado. Eu não estava prestando atenção às conversas entre a piloto e o inspetor, mas ouvi quando ela, a certa altura, lhe disse que a viagem era de apenas trezentas milhas, e levaria entre 45 minutos e uma hora, dependendo da direção do vento. Isso me pareceu muito antiquado. O inspetor tentou falar comigo, mas não havia nada sobre o que falar; para mim tudo tinha sido dito e feito. Pensei que ele não tinha nada a me dizer, então por que eu deveria falar com ele?

Detesto viajar em aviões pequenos, porque eles sacodem muito e eu sempre penso que o vento vai levar o avião embora. Mas dessa vez foi diferente, eu não estava com medo. De fato eu queria que o avião se espatifasse, e só eu sobrevivesse. Eu acharia o caminho: era o meu país, nasci aqui, e qualquer um me daria comida e abrigo. Mergulhei em meus sonhos, mas o avião não se espatifou; em vez disso ia ficando cada vez mais próximo de seu destino. O vento estava a favor. Eu estava pensando em todos os meus irmãos inocentes que ainda eram levados a lugares e países estranhos, e me senti confortado e não mais sozinho. Senti comigo os espíritos das pessoas injustamente maltratadas. Tinha ouvido tantas histórias de irmãos sendo passados para a frente e para trás como uma bola de futebol porque uma vez haviam estado no Afeganistão, ou na Bósnia, ou na Tchetchênia. Isso é que é se ferrar! A milhares de milhas de distância, senti o cálido bafejo desses outros indivíduos injustamente tratados a me consolar. Fiquei grudado o tempo todo ao meu Corão, ignorando o que havia em volta.

Meus companheiros de viagem pareciam se divertir, verificando as condições climáticas e curtindo a praia que sobrevoávamos o tempo todo. Não creio que o avião dispusesse de nenhum tipo de tecnologia de navegação, porque a piloto manteve uma altitude ridiculamente baixa, tendo a praia como orientação. Comecei a ver pelas janelas as pequenas aldeias cobertas de areia em torno de Nouakchott, tão sombrias quanto possível. Sem dúvida tinha havido uma tempestade de areia mais cedo naquele dia; só aos poucos as pessoas ousavam sair de casa. Os subúrbios de Nouakchott pareciam mais miseráveis do que nunca, superpovoados, pobres, sujos e destituídos de qualquer infraestrutura crucial à vida. Era o gueto de Kebba que eu conhecia, só que pior. O avião voava tão baixo que era possível dizer quem era quem entre as pessoas que se moviam lá embaixo, aparentemente desorientadas, por toda parte.

Fazia muito tempo desde a última vez que eu vira meu país — de fato, em agosto de 1993. Estava voltando, mas dessa vez como um suspeito de terrorismo que ia ser escondido em algum buraco secreto. Eu queria gritar bem alto para minha gente: "Aqui estou! Não sou um criminoso! Sou inocente! Sou apenas o cara que vocês conheceram, não sou diferente!". Mas minha voz estava embargada, exatamente como num pesadelo. Na verdade, não pude reconhecer nada, tão radicalmente o plano da cidade havia mudado. Por fim me dei conta de que o avião não ia se espatifar, e eu não teria a oportunidade de falar com a minha gente. É espantoso como pode ser difícil para alguém aceitar sua situação miserável. Querendo ou não, eu ia ser entregue exatamente às pessoas que não queria ver.

"Você pode me fazer um favor?", perguntei ao inspetor.

"Claro!"

"Eu queria informar a minha família que estou no país."

"O.k. Você tem o número do telefone?"

"Sim, tenho." O inspetor, ao contrário do que eu esperava, realmente ligou para minha família e lhes contou a realidade de minha situação. Além disso, os senegaleses fizeram uma declaração oficial à imprensa informando que tinham me trazido de volta a meu país. Mas os mauritanos e os americanos ficaram furiosos com isso.

"O que você disse ao inspetor?", perguntou-me mais tarde o DSE mauritano.*

"Nada."

"Você está mentindo. Você lhe disse para ligar para sua família." Não era preciso ser um David Copperfield para concluir que o telefonema fora interceptado.

A transferência foi rápida. Pousamos perto da porta de trás do aeroporto, onde dois homens estavam esperando, o inspetor mauritano e outro sujeito, negro e danado de grande, que muito provavelmente estava lá para dominar a situação — em último caso!

* O Directeur de la Sûreté de l'État, que MOS abrevia ao longo do manuscrito como DSE, é o diretor do serviço de Inteligência Mauritana.

"Onde está o chefe de polícia do aeroporto?", quis saber o inspetor, olhando para seu colega negro. Eu conhecia o chefe: ele tinha estado uma vez na Alemanha, eu lhe dera abrigo e o ajudara a comprar uma Mercedes-Benz. Eu esperei que ele aparecesse, de modo que pudesse me ver e dizer uma palavra boa sobre mim. Mas ele não apareceu. Nem diria uma palavra boa sobre mim: a Inteligência Mauritana é de longe a mais alta autoridade na execução da lei. Mas eu me sentia como se estivesse me afogando, e agarraria qualquer pedaço de palha que encontrasse.

"Vocês serão escoltados até o hotel para passar o resto da noite", disse o inspetor a seus hóspedes.

"Como está você?", disse ele sem a menor sinceridade, olhando para mim.

"Estou bem."

"Isso é tudo que ele tem?"

"Sim, isso é tudo." Eu estava vendo tudo que eu tinha no mundo sendo passado adiante, como se eu já tivesse morrido.

"Vamos embora!", disse o inspetor para mim. O sujeito negro, que em nenhum momento tirou os olhos de mim, carregou a bagagem e me empurrou, à sua frente, até um quarto pequeno e sujo atrás de uma porta secreta do aeroporto. No quarto, o cara negro desenrolou seu sujo turbante preto com cem anos de idade.

"Esconda o rosto com todo o cuidado com este turbante", disse o inspetor. Isso era tipicamente mauritano: o espírito beduíno ainda prevalecia. O inspetor deveria ter previsto que precisaria de um turbante para envolver minha cabeça, mas na Mauritânia organização é algo que quase não existe; tudo é deixado ao capricho e ao improviso. Era complicado, mas eu não tinha esquecido como enrolar um turbante em minha cabeça. É uma coisa que gente do deserto precisa aprender. O turbante cheirava a suor acumulado. Era bem nojento tê-lo em volta do nariz e da boca. Mas cumpri as ordens obedientemente prendendo a respiração.

"Não olhe em torno de você", disse o inspetor quando nós três saímos do quarto em direção ao carro da Polícia Secreta lá estacionado, um ███████████████████. Eu me sentei no banco do carona, o inspetor dirigiu o carro e o sujeito negro sentou no banco de trás sem dizer uma palavra. Já era por volta do pôr do sol, mas não se podia dizer com exatidão, pois a nuvem de areia cobria o horizonte. As ruas estavam vazias. Olhei em volta, ilegalmente, quando surgiu a oportunidade, mas era difícil reconhecer qualquer coisa.

O percurso foi curto, cerca de dez minutos, até o prédio da Polícia de Segurança. Saímos do carro e entramos no prédio, onde outro guarda nos esperava, ███████████████. O entorno era um lugar ideal para os mosquitos, os seres humanos é que eram os estranhos naquele lugar: banheiros imundos, chão e parede sujos, buracos conectando todos os quartos, formigas, aranhas, moscas.

"Reviste-o meticulosamente", o inspetor disse para ████████ ████████.

"Dê-me tudo que você tem consigo", pediu-me ███████████ respeitosamente, querendo evitar ter de me revistar. Dei a ███████████ tudo que tinha, exceto meu Corão de bolso. O inspetor deve ter cogitado que eu devia ter um, pois ███████████ voltou e disse: "Você tem um Corão?".

"Sim, tenho."

"Entregue-o para mim. Eu lhe disse para me entregar tudo." Agora o guarda estava ficando com medo de que o mandassem novamente voltar, e me revistou com delicadeza, mas não encontrou nada a não ser meu Corão de bolso. Eu estava tão triste, cansado e aterrorizado que não podia ficar sentado ereto. Em vez disso pus meu casaco sobre o rosto e desabei em cima de um colchão de cem anos, surrado e com uma polegada de espessura, único objeto ainda existente naquele recinto. Eu queria dormir, perder minha consciência e não acordar até que todas as coisas ruins tivessem passado. Quanto sofrimento posso aguentar? eu me perguntava. Poderia minha família intervir e me salvar? Será que eles usam eletricidade? Eu tinha lido histórias sobre pessoas que foram torturadas até morrer. Como eu poderia suportar isso? Tinha lido sobre heróis muçulmanos que enfrentaram a pena de morte de cabeça erguida. Como tinham feito isso? Eu não sabia. Tudo que sabia era que eu me sentia tão pequeno ante os grandes nomes que conhecia, e que estava mortalmente apavorado.

Embora os mosquitos estivessem me fazendo em pedaços, adormeci. A todo momento acordava e me perguntava: Por que eles não me interrogam agora, e fazem comigo o que quiserem, e tudo terá passado? Detesto ficar na expectativa de ser torturado; um provérbio árabe diz: "Esperar ser torturado é pior que tortura". Só posso ratificar esse provérbio. Tratei de fazer minhas orações, como, eu não sei.

Em algum momento por volta da meia-noite acordei com a movimentação de pessoas ali em volta, abrindo e fechando portas de modo extraordinário. Quando o guarda abriu a porta do meu quarto, vi de relance o rosto de um amigo mauritano que por acaso tinha estado comigo havia muito tempo, quando visitei o Afeganistão em 1992 durante a campanha contra o comunismo. Ele parecia estar triste e exaurido, devia ter passado por uma tortura penosa, pensei. Quase perdi a razão, sabendo que com certeza eu ia sofrer pelo menos tanto quanto ele tinha sofrido, dado seu estreito relacionamento com o presidente mauritano e o poder de sua família — atributos que eu não tenho. O sujeito certamente devia ter falado sobre mim, e esse era o motivo de eles me terem trazido para cá.

"Levante-se!", disseram os guardas. "Ponha seu turbante."

Pus o turbante sujo, reuni minhas últimas forças e segui os guardas para a sala de interrogatório como um carneiro sendo levado a seu último destino, o matadouro.

Enquanto eu era conduzido atrás do sujeito que tinha visto antes, me dei conta de que ele era só um guarda ferrado que não mantinha seu uniforme da maneira como deveria. Estava sonolento e modorrento; deviam tê-lo chamado no meio do sono, e ainda não tinha lavado o rosto. Não era o amigo que eu tinha pensado que fosse; a ansiedade, o terror e o medo estavam dominando minha mente. Que Deus se apiede! Fiquei um tanto aliviado. Teria cometido algum crime? Não. Teria meu amigo cometido um crime? Não. A única coisa que tínhamos feito juntos fora uma viagem ao Afeganistão em fevereiro de 1992 para ajudar o povo a lutar contra o comunismo. E até onde me dizia respeito, isso não era um crime na Mauritânia.

Então por que estava tão assustado? Porque crime é uma coisa relativa; é algo que o governo define e redefine sempre que lhe convém. A maioria das pessoas não sabe, na verdade, onde fica a linha que separa o que é e o que não é transgredir a lei. Quando se é preso, a situação piora, porque a maioria das pessoas acredita que o governo tem boas razões para essa prisão. Acima de tudo isso, se eu pessoalmente tinha de sofrer, não queria que ninguém sofresse comigo. Pensei se haviam prendido meu amigo a propósito do Complô do Milênio, só porque tinha estado uma vez no Afeganistão.

Entrei na sala de interrogatório, que era o gabinete do DSE. A sala era grande e bem mobiliada: um sofá de couro, duas poltronas de dois lugares, mesa de café, armário, uma grande escrivaninha, uma cadeira estofada em couro, um par de outras cadeiras para visitas não muito importantes, e, como sempre, o retrato do presidente a expressar a fraqueza da lei e a força do governo. Desejei que eles tivessem me entregado aos Estados Unidos: pelo menos havia coisas que eu podia relacionar com eles, tais como a lei. É claro que nos Estados Unidos o governo e a política nos últimos tempos vêm ganhando mais terreno em detrimento da lei. O governo é muito esperto; evoca o terror no coração das pessoas para convencê-las a abrir mão de sua liberdade e sua privacidade. Verdade que pode levar algum tempo até que o governo dos Estados Unidos se sobreponha totalmente à lei, como no terceiro mundo e nos regimes comunistas. Mas realmente isso não me diz respeito em nada, e graças a Deus meu governo não tem tecnologia para rastrear beduínos no vasto deserto.

Havia três sujeitos na sala de interrogatório: o DSE, seu assistente e seu anotador. O DSE pediu-lhes que trouxessem minhas coisas para lá. Eles revistaram em minúcias tudo que eu tinha; nenhuma pedra deixou de ser revirada. Não falavam comigo, só falavam um com o outro, a maioria das vezes aos cochichos, só para me perturbar horrivelmente. No fim da revista, eles fizeram uma triagem de meus papéis e separaram aqueles que acharam ser mais de seu interesse. Depois, perguntaram-se sobre cada palavra desses papéis.

"Vou interrogar você. Quero te dizer, como advertência, que é melhor me contar toda a verdade", disse o DSE com firmeza, fazendo um grande esforço para dar uma trégua a seu cachimbo, que ele nunca tirava dos lábios.

"É claro que vou", respondi.

"Levem-no de volta", o DSE ordenou secamente aos guardas.

"Ouça, quero que me conte toda a sua vida, e como aderiu ao movimento islâmico", disse o DSE enquanto os guardas arrastavam meu esqueleto para longe dos mosquitos, de volta à sala de interrogatório.

Quando se é preso pela primeira vez, a probabilidade é que você não seja muito falante, e tudo bem; mesmo você sabendo que não cometeu nenhum crime, isso parece sensato. Você está muito confuso, e gostaria de se apresentar de um jeito em que pareça tão inocente quanto possível. Você supõe que foi preso por uma suspeita mais ou menos razoável, e não quer que essa suspeita se consolide. Além disso, um interrogatório envolve uma porção de coisas sobre as quais ninguém quer falar, como seus amigos e sua vida privada. Sobretudo quando as suspeitas abrangem coisas como terrorismo, o governo é muito brutal. No interrogatório você evita sempre falar sobre seus amigos e sua vida privada, íntima. E finalmente, você está frustrado por causa de sua prisão, e de fato não deve nada a seu interrogador. Ao contrário, eles é que lhe devem a apresentação do verdadeiro motivo de sua detenção, e deveria ser totalmente sua a prerrogativa de comentá-lo ou deixar passar. Se esse motivo é bastante para mantê-lo preso, você pode ir buscar profissionais que o representem; se não é, bem, então você nem deveria ter sido preso, para começar. É assim que funciona o mundo civilizado, e todo o resto é ditadura. A ditadura é governada pelo caos.

Para ser honesto com vocês, agi como uma pessoa mediana: tentei me fazer parecer tão inocente quanto um bebê. Tentei proteger as identidades de cada pessoa que eu conhecia, a menos que ele ou ela fossem muito conhecidos pela polícia. Os interrogatórios continuaram dessa maneira, mas quando eles abriram o arquivo canadense, tudo azedou de vez.

O governo dos Estados Unidos viu em minha prisão e minha extradição para a Mauritânia uma raríssima oportunidade de descobrir qual era o plano de Ahmed Ressam, que então se recusava a cooperar com as autoridades americanas. Além disso, os Estados Unidos queriam saber detalhes sobre meus amigos no Canadá e na Alemanha, e mesmo fora desses países. Afinal, meu primo e irmão ▬▬▬▬▬▬▬▬▬ já era procurado, com um prêmio de 5 milhões de dólares* [por informações que levassem

---

* Ressam aparece aqui sem tarja. O homem procurado, como é evidente a partir deste contexto e de referências não censuradas em outros lugares do manus-

à sua captura]. Os Estados Unidos também queriam saber mais sobre toda a questão do jihad no Afeganistão, na Bósnia e na Tchetchênia. *Expertise* de graça. Por tudo aqui mencionado e por outras razões que desconheço, os Estados Unidos levaram meu caso tão longe quanto possível. Eles me rotularam como o "Cérebro do Complô do Milênio". Pediram a todos os países, especialmente o Canadá e a Alemanha, que fornecessem qualquer minúsculo fragmento de informação que tivessem sobre mim. E uma vez que já sou um sujeito "mau", deveria ser aplicada força para me ferrar.

Para o desalento do governo americano as coisas não eram na verdade o que pareciam, nem o governo conseguiu o que queria. Não importa quão espertamente alguém faça seus planos, os planos de Deus sempre funcionam. Eu me senti como na música "Me Against the World", do 2Pac. E eis por quê.

Todos os canadenses poderiam vir com coisas do tipo "Nós o vimos com fulano e com beltrano, e eles são pessoas más". "Nós o vimos nesta e naquela mesquita." "Nós interceptamos suas conversas telefônicas, mas não há nada!" Os americanos pediram aos canadenses que lhes fornecessem as transcrições de minhas conversas, mas depois de a terem editado. É claro que não faz sentido pegar seletivamente trechos diferentes de toda uma conversa e tentar dar a eles um sentido. Penso que os canadenses deveriam ter feito uma de duas coisas: ou se recusarem a fornecer aos americanos qualquer conversa de cunho privado ocorrida

---

crito, é o primo e ex-cunhado de MOS, Abu Hafs. Abu Hafs era procurado a propósito dos ataques da Al-Qaeda na década de 1990, com um prêmio de 5 milhões de dólares do Rewards for Justice Program, do FBI. A recompensa por figuras importantes da Al-Qaeda foi elevada para 25 milhões de dólares depois dos ataques terroristas de 11 de setembro de 2001. Veja, por exemlo, U.S. State Department, "Patterns of Global Terrorism", apêndice D, 21 maio 2002. Disponível em: <http://www.state.gov/documents/organization/20121.pdf>.

em seu país, ou fornecer-lhes a conversa inteira na forma original, nem mesmo traduzida.

Em vez disso, das palavras que os canadenses escolheram para partilhar com seus colegas americanos, os interrogadores dos Estados Unidos empacaram, como por encanto, em duas, ao longo de mais de quatro anos: chá e açúcar.

"O que você quer dizer com chá e açúcar?"

"Quero dizer chá e açúcar." Não sei dizer quantas vezes os Estados Unidos me fizeram, e fizeram com que outras pessoas me fizessem, essa pergunta. Uma outra história popular mauritana fala de um homem que nascera cego e tivera uma só oportunidade de ver o mundo num relance. Tudo que viu foi um rato. Depois disso, sempre que alguém tentava explicar qualquer coisa ao sujeito, ele sempre perguntava: "Comparando com o rato: é maior? Menor?".

A Inteligência Canadense queria que eu fosse um criminoso, e assim poderiam disfarçar seu fracasso quando ▮▮▮▮▮▮▮▮▮ ▮▮▮▮▮▮▮▮ se infiltrou de seu país para os Estados Unidos carregando explosivos.* Os Estados Unidos culpavam o Canadá de ser um terreno para preparação de ataques terroristas contra os Estados Unidos, e foi por isso que a Inteligência Canadense passou dos limites. Eles realmente perderam toda a compostura, tentando fazer tudo para aplacar a ira de seu grande irmão, os Estados Unidos. Começaram a vigiar as pessoas que acreditavam serem más, inclusive eu. Lembro que depois do complô ▮▮▮▮▮▮▮▮▮▮, os canadenses tentaram instalar duas câmeras, uma no meu quarto, outra no de meu colega de domicílio. Eu costumava ter o sono muito pesado. Ouvi vozes mas não saberia dizer o que era aquilo — ou digamos que era muito preguiçoso para me levantar e verificar. Meu colega ▮▮▮▮▮▮▮▮▮▮ era diferente; ele acordou e

---

* Novamente, ele parece se referir a Ahmed Ressam.

foi atrás do ruído. Abaixou-se e ficou olhando até que o minúsculo orifício apareceu. O sujeito no outro quarto soprou através do buraco e quando nele pôs o olho para verificar, fez contato visual com ███████████.

███████████ me acordou e me contou o que havia acontecido.

"███████████, ouvi algumas vozes em meu quarto", eu lhe disse. "Vamos verificar!" Nossa breve investigação teve êxito: encontramos um minúsculo e idêntico orifício em meu quarto.

"O que devemos fazer?", perguntou ███████████.

"Vamos chamar a polícia", eu disse.

"Está bem, chame-os!", disse ███████████. De propósito, não utilizei nosso telefone; em vez disso, saí e usei um telefone público, discando 911. Apareceram dois policiais, e expliquei-lhes que nosso vizinho, sem nosso consentimento, tinha perfurado dois orifícios em nossa casa, e que queríamos que fosse detido por sua ação ilegal conosco. Basicamente, o que estávamos pedindo era justo.

"Ponham alguma coisa para calafetar os orifícios e o problema estará resolvido", disse um dos policiais.

"É mesmo? Eu não sabia. Você é carpinteiro?", perguntei. "Olhe! Não chamei vocês para me darem conselhos sobre como consertar minha casa. Por trás disso há obviamente um crime, de invasão e violação de minha privacidade, se vocês não cuidarem de nós, nós mesmos vamos nos cuidar. E por falar nisso: preciso de seus cartões de visita", eu disse. Cada um entregou em silêncio um cartão de visitas com o nome do outro policial anotado no verso. Obviamente, esses policiais estavam seguindo alguma orientação idiota visando a nos enganar, mas para a Inteligência Canadense era tarde demais. Por vários dias ficamos rindo do plano.

O curioso é que morei na Alemanha durante doze anos e eles nunca forneceram nenhuma informação incriminadora sobre mim, o que estava correto. Fiquei menos de dois meses no Canadá, e ainda assim os americanos alegaram que os canadenses tinham fornecido toneladas de informação sobre mim. Os canadenses nem me conheciam! Mas como todo o trabalho da inteligência se baseia no "se", no que "poderia ser", a Mauritânia e os Estados Unidos começaram a interpretar as informações do jeito que eles queriam, para confirmar a teoria de que eu era o cérebro do Complô do Milênio.

O interrogatório parecia não estar se desenvolvendo em meu favor. Continuei a repetir minha história sobre o jihad do Afeganistão de 1991 e início de 1992, que não parecia ter impressionado o interrogador mauritano. A Mauritânia não dava a menor importância à viagem para o Afeganistão; eles a compreendiam muito bem. Mas se, no entanto, você tentar criar problemas dentro do país, você será preso, a despeito de ter estado ou não no Afeganistão. Por outro lado, para o governo americano, uma mera visita ao Afeganistão, à Bósnia ou à Tchetchênia faz com que valha a pena vigiar você pelo resto da vida e tentar trancafiá-lo. Todos os países árabes têm a mesma atitude da Mauritânia, exceto os comunistas. Eu até penso que os países árabes comunistas são, pelo menos quanto a esse aspecto, mais justos que o governo dos Estados Unidos, porque, para começar, eles proíbem seus cidadãos de irem para o jihad. Enquanto isso, o governo dos Estados Unidos persegue pessoas com base numa lei não escrita.

Meu interrogador mauritano estava interessado em minhas atividades no Canadá, que com relação a uma possível criminalidade eram não existentes, mas ninguém estava querendo acreditar em mim. Todas as minhas respostas à pergunta "Você fez isso ou aquilo enquanto no Canadá?" foram "Não, Não, Não, Não". E aí estávamos nós completamente empacados. Acho que eu parecia ser culpado porque não contei toda a minha história sobre o Afeganistão, e imaginei que devia preencher essa lacuna para dar mais força a minha causa. Naquele dia o interrogador tinha trazido consigo equipamento de filmagem. Assim que o vi, comecei a tremer: sabia que seria obrigado a confessar e que eles transmitiriam minha imagem na TV nacional, como em outubro de 1994, quando o governo mauritano prendeu islamistas, os fez confessar e transmitiu suas confissões.* Eu estava tão assustado que meus pés não conseguiriam carregar meu corpo. Dava para ver que havia muita pressão sobre meu governo.

"Tenho sido muito paciente com você, garoto", disse o interrogador. "Você vai ter de confessar, ou vou passar você para uma equipe especial." Eu sabia que ele se referia à equipe de tortura. "Continuam a chegar relatórios todos os dias de tudo que é canto", ele disse. Nos dias anteriores a essa conversa eu não tinha conseguido dormir. Portas continuavam a se abrir e a se fechar. Cada movimento à minha volta era um golpe em meu coração. Meu quarto era ao lado do arquivo, e por um pequeno orifício eu po-

---

* Ao longo do manuscrito, MOS se refere várias vezes ao ambiente político e aos eventos na Mauritânia — em particular à estreita cooperação do presidente Maaouya Ould Sid'Ahmed Taya com os Estados Unidos, na chamada Guerra ao Terror. Ould Taya chegou ao poder num golpe militar em 1984 e tornou-se presidente em 1992. Durante sua longa gestão como chefe de Estado, Ould Taya promoveu várias ondas de prisão de oponentes políticos e islamistas como estes aqui descritos, nas quais mais de noventa pessoas, inclusive um ex-ministro de governo e dez líderes religiosos, foram presas e depois anistiadas, após terem confessado publicamente serem membros de organizações ilegais. A repressão aos islamistas no Exército e no sistema educacional levou a uma fracassada tentativa de golpe em 2003, e Ould Taya foi afinal deposto num golpe bem-sucedido em 2005. Na época, em parte devido a seu apoio à política antiterrorista dos Estados Unidos, inclusive a permissão para a extradição e sua agressiva campanha contra islamistas na Mauritânia, Ould Taya tinha perdido muito apoio público. Veja <http://www.nytimes.com/2005/08/08/international/africa/08mauritania.html?fta=y&_r=0>; <http://www.csmonitor.com/2005/0809/p07s02-woaf.html>; e <http://www.ft.com/cms/s0/23ab7cfc-0e0f-11da-aa67-0000c2511c8.html#axzz2vwtOwdNb>.

dia ver algumas pastas e suas etiquetas; comecei a ficar alucinado e a ler papéis sobre mim que não existiam. Não poderia suportar nada mais. E tortura? De forma alguma.

"Veja, diretor! Não fui completamente leal com você, e gostaria de revelar toda a minha história", eu lhe disse. "No entanto, não quero que você compartilhe a história do Afeganistão com o governo dos Estados Unidos, porque eles não entendem toda essa fórmula do jihad, e não quero pôr lenha na fogueira."

"É claro que eu não vou compartilhar", disse o DSE. Interrogadores estão acostumados a mentir para as pessoas; toda a tarefa do interrogador tem a ver com mentira, ludibrio e enganação. "Posso até mandar meu anotador e meu assistente embora, se você quiser", ele continuou.

"Não, não me importa que fiquem." O DSE chamou seu motorista e o enviou para comprar alguma comida. Ele trouxe salada de galinha, da qual eu gostava. Era minha primeira refeição de verdade desde que tinha deixado o Senegal; o dia agora era 12 de fevereiro de 2000.

"Isso é tudo que você vai comer?", admirou-se o DSE.

"Sim. Estou cheio."

"Você não come realmente."

"É assim que eu sou." Comecei a relatar toda a minha história de jihad até o mais fastidioso detalhe. "Quanto ao Canadá ou um ataque contra os Estados Unidos, não tenho nada a ver com isso", concluí. Nos dias seguintes eu recebi um tratamento e uma comida, de longe, melhores, e todas as perguntas que me fizeram e todas as minhas respostas eram coerentes em si mesmas e com as informações que ele já conhecia de outras fontes. Quando o DSE soube que eu estava lhe dizendo a verdade, ele deixou de acreditar que os relatórios americanos eram a verdade do Evangelho, e ele os pôs de lado, se é que não no lixo.

* * *

▮▮▮▮▮▮▮▮▮▮▮▮▮▮▮▮▮▮▮▮▮▮▮▮▮

apareceu para me interrogar. Havia três deles, ▮▮▮▮▮▮▮▮▮

▮▮▮▮▮▮▮▮▮▮▮▮▮▮▮▮▮▮▮▮▮▮▮▮▮

▮▮▮▮▮▮▮▮▮▮▮▮. Evidentemente, as autoridades mauritanas haviam divulgado todas as minhas entrevistas com ▮▮▮▮▮▮▮▮ ▮▮▮▮▮▮▮▮▮▮, de modo que ▮▮▮▮▮▮▮▮▮▮▮e os mauritanos tinham acesso ao mesmo nível de informação.*

Quando a equipe chegou, eles foram hospedados em ▮▮▮▮
▮▮▮▮▮▮▮▮▮▮▮▮▮▮▮▮▮▮▮▮▮▮▮▮▮ fez-me uma advertência, no dia em que vieram me interrogar.**

"Mohamedou, não temos nada contra você. No que nos diz respeito, você é um homem livre", ele me disse. "Contudo, essas pessoas querem interrogar você. Gostaria que você fosse forte, e que fosse honesto com eles."

"Como você pode permitir que estrangeiros me interroguem?"

---

* A julgar pelo testemunho de MOS na ARB de 2005, a data é por volta de 15 de fevereiro de 2000, e esses interrogadores provavelmente são americanos. MOS disse aos integrantes da Junta Administrativa de Revisão, em 2005, que uma equipe americana constituída por dois agentes do FBI e um terceiro homem do Departamento de Justiça o tinham interrogado durante dois dias já perto do fim de sua detenção na Mauritânia. Sua detenção para ser interrogado por ordem dos Estados Unidos foi amplamente relatada na imprensa local e internacional; num relato da BBC, funcionários mauritanos confirmaram que ele foi interrogado pelo FBI. Transcrição da ARB, 15; 17. Disponível em: <http://news.google.com/newspapers?nid=1876&dat=20000129&id=gzofAAAAIBAJ&sjid=5s8EAAAAIBAJ&pg=6848,4968256> e <http://news.bbc.co.uk/2/hi/africa/649672.stm>.

** É possível que seja no Palácio Presidencial. Em outros pontos do manuscrito os interrogadores americanos de MOS alardeiam as estreitas relações dos Estados Unidos com o então presidente Maaouya Ould Sid'Ahmed Taya, o que significa eles serem hóspedes do presidente no Palácio Presidencial quando estavam realizando investigações no país. Manuscrito de MOS, 130.

"A decisão não é minha, mas é só uma formalidade", disse ele. Estava com muito medo, pois nunca tinha me encontrado com interrogadores americanos, embora presumindo que eles não usariam de tortura para me coagir a dar informação. Mas toda a configuração daquele ambiente me fazia ser muito cético quanto à honestidade e à humanidade dos interrogadores dos Estados Unidos. Era do tipo "Nós mesmos não vamos bater em você, mas você sabe onde está!". E assim, eu sabia que ▮▮▮▮▮▮▮▮ queria me interrogar sob a pressão e ameaça de um país não democrático.

A atmosfera estava preparada. Disseram-me o que vestir e o que dizer. Nunca tivera a oportunidade de tomar uma chuveirada ou lavar minhas roupas, por isso vesti uma de minhas roupas sujas. Eu devia estar cheirando terrivelmente mal. Estava tão magro devido a meu confinamento que minhas roupas já não serviam; eu parecia um adolescente em calças folgadas. Mas por mais furioso que estivesse, tentei parecer o mais confortável, amigável e normal que podia.

▮▮▮▮▮▮▮▮▮▮▮▮▮▮▮▮▮▮▮▮▮▮▮ chegaram por volta de oito da noite e limparam a sala de interrogatório para eles. Entrei na sala sorrindo. Depois dos cumprimentos protocolares das apresentações, sentei-me numa cadeira dura, tentando descobrir meu novo mundo.

O ▮▮▮▮▮▮▮▮▮▮▮▮▮▮▮ começou a falar. "Viemos dos Estados Unidos para lhe fazer algumas perguntas. Você tem o direito de permanecer em silêncio. Pode também responder a algumas perguntas e deixar de responder outras. Se estivéssemos nos Estados Unidos teríamos providenciado para você um advogado, sem cobrar por isso."

Eu quase interrompi essa tolice dizendo: "Pode parar com essa bosta, e faça as perguntas!". Eu queria dizer: "Que mundo civilizado!". Na sala só havia os interrogadores ▮▮▮▮▮▮ com um intérprete para o árabe. Os interrogadores mauritanos tinham saído.

"Oh, muito obrigado. Não preciso de um advogado."

"No entanto, gostaríamos que você respondesse a nossas perguntas."

"É claro que vou responder", eu disse. Eles começaram a me perguntar sobre minha viagem ao Afeganistão durante a guerra contra o comunismo, me mostraram uma porção de fotos, fizeram perguntas sobre o Canadá e quase nenhuma sobre a Alemanha. Quanto às fotos e ao Canadá, fui totalmente sincero, mas de propósito não mencionei algumas partes de minhas duas viagens para o Afeganistão, em janeiro de 1991 e fevereiro de 1992. Sabem por quê? Porque não é da conta do governo dos Estados Unidos o que eu fiz para ajudar meus irmãos afegãos contra o comunismo. Pelo amor de Deus, segundo consta os Estados Unidos estavam do nosso lado! Quando aquela guerra acabou, eu retomei minha vida normal; não tinha transgredido nenhuma lei mauritana ou alemã. Fui legalmente para o Afeganistão e voltei legalmente. Quanto aos Estados Unidos, não sou cidadão americano, nem tinha estado nos Estados Unidos — então qual a lei que eu teria transgredido? Entendo que, se entrar nos Estados Unidos e eles me prenderem devido a uma suspeita razoável, terei de explicar a eles, totalmente, a minha posição. E o Canadá? Bem, eles criaram um grande caso comigo no Canadá, porque um sujeito árabe tentou atacá-los a partir do Canadá. Eu expliquei, com definitiva evidência, que não tinha tido parte nisso. Agora fodam-se e me deixem em paz.

Os interrogadores ▆▆▆▆▆ me disseram que eu não estava sendo sincero.

"Não, eu estava", menti. O bom ali é que eu não dava a mínima para o que eles pensavam. ▆▆▆▆▆▆▆ continuou a anotar minhas respostas e a olhar para mim ao mesmo tempo. Eu me perguntava: como ele pode fazer as duas coisas? Mas depois eu soube que ▮▮▮interrogadores estudam sua linguagem corporal enquanto você está falando, o que é besteira pura.* Há muitos fatores envolvidos num interrogatório e eles diferem de uma cultura para outra. Como ▮▮▮▮▮▮▮▮▮▮ agora conhece todo o meu caso, sugiro que ▮▮▮▮▮▮▮▮▮ retroceda e verifique onde ele marcou que eu estava mentindo, só para conferir a própria competência. Os interrogadores dos Estados Unidos também extrapolaram de suas atribuições e fizeram o que todo interrogador teria feito: jogaram uma isca, perguntando-me sobre o Sudão, Nairóbi e Dar Ees Salaam. Como eu poderia saber sobre esses lugares, a menos que tivesse múltiplos sósias?

▮▮▮▮▮▮▮▮▮ me propôs trabalhar com eles. Pensei que era um oferecimento inútil, a menos que eles tivessem certeza absoluta de que eu era um criminoso. Não sou um policial, mas entendo que criminosos possam se arrepender — mas eu pessoalmente não tinha feito nada de que pudesse me arrepender. No dia seguinte, mais ou menos na mesma hora, ▮▮▮▮▮▮apareceu mais uma vez, tentando obter pelo menos a mesma quantidade de informações que eu tinha confiado aos mauritanos, mas sem me convencer. Afinal, as autoridades mauritanas partilhavam devidamente tudo com eles. O ▮▮▮▮▮▮▮▮▮▮ não me pressionou de maneira incivilizada; eles procederam de modo até amistoso. O chefe da equipe disse: "Terminamos. Estamos voltan-

---

* Como o testemunho de MOS na ARB insinua que esse interrogatório foi conduzido pelo FBI, ele pode estar se referindo aqui ao FBI em geral e a um agente em particular. Transcrição da ARB, 17. O FBI lista a linguagem corporal entre possíveis pistas para enganações, em material postado em seu website, e ex-agentes do FBI têm escrito e falado publicamente sobre o assunto. Veja, por exemplo, <http://www.fbi.gov/stats-services/publications/law-enforcement-bulletin/june_2011/school_violence> e <http://cjonline.com/news/local/2010-11-26/ no_lie_ex_fbi_agent_spots_fibbers>.

do para casa", exatamente como Umm 'Amr e seu burro.* ▓▓▓▓
▓▓▓▓▓▓▓▓▓▓ deixou Nouakchott, e eu fui liberado ▓▓▓▓▓▓
▓▓▓▓▓.**

"Esses sujeitos tampouco dispõem de alguma evidência", disse com tristeza o DSE. Sentia-se completamente mal aproveitado. Os mauritanos desde o início não queriam me entregar a eles, porque era uma situação sem saída, sem a menor chance de um bom resultado: se me considerassem culpado e me entregassem aos Estados Unidos, iriam enfrentar a ira do público; se não, enfrentariam a ira do governo dos Estados Unidos. Em qualquer dos casos, o presidente iria perder seu cargo.

Então, no final das contas, algo como isto teria de acontecer por baixo da mesa:

"Não achamos nada que o comprometa, e vocês não nos forneceram nenhuma evidência", devem ter dito os senegaleses. "Nessas circunstâncias, não podemos segurá-lo. Mas se vocês o querem, levem-no."

"Não, não podemos levá-lo, porque primeiro temos que ter a evidência", respondeu o governo dos Estados Unidos.

"Bem, não queremos ter nada a fazer com relação a ele", disseram os senegaleses.

"Entreguem-no aos mauritanos", sugeriu o governo dos Estados Unidos.

"Não, nós não o queremos, levem-no!", gritou o governo mauritano.

"Vocês têm que ficar com ele", disse o governo dos Estados Unidos, não dando opção aos mauritanos. Mas o governo mauri-

---

* Referência a um provérbio pré-islâmico sobre uma mulher amaldiçoada que é expulsa de sua tribo; o sentido é o de uma pessoa indesejável que vai embora e nunca mais é vista.

** O *New York Times* anunciou que MOS foi liberado da custódia mauritana em 19 de fevereiro de 2000. Disponível em: <http://www.nytimes.com/2000/02/21/world/terrorist-suspect-is-released-by-mauritania.html>.

tano sempre prefere manter a paz entre o povo e o governo. Eles não querem nenhum problema.

"Você está livre para ir embora", disse o DSE.

"Devo dar tudo a ele?"

"Sim, tudo", respondeu o DSE. Ele até me pediu que verificasse meus pertences, mas eu estava tão excitado que não quis verificar nada. Sentia como se o monstro do medo* tivesse voado de meu peito.

"Muito obrigado", eu disse. O DSE ordenou a seu assistente que me levasse de carro para casa. Eram cerca de duas horas da tarde quando saímos em direção a minha casa.

"É melhor que você não fale com jornalistas", disse o inspetor.

"Não, não vou falar." E, realmente, nunca revelei a jornalistas o escândalo de interrogadores estrangeiros violarem a soberania de meu país. Me senti muito mal por mentir para eles.

"Vamos, nós vimos o ███████████████████████ ██████████████████████████."** Meu Deus, esses jornalistas são uns bruxos.

"Talvez estivessem escutando meu interrogatório", eu disse, sem convencer muito.

Tentei reconhecer o caminho para minha casa, mas, acreditem, não reconheci nada até o carro da polícia estacionar em frente a nossa casa e me deixar lá. Já fazia quase sete anos desde que vira minha família pela última vez.*** Tudo havia mudado. Crianças tinham se tornado homens e mulheres, jovens tinham ficado mais velhos. Minha forte mãe tinha enfraquecido. Não

---

* O termo usado pelo autor, *ghoul*, se refere, na superstição muçulmana, a um espírito maligno que viola sepulturas para devorar cadáveres. (N. T.)

** MOS parece citar a conversa com um determinado jornalista após sua liberação.

*** MOS deixou a Mauritânia em 1988 para estudar na Alemanha. Ele afirmou, em sua audiência de 2004 ao CSRT, que tinha visitado sua família na Mauritânia durante duas ou três semanas em 1993. Transcrição do CSRT, 5.

obstante, todos estavam felizes. Minha irmã ▇▇▇▇▇▇▇▇▇▇▇ e minha ex-mulher mal dormiam à noite, rezando a Deus que aliviasse minhas dores e meus sofrimentos. Que Deus recompense a todos que ficaram a meu lado.

Estavam todos ali, minha tia, os parentes por afinidade, amigos. Minha família generosamente ofereceu comida aos visitantes, alguns dos quais vieram só para se congratular comigo, alguns para me entrevistar, alguns apenas para conhecer o homem que tinha sido notícia durante o último mês. Após os primeiros dias, minha família e eu fazíamos planos para meu futuro. Para encurtar uma longa história, minha família queria que eu ficasse no país, nem que fosse para me ver diariamente e usufruir de minha companhia. Eu disse a mim mesmo: Que se dane, saia, ache um emprego, e eu me deleitava em poder olhar o belo rosto de minha mãe toda manhã. Mas nenhuma alegria é para sempre.

3. Mauritânia
29 de setembro de 2001-28 de novembro de 2001

Um casamento e uma festa... Eu me torno... Liberação da custódia... O camelo descansa em duas etapas... A polícia secreta aparece em minha casa... "Dia da Independência"... Um voo para a Jordânia

Foi um dia de grande movimentação:* Primeiro, eu estava envolvido na organização do casamento de minha adorável so-sobrinha ▮▮▮▮▮▮▮▮▮▮▮▮▮▮▮▮, e segundo, fora convidado para um grande jantar organizado por um importante homem da minha tribo, chamado ▮▮▮▮▮▮▮▮▮▮▮. Esse homem, por azar, tinha se envolvido num terrível acidente de carro, e voltara recentemente, depois de passar algum tempo nos Estados Unidos para tratamento médico. ▮▮▮▮▮▮▮▮▮▮▮

---

* A data, segundo testemunho de MOS na ARB em 2005, é sábado, 29 de setembro de 2001. Transcrição da ARB, 18.

é muito respeitado pelo povo do Sul, e o jantar era para ajudar o que chamamos de Quadros de Trarza.*

Pela manhã pedi a meu chefe que me desse algum dinheiro para ajudar minha irmã no casamento.** Na Mauritânia temos o mau hábito de organizar tudo num impulso, herança da vida rural com a qual todo mauritano lida até hoje. Minha tarefa era ajudar a transportar os convidados para o lugar onde se realizaria o casamento.

Casamentos no mundo islâmico não apenas são diferentes de um país para outro como também, dentro de um mesmo país, existem todos os tipos de costumes diferentes. O casamento de minha sobrinha seguiu os costumes praticados pela média das famílias de prestígio na Mauritânia meridional.

A maior parte do trabalho é feita usualmente pelo homem. Ele investiga tudo que há por trás da futura esposa, perguntando às parentes em que ele mais confia. O relato desse "comitê" resul-

---

* Trarza é a região no sul da Mauritânia que se estende da fronteira com o Senegal para o norte até a capital. Era também o nome do emirado pré-colonial na mesma região. Ao que parece, Os Quadros de Trarza é uma organização comunitária.

** MOS afirmou em suas audiências de 2004 no CSRT e de 2005 na ARB que, quando retornou à Mauritânia em 2000, ele trabalhou como especialista em eletrônica e computadores, primeiro para uma empresa fornecedora de equipamento médico, e depois, a partir de julho de 2001, para uma empresa chamada Aman Pêche, em Nouakchott. "Essa é a palavra francesa para 'peixe'", ele explicou em sua audiência na CSR. "Essa empresa era de pessoas de minha tribo, e eles me ofereceram mais dinheiro para eu me juntar a eles. Eles queriam desenvolver o negócio e me usar; eu estava me instalando em meu escritório, porque a princípio eles não sabiam o que fazer comigo. Eles tinham muitos dispositivos eletrônicos dos quais queriam que eu cuidasse. Eu havia acabado de montar meu escritório e de instalar o ar-condicionado, e aconteceu o Onze de Setembro. Então os Estados Unidos enlouqueceram, em busca de pistas; eu era primo do braço direito de Osama bin Laden, e oh, agarrem-no." Transcrição do CSRT, 8; transcrição da ARB, 18.

ta numa avaliação dos dados técnicos a respeito da moça, sua atitude, seu intelecto e coisas do gênero; às vezes pode-se omitir essa etapa investigativa quando a moça já goza de boa reputação.

O próximo passo é o namoro, embora seja diferente do modelo americano. O sujeito interessado namora a futura esposa na casa da família dela, comumente na presença de outros membros da família. O objetivo desses encontros no namoro é que cada um venha a conhecer o outro. O namoro pode durar alguns meses ou alguns anos, dependendo do homem e da garota. Algumas garotas não querem começar uma família antes de se formar na escola, e outras o fazem — ou digamos que a pressão da família e do homem a forçam a começar uma família imediatamente. Por outro lado, a maioria dos homens não está preparada para o casamento; eles só querem "reservar" a garota e tocar suas atividades até estarem financeiramente preparados. Em geral o noivo é mais velho que a noiva, às vezes muito mais velho, mas acontece de a noiva ser mais velha, e às vezes muito mais velha. Os mauritanos são de certo modo tolerantes no que tange à diferença de idade.

Antes de o sujeito pedir oficialmente a mão da moça, ele lhe envia um bom amigo às escondidas para perguntar se ela o aprecia. Quando isso fica estabelecido, vem o passo seguinte e decisivo: o homem pergunta à mãe da moça se ela o aceitaria como marido da filha. Um sujeito só pede a mão de uma garota se souber que é mais do que provável que seja aceito, e assim às vezes ele envia uma terceira pessoa na qual confia para evitar o constrangimento de ser recusado. Só a mãe da garota pode decidir; a maioria dos pais pouco tem a dizer.

Essa etapa, embora não oficial, compromete os dois. Todo mundo agora sabe que ▮▮▮▮▮▮▮▮▮▮ está noivo[a] de ▮▮▮ ▮▮▮▮▮▮▮▮ . Sexo antes do casamento não é tolerado na Mauritânia, e não apenas por razões religiosas: muitos sujeitos desconfiariam de qualquer garota que aceitasse fazer sexo com eles. Eles imaginam: se ela aceita fazer sexo comigo, aceitará fazer com outro homem, e outro homem, numa infindável aventura sexual. Embora a religião islâmica trate homens e mulheres da mesma maneira quanto a esse aspecto, a sociedade tende a aceitar mais o sexo antes do casamento praticado pelo homem do que o praticado pelas mulheres. Pode-se comparar isso com os casos de traição nos Estados Unidos: a sociedade tem mais tolerância em relação a um homem que trai do que em relação a uma mulher que faz o mesmo. Nunca conheci um homem americano que perdoasse a traição, mas conheci muitas mulheres americanas que perdoariam.

Não há festa nem anel de noivado, mas o noivo agora está autorizado a dar presentes para sua futura mulher. Antes do noivado uma dama não aceitaria presentes de um estranho.

A última etapa é o próprio casamento, cuja data é fixada por acordo entre ambos; cada parte pode dispor de tanto tempo quanto necessite, contanto que seja razoável. Espera-se que o homem ofereça um dote, formalidade necessária, mas não é apropriado que a família da garota peça uma quantia; isso deve ficar a critério do homem e de suas possibilidades financeiras. Assim, o dote varia de uma modestíssima a uma relativamente alta e pecaminosa quantia. Uma vez tendo o homem oferecido o que suas possibilidades e seu juízo permitem, muitas famílias só ficarão com uma quantia pequena e simbólica, enviando o restante para a família do homem, pelo menos metade do dote.

A festa de casamento tradicionalmente tem lugar na casa da família da moça, mas nos últimos tempos algumas pessoas encontraram uma forma de negócio lucrativa organizando profissionalmente casamentos em casas com características de clube. A festa começa com a *Akd*, o acordo matrimonial, que pode ser realizado por um imã ou um xeque respeitável. Os mauritanos são contra formalidades governamentais, e assim é muito difícil alguém declarar seu casamento numa instituição do governo, a menos que por vantagens financeiras, que raramente existem. A festa de casamento exaure igualmente as famílias do noivo e da noiva. Pela tradição, os mauritanos festejariam durante sete dias inteiros, mas as agruras da vida moderna reduziram esses sete dias para uma única noite. Só os amigos do noivo de sua mesma geração são permitidos na festa, ao contrário das mulheres, que podem ter idades diversas. Na festa, as mulheres não se misturam diretamente com os homens, embora possam ficar na mesma sala; cada sexo respeita o espaço do outro. Contudo, todos os presentes falam uns com os outros e se divertem com os mesmos entretenimentos, que têm lugar no meio da sala, como esquetes, música e poesia. Quando eu era criança, as mulheres e os homens costumavam passar de um lado para o outro mensagens em código visando a determinado indivíduo que por certo entenderia a mensagem; as mensagens descreviam uma situação engraçada que poderia acontecer a qualquer um e que era um tanto embaraçosa. Os amigos daquela pessoa riam dele ou dela, e ele ou ela reagia usando o mesmo recurso e visando a pessoa anônima que tinha enviado a mensagem. As pessoas já não praticam essa excitante brincadeira.

Durante o casamento comida e bebida são servidas com fartura. Tradicionalmente, a festa termina com o que eles chamam de "Pilhagem de Taweez", que nada tem a ver com o significado literal dessas palavras. Refere-se ao complô das mulheres para sequestrar a noiva, e os esforços dos irmãos para impedir essa ação. Permite-se que as amigas da noiva conspirem para raptar a noiva e ocultá-la; é tarefa do noivo e de seus amigos impedir que isso aconteça, e se os homens não conseguirem impedir o rapto, seu dever será achar a noiva e entregá-la ao marido. A noiva deve cooperar com as amigas, o que ela costuma fazer, do contrário será marcada com todo tipo de adjetivos pouco lisonjeiros. Às vezes leva muitos dias para que os homens encontrem a noiva.

Quando o homem consegue achar a noiva, a festa acaba, e a noiva é entregue ao noivo. Ambos são escoltados pelos amigos mais próximos em um longo cortejo até a casa da nova família, enquanto os demais convidados se retiram para suas próprias casas.

O casamento de minha querida sobrinha ███████████ seria mais ou menos assim. Eu não iria comparecer à festa, porque era bem mais velho que o noivo, e de qualquer maneira não tinha tempo. Outra festa interessante estava me esperando. Quando terminei de trazer os convidados, examinei a situação com minha mãe. Tudo parecia estar certo; até onde eu sabia, meus serviços não eram mais necessários. A atmosfera de um casamento estava claramente se instalando.

Quando cheguei à festa, que foi na linda vila de ████████ ███████ em Tevragh Zeina, o calor daquela companhia me tocou delicadamente. Eu não conhecia a maioria dos convidados, mas avistei meu querido ██████████████████ ██████████ mergulhado no meio da multidão. Imediatamente eu atravessei a multidão e sentei ao lado ████████████████.

Ele ficou feliz em me ver, e me apresentou ao mais notável dos convidados. Fomos até um recanto da festa com alguns de seus amigos, e ████████████████ apresentou-me a um amigo seu, um jovem ███████████████. O ████████████████ perguntou a ████████████████ e a mim se ele poderia defender ████████████████, que agora era procurado pelas autoridades americanas com um prêmio por captura de 25 milhões de dólares.*

"O que você vai fazer por ele? Reduzir sua sentença de quinhentos para quatrocentos anos?", perguntei ironicamente. As pessoas em outras partes do mundo livre, como a Europa, têm dificuldades para compreender as punições draconianas nos Es-

---

* A conversa parece ter se concentrado em Abu Hafs, que, na sequência dos ataques do Onze de Setembro, era agora o motivo da recompensa de 25 milhões de dólares (ver nota da p. 161).

tados Unidos. A Mauritânia não é um país fundamentado na lei, e assim não temos o problema de tentar entender o que quer que o governo faça; mesmo assim, o código legal mauritano, quando seguido, é muito mais humano que o americano. Por que sentenciar alguém a trezentos anos se ele não vai viver tanto?

Estávamos falando dessas coisas, e aproveitando a comida que estava sendo generosamente servida, quando meu celular tocou. Eu o tirei do bolso e saí da sala. A tela mostrava o número de telefone do DSE, o Directeur de la Sûreté de l'État.

"Alô", atendi.

"Mohamedou, onde você está?", disse ele.

"Não se preocupe! Onde está você?"

"Estou do lado de fora, diante de minha porta da frente! Gostaria de vê-lo."

"Está bem. Fique aí, estou a caminho!", eu disse. Levei ▮▮▮▮ ▮▮▮▮▮▮▮▮▮▮ para fora.

"Olhe, ▮▮▮▮▮▮▮▮▮▮▮▮▮▮▮▮ me chamou, estou indo me encontrar com ele."

"Assim que ele o liberar, me dê um toque."

"Está certo", disse eu.

O DSE estava me esperando em frente à casa dele, mas não estava só: seu assistente estava ao lado, o que não era um bom sinal.

"*Salaam Aleikum*", eu disse, saindo de meu carro.

"*Uaalaikum Assalam*. Você virá comigo, e outra pessoa vai dirigir o seu carro."

"Está bem." O inspetor e eu fomos com o DSE, e rumamos para a secreta, e bem conhecida, prisão.

"Olhe, essa gente disse para prender você."

"Por quê?"

"Não sei, mas espero que logo você esteja livre. Toda essa questão do ataque de Onze de Setembro está ferrando todo mundo." Eu não disse nada, deixei que ele e o assistente ficassem falando, sem prestar atenção. O DSE já tinha me chamado e interrogado duas vezes nas duas semanas e meia que se seguiram ao ataque de Onze de Setembro, mas obviamente o governo americano não estava satisfeito com uma jarda, eles queriam uma milha para começar, e depois toda a autoestrada, como se constatou no final.

Eles me puseram na mesma sala em que tinha estado um ano e meio antes. O inspetor saiu para informar os guardas, o que me deu a oportunidade de ligar rapidamente para ████████ ████████████.

"Estou preso", sussurrei, e desliguei sem mesmo esperar sua resposta. Então apaguei toda a minha agenda de telefones. Não que eu tivesse algum número "quente" — tudo que eu tinha eram números de parceiros de negócios na Mauritânia e na Alemanha —, mas não queria que o governo dos Estados Unidos atormentasse essas pessoas pacíficas só porque eu tinha seus números em meu telefone. No registro mais engraçado que eu apaguei se lia "PC Laden", que significa "loja de computadores"; acontece que a palavra para "loja", em alemão, é "Laden". Eu sabia que por mais que tentasse explicar isso, os interrogadores dos Estados Unidos não teriam acreditado em mim. Por Deus, eles sempre tentaram atribuir a mim coisas com as quais eu não tinha nada a ver!

"Me entregue o seu celular", disse o inspetor quando retornou. Entre os pertences que mais tarde os americanos levaram com eles para casa estava esse velho celular de aspecto engraçado, mas não havia números a verificar. Quanto à minha prisão, foi uma espécie de negócio tipo tráfico político: o FBI pediu que o presidente dos Estados Unidos interviesse para que me prendessem. O presidente George W. Bush, por sua vez, pediu ao presidente mauritano, em fim de gestão, um favor; ao receber o pedido do presidente dos Estados Unidos, seu colega mauritano pôs sua polícia em ação para me prender.

"Na verdade não tenho perguntas para você, porque conheço o seu caso", disse o DSE. Tanto o DSE quanto seu assistente foram embora, deixando-me com os guardas e zilhões de mosquitos. Depois de vários dias na prisão, o DSE veio à minha cela.

"Olhe! Essa gente quer saber sobre ▆▆▆▆▆▆▆▆▆▆▆▆▆▆ ▆▆▆▆▆▆▆e diz que você participou no Complô do Milênio."

"Bem, ▆▆▆▆▆▆▆▆▆▆▆▆▆▆▆▆▆▆▆▆▆ são amigos meus na Alemanha, e quanto ao Complô do Milênio, não tenho nada a ver com isso."

"Vou te dar caneta e papel, e você escreve tudo que sabe."

Após duas semanas de encarceramento na prisão mauritana, dois interrogadores brancos dos Estados Unidos ▆▆▆▆▆▆▆▆▆ ▆▆▆▆▆▆▆▆▆▆▆▆ chegaram à cadeia no fim da tarde para me interrogar.*

Antes de ▆▆▆▆▆▆▆▆▆▆▆▆▆▆▆▆▆▆▆▆▆▆▆▆▆▆ ▆▆▆▆▆▆▆▆▆▆▆▆ me encontrarem, eles pediram à polícia que invadisse minha casa e confiscasse tudo que pudesse fornecer pistas de minhas atividades "criminosas". Uma equipe especial de segurança me levou para casa, revistou minha casa e levou tudo que pensaram pudesse ser relevante para os americanos. Quando a equipe chegou, minha mulher estava dormindo, e eles a deixaram terrivelmente apavorada: nunca tinha visto a polícia revistar a casa de alguém. Eu tampouco, no caso, mas não tive problemas com a revista, exceto pelo fato de ela perturbar a minha família. Meus

---

* Em seu testemunho de 2005 na ARB, MOS data esse interrogatório em 13 de outubro de 2001, e especula que esses dois interrogadores são do FBI, embora "sendo americanos, podem ser qualquer coisa". Acompanhando os interrogadores principais há um interrogador que "falava um alemão telerável, mas não muito bom", e "com um sotaque ruim", que serve de intérprete durante a entrevista. Transcrição da ARB, p. 18.

vizinhos não ficaram muito preocupados, primeiro porque eles me conhecem, e segundo porque eles sabiam que a polícia mauritana era injusta. Numa operação em separado, outra equipe revistou a companhia na qual eu trabalhava. Como se constatou, os americanos não estavam interessados em nada daquele lixo, a não ser no computador em que eu trabalhava e no celular.

Quando entrei na sala de interrogatório, os dois americanos estavam sentados no sofá de couro, parecendo extremamente zangados. Eles deveriam ser do FBI, porque o material que confiscaram acabou nas mãos do FBI, nos Estados Unidos.

"Oi", eu disse, estendendo a mão. Mas tanto minha mão quanto meu "oi" ficaram pendendo no ar. ██████████ parecia ser o líder. Ele empurrou uma velha cadeira de metal em minha direção.

"Você está vendo esse retrato na parede?", disse ███████████, apontando para o retrato do presidente, enquanto ██████████ ██████████ traduzia para o alemão.

"Sim", respondi.

"Seu presidente prometeu a nosso presidente que você ia cooperar conosco", disse █████████████. Eu pensei: "Que desprezível! Eu pessoalmente não dou a mínima para nenhum dos dois presidentes; para mim ambos são injustos e maus".

"Oh, sim! Vou com certeza", disse eu, enquanto estendia a mão para uma bebida, numa mesa cheia de todo tipo de bebidas e doces. ██████████ tirou a bebida da minha mão.

"Não estamos aqui para uma festa", ele disse. "Olhe, estou aqui para descobrir a verdade sobre você. Não estou aqui para deter você."

"O.k.! Você pergunta e eu respondo."

Em meio a esse diálogo, o homem do chá apareceu na sala, tentando apaziguar seus irados hóspedes. "Vai pra puta que o pariu!", disse █████████. ███████████████ muito desrespeitoso com pessoas humildes, um idiota, e um racista que tinha uma das mais baixas autoestimas no mundo. De minha parte, ignorei todos os xingamentos que ele me dirigiu e me mantive sereno, embora com muita sede, porque a sessão durou a noite inteira.

"Antes do Onze de Setembro você ligou para seu irmão mais moço na Alemanha e lhe disse: "Concentre-se na escola". O que você quis dizer com esse código?

"Não usei código algum. Sempre aconselhei meu irmão a se concentrar em sua escola."

"Por que ligou para uma empresa de satélite nos Estados Unidos?"

"Porque nossa conexão de internet vem dos Estados Unidos, e eu estava precisando de suporte."

"Por que você ligou para esse hotel na Alemanha?"

"Meu patrão me pediu para fazer uma reserva para um de seus primos."

"Quantos computadores você tem?"

"Só o meu computador no trabalho."

"Você está mentindo! Você tem um laptop."

"É da minha ex-mulher."

"Onde mora a sua ex-mulher?"

"O DSE sabe."

"O.k., vamos verificar essa mentira", ▮▮▮▮▮▮▮ sumiu por vários minutos, pedindo ao DSE que revistasse a casa de minha ex-mulher e achasse o laptop.

"E se você estiver mentindo?"

"Não estou."

"Mas e se estiver?"

"Não estou."

É claro que ele me ameaçou com todo tipo de tortura dolorosa caso se descobrisse que eu estava mentindo. "Você sabe que nós temos alguns filhos da puta negros que não têm misericórdia com terroristas como você", ele disse, e enquanto prosseguia, referências raciais continuaram a fluir de sua boca. "Eu mesmo odeio os judeus…" — não comentei — "… Mas vocês vieram e atingiram nossos prédios com aviões", ele continuou.

"Isso é entre vocês e as pessoas que fizeram isso. Vocês têm de resolver seus problemas com eles; eu não tenho nada a ver com isso."

A cada momento ██████████████ recebia uma ligação telefônica, obviamente de uma mulher. Durante esse tempo o outro idiota que falava alemão veio para cima de mim com as perguntas mais estúpidas.

"Olha isso aí. Este é um jornal alemão escrevendo sobre vocês", ele disse. Dei uma varrida num artigo do jornal sobre a presença de extremistas na Alemanha.

"Bem, ████████████████████, isso não é problema meu. Como pode ver, estou na Mauritânia."

"Onde está ███████████████████? Onde está Noumane?", ████████████ perguntou raivosamente.[*]

"Não estou no Afeganistão, estou na Mauritânia — na prisão. Como poderia saber seu paradeiro?"

"Você o está escondendo", ele disse. Eu ia dizer: "Reviste minhas mangas", mas me dei conta de que minha situação não permitia isso.

"████████████████████████ disse que conheceu você!"

---

[*] "Noumane", nessa pergunta do interrogador, pode se referir a Noumane Ould Ahmed Ould Boullahy, cujo nome aparece numa nota de rodapé do parecer do juiz James Robertson, no qual aceitava o pedido de habeas corpus de mos. Na nota se lê: "O governo afirma que Salahi fez o juramento de Osama bin Laden, ao mesmo tempo que o fazia Noumane Ould Ahmed Ould Boullahy, que veio a se tornar um dos guarda-costas de Bin Laden. Não há evidência de que Salahi manteve, ou de que tenha tido, algum relacionamento com Boullahy". O parecer está disponível em: <https://www.aclu.org/files/assets/2010-4-9-Slahi-Order.pdf>.

"Eu não conheço ▮▮▮▮▮▮▮▮▮▮▮▮▮▮▮▮. Não há nada que mude esse fato." Enquanto isso, o DSE e seu assistente voltaram com o laptop de minha mulher. Não os deixaram entrar na sala do interrogatório. Eles bateram à porta e ▮▮▮▮▮▮▮▮▮ saiu da sala. Olhei com o canto dos olhos e reconheci a sacola do laptop. Fiquei contente por eles terem encontrado o "grande segredo". ▮▮▮▮▮▮▮▮▮ retornou. "E se eu lhe disser que eles não encontraram o laptop?", disse ele, tentando ser mais esperto do que é.

"Tudo que posso lhe dizer é que não tenho laptop", eu disse, deixando-o acreditar que eu não tinha visto o estojo. Depois disso ele não fez mais perguntas sobre o laptop. Eles copiaram todos os discos rígidos e levaram para casa, para desperdiçar quatro anos com os olhos saltando das órbitas buscando um tesouro que não existia. Que azar!

"Nós invadimos o Afeganistão e estamos matando todo mundo. Você acha que isso está certo?", perguntou ▮▮▮▮▮▮▮▮▮.

"Vocês sabem melhor do que ninguém o que estão fazendo", eu disse.

"Você conhece Houari?"*

"Não!"

"Os canadenses dizem que o viram com você. Ou eu estou mentindo para você ou eles mentiram para mim — ou você está mentindo."

"Eu não o conheço, mas na mesquita, e no café embaixo dela, eu estava sempre no meio de muita gente que não conheço."

"Por que você acha que pegamos você entre mais de 2 milhões de mauritanos?"

"Não sei por quê. Tudo que sei é que não fiz nada contra vocês."

---

* No manuscrito o nome está grafado "Houari". O interrogador pode estar se referindo ao condenado coconspirador do Complô do Milênio, Mokhtar Hauoari.

"Escreva seu nome em árabe." Escrevi meu nome. Por alguma razão, ele ficou tirando fotos durante a sessão. Ele realmente me deixou muito confuso.

"Por que você ligou para os Emirados Árabes?"

"Não fiz isso."

"Então você pensa que estamos mentindo para você?"

"Não, mas não me lembro de ter ligado para os Emirados Árabes." Como se veria depois, ele estava sim mentindo, mas talvez não intencionalmente. Eu não tinha ligado para os Emirados Árabes, mas recebi uma ligação de uma amiga minha, ▬▬▬▬▬ ▬▬▬▬▬▬▬▬▬▬, que tentava com todo o empenho unir de novo eu e minha ex-mulher. Não me lembrei disso durante a sessão, de tão nervoso que estava. Mas quando fui liberado, minha família me ajudou a lembrar, e eu voltei à polícia por minha própria iniciativa e expliquei-lhes aquela ligação, e outra ligação que meu [minha] ▬▬▬▬▬▬▬▬▬▬▬▬▬▬▬ fez para a França a fim de contatar seu fornecedor de remédios em Paris. Na vida real, empresto meu telefone a alguém em quem confio, e não lhe pergunto detalhes sobre a sua ligação. Mas se você é preso, tem de expor toda a sua vida, e algo como "não me lembro" não funciona.

Durante a sessão, ▬▬▬▬▬▬▬▬▬ chamou minha família e a mim de todo tipo de nomes, e me proibiu de beber das bebidas pelas quais meu povo tinha pagado — afinal, eram nossos impostos que faziam os hóspedes dos Estados Unidos ficarem confortáveis. Ao final da sessão, quando eu estava a ponto de desidratar, ▬▬▬▬▬▬ me bateu no rosto com uma garrafa de 1,5 litro de água e saiu da sala. Eu nem senti a dor de uma pancada que quase quebrou meu nariz, por causa do alívio com a saída de ▬▬▬▬▬▬▬. ▬▬▬▬▬▬▬▬ não tinha escrito nada, o que me pareceu estranho, porque interrogadores sempre querem escrever, mas creio que eles gravaram a sessão.

██████████████ fez o melhor que podia para repetir os xingamentos que ██████████████ produzia tão generosamente. Penso que ██████████████ não tinha valor para o sr. ██████████████ ; só o tinha trazido como tradutor.

Os americanos deixaram ██████████████ , e no dia seguinte, o governo mauritano me libertou sem nenhuma acusação. Além disso, o DSE foi para o Centro de Mídia e os informou de que eu era inocente e fora absolvido de toda acusação. O chefe do DSE, o Directeur Général de la Sûreté Nationale,* ofereceu-me um empréstimo, caso eu tivesse problemas para voltar a meu emprego, e ao mesmo tempo o DSE ligou para o presidente e diretor-geral de minha empresa e assegurou-lhes que eu era inocente e devia voltar a meu trabalho.**

"Nunca duvidamos dele nem por um segundo. Ele será bem-vindo em qualquer tempo", respondeu meu ex-patrão. Ainda assim, o governo recebeu ordem dos Estados Unidos de me manter em prisão domiciliar sem outra razão que não a injustiça e o mau uso do poder. Eu não estava preocupado em arranjar um emprego depois da prisão, pois sabia que os mauritanos estavam ficando cansados de os americanos acossarem pessoas inocentes por todo o mundo e tentarem incriminá-las. De fato, eu tinha mais oportunidades de emprego do que jamais tivera na vida. Minha única preocupação era com minha irmã ██████████████ ██████████ , que estava sofrendo de depressão e ansiedade. Minha família, é claro, ficou muito feliz de me ter de volta, assim como meus amigos e parentes, que vinham me cumprimentar e desejar boa sorte.

---

* Directeur Général de la Direction Générale de la Sûreté Nationale aparece abreviado aqui e algumas páginas depois no manuscrito como DG, esclarecido numa nota de rodapé na segunda vez. A Sûreté Nationale é a força de polícia nacional mauritana; seu diretor-geral é o mais alto funcionário executivo do país.
** No manuscrito está abreviado como PDG, do francês *président-directeur général*.

Mas o camelo, como se diz, descansa em duas etapas.

Diz a lenda que um citadino montou num camelo junto com um beduíno. O beduíno sentou à frente da corcova, e o citadino atrás, de modo a se manter equilibrado agarrando-se no beduíno. Quando chegaram em casa, o camelo dobrou suas patas dianteiras para descansar, e o beduíno, pego desprevenido, perdeu o equilíbrio e caiu no chão. O citadino não conseguiu se controlar e riu do beduíno.

O beduíno olhou para o amigo e disse: "Cedo demais para achar graça: o camelo descansa em duas etapas". E de fato, quando o camelo dobrou suas patas traseiras para chegar à posição de descanso, o citadino caiu de cara no chão.

Até onde me lembro, nunca caí de um camelo; contudo, assim que retomei minha vida, o governo dos Estados Unidos começou a conspirar com o governo mauritano para me sequestrar.

Era por volta de quatro da tarde quando voltei do meu trabalho, cerca de um mês depois. Tinha sido um dia longo e úmido: um dia daqueles. O calendário islâmico indicava o quarto dia do Ramadã, e àquela altura todo mundo na família estava jejuando, exceto as crianças.[*]

Tinha sido um dia de trabalho notável. Minha empresa me enviou para dar assessoria a um projeto que para uma companhia pequena como a nossa era relativamente grande: tinham nos pedido uma estimativa para uma rede de computadores e telefones no Palácio Presidencial. Eu havia marcado encontro com o coordenador do projeto para as primeiras horas da manhã, e a espera do lado de fora de seu gabinete preencheu a primeira metade do dia. Há duas coisas que todos os funcionários do governo

---

[*] O quarto dia do Ramadã, em 2001, foi terça-feira, 20 de novembro.

têm em comum: eles não respeitam os compromissos e nunca começam a trabalhar na hora.

Durante o Ramadã, a maioria das pessoas aproveita a noite e dorme durante o dia. Eu não havia aproveitado a última noite, mas ficara acordado até tarde por outro motivo: tivera uma pequena briga familiar com minha querida mulher. Eu detesto brigas, e por isso estava deprimido e não consegui dormir a noite inteira. Mesmo modorrento e sonolento como estava, consegui chegar a tempo para meu encontro, não muito pontualmente, mas com tempo suficiente para anteceder em horas o coordenador. Seu escritório estava fechado, e não havia cadeira disponível no corredor, e assim tive de ficar agachado no chão, com as costas apoiadas na parede. Caí no sono muitas vezes.

Por volta do meio-dia ▓▓▓▓▓▓▓▓▓▓▓▓▓▓▓▓▓▓▓▓▓ ▓▓▓▓▓▓▓▓▓▓▓ apareceu e me levou até o Palácio Presidencial. Pensei que haveria muitas formalidades, especialmente tratando-se de um "suspeito de terrorismo" como eu, mas nada disso aconteceu. Era preciso informar o nome no dia anterior, e quando mostrei aos guardas minha carteira de identidade, eles verificaram a lista dos visitantes, onde meu nome aparecia com a devida autorização. Fiquei chocado. Mas, afinal de contas, só os americanos suspeitavam de mim como terrorista, nenhum outro país. A ironia é que eu nunca tinha estado nos Estados Unidos, e todos os outros países nos quais eu havia estado continuavam a dizer: "Tudo certo com esse sujeito".

Assim que entrei no santuário do palácio, senti como se estivesse em outro país. Dentro havia um jardim com todo tipo de flores. Fontes d'água criavam um leve chuvisco. O clima era fresco e agradável.

Fomos direto aos negócios. Passei por várias salas em diversos andares e fiz algumas medições, mas fomos interrompidos e aconselhados a sair do que era propriamente o palácio, porque haveria uma visita oficial. Podíamos ficar no complexo, e assim aproveitei aquele tempo para ir à estação telefônica central do palácio, para examinar a infraestrutura. O ██████████████ ████████████████████ era tão amigável quanto a maioria das pessoas de Atar. Ele fora escolhido mais por questões de segurança; o presidente confia mais em sua própria gente, o que faz o maior sentido. Eu me senti deprimido porque todo o projeto ia exigir muito mais trabalho do que diziam os papéis, e eu precisaria de ajuda, ajuda profissional. Não queria ficar embromando o Palácio Presidencial. Preferia me retirar completamente a começar a lhes vender equipamento *hi-tech* fabricado em Tombuctu. O ███████████████████████ nos mostrou o que precisávamos ver e desapareceu, indo ao encontro de seus convidados. Era tarde, e o coordenador do projeto solicitou um novo encontro para terminar o trabalho de medição e determinar qual a infraestrutura necessária. ████████████████ e eu fomos embora com a intenção de voltar no dia seguinte e terminar o trabalho. Na hora em que saíamos pelo portão eu já estava cansado, tipo: "Com os diabos, deixa eu sair logo daqui". Liguei para meu patrão e lhe fiz um relato da situação, e até fui ao escritório depois disso e contei a meus colegas o que tinha acontecido.

A caminho de casa, ████████████████████████████ me telefonou, para confirmar que eu estaria em sua casa para o jantar. ████████████████é um ████████████████ ██ ██ ████████████████. Além disso, ████████████████é um velho amigo da família; eu o conhecia e jogava cartas com ele quando era criança. Hoje ████████████████████████ estava organizando um grande jantar para seus amigos, inclusive meu irmão, que viera em férias da Alemanha, e eu. Assim que ████████████

██████ me ligou, meu carro entrou em pane. Odeio quando meu carro tão velho quanto meu avô faz isso.

"Você precisa que eu vá até você?", perguntou ██████ ██████.

"Não, estou vendo uma oficina não longe daqui. Estou certo de que eles vão ajudar."

"Não se esqueça do nosso jantar, e lembre a ██████ ██████!", ele disse.

Um mecânico da oficina descobriu que o cano que leva gasolina ao carburador estava rompido, e o consertou. Na Mauritânia, conserta-se tudo; na Alemanha substitui-se tudo. O mecânico quis que eu pagasse mais do que eu achava que deveria pagar, e assim fiz aquilo que mais detesto fazer: negociar, e paguei-lhe a quantia que tínhamos combinado. Uma coisa de que gosto na Alemanha é que não se tem de negociar; tudo é etiquetado com um preço. Você pode ser mudo e não obstante ser tratado com honestidade. O problema com a negociação é que na maioria das vezes alguém vai sair prejudicado. Pessoalmente, eu só quero um preço justo para ambas as partes, deixando cada uma satisfeita.

Quando cheguei à casa de minha mãe por volta de quatro da tarde, só ██████ e minha irmã ██████ ██████ estavam lá, e ambas dormiam.* Minha mãe tinha saído para reunir seus carneiros, que estavam espalhados; era hora de alimentá-los. Entrei na casa e vesti meu roupão de banho. A caminho do chuveiro, minha mãe e dois sujeitos da polícia secreta surgiram na casa quase simultaneamente.

"Salahi, o diretor-geral quer vê-lo!"

"Por quê?"

"Não sabemos", disse um dos sujeitos.

---

* Ficará claro, em alguns parágrafos, que o primeiro membro da família aqui mencionado era sua tia.

"O.k. Vou tomar um banho de chuveiro e mudar de roupa."

"O.k.!", disse o cara, enquanto saía. "Vamos esperar você do lado de fora." A polícia secreta me respeitava muito porque eu me apresentara algumas semanas antes; eles sabiam que eu não era alguém que fugia. Eu tinha estado basicamente em prisão domiciliar desde 2000, mas poderia ter fugido do país a qualquer momento; não o fiz, e não tinha nenhum motivo para fazê-lo. Tomei meu banho de chuveiro e troquei de roupa. Enquanto isso, minha tia acordou devido ao barulho. Minha irmã não acordou, até onde me lembro, e isso foi bom, porque eu estava preocupado com ela e com a depressão extrema da qual ela estava sofrendo.

"Acho que a polícia o está chamando porque você comprou uma TV nova, e eles não querem que você assista TV. Você não acha?", disse minha mãe ingenuamente.

Eu sorri e disse: "Não penso assim, mas tudo vai ficar bem".

Minha mãe estava se referindo à nova antena de satélite que eu tinha instalado na noite anterior para ter uma recepção melhor na TV. A ironia é que ▇▇▇▇▇▇▇▇▇▇▇▇▇▇▇▇ ▇▇▇▇▇▇▇ foi quem me ajudou a instalar a antena.* Quando eu estive na prisão, um mês antes, ele tinha me pedido que achasse um emprego para ele, pois a polícia lhe pagava uma miséria. Eu lhe prometi que faria isso, e enquanto isso, queria lhe dar oportunidade de fazer alguns trabalhos para mim, por isso o chamei para fixar minha antena, e lhe paguei devidamente. Era a única maneira de um homem como ele sobreviver. Ajudei-o a arranjar trabalho, e ficávamos tomando chá e gracejando em minha casa.

"Eu não trouxe você aqui para me prender", eu disse de brincadeira.

---

* Isto é, parece que um dos oficiais enviados para levar MOS para o interrogatório estivera na casa de MOS para ajudá-lo a instalar a antena de satélite na noite anterior.

"Espero que você nunca seja preso", disse ██████████████████
████████████.

A casa de minha mãe fica ao lado da de meu irmão, com um muro baixo separando as duas. Eu poderia simplesmente ter pulado para a casa de meu irmão e escapado pela porta, que dá para a outra rua, e adivinhem? Eu não seria encontrado, não só porque muita gente me daria abrigo, mas também porque os agentes da polícia não estariam interessados em me encontrar. Eu até acredito que o governo ficaria muito mais feliz ao dizer para os Estados Unidos: "Ele fugiu, não conseguimos encontrá-lo".

Você deve saber, caro leitor, que, para um país, entregar seus próprios cidadãos a outro país não é fácil. O presidente queria não ter de me entregar. Eu me pergunto por quê. Afinal, isso depois lhe custou o cargo. Entendo que, se os Estados Unidos me capturassem no Afeganistão e me levassem para GTMO por qualquer motivo que fosse, meu governo não poderia ser responsabilizado por eu ter decidido ir para o Afeganistão. Mas sequestrar-me de minha própria casa em meu país e entregar-me aos Estados Unidos, violando a constituição da Mauritânia e as usuais leis e tratados internacionais, não estava certo. A Mauritânia deveria ter pedido aos Estados Unidos que apresentassem evidências que me incriminassem, o que não poderiam, porque não tinham nenhuma. Mas mesmo se os Estados Unidos o fizessem, a Mauritânia deveria ter me tratado de acordo com o código criminal da Mauritânia, exatamente como faz a Alemanha com seus cidadãos que são suspeitos de terem participado do Onze de Setembro. Por outro lado, se os Estados Unidos dizem: "Não temos evidência", então a resposta da Mauritânia deveria ser algo como "Foda-se!". Mas não, as coisas não acontecem dessa maneira. Não me interpretem mal, no entanto: não culpo os Estados Unidos tanto quanto culpo meu próprio governo.

Os agentes da polícia secreta obviamente queriam que eu fugisse, especialmente ▆▆▆▆▆▆▆▆▆▆▆. Mas eu queria ser eu mesmo — e além do mais o próprio governo havia garantido à minha família que eu não tinha feito nada, e assim minha família sempre queria que eu fosse à polícia quando eles quisessem me ver. A coisa engraçada quanto à "Polícia Secreta" nos países árabes é que eles são mais conhecidos na comunidade do que as forças regulares de polícia. Penso que as autoridades nos países árabes deveriam pensar numa nova nomenclatura, algo como "A Polícia Mais Óbvia".

Havia quatro deles quando saí com minha mãe e minha tia. Minha mãe manteve sua compostura, e começou a reza, usando seus dedos. Quanto a minha tia, era a primeira vez que via alguém sendo levado pela polícia, e ficou paralisada e não conseguiu dizer uma só palavra. Começou a suar muito e balbuciou algumas preces. Ambas não paravam de olhar para mim. Este é o sabor da impotência, quando você vê seus entes queridos se desvanecendo como um sonho e não pode ajudá-los. E o mesmo quanto a mim: fiquei olhando pelo espelho retrovisor minha mãe e minha tia rezando, até que fizemos a primeira curva e vi meus entes queridos desaparecerem.

"Pegue o seu carro, esperamos que você volte para casa hoje", instruiu-me um dos sujeitos. "Pode ser que o DG só lhe faça algumas perguntas." ▆▆▆▆▆▆▆▆▆▆ ocupou meu banco do carona, tão triste quanto poderia estar.

"Salahi, eu gostaria de não ser parte dessa merda", ele disse. Não respondi. Continuei a seguir o carro de polícia que se dirigia para a bem conhecida prisão secreta. Eu tinha sido encarcerado algumas vezes na mesma prisão ilegal, e conhecê-la não me fazia gostar dela. Eu detestava o complexo todo, detestava o quarto escuro e sujo, detestava o banheiro imundo, e detestava tudo que lhe dizia respeito, especialmente o permanente estado de terror e de medo.

"Hoje cedo o inspetor procurou você. Você sabe que o DSE viajou para a Espanha. O inspetor nos perguntou quem tinha o número do seu telefone. Mas eu não disse nada, embora o tivesse", ▮▮▮▮▮▮▮▮▮▮▮▮▮▮▮▮, tentando um modo de se sentir melhor. O outro único sujeito que tinha o número do meu telefone era o DSE, mas ele obviamente não o tinha revelado a ninguém.

E assim aqui estamos, no portão da odiosa prisão. O ▮▮▮ ▮▮▮▮▮▮▮▮▮▮▮▮ estava em seu gabinete, olhando para mim com seu sorriso desonesto, que ele logo mudou para uma carranca.*

"Não tínhamos o número do seu telefone. O diretor está viajando. Ele chega dentro de três dias, e enquanto isso vamos manter você por desacato."

"Por quê? Estou ficando realmente cansado de ser preso sem motivo. O que vocês querem de mim agora? Vocês acabaram de me liberar", eu disse, frustrado e irado, sobretudo porque o sujeito que conhece o meu caso não estava no país.

"Por que você está tão assustado? Nunca vi você assim", disse o ▮▮▮▮▮▮▮▮▮▮▮▮▮▮.

"Olhe, vocês me prenderam depois do Onze de Setembro, e os interrogadores dos Estados Unidos vieram aqui e me interrogaram. Depois disso vocês, quando constataram que eu era inocente, me libertaram. Eu até entendo os encarceramentos em massa depois do Onze de Setembro, mas esta prisão agora não está certa."

"Tudo vai ficar bem. Dê-me o seu celular", mentiu o inspetor, sorrindo seu usual sorriso forçado. ▮▮▮▮▮▮▮▮▮▮▮▮▮▮▮▮ tinha tanta noção quanto eu do objetivo de minha prisão, porque o governo não havia partilhado nada com ele. Não creio que o governo mauritano tenha chegado a uma decisão no meu caso; o

---

* Essa pessoa poderia ser o "inspetor" mencionado várias vezes em outros pontos desta cena.

sujeito principal ▇▇▇▇▇▇▇▇▇▇▇▇▇▇▇ estava viajando, e sem ele dificilmente se tomaria uma decisão. O que o ▇▇▇▇▇▇▇▇ ▇▇▇▇▇▇▇▇▇ e eu sabíamos então era que os Estados Unidos tinham pedido ao então presidente da Mauritânia para me deter; o presidente mauritano pediu a seu Directeur Général de la Sûreté Nationale — que hoje é o presidente — que me prendesse; e ele por sua vez ordenou a seu pessoal, liderado pelo inspetor, que me detivesse por desacato.*

No entanto, creio que os Estados Unidos não estavam fazendo segredo do que queriam, que era me ter na Jordânia, e assim na altura de minha prisão ▇▇▇▇▇▇▇▇▇▇▇▇▇▇▇▇▇▇▇▇▇▇▇▇▇▇ duas pessoas conheciam o plano: o presidente mauritano e seu DG. Mas como os Estados Unidos estavam pedindo tanto assim de seu aliado, o governo mauritano precisava de mais tempo para digerir e conferir. Entregar-me à Jordânia envolvia alguns aspectos graves. A constituição mauritana teria de ser violada. O presidente mauritano estava pendurado em seu cargo por um fio de aranha, e qualquer perturbação poderia abalar muito sua posição. Os Estados Unidos não tinham pedido aos mauritanos que me entregassem a eles, o que faria mais sentido; não, eles me queriam na Jordânia, e isso era grande desrespeito à soberania da Mauritânia. O governo mauritano tinha pedido evidência, qualquer evidência, e os Estados Unidos não tinham conseguido fornecer coisa alguma, e assim minha prisão em si mesma era um fardo para o governo, sem falar em meu envio para a Jordânia. O governo mauritano fui buscar evidências incriminatórias nos países nos quais eu tinha estado, Alemanha e Canadá, e ambos forneceram apenas relatórios de boa conduta. Por esta e outras

---

* O Directeur Général de la Sûreté Nationale da Mauritânia em 2001 era Ely Ould Mohamed Vall. Vall, que foi diretor da polícia nacional no governo do presidente Maaouya Sid'Ahmed Ould Taya, assumiu o poder ele mesmo num golpe sem derramamento de sangue quando Ould Taya estava fora do país, em 3 de agosto de 2005.

razões o presidente mauritano precisava de seu homem de confiança, o DSE, antes de dar um passo tão perigoso.

Entreguei meu celular ao inspetor e ele ordenou aos guardas que tomassem conta de mim e foi embora. Então eu tive de festejar com os guardas, em vez de com ▰▰▰▰▰▰▰▰▰▰▰▰ e o resto de meus primos.

Na Mauritânia, os guardas de detentos secretos são parte da Polícia Secreta, e por mais que queiram se compadecer de você, farão tudo que lhes ordenarem, até mesmo tirar sua vida. Essas pessoas são alvo do ressentimento da sociedade, porque são os braços da ditadura; sem eles, o ditador é um aleijado. Não se pode confiar nele. E ainda assim não senti nenhum ódio deles, só me senti mal por causa deles; eles têm o direito de ser tão infelizes quanto a maioria dos mauritanos. A maior parte deles me conhecia de minhas prisões anteriores.

"Eu me divorciei de minha mulher", disse-me um guarda jovem.

"Por que, homem? Você tem uma filha."

"Eu sei, mas não tenho dinheiro suficiente para alugar um lugar para mim e minha mulher, e minha mulher se encheu de viver na casa de minha mãe. Elas simplesmente não conseguiram se entender."

"Mas divórcio? Sem essa!"

"O que você faria em meu lugar?" Não consegui encontrar uma resposta, porque a simples matemática estava contra mim. O salário desse sujeito era de cerca de quarenta ou cinquenta dólares por mês, e para ter um lugar mais ou menos decente ele precisaria de pelo menos mil dólares. Todos os meus guardas tinham uma coisa em comum: todos viviam bem abaixo da linha da pobreza, e sem um trabalho complementar nenhum deles conseguiria chegar ao fim do mês. Na Mauritânia, a defasagem entre os oficiais que comandam e os agentes alistados é grande demais.

"Temos visto muita gente que esteve aqui e acabou ocupando posições muito elevadas no governo. Temos certeza de que esse será seu caso também", eles sempre me provocavam. Estou certo de que eles aspiravam a empregos melhores no governo, mas pessoalmente sou contra trabalhar para um governo que não se pauta pela justiça e pela honradez; para mim, a necessidade desses salários miseráveis não é desculpa para o mal que estavam fazendo sob as cores e a autoridade de um regime injusto. E a meu ver eles eram tão culpados quanto quaisquer outros, a despeito das desculpas que pudessem apresentar.

Todavia, os guardas mauritanos, sem exceção, expressavam sua solidariedade comigo e esperavam não precisar ser aqueles que teriam de fazer o trabalho. Demonstraram-me todos os tipos de compreensão e respeito e sempre tentavam me acalmar, porque eu estava preocupado com a hipótese de ser entregue aos Estados Unidos e enviado a um tribunal militar. Na época, o presidente dos Estados Unidos estava vociferando sobre pôr suspeitos de terrorismo diante de tribunais militares, e todo tipo de outras ameaças. Eu sabia que não teria chance de ser julgado com justiça num tribunal militar estrangeiro. Comíamos, rezávamos e socializávamos, todos juntos. Partilhávamos tudo, comida, chá, e tínhamos um receptor de rádio para ouvir as notícias. Dormíamos todos num grande quarto sem mobília e com um monte de mosquitos. Como era Ramadã, comíamos à noite e ficávamos acordados a maior parte da noite, e dormíamos durante o dia. Obviamente, eles tinham sido instruídos a me tratar daquela maneira; o ▮▮▮▮▮▮▮▮▮▮▮▮ às vezes se juntava a nós para verificar algumas coisas.

Como programado, o DSE voltou de sua viagem. "Oi", ele me cumprimentou.

"Oi."

"Como vai você?"

"Bem. Por que vocês estão me prendendo?"

"Seja paciente. Não é um incêndio!", ele disse. Por que ele mencionou incêndio?, eu me perguntei. Ele não parecia nada satisfeito, e eu sabia que não era eu a causa de sua insatisfação. Eu estava completamente deprimido e aterrorizado, e me sentia mal. Perdi o apetite, não conseguia comer nada, e minha pressão sanguínea teve um grave declínio. O DSE chamou um médico para me examinar.

"Você não pode jejuar. Você precisa comer", ele disse, e prescreveu alguns medicamentos. Como eu não conseguia me levantar, tinha de urinar numa garrafa de água, e de outra coisa eu não precisava, porque não tinha comido nada. Fiquei realmente muito doente, e o governo mauritano estava muito preocupado porque a mercadoria estava definhando antes que o cliente americano a pegasse. Às vezes eu tentava sentar para comer alguma coisa, mas assim que me sentava começava a ficar tonto e caía. Durante todo esse tempo eu bebi e comi o que pude deitado num colchão fino.

Fiquei sete dias sob custódia da Mauritânia. Não recebi nenhuma visita de minha família; como depois eu soube, minha família não recebeu permissão para me ver, e foi-lhe negado o conhecimento do meu paradeiro. No oitavo dia, 28 de novembro de 2001, fui informado de que seria despachado para a Jordânia.

Vinte e oito de novembro é o dia da independência da Mauritânia; marca o evento em que a República Islâmica da Mauritânia teria ganhado sua independência dos colonialistas franceses, em 1960. A ironia é que nessa mesma data, em 2001, a independente e soberana Mauritânia entregou um de seus próprios cidadãos, por uma premissa. Para sua perpétua vergonha, o governo mauritano não só violou a constituição, que proíbe a extradição de criminosos mauritanos para outros países, mas também extraditou um cidadão inocente e o expôs à aleatória justiça americana.

Uma noite antes de ser fechado um acordo multilateral entre a Mauritânia, os Estados Unidos e a Jordânia, os guardas da prisão permitiram que eu visse o desfile que seguia do centro da cidade em direção ao Palácio Presidencial, bandas escoltadas por alunos de escolas que levavam velas acesas. A visão despertou memórias da infância quando eu mesmo participava desse desfile, como aluno de escola, dezenove anos antes. Naquela época eu olhava inocentemente para um evento que marcava o nascimento da nação da qual acontecia de eu ser parte; eu não sabia que um país não é considerado soberano se não consegue lidar com seus próprios assuntos.

O serviço secreto é o corpo mais importante do governo no terceiro mundo, e também em alguns países do chamado mundo livre, e assim o DSE foi convidado para a cerimônia oficial no Palácio Presidencial, pela manhã. Foi entre dez e onze horas que ele por fim apareceu acompanhado de seu assistente e seu anotador. Chamou-me a seu gabinete, onde usualmente ele interroga as pessoas. Fiquei surpreso ao vê-lo, pois era feriado. Embora eu estivesse doente, minha pressão sanguínea subiu tanto por causa da visita inesperada que consegui ficar de pé e ir com eles até a sala de interrogatório. Mas assim que entrei no gabinete, eu desabei no grande sofá de couro preto. Era óbvio que minha hiperatividade era falsa.

O DSE mandou todos os guardas para casa, e assim fiquei com ele, seu anotador e seu assistente. Os guardas acenaram para mim alegremente quando deixavam o prédio, como se dissessem: "Parabéns!". Eles e eu pensávamos que eu ia ser libertado, embora eu estivesse um tanto cético: não estava gostando de toda a movimentação e das conversas telefônicas que aconteciam à minha volta.

O DSE despachou seu assistente, e ele voltou com algumas coisas baratas, roupas e uma maleta. Enquanto isso, o anotador tinha adormecido em frente à porta. O DSE me puxou para uma sala na qual não havia ninguém a não ser nós.

"Vamos enviar você para a Jordânia", ele anunciou.

"Jordânia! Do que você está falando?"

"O rei deles foi alvo de uma tentativa frustrada de assassinato."

"E daí? Não tenho nada a ver com a Jordânia; meu problema é com os americanos. Se vocês querem me enviar para algum país, enviem-me para os Estados Unidos."

"Não, eles querem que você seja enviado para a Jordânia. Dizem que você é cúmplice de ████████████████████ ███, embora eu saiba que você nada tem a ver com ███████ █████████ ou com o Onze de Setembro."

"Então por que você não me protege dessa injustiça como um cidadão mauritano?", perguntei.

"Os Estados Unidos são um país que se baseia numa vida com injustiça", foi sua resposta.

"O.k., eu quero ver o presidente!", eu disse.

"Não, você não pode. Tudo está irreversivelmente decidido."

"Bem, quero me despedir de minha mãe", eu disse.

"Você não pode. A operação é secreta."

"Por quanto tempo?"

"Dois dias, no máximo três. E se preferir, você não precisa falar com eles", acrescentou. "Eu não tenho nenhum problema com isso, de verdade." Eu sabia que ele estava falando à toa, pois eu estava sendo enviado à Jordânia por algum motivo.

"Você pode me dar alguma garantia de quando estarei de volta?"

"Vou tentar. Mas espero que essa viagem à Jordânia acrescente mais um testemunho positivo a seu favor. Os senegaleses, os canadenses, os alemães e eu mesmo acreditamos que você é inocente. Não sei de quantos testemunhos os americanos precisam para absolver você."

O DSE me levou de volta para seu gabinete e tentou várias vezes ligar para seu chefe, o DG. Quando por fim conseguiu, o DG não pôde dar uma data precisa para meu retorno, mas lhe assegurou que seriam poucos dias. Não tenho certeza, mas creio que os americanos enganaram todo mundo. Eles só pediram para me levar à Jordânia, e então haveria outra negociação.

"Não sei exatamente", me disse com honestidade o DSE quando desligou o telefone. "Mas, olhe, hoje é quarta-feira. Dois dias de interrogatório, e um dia para a viagem. Então você deve estar de volta no sábado ou no domingo."

Ele abriu a maleta que o assistente tinha trazido e me pediu que experimentasse as roupas novas e baratas. Vesti o terno completo: uma camiseta, um par de calças, paletó e sapatos de plástico. Que aparência! Nada servia. Eu parecia um esqueleto vestindo um terno novo. Mas quem se importava? Eu, pelo menos, não.

Entre o momento em que eu soube da decisão e o momento em que os Estados Unidos me entregaram para as Forças Especiais Jordanianas, fui tratado como um pacote da UPS. Não posso descrever meus sentimentos: raiva, medo, impotência, humilhação, injustiça, traição… Nunca tinha pensado de fato em fugir da prisão, embora já tivesse sido preso injustamente quatro vezes. Mas hoje estava pensando nisso porque eu nunca, mesmo em meus sonhos, imaginei que seria enviado para um terceiro país que é conhecido no mundo como um regime que pratica a tortura. Mas essa era minha única bala, e se eu a usasse e falhasse, eu seria muito malvisto pelo meu governo. Não que isso importasse; eles obviamente continuariam a obedecer aos Estados Unidos mesmo se a seus olhos eu fosse um anjo. Afinal, eu me tornara um.

Olhei em volta procurando modos de escapar. Digamos que eu conseguisse. Ia precisar de um táxi assim que chegasse à rua principal. Mas não tinha dinheiro para pagar o táxi, e não podia ir para um lugar onde alguém me conhecesse porque esses seriam os primeiros onde iriam me procurar. Quando cheguei as portas, só havia uma da qual eu não teria nenhum motivo para me aproximar, então pedi para usar o banheiro. No banheiro aparei minha barba e meditei sobre a outra porta. Era de vidro, e assim eu poderia quebrá-la, mas eu conhecia a planta do prédio; aquela porta levaria a um guarda armado que poderia me matar com um tiro ali mesmo. E mesmo que conseguisse passar pelo guarda, eu teria de rodear o Ministério de Assuntos Internos, na rua principal, onde sempre há guardas olhando as pessoas que vêm e que vão. Seria impossível cruzar o portão. Talvez, só talvez, houvesse a possibilidade de pular o muro, mas estaria eu forte o suficiente para fazer isso? Não, não estava. Mas estava disposto a reunir todas as minhas forças e tornar o impossível possível.

Todos esses planos e pensamentos passaram pela minha cabeça enquanto eu usava o banheiro. Olhei para o teto, mas por lá não havia como escapar; o teto era de concreto. Acabei de me lavar e de me barbear e saí. Fora do banheiro havia uma sala sem teto; pensei que talvez pudesse escalar a parede e sair do complexo passando de um telhado a outro. Mas havia duas dificuldades: em primeiro lugar, a parede tinha cerca de seis metros de altura e não havia nada onde se agarrar para escalar; e em segundo, todo o complexo poderia ser cercado pela polícia em questão de minutos, de modo que onde quer que eu pousasse estaria nas mãos da polícia. Dei-me conta de que a fuga seria um sonho não realizado de alguém que de repente encontrou todas as portas fechadas para ele, exceto as portas do céu.

O DSE continuou a fazer ligações para o voo que trazia a equipe especial encarregada da missão. "Eles devem estar aqui em cerca de três horas. Estão agora em Chipre!", ele disse. Normalmente ele não deveria me dizer onde se encontrava o avião, ou quem estava no avião, ou para onde eu estava sendo levado; os americanos queriam manter as condições aterrorizantes tão duras quanto possível. Eu não deveria saber nada do que estava acontecendo comigo. Ser levado para um aeroporto com uma venda nos olhos, embarcado num avião e levado para um país a onze horas de voo, tudo isso são condições horríveis o bastante para que só pessoas com nervos de aço sobrevivessem a elas. Mas o DSE não se incomodou de me contar tudo que sabia. Não porque estivesse preocupado comigo, mas porque sabia que concordar com tão horrível operação era ao mesmo tempo concordar em abrir mão do poder. A agitação contra o presidente mauritano já existia, mas o DSE sabia que isso certamente seria a gota d'água. Eu também sabia, e assim continuei rezando: "Oh, Senhor, por favor não deixe que pessoas derramem sangue em meu nome!".

O DSE soube pela torre de controle que o avião era esperado por volta das sete ou sete e meia da noite. O anotador estivera dormindo o tempo todo, e o DSE o mandou para casa. Eram cerca de seis da noite quando o DSE, seu assistente e eu fomos em direção à luxuosa Mercedes do diretor. Ele ligou para a vigilância do aeroporto mais uma vez para fazer os arranjos necessários para me contrabandear com segurança, sem ninguém perceber. Esperei que esse plano falhasse e que alguém delatasse o governo.

O DSE rumou na direção oposta do aeroporto: ele queria gastar tempo e chegar ao aeroporto mais ou menos na mesma hora em que chegaria a delegação jordaniana. Eu esperava que o avião caísse. Mas sabendo que o plano podia ser substituído por outro, eu queria que fosse adiado, como se você tivesse notícia de sua própria morte e quisesse adiá-la. O DSE parou numa mercearia e entrou para comprar alguma coisa para quebrar o jejum; o pôr do sol ia nos pegar no aeroporto na hora da indesejada chegada. Em frente à loja estava uma caminhonete branca da ONU. O motorista tinha entrado na loja deixando o motor ligado. Eu pensei que com alguma sorte poderia sequestrá-lo, e com mais um pouco de sorte poderia escapar, pois a Benz não teria muitas chances contra o forte corpo de uma caminhonete Toyota com tração nas quatro rodas.

Mas vi alguns obstáculos que me dissuadiram de tentar. O sequestro teria de envolver pessoas inocentes. Na cabine estava a família do motorista da caminhonete, e eu não estava disposto a ferir pessoas inocentes. Um sequestro também exigiria neutralizar a Benz, o que poderia custar a vida dos dois oficiais de polícia. Embora eu não fosse me sentir culpado se eles morressem enquanto tentavam injusta e ilegalmente me prender, eu não queria matar ninguém. Estaria eu em condições físicas de executar essa operação? Não tinha certeza. Pensar na operação era como sonhar acordado, para me distrair do horrível desconhecido que me aguardava.

Devo mencionar que na Mauritânia a polícia não usa as extremamente paranoicas e vigilantes técnicas americanas de vendar, tapar os ouvidos e acorrentar as pessoas da cabeça aos pés; nesse aspecto os mauritanos estão muito atrás. De fato, não creio que ninguém seja tão vigilante quanto os americanos. Eu estava até caminhando livremente quando chegamos ao aeroporto e poderia sem dificuldade ter corrido e alcançado o terminal público antes que alguém pudesse me alcançar. Eu poderia pelo menos passar a mensagem ao público, e daí para minha família, de que estava sendo sequestrado. Mas não fiz isso, e não sei explicar por quê. Talvez, se eu soubesse então o que sei hoje, tivesse tentado qualquer coisa para derrotar a injustiça. Eu nem mesmo me entregaria, para começar.

Depois da parada na mercearia, fomos direto para o aeroporto. Quase não havia trânsito, devido ao feriado; as pessoas haviam se recolhido pacificamente em suas casas, como é comum nesse dia. Já fazia oito dias que eu não via o mundo lá fora. Ele parecia sombrio: devia ter caído uma tempestade de areia durante o dia, que só agora começava a se dissipar em favor de uma brisa vinda do oceano. Era uma situação que eu presenciara mil e uma vezes, e ainda gostava dela. É como se sempre que uma tempestade de areia mata a cidade, vem a brisa do oceano no final do dia e sopra nela a vida, e lentamente mas com segurança as pessoas começam a sair.

O crepúsculo era tão espantoso e belo como sempre tinha sido. Imaginei minha família, já tendo preparado o *Iftar*, a refeição para quebrar o jejum, minha mãe murmurando suas preces enquanto trabalhava nas modestas iguarias, todos esperando o sol dar seus últimos passos e se esconder atrás do horizonte, Assim que o muezim declara "Deus é Grande", todos pegam avidamente algo para beber. Meus irmãos preferem fumar um pouco e uma xícara de chá, antes de mais nada; minhas irmãs primeiro bebem. Nenhuma de minhas irmãs fuma, em minha cultura não é adequado uma dama fumar. A única pessoa ausente sou eu, mas os corações de todos estão comigo, as preces de todos são por mim. Minha família pensou que seria apenas uma questão de dias até o governo me libertar; afinal, as autoridades mauritanas disseram à minha família que eu não havia feito nada, só estavam esperando que os americanos constatassem a verdade e me deixassem ir. Como minha família estava enganada! Como eu estava enganado ao acreditar num bando de criminosos e confiar meu destino ao desígnio de seu país! Parecia que eu não tinha aprendido nada. Mas parece que o arrependimento tampouco iria ajudar: o navio tinha zarpado.

A Mercedes se dirigia silenciosamente para o aeroporto, e eu estava mergulhado em meus sonhos diurnos. No portão secreto, a chefe da polícia do aeroporto nos esperava, como planejado. Odiei aquele portão escuro! Quantas almas inocentes teriam sido levadas por esse portão secreto? Eu o cruzara uma vez, quando o governo dos Estados Unidos me trouxe de Dakar e me entregou ao meu governo, vinte meses antes. A chegada ao portão terminou com meus sonhos de um salvador, ou uma milagrosa espécie de super-homem que ia fazer o carro parar, neutralizar os oficiais da polícia e me levar para casa em suas asas, de modo que eu pudesse pegar meu *Iftar* na tepidez da cabana de minha mãe. Era um plano ininterrupto de Deus, e eu estava obedecendo e me submetendo completamente à sua vontade.

O chefe de polícia do aeroporto parecia mais um cameleiro. Vestia um surrado bubu, a indumentária nacional, e uma camiseta desabotoada.

"Eu lhe disse que não queria ninguém por perto", disse o DSE.

"Está tudo bem", disse o chefe com relutância. Ele era preguiçoso, descuidado, ingênuo e tradicional demais. Eu até acho que ele não tinha ideia do que estava acontecendo. Parecia ser um sujeito religioso, tradicional, mas a religião não parecia ter alguma influência em sua vida, considerando a condenável conspiração que ele estava conduzindo com o governo.

O muezim começou a cantar a incrível Azan, anunciando o fim do dia e portanto do jejum: "ALÁ é Grande, Alá é grande". "Testemunho que não existe divindade a não ser Deus", uma, duas vezes, e depois duas vezes, "Testemunho que Maomé é o mensageiro de Deus". "Venham para a oração, Venham para a oração, Venham para a salvação, Venham para a salvação", e depois, duas vezes, "Deus é grande" e "Não existe Deus a não ser Deus". Que mensagem impressionante! Mas imagine que, caro muezim, eu não posso atender seu chamado, nem posso quebrar meu jejum. Eu fiquei pensando: Será que esse muezim sabe da injustiça que está acontecendo neste país?

Não havia um só lugar limpo em volta. Todo o miserável orçamento que o governo tinha aprovado para a restauração do aeroporto fora literalmente devorado pelos agentes aos quais o governo confiara a tarefa. Sem dizer nada, fui até o local menos sujo e comecei a fazer minha oração. O DSE, seu assistente e o chefe se juntaram a mim. Quando acabei de rezar, o DSE me ofereceu água e alguns pãezinhos doces para quebrar meu jejum; no mesmo instante o pequeno jato tocava a pista. Seja como for, eu estava sem apetite, mas a chegada do avião acabou com qualquer necessidade de comer. Mas eu sabia que não iria sobreviver sem comer, então bebi um pouco de água. Peguei um pedaço do pão doce e empurrei-o para dentro da boca, mas parece que o pedaço chegou a um beco sem saída; minha garganta conspirava contra mim e se fechara. O terror estava me fazendo perder a razão, embora tentasse agir normalmente e me recompor. Eu estava tremendo, e continuei a murmurar minhas preces.

A tripulação de terra orientou o avião na direção do Benz. Ele parou a poucos centímetros de distância, a porta se abriu, e um homem ███████████████████████ ███████████████████████████████████████ desceu pela escada com passadas firmes. Ele era ██████████████ ███████. Ele tinha um desses ████████████████ que ficam mergulhando em qualquer coisa que eles bebem. Oh, Senhor, eu não dividiria uma bebida com nenhuma dessas pessoas, nem por 1 milhão de dólares. Assim que vi o sujeito, dei-lhe o nome de ███████████.*

Quando chegou ao solo, ele passou os olhos por nós, que estávamos de pé, diante dele. Ele tinha um[a] █████████ ███████████████████████ e o hábito de ajustar seu [sua] ████████████████████████, e ficava movendo os olhos, um muito aberto, o outro semicerrado. Pude ver facilmente em seu rosto que ficou chocado, porque parecia não ter encontrado a pessoa que estava buscando, a saber, eu. Mas pode-se dizer que

---

* O apelido que MOS deu ao líder da equipe de extradição jordaniana, que aqui o cumprimenta, parece ser "Satã", que aparece depois nesta cena duas vezes sem tarja. O contexto sugere que "o que fica mergulhando" poderia ser um bigode.

não era a primeira vez que ele liderava uma operação de sequestro: ele manteve completamente a compostura, como se nada de importante estivesse acontecendo.

"Nós trouxemos gente para cá dentro de sacos", seu associado ████████████████████ me disse depois, na Jordânia.

"Mas como sobreviveram à viagem sem sufocar?"

"Fizemos uma abertura para o nariz para facilitar um suprimento contínuo de oxigênio", ██████████████████ disse. Nada sei sobre a história dos sacos, mas sei de casos de suspeitos de terrorismo que foram sequestrados e enviados para a Jordânia.

████████████ estava esperando que sua presa estivesse acorrentada, vendada, os ouvidos tapados. Mas eu, de pé diante dele em roupas civis e os olhos bem abertos como qualquer ser humano, isso o chocou. Não, não é esta a aparência de um terrorista — sobretudo um terrorista de alto nível, supostamente o cérebro por trás do Complô do Milênio.

"Oi", ele disse; obviamente não estava acostumado com a bela saudação muçulmana, "Que a paz esteja convosco!". Ele trocou rápidas palavras com o DSE, embora um não entendesse o outro muito bem. O DSE não estava acostumado com o dialeto jordaniano, nem estava o visitante jordaniano acostumado com o jeito mauritano de falar. Eu tinha uma vantagem sobre os dois: quase não há dialeto árabe que eu não entenda, porque eu tinha muitos amigos de diferentes contextos culturais.

"Ele disse que precisa de combustível", expliquei ao DSE. Estava ansioso para avisar meu predador: *Sou eu, sou eu.* Peguei minha mala, mostrando estar pronto para embarcar, e foi então que ████████████████ se deu conta de que eu era o esquálido "terrorista" que ele fora encarregado de trazer.

O DSE entregou-lhe meu passaporte e uma pasta fina. No topo da escada estavam dois jovens vestidos em roupas pretas de estilo ninja, que, depois se viu, seriam os guardas que me vigiariam durante a mais longa viagem de onze horas de minha vida. Eu falei rapidamente com o DSE de um modo que eu sabia que o ▮▮▮▮▮▮▮▮▮▮ não entenderia.

"Diga-lhe para não me torturar."

"Ele é um bom sujeito; gostaria que você o tratasse apropriadamente!", disse vagamente o DSE.

"Vamos cuidar bem dele", respondeu o ▮▮▮▮▮▮▮▮, numa declaração ambígua.

O DSE me deu algum alimento para comer durante o voo. "Não precisa, temos bastante comida", disse ▮▮▮▮▮▮▮▮▮. Eu fiquei contente, pois gosto da cozinha do Oriente Médio.

Sentei-me no lugar que fora reservado para mim, e o líder da operação ordenou que me fizessem uma meticulosa revista enquanto o avião taxiava pela pista. Tudo que encontraram foi meu Corão, o qual me devolveram. Fui vendado e tive os ouvidos tapados, mas a venda foi tirada quando o avião chegou à altitude regular, para que eu pudesse comer. Pelo que eu sabia sobre os fundamentos dos instrumentos de telecomunicação, fiquei aterrorizado quando eles me taparam os ouvidos com o que parecia ser um fone de ouvido. Pensei que era um novo método dos Estados Unidos para extrair informações de meu cérebro e enviá-las diretamente para um computador central que analisaria as informações. Não estava preocupado com o que pudessem extrair de meu cérebro, mas sim com a dor que poderia sentir devido a choques elétricos. Era uma estupidez, mas quando se está aterrorizado não se é mais a mesma pessoa. Você vira criança de novo.

O avião era muito pequeno, e muito barulhento. Ele só podia voar de três a três horas e meia, e então precisava reabastecer. "Eles estão em Chipre", tinha me dito o DSE algumas horas antes de sua chegada a Nouakchott; imaginei que a volta seguiria a mesma rota, porque crimes assim têm de ser perfeitamente coordenados entre as partes conspiradoras.

███████████ me ofereceu uma refeição. Parecia boa, mas minha garganta estava rígida e era como se estivesse tentando engolir pedras ásperas. "Isso é tudo?", ███████████ espantou-se. "Estou bem, ███████████", eu disse. ███████████ significa, em tradução literal, alguém que realizou sua peregrinação a Meca, mas no Oriente Médio você se refere respeitosamente a alguém que não conhece como ███████████.* Na Jordânia eles chamam todo detento de ███████████ para manter os nomes em segredo.

"Coma, coma, aproveite a comida!", disse ███████████, tentando me dar certo ânimo para comer e me manter vivo.

"Obrigado, ███████████. Já comi bastante."

"Tem certeza?"

"Sim, ███████████", respondi. ███████████ olhou para mim, forçando o mais desonesto e irônico sorriso que jamais vi, exatamente como fizera ao descer do avião lá em Nouakchott.

Os guardas recolheram os restos e puseram a bandeja na posição vertical. Dois deles me vigiavam, um bem atrás de minha nuca, o outro sentado a meu lado. O sujeito atrás de mim ficava me olhando o tempo todo, duvido que desse alguma piscada. Deve ter passado por um treinamento muito rígido.

"Em meu treinamento, quase perdi a serenidade", contou-me mais tarde um jovem recruta na prisão jordaniana. "Durante o treinamento, pegamos um terrorista e o matamos na frente de todos os estudantes. Alguns não conseguiram aguentar e começaram a chorar", ele continuou.

"Onde vocês treinam?", eu lhe perguntei.

"Num país árabe, não posso lhe dizer qual é." Eu fiquei nauseado, mas fiz o melhor que pude para agir diante do sujeito como se tudo fosse normal, e ele, um herói. "Eles querem que não tenham misericórdia com terroristas. Posso matar um terrorista

---

* Pelo contexto, parece que MOS se refere ao honorífico "Hajji".

que está correndo para fugir sem gastar mais do que uma bala", ele afirmou, se exibindo.

"Oh, isso é ótimo. Mas como você sabe se ele é um terrorista? Ele pode ser inocente", eu ponderei.

"Não me importa: se meu chefe diz que ele é terrorista, então ele é. Não me é permitido seguir meu julgamento pessoal. Meu trabalho é executar." Me senti muito mal por causa de meu povo e do nível de crueldade e abominação para o qual ele descambou. Agora eu estava de fato diante de alguém treinado para matar às cegas quem quer que lhe ordenassem. Eu sabia que ele não estava mentindo, porque uma vez conhecera um ex-soldado argelino que buscava asilo na Alemanha, e ele me contou como também tratavam de forma medonha os islamistas.

"Numa emboscada, capturamos um adolescente com dezesseis anos, e no caminho para a prisão nosso chefe parou, tirou-o da caminhonete e o matou com um tiro. Ele não o queria na prisão, ele queria se vingar", ele me contou.

Eu me perguntava por que havia tanta vigilância, já que estava acorrentado e havia dois guardas, dois interrogadores e dois pilotos. Satã pediu ao guarda que estava sentado a meu lado para sair dali, e ▮▮▮▮▮▮▮▮ sentou a meu lado e começou a me interrogar.*

"Qual é o seu nome?"

"Mohamedou Ould Salahi"

"Qual é o seu apelido?"

"Abu Musab."

"Que outros apelidos você tem?"

"Nenhum."

"Tem certeza?"

"Sim, ▮▮▮▮▮▮▮▮!" Eu não estava acostumado com um interrogador da região de Sham, e nunca tinha ouvido aquele sota-

---

* "Satã" aparece aqui sem tarja no manuscrito.

que de maneira tão assustadora. Eu achava o sotaque de Sham um dos mais doces na língua árabe, mas o sotaque de ██████████ não era doce. Ele todo era maligno: o modo com que se movia, falava, olhava, comia, tudo. Durante nossa curta conversa, estávamos quase gritando, mas mal podíamos ouvir um ao outro por causa do gemido extremamente alto dos motores. Detesto aviões pequenos. Sempre sinto que estou na asa de um demônio quando viajo neles.

"Vamos parar o interrogatório e retomá-lo depois", ele disse. Obrigado, velhos motores! Eu só o queria fora de minha vista. Eu sabia que não poderia evitá-lo, a não ser por enquanto.

██████████████████ por volta de meia-noite GMT pousamos em Chipre. Era um aeroporto comercial ou militar? Não sei. Mas Chipre é um dos paraísos mediterrâneos sobre a Terra.

Os interrogadores e os dois pilotos vestiram seus paletós e deixaram o avião, provavelmente para fazer uma pausa. Pelo visto, tinha chovido; o chão parecia estar molhado, e uma leve garoa acariciava o solo. A todo momento eu olhava de relance pela pequena e embaçada janela. A brisa lá fora anunciava a presença de um inverno frio na ilha. Ouvi alguns ruídos que sacudiram o pequeno avião; deve ter sido o tanque de combustível se movimentando. Mergulhei em meus sonos diurnos.

Eu estava pensando. Agora a polícia local ia suspeitar do avião, e, assim, eu esperava, revistá-lo. Tenho sorte, pois estou transgredindo a lei ao transitar por um país sem um visto de trânsito, e serei preso e posto na prisão. Na prisão, vou pedir asilo e ficar neste paraíso. Os jordanianos não podem dizer nada porque são culpados de tentar me contrabandear. Quanto mais o avião demorar aqui, maiores minhas chances de ser preso.

Como eu estava enganado! Como um sonho pode ser confortador! Era meu único consolo, ajudando-me a ignorar e esquecer a maldade que me cercava. O avião de fato demorou bastante tempo, cerca de uma hora, mas não houve revista do avião.

Eu não constava na lista de passageiros que os jordanianos entregaram às autoridades locais. Eu até pensei ter visto a polícia, em seus uniformes negros, se aproximando do avião, mas eu não seria notado porque estava imprensado entre dois assentos e tive de manter a cabeça baixa, e desse modo parecia um saco pequeno. Mas posso estar enganado, e só os tenha visto porque queria que a polícia viesse me prender. ████████████, seu associado e os dois pilotos voltaram e decolamos. Os pilotos trocaram de lugar. Vi o piloto gordo sentado na frente de ██████████████; ele era quase tão largo quanto era alto. ██████████████ começou uma conversa com ele. Embora eu não conseguisse ouvir a conversa, supus tratar-se de uma discussão amigável entre dois homens maduros, o que era bom. ███████ ███████████ estava ficando cansado como todos os outros, exceto o jovem guarda que continuava a fixar seus olhos, que nunca piscavam, em mim. A cada instante ele fazia um comentário do tipo "Mantenha a cabeça baixa" e "Olhe para baixo", mas eu continuava a esquecer as regras. Tinha a sensação de que esse seria meu último voo, porque estava certo de que não ia suportar a tortura. Pensei em cada membro de minha família, mesmo meus sobrinhos e sobrinhas mais distantes e meus parentes por afinidade. Como esta vida é curta! Num piscar de olhos, tudo acabou.

Continuei a ler meu Corão na penumbra. Meu coração batia como se quisesse saltar para fora da boca. Eu mal entendia o que estava lendo; li no mínimo duzentas ou trezentas páginas inconscientemente, estava preparado para morrer, mas nunca imaginei que seria dessa maneira. Senhor, tenha piedade de mim! Penso que quase ninguém vai se ver diante da morte do modo como ele ou ela imaginara. Nós, seres humanos, levamos tudo em consideração, exceto a morte; quase ninguém tem a morte em seu calendário. Será que Deus realmente me predestinara a morrer na Jordânia nas mãos de algumas das pessoas mais malvadas do mundo? Mas eu na verdade não me importava de ser morto por pessoas ruins; diante de Deus eles não teriam defesa, eu pensava.

███████████████████████████ por volta de quatro da manhã. Uma falsa sensação de paz prevaleceu na viagem entre Chipre e meu atual e desconhecido destino. Os bandidos pareciam estar exaustos da viagem do dia anterior de Amã a Nouakchott, e isso para mim foi uma bênção. O avião começou a perder altitude novamente, e pousamos num lugar que eu não conhecia. Acho que era um país árabe em algum lugar do Oriente Médio, porque penso ter visto placas em árabe pela pequena janela, quando dei uma olhada rápida escapando à vigilância do demônio que me guardava. Ainda era noite, e o tempo parecia estar claro e seco. Não vi nenhum sinal de inverno.*

Dessa vez eu não tinha esperança de que a polícia revistasse o avião, porque os países árabes estão sempre conspirando uns com os outros contra seus próprios cidadãos. Que traição! Contudo, um vazamento de informação não faria mal. Mas não dediquei a esse sonho um segundo pensamento. Não ficamos lá muito tempo, embora passando pelo mesmo procedimento, ████████████ ██████ e seus dois pilotos saindo para uma pausa curta, os mesmos ruídos de reabastecimento que tinha ouvido em Chipre. O avião decolou para seu destino final, Amã, Jordânia. Não creio que tenhamos feito mais escalas, embora eu ficasse adormecendo e acordando até chegarmos à Jordânia.

Mais de 90% dos jordanianos são muçulmanos. Para eles, como para todos os muçulmanos do Oriente Médio, jejuar durante o Ramadã é o serviço religioso mais importante. Pessoas que não jejuam não são bem-vistas na sociedade, e muita gente

---

* MOS indicou que o voo deixou Amã na tarde de 28 de novembro, e assim agora seriam as primeiras horas da manhã de 29 de novembro de 2001.

jejua devido à pressão social, mesmo não tendo fé religiosa. Na Mauritânia, as pessoas são muito mais relaxadas no que tange ao jejum, e menos relaxadas no que tange às orações. "Coma seu desjejum", disse o guarda. Creio que eu tinha adormecido por um momento.

"Não, obrigado."

"É sua oportunidade de comer antes de começar o jejum."

"Não, estou o.k."

"Tem certeza?"

"Sim, ███████████." Eles começaram a fazer seu desjejum, mastigando como se fossem vacas; eu até podia ouvi-los através de meus tampões de orelha. Continuei surrupiando olhares de relance pelas pequenas janelas até que vi a primeira luz do dia rasgando a escuridão." ███████████, gostaria de fazer minha oração", eu disse ao guarda. O guarda teve uma pequena conversa com ███████████, que lhe ordenou que tirasse meus tampões de ouvido.

"Não é ocasião para rezar. Quando chegarmos, você e eu vamos rezar juntos", disse ███████████. Eu senti certo conforto, pois se ele rezava era sinal de que era um crente, e assim possivelmente não iria machucar um "irmão" de crença. E ainda assim ele não pareceria conhecer sua religião. A oração deve ser feita na hora certa, da melhor maneira possível, pelo menos no coração. Não se pode adiá-la, exceto por razões apresentadas no livro sagrado islâmico. No meu caso, a prometida oração junto com Satã jamais aconteceu.*

---

* Novamente, "Satã" aparece aqui sem tarja.

4. Jordânia
29 de novembro de 2001-19 de julho de 2002

A hospitalidade de meus irmãos árabes... Gato e rato: ICRC contra a Inteligência Jordaniana... As boas-novas: eu teria tentado matar o presidente mauritano... Centro de musculação: o que eu sei me mata... Justiça injusta

██████████████████████, cerca de sete da manhã, hora local.*

O pequeno avião começou desajeitadamente a abrir caminho através do nublado e frio céu de Amã. Finalmente tocamos o solo e paramos. Todos estavam ansiosos para sair do inferno daquele avião, inclusive eu.

"Levante-se", disse um dos guardas, tirando as algemas de metal que já tinham feito uma marca em torno de meus pulsos. Eu fiquei aliviado, sentado em silêncio e falando comigo mesmo. "Olhe, eles são amigáveis. Eles só queriam ter certeza de que você

---

* Ainda é a manhã de 29 de novembro de 2001 (veja nota de rodapé na p. 217).

não ia fazer nada de estúpido no avião; agora que chegamos, não há necessidade de algemas ou tampões de ouvido." Como estava enganado! Eles só tinham tirado as algemas para me algemar de novo atrás das costas e pôr tampões de ouvido maiores e um saco em minha cabeça, cobrindo o pescoço. Meu coração começou a bater pesadamente, o que elevou minha pressão sanguínea e me ajudou a ficar de pé com mais firmeza. Comecei a murmurar minhas preces. Era a primeira vez que eu era tratado dessa maneira. Minhas calças começaram a escorregar por minhas pernas, de tão magro que eu estava, e tinha ficado quase sem me alimentar durante pelo menos uma semana.

Dois novos e enérgicos guardas me arrastaram para fora do avião. Eu torci os pés quando cheguei à escada, não conseguia ver nada, e o estúpido guarda não me disse nada. Caí de frente, mas os guardas me apararam antes que eu atingisse a escada.

"Tenham cuidado!", disse ███████████████████, meu futuro interrogador, aos guardas. Memorizei sua voz, e quando depois ele começou a me interrogar, eu o reconheci daquele dia. Agora eu sabia que tinha de descer a escada até meus pés chegarem ao solo, e uma brisa gélida de inverno atingiu todo o meu corpo. Minhas roupas não eram adequadas para esse clima. Eu estava vestindo a roupa barata, fabricada num país subdesenvolvido, que havia recebido das autoridades mauritanas.

Um dos guardas me ajudou silenciosamente a entrar no veículo que estava estacionado a poucos centímetros do último degrau da escada. Os guardas me espremeram entre eles no assento de trás, e o veículo partiu. Eu me senti aliviado; estava quente dentro do carro e o motor era silencioso. O motorista, por engano, ligou o rádio. A voz de uma DJ, com seu sotaque Sham e sua voz sonolenta, me atingiu. A cidade estava despertando de uma noite longa e fria, lentamente mas com segurança. O motorista continuou a acelerar e a frear subitamente. Que motorista ruim! Eles devem tê-lo contratado por ser estúpido. Eu era sacudido para a frente e para trás como um desses manequins que simulam batidas de carro. Ouvi muitas buzinas. Era a hora de pico para pessoas que iam trabalhar. Imaginei-me nesse mesmo instante de volta a minha casa, me preparando para o trabalho, desfrutando um novo dia, a brisa matutina do oceano entrando por minha janela aberta, deixando meus sobrinhos cada um em sua escola. Quando se pensa que a vida está caminhando a seu favor, ela o trai.

Após cerca de quarenta ou cinquenta minutos de uma penosa direção, fizemos uma curva, entramos por um portão e paramos. Os guardas me arrastaram para fora do carro. A brisa fria sacudiu todo o meu corpo, embora por um breve momento, antes de entrarmos no prédio, e fui deixado junto a um aquecedor. Hoje eu sei como era esse aquecedor, mesmo de olhos vendados; eu percebi que era igual aos que eu tinha na Alemanha. Mais tarde, soube pelos guardas que as instalações da prisão foram construídas por uma empresa sueca.

"Não se mova", disse um dos guardas antes que os dois saíssem do recinto. Eu fiquei de pé, imóvel, embora meus pés mal me sustentassem e minhas costas doessem muito. Fui deixado ali por uns quinze ou vinte minutos antes de ██████████████ ████████████████ me agarrar por trás pela gola, quase me sufocando até a morte. ████████████████ ██████████████ me empurrou brutalmente escada acima. Eu devia estar no térreo, e ele me empurrou para o primeiro andar.

Diz a lenda que os árabes estão entre as pessoas mais hospitaleiras na face da Terra; tanto amigos quanto inimigos são unânimes quanto a isso. Mas o que eu experimentaria ali seria outro tipo de hospitalidade. ████████████████████ me empurrou para dentro de um quarto relativamente pequeno, com uma escrivaninha, um par de cadeiras e outro sujeito sentado à escrivaninha e olhando para mim. Eu batizei ▆▆▆▆▆▆ ▆▆▆▆▆▆ assim que o vi. Ele era um ▆▆▆▆▆▆ ▆▆▆▆▆▆▆▆▆▆▆▆▆▆▆▆▆▆▆▆▆▆▆▆▆▆▆▆▆▆▆▆ ▆▆▆▆▆▆▆▆▆. Como o restante dos guardas, estava vestido com ▆▆▆▆▆▆▆▆▆▆▆▆▆▆▆▆▆▆▆▆ tinha um corte de cabelo militar.* Dava para ver que ele realizava aquele trabalho fazia algum tempo: não havia sinais de humanidade em seu rosto. Ele odiava a si mesmo mais do que qualquer um poderia odiá-lo.

A primeira coisa que vi foram dois retratos na parede, do rei atual, Abdullah, e de seu falecido pai Hussein. Esses retratos são a prova da ditadura no mundo não civilizado. Na Alemanha nunca vi ninguém pendurar o retrato do presidente; a única vez que via seu retrato era quando assistia ao noticiário, ou dirigia pelas ruas durante o período de eleições, quando eles penduram os retratos de uma porção de candidatos. Talvez eu esteja enganado, mas não confio em ninguém que pendura o retrato de seu presidente, ou em qualquer presidente que vença alguma eleição com mais de 80% dos votos. Isso é simplesmente ridículo. Numa outra parede vi as horas num grande relógio lá pendurado. Eram cerca de sete e meia da manhã.

"Tire a roupa!", disse ▆▆▆▆▆▆▆▆▆▆▆▆▆▆▆▆▆▆▆▆▆▆. Obedeci sua ordem e me despi, exceto a roupa de baixo. Não pretendia tirá-la sem resistência, por mais fraca que fosse. Mas ▆▆▆ ▆▆▆▆▆▆▆▆▆▆▆▆▆▆▆▆▆▆▆ apenas me estendeu um uniforme limpo, azul-claro. Os jordanianos são substancialmente muito mais avançados e organizados que os mauritanos; tudo na prisão era modesto, mas limpo e arrumado. Na Mauritânia não

---

* Em sua audiência de 2005 na ARB, MOS indicou que, durante seu tempo de prisão na Jordânia, todos na prisão usavam uniformes militares. Transcrição da ARB, 22.

existe um uniforme específico, não por ser a Mauritânia um país democrático, mas talvez por serem as autoridades preguiçosas e corruptas demais. Um uniforme sinaliza países atrasados e comunistas. O único chamado país "democrático" que tem essa técnica de envolver seus detentos em uniforme são os Estados Unidos; os jordanianos adotaram 100% do sistema americano na organização de suas prisões.

O jovem sujeito atrás da mesa era bem gordo. Agia como um funcionário, mas um funcionário horrível.

"Qual o seu nome? Qual o seu endereço em Amã?"

"Não sou de Amã."

"De que diabo de lugar você é?"

"Sou da Mauritânia", respondi.

"Não, estou me referindo ao lugar onde você mora aqui na Jordânia."

"Em lugar algum."

"Eles o capturaram quando você estava em trânsito aqui, no aeroporto?"

"Não. Hajji me trouxe de meu país para me interrogar aqui por dois dias e me levar de volta."* Eu queria fazer aquilo soar o mais inofensivo possível. Além do mais, foi isso que tinham me dito, apesar de eu agora estar sentindo que tinham mentido para mim e me traído.

"Como se soletra seu nome?" Eu soletrei meu nome completo, mas o sujeito parecia não ter completado a escola primária. Ele escrevia como se fosse com pauzinhos chineses. Ficou preenchendo um formulário após outro, e jogando os antigos na lata de lixo.

"O que você fez?"

"Não fiz nada!"

* "Hajji" aparece aqui sem tarja.

Os dois caíram na gargalhada. "Oh, isso é muito apropriado. Você não fez nada, mas você está aqui!" Eu pensei: Que crime deveria mencionar para satisfazê-los?

Apresentei-me como uma pessoa que tinha feito todo esse caminho desde a Mauritânia para fornecer informações sobre meus amigos. " ███████ me disse que precisava de minha ajuda", eu disse. Mas então pensei: Que resposta idiota. Se eu ia dar informações de livre e espontânea vontade, eu poderia fazer isso na Mauritânia. De qualquer maneira, os guardas não acreditaram em mim; que criminoso admite de boa vontade seus crimes? Me senti humilhado, porque minha história parecia estranha e inverídica.

Naquele caos burocrático, o oficial comandante da prisão tomou o processo em suas mãos. Ele pegou minha carteira e copiou meus dados pessoais de minha carteira de identidade. Era um oficial de aparência séria, com trinta e muitos anos, louro-claro. Tinha aspecto caucasiano e um semblante seco. Obviamente era o encarregado do caso. Durante minha estada em Dar Al Tawqif wa Tahqiq House* para prisão e interrogatório, eu continuei a

---

* A expressão em árabe parece ser uma transliteração da expressão "casa para prisão e detenção". No seu relatório de 2008, "Double Jeopardy: CIA Renditions to Jordan" [Dupla incriminação: Extradição da CIA para a Jordânia], a Human Rights Watch registrou que "desde 2001 até pelo menos 2004, o Departamento Geral de Inteligência da Jordânia (GID) serviu como um aprisionador a serviço do Agência Central de Inteligência dos Estados Unidos (CIA), mantendo prisioneiros que a CIA aparentemente queria deixar fora de circulação, e depois devolvendo alguns deles à CIA". A Human Rights Watch relatou que MOS e pelo menos outros treze foram enviados à Jordânia durante esse período, onde foram mantidos no quartel principal do GID em Amã, localizado no distrito de Wadi Sir. O quartel, que tudo indica ocupa aproximadamente 0,4 hectare de terra, abriga uma grande instalação de detenção com quatro andares, que a Human Rights Watch vistoriou em agosto de 2007.

Pesquisadores que fizeram essa vistoria registraram que "os escritórios administrativos e salas de interrogatório ficam no segundo andar do prédio e as salas de visitação, no térreo. Durante o período em que a Human Rights Watch

vê-lo trabalhando dia e noite, e dormindo na prisão. A maioria dos guardas fazia isso. Eles trabalham ▇▇▇▇▇▇▇▇▇▇▇▇▇▇▇▇▇▇▇▇▇▇▇▇▇▇▇▇▇▇▇ ▇▇▇▇▇▇▇▇▇ raramente deixando a instalação. Eu o surpreendia tentando olhar ocultamente pelo visor sem que eu percebesse.* ▇▇▇▇▇▇▇▇▇▇ era um ▇▇▇▇▇▇▇▇▇ no que eles chamam de Al Jaish Al Arabi, a Legião Árabe. Fiquei pensando: Que palhaçada! Se este é o nosso protetor, dos árabes, estamos ferrados! Como diz um provérbio árabe: "Seu protetor é seu assaltante".

"Por que eles chamam vocês de Legião Árabe?", perguntei mais tarde a um dos guardas.

"Por que somos tidos como protetores de todo o mundo árabe", ele respondeu.

"Oh, isso é realmente uma grande coisa", eu disse, pensando que estaríamos bem se eles nos protegessem deles mesmos.

Depois que terminaram de me registrar, ▇▇▇▇▇▇▇▇ ▇▇▇▇▇▇▇▇▇▇▇▇ me algemou por trás das costas, me vendou e me puxou como de costume pela parte de trás da gola.

---

inspecionou a instalação, todos os detentos em custódia foram mantidos no segundo andar. No entanto, havia também muitas celas no térreo e no terceiro andar, assim como um pequeno número de celas no quarto andar, o que incluía algumas celas coletivas e o que o diretor chamava de "seção de mulheres" da instalação. Além disso, a instalação tinha um porão onde muitos prisioneiros alegaram ter sido submetidos aos mais violentos tratamentos. Prisioneiros detidos pelo GID em Wadi Sir são mantidos em celas individuais e proibidos de falar uns com os outros, mas alguns conseguiam se comunicar através da janela de trás em suas celas. (Cada cela dá para o pátio central, e tem uma janela para esse pátio.) "Double Jeopardy", 1, pp. 10-1. O relatório da Human Rights Watch está disponível em: <http://www.hrw.org/sites/default/files/reports/jordan0408webwcover.pdf>.

* Esse comportamento pode ter originado o apelido "Estou-de-Olho-em-Você", que aparece sem tarja mais adiante neste capítulo.

Entramos no elevador e senti que subíamos. Devemos ter chegado ao terceiro andar. ▓▓▓▓▓▓▓▓▓▓ ▓▓▓▓▓▓▓▓▓▓ me conduziu por um corredor e dobrou um par de vezes até que uma porta de metal foi aberta. ▓▓▓▓▓▓▓▓▓▓ ▓▓▓▓▓▓▓▓▓▓▓▓▓▓▓ me tirou as algemas e a venda.

Olhei até onde minha vista pôde alcançar. Não era longe. Cerca de três metros até uma janelinha situada alto o bastante para que os detentos não conseguissem olhar para fora. Uma vez eu trepei até lá, mas não vi nada a não ser o muro redondo da prisão. A prisão tinha o formato de um círculo. A ideia era boa, porque se você conseguisse pular pela janela, ia aterrissar numa grande arena com um muro de concreto de dez a treze metros. O recinto parecia sombrio e inóspito, mas limpo. Havia uma cama de madeira e um velho cobertor, um pequeno lençol, e era tudo. A porta fechou-se ruidosamente atrás de ▓▓▓▓▓▓▓▓▓ ▓▓▓▓▓▓▓▓▓▓▓ e fui deixado sozinho, cansado e amedrontado. Que mundo espantoso! Eu gostava de visitar outros países, mas não dessa maneira.

Fiz minha ablução ritual e tentei rezar de pé, mas não houve jeito e resolvi rezar sentado. Me encolhi na cama, e logo adormeci. Dormir foi uma tortura: assim que fechei os olhos, os amigos sobre os quais eu possivelmente seria interrogado vinham até mim e falavam comigo. Eles me botaram um medo dos diabos; acordei numerosas vezes murmurando seus nomes. Eu estava numa situação sem saída: se me mantinha acordado, ficava cansado demais, se dormia, era aterrorizado por pesadelos a ponto de gritar alto.

Por volta de quatro e meia da tarde, o guarda que me vigiava acordou-me para comer. As refeições eram servidas de um carrinho que ia pelo corredor de cela em cela, e depois o cozinheiro passava para recolher os pratos vazios. Os detentos podiam ficar com uma caneca para chá e suco. Quando o cozinheiro veio buscar meu prato, viu que eu não tinha comido quase nada.

"Isso é tudo?" Por mais que gostasse da comida, minha garganta conspirava contra mim. A depressão e o medo eram simplesmente demais.

"Sim, obrigado."

"Bem, você é quem sabe!" O cozinheiro recolheu rapidamente meu prato e seguiu adiante. Na prisão não é como em casa; na prisão, se você não come, está tudo bem. Mas em casa seus parentes e sua mulher fazer o melhor que podem para persuadir você. "Querido, coma só mais um pouquinho. Ou quer que eu lhe prepare outra coisa? Por favor, faça isso por mim. Por que não me diz o que gostaria de comer?" Em ambos os casos, contudo, é mais que provável que você não vá comer mais — na prisão porque eles o amedrontam como os diabos, e em casa porque você é mimado. É a mesma coisa quando você fica doente. Lembro-me de um caso engraçado quando eu estava realmente sofrendo; era ou uma dor de cabeça ou uma dor de estômago.

"Sinto tantas dores! Você pode, por favor, me dar um remédio?"

"Que se dane, bebê chorão", disse o guarda. Eu caí na risada porque me lembrei de como minha família ia exagerar em seus cuidados se soubessem que eu estava doente.

Depois de devolver minha bandeja, voltei para dormir. Assim que fechei os olhos, vi em sonho minha família me resgatando dos jordanianos. No sonho eu dizia à minha família que aquilo era só um sonho, mas eles me falavam: "Não, isso é real, você está em casa". Que devastador, quando acordei e me vi naquela cela pouco iluminada! Esse sonho me deixou aterrorizado durante dias. "Eu disse a vocês que era um sonho, por favor, me segurem aqui e não me deixem ir", eu dizia. Mas não havia como me segurar. Minha realidade era que eu estava detido secretamente numa prisão jordaniana e minha família não tinha nem mesmo a possibilidade de saber onde eu estava. Graças a Deus, depois de algum tempo esse sonho passou, embora a todo momento eu acordasse chorando intensamente depois de ter abraçado minha querida irmã mais nova.

A primeira noite é a pior; se você consegue atravessá-la então é mais que provável que vai conseguir passar pelas restantes. Era Ramadã, e assim nos serviam duas refeições, uma ao pôr do sol e a segunda antes da primeira luz da manhã. O cozinheiro me acordou e serviu-me a refeição matinal. *Suhoor*, é como chamamos essa refeição; ela marca o começo de nosso jejum, que dura até o pôr do sol. Em casa, é mais do que uma simples refeição. Todo o ambiente é importante. Minha irmã mais velha acorda todo mundo e nos sentamos juntos para comer e tomar o chá quente e desfrutar a companhia um do outro. "Prometo nunca reclamar de sua comida, mamãe", eu pensava.

Ainda não tinha me adaptado ao horário jordaniano. Não me era permitido saber a hora ou a data, mas depois que fiz amigos entre os guardas, eles costumavam me dizer que horas eram. Naquela manhã tive de adivinhar. Eram cerca de quatro e meia da manhã, o que significava cerca de uma e meia lá em casa. Fiquei me perguntando o que minha família estaria fazendo. Será que sabem que estou aqui? Deus lhes mostrará onde estou?* Será que os verei novamente? Só Alá sabe! As chances pareciam ser muito poucas. Eu não comi muito, nem era tanta comida. Uma pita, leite desnatado e pedacinhos de pepino. Mas comi mais do que na noite anterior. Continuei lendo o Corão na penumbra; não conseguia recitar porque meu cérebro não estava funcionando direito. Quando achei que já era o alvorecer, eu rezei, e assim que terminei o muezim começou a cantar o Azan, sua voz celestial, débil,

---

* De fato, só quase um ano depois a família de MOS soube onde ele estava — e isso porque um irmão na Alemanha leu um artigo no *Der Spiegel* em outubro de 2002 que relatava que MOS estava em Guantánamo. Veja "From Germany to Guantanamo: The Career of Prisoner No. 760", *Der Spiegel*, 29 out. 2008.

sonolenta, rouca, despertando em mim todo tipo de emoções. Como poderiam todos esses crentes em oração aceitar que um dos seus estivesse enterrado na escuridão da ▮▮▮▮▮▮▮▮▮▮ ▮▮▮▮▮▮▮▮▮▮ Casa de Prisão e Detenção?*

Existem na realidade dois Azans, um para despertar as pessoas para comer a última refeição, o outro para parar de comer e ir rezar. Parecem iguais; a única diferença é que no segundo o muezim diz: "Rezar é melhor que dormir". Eu refiz minhas orações mais uma vez e fui para a cama escolher se ficava aterrorizado acordado ou dormindo. Continuei a oscilar entre as duas hipóteses, como se estivesse embriagado.

O segundo dia transcorreu sem grandes acontecimentos. Meu apetite não mudou. Um dos guardas me deu um livro para ler. Não gostei dele, porque era sobre diferenças filosóficas entre todos os tipos de religiões. Eu precisava era de um livro que me desse algum conforto. Queria que tivéssemos um pouco mais de paz no mundo. Eu estava entre o sono e a vigília por volta das onze horas naquela noite quando os guardas gritaram ▮▮▮▮▮▮▮▮ ▮▮▮▮▮▮▮▮▮▮ e abriram a porta de minha cela.

"Apresse-se!" Eu gelei, e meus pés ficaram dormentes, mas meu coração batia tão forte que pulei da cama e obedeci à ordem do guarda. Os guardas da escolta me algemaram por trás das costas e me empurraram para o desconhecido. Como eu estava vendado, podia imaginar aonde estavam me levando sem ser perturbado, embora o passo da guarda de escolta fosse mais rápido do que eu esperava. Senti a quentura do recinto em que entrei. Quando você está com medo, você precisa de calor.

O guarda tirou as algemas e a venda. Vi uma grande máquina azul, como a que examina a bagagem nos aeroportos, e alguns outros objetos que servem para medir altura e peso. Como fiquei

---

* Veja nota de rodapé na p. 224.

aliviado! Eles só iam tomar os tradicionais dados que se tomam de um prisioneiro, como impressões digitais, altura e peso. Embora eu soubesse que não havia como escapar à sessão de interrogatório, ao mesmo tempo queria passar por ela o mais breve possível e tinha medo dessa sessão. Não sei como explicar, pode não fazer sentido, só estou tentando explicar meus sentimentos da melhor maneira possível.

Mais um dia se passou. A rotina não foi diferente da dos dias anteriores, embora eu tenha obtido uma informação crucial: o número de minha cela era ▮▮▮▮▮▮▮▮▮▮▮▮▮▮▮▮▮▮▮▮▮▮ ▮▮▮▮▮▮▮▮▮▮. Depois do *Iftar*, a refeição que quebra o jejum, os guardas começaram chamando um número, uma porta se abriu ruidosamente, e podiam-se ouvir os passos dos detentos que estavam sendo levados. Supus que estavam sendo levados para interrogatório. Imaginei uma centena de vezes ter ouvido os guardas gritando o número de minha cela e depois de cada vez eu ia ao lavatório e fazia uma ablução ritual. Eu estava tão paranoico assim. Finalmente, por volta de dez da noite do sábado, um guarda gritou realmente ▮▮▮▮▮▮▮▮▮▮▮▮.* Fui depressa ao banheiro. Não que eu precisasse, na verdade não tinha bebido nada e já havia urinado cerca de meio galão, mas senti que precisava. O que ia urinar, sangue?

"Rápido, não temos tempo", disse o guarda que estava junto à pesada porta de metal aberta. Mais tarde eu soube ▮▮▮▮▮▮ ▮▮▮▮▮▮▮▮▮▮▮▮▮▮▮▮▮▮▮▮▮▮▮▮ ▮▮▮▮▮▮▮▮▮▮▮▮▮▮▮▮▮▮▮▮▮▮▮▮ ▮▮▮▮▮▮▮▮▮▮▮▮▮▮▮▮▮▮▮▮▮▮▮▮ ▮▮▮▮▮▮▮▮▮▮▮▮▮▮▮▮▮▮▮▮▮▮▮▮ ▮▮▮▮▮▮▮▮▮▮▮▮▮▮▮▮▮▮▮▮▮▮▮▮

---

* MOS chegou à Jordânia na quinta-feira, 29 de novembro, então agora seria a noite de sábado, 1º de dezembro de 2001.

O sargento me algemou, me vendou e me empurrou, pondo-me a caminho. Pegamos o elevador e descemos um andar, demos algumas voltas e entramos numa nova área; uma porta se abriu e desci um degrau. O cheiro de fumaça de cigarro me alcançou. Era a área de interrogatório, onde se fuma sem parar, como um velho trem. É repugnante quando a fumaça se acumula e domina o cheiro de uma casa.

A área estava incrivelmente silenciosa. A guarda de escolta me deixou encostado numa parede e recuou.

"Que pessoas você enviou para a Tchetchênia?", ██████████ ████████████████ gritava para um prisioneiro, em inglês.

"Não enviei ninguém", respondeu o detento num árabe estropiado, com um óbvio sotaque turco. Eu logo percebi a encenação: esse interrogatório se destinava a mim.

"Mentiroso", gritou ████████████████████████████.

"Não estou mentindo", respondeu o sujeito em árabe, embora ██████████████████ continuasse falando seu pobre inglês.

"Não me importa que você tenha passaporte alemão ou americano, você vai me dizer a verdade", disse ████████████ ████████. A encenação se encaixava perfeitamente, e tinha o propósito de me aterrorizar ainda mais. E mesmo sabendo logo que era uma encenação, ela funcionou.

"Oi, ██████████████", disse ████████████████████.

"Oi", respondi, sentindo sua respiração bem diante do meu rosto. Estava tão aterrorizado que não percebi o que ele estava dizendo.

"Então seu nome é ██████████████████", ele concluiu.

"Não!"

"Mas você respondeu quando eu chamei você de ▮▮▮▮▮ ▮▮▮▮▮▮▮▮▮", ele argumentou. Achei que seria idiotice contar-lhe que estava tão aterrorizado que não tinha percebido que nome ele usara para me chamar. "Pensando bem, somos todos ▮▮▮▮▮▮▮▮▮▮▮▮▮▮▮▮", eu respondi com razão. ▮▮▮▮▮▮▮▮▮▮▮▮ significa "servidores de Deus" em árabe.* Mas eu na verdade sabia como ▮▮▮▮▮ ▮▮▮▮▮▮▮▮▮▮▮▮ tinha vindo com esse nome. Quando cheguei a Montreal, Canadá, em 2 de novembro de 1999, meu amigo ▮▮▮▮▮▮▮▮▮▮▮▮▮▮▮▮▮ me apresentou a seu colega de quarto ▮▮▮▮▮▮▮▮▮▮▮▮ usando meu nome de verdade. Mais tarde eu me encontrei com outro ▮▮▮▮▮▮▮▮▮▮▮▮▮▮▮▮▮▮▮▮ ▮▮▮▮▮▮▮ que eu tinha visto em minha visita do ano anterior. Ele me chamou de ▮▮▮▮▮▮▮▮▮▮▮▮ e eu respondi porque achei que seria indelicado corrigi-lo. Desde então ▮▮▮▮▮▮▮ ▮▮▮▮▮▮▮ me chamava de ▮▮▮▮▮▮▮▮▮▮▮▮, e eu achei legal. Não estava tentando enganar ▮▮▮▮▮▮▮▮▮▮▮▮; afinal, ▮▮▮▮▮▮▮▮▮▮▮▮▮▮▮▮▮▮ tinha as chaves de nossa caixa de correio comum e sempre recolhia minha correspondência oficial, que obviamente trazia meu nome.

Essa era a história do nome. Obviamente os americanos tinham encarregado os jordanianos de investigar por que eu tinha adotado o nome ▮▮▮▮▮▮▮▮▮▮▮▮ no Canadá, mas os jordanianos entenderam a coisa muito mais que os americanos, e assim ignoraram completamente essa parte do interrogatório.

"Você sabe onde está?", perguntou ▮▮▮▮▮▮▮▮▮▮▮▮▮▮ ▮▮▮▮.

"Na Jordânia", respondi. Ele ficou visivelmente chocado. Eu não deveria ter sido informado de meu destino, mas o interroga-

---

* Aparentemente o interrogador se dirigiu a MOS como "Abdullah", que significa "servidor de Deus".

dor mauritano deve ter ficado tão zangado que não seguiu exatamente as ordens dos americanos. O plano inicial era enviar-me da Mauritânia para a Jordânia vendado e não me informar sobre meu destino, instilando o máximo possível de terror em meu coração para me derrubar. Mas assim que respondi à pergunta, ██ ██████████████████████ soube que essa parte do plano estava inutilizada, e assim tirou logo minha venda e me levou para a sala de interrogatório.

Era uma sala pequena, com cerca de 3,5 por 2,5 metros, com uma mesa velha e três cadeiras desgastadas. ████████████ ███████████ estava em seu ██████████████████ ███████████████████████. Seu assistente, ██████████████████████ era um ██████████- ███████████████████████████████. Ele era obviamente o tipo de pessoa disposta a fazer o lado sujo de qualquer tarefa. Ele também parecia ████████████████. Eu esquadrinhei os dois para a frente e para trás, e fiquei pensando sobre esses caras.* Todo o problema do terrorismo era causado pela agressão de Israel aos civis palestinos, e ao fato de os Estados Unidos apoiarem o governo israelense em seus malfeitos. Quando os israelenses tomaram a Palestina sob o fogo da artilharia britânica, a invasão resultou numa migração em massa dos locais. Muitos deles foram parar em países vizinhos, e a Jordânia recebeu a parte do leão: mais de 50% dos jordanianos são de origem palestina. Para mim, esses interrogadores não combinavam com as roupas que estavam usando: não fazia sentido que palestinos trabalhassem para os americanos a fim de derrotar o povo que os estaria ajudando. Sei que esses dois interrogadores à minha frente não representam quaisquer valores morais, e não se importavam

---

* O contexto sugere que tanto o interrogador como seu assistente tivessem origens palestinas.

com as vidas de seres humanos. Eu me encontrava entre duas partes em luta, ambas as quais me consideravam inimigo; os inimigos históricos se aliavam para me ferrar. Era realmente absurdo e engraçado ao mesmo tempo.

████████████████████████████ desempenhava um papel vital na guerra dos americanos contra o terrorismo. Ele foi encarregado de interrogar os indivíduos sequestrados que os Estados Unidos entregavam à Jordânia e os distribuía entre diferentes membros de sua equipe. Ele também vinha pessoalmente a GTMO para interrogar indivíduos, em nome dos Estados Unidos.[*]

████████████████████████████████ abriu um fichário de tamanho médio; era um arquivo sobre mim que os Estados Unidos haviam entregado aos jordanianos. Ele começou me fazendo perguntas sem relação umas com as outras. Era a primeira vez que experimentava essa técnica, cujo objetivo é levar um mentiroso depressa a uma contradição. Mas é óbvio que ███████████ ████████████████ não estava informado o bastante sobre o meu caso e a história de meu interrogatório: pouco importa eu estar mentindo ou dizendo a verdade, porque fora interrogado muitas vezes sobre exatamente as mesmas coisas por diferentes agências de diferentes países. Se eu tivesse mentindo, seria capaz de mentir mais e mais e mais uma vez, porque já tivera tempo suficiente para burilar minhas mentiras. Mas eu não menti para ele — nem ele duvidou de minha sinceridade.

Primeiro ele me mostrou o retrato de ██████████████ ██████████████ que ele tinha interrogado antes, e disse: "Se você me contar sobre este sujeito eu vou fechar seu caso e mandar você para casa". É claro que estava mentindo.

---

[*] O testemunho de MOS na ARB em 2005 indica que teve três interrogadores durante sua detenção secreta em Amã. Ele descreve o perfil desses interrogadores com mais profundidade adiante neste capítulo. Este parece ser o principal interrogador, que só o interroga uma vez. Transcrição ARB, 21.

Olhei para a foto e respondi honestamente: "Não, não o conheço". Tenho certeza de que tinham feito a mesma pergunta ao sujeito sobre mim, e ele deve ter respondido a mesma coisa, porque não havia como ele me conhecer.

████████████████ estava sentado em ████████████████ ████████████████ esquerda e registrando minhas respostas. "Você toma chá?", ████████████████████ me perguntou.

"Sim, eu gosto de chá." ████████████████████████ ████████████ disse ao rapaz do chá que me trouxesse uma xícara, e recebi uma grande xícara de chá quente. Quando a cafeína começou a se misturar com meu sangue, isso me excitou e eu me senti mais confortado. Os interrogadores sabiam o que estavam fazendo.

"Você conhece ████████████████████?", perguntou ████ ████████████████████. Já me haviam perguntado sobre ████ ████████████████ mil e uma vezes, e eu tinha tentado tudo que pude para convencer interrogadores de que não conhecia o sujeito: se você não conhece alguém, você simplesmente não o conhece, e nada vai mudar isso.* Mesmo se torturarem você, não vão obter nenhuma informação útil. Mas por algum motivo os americanos não acreditaram que eu não o conhecia, e queriam que os jordanianos me fizessem admiti-lo.

"Não, eu não o conheço", respondi.

"Juro por Alá que você o conhece", ele gritou.

"Não jure", eu disse, embora soubesse que, para ele, mencionar o nome do Senhor em vão era como tomar café. ████████████

---

* Poderia ser, mais uma vez, Ahmed Ressam, sobre quem MOS, a essa altura, tinha sido repetidamente inquirido. Em sua audiência à ARB em 2005, MOS atestou: "Então me enviaram para a Jordânia... Os jordanianos estavam investigando minha participação no Complô do Milênio. Eles me disseram estar especialmente preocupados com o Complô do Milênio". Transcrição ARB, 20.

██████████████ continuou a jurar. "Você acha que estou mentindo para você?"

"Não, acho que você esqueceu." Esta foi uma afirmação boa demais, mas o fato de os americanos não terem fornecido aos jordanianos nenhuma prova substancial amarrava fortemente as mãos dos jordanianos. Sim, os jordanianos praticam a tortura em regime diário, mas precisam de uma razoável suspeita para fazê--lo. Eles não se atiram simplesmente sobre alguém e começam a torturá-lo. "Vou te dar uma caneta e papel, e quero que me escreva um resumo sobre você e os nomes de todos os seus amigos", ele disse, encerrando a sessão e pedindo ao guarda que me levasse de volta à minha cela.

O pior tinha passado; pelo menos assim pensei. Os guardas da escolta foram quase amigáveis quando me algemaram e vendaram. Há algo em comum entre os guardas de prisão, sejam americanos, mauritanos ou jordanianos: todos espelham a atitude dos interrogadores. Se os interrogadores estão satisfeitos, os guardas estão satisfeitos, e se não, então eles também não.

Os guardas da escolta sentiram que tinham certa liberdade para falar comigo. "De onde você é?"

"Mauritânia."

"O que está fazendo na Jordânia?"

"Meu país me entregou."

"Você está brincando comigo?"

"Não, é sério."

"Seu país está ferrado." Na prisão jordaniana, como na Mauritânia e em GTMO, era totalmente proibido aos guardas interagir com detentos. Mas quase ninguém seguia as regras.

"Você está passando fome, homem, por que não come?", perguntou um dos guardas da escolta. Ele tinha razão. Meus ossos estavam aparentes, e qualquer um poderia ver como era séria a minha situação.

"Só vou comer se voltar para casa. Não estou interessado na comida da prisão. Estou interessado na comida da minha mãe", respondi.

"Se Deus quiser, você vai sair daqui, mas por enquanto você tem de comer." Não quero fazer com que ele pareça bondoso, esse tipo de trabalho já define sua personalidade, mas ele sentia que seu país não estava sendo justo. Eu precisava de qualquer palavra de conforto, e até então ele tinha feito um bom trabalho comigo. Outros guardas se juntaram a nós no corredor e lhe perguntaram de onde eu era.

Eles abriram a porta para ████████████████████████ . Senti como se uma grande carga tivesse sido tirada de minhas costas. "É só uma questão de dias e eles vão me mandar de volta para casa. O DSE estava certo", pensei. Os jordanianos estavam tão confusos com o caso que os Estados Unidos tinham lhes passado quanto eu próprio estava. O governo americano obviamente não havia fornecido nenhum material substancial que ajudasse os jordanianos a fazer seu trabalho sujo. Aquele medo pungente começou a diminuir, e comecei a sentir que poderia comer.

O sorrateiro Estou-de-Olho-em-Você apareceu no visor de minha cela e deu-me trinta folhas de papel numeradas. A coordenação entre os interrogadores e os guardas era perfeita. Eu imediatamente escrevi as duas coisas que me tinham sido ordenadas. ████████████████████ me encarregara de escrever os nomes de todos os meus amigos, mas isso era ridículo: eu tinha tantos conhecidos que seria impossível incluí-los todos em algo menor que um grande livro. Assim, completei uma lista de meus amigos mais chegados, e um resumo tradicional sobre mim, usando cerca de dez páginas. Naquela noite, pela primeira vez dormi relativamente bem.

Em algum momento dos dias seguintes ██████████████ ████████████████████ recolheu o material escrito assim como as folhas vazias. Ele contou os papéis meticulosamente.

"Isso é tudo que você tem para escrever?"

"Sim, senhor!" ████████████ estivera trabalhando dia e noite, e tudo que fazia era observar os detentos pelo visor. Na maior parte do tempo eu não notava sua presença. Uma vez ele me pegou numa conversa agradável com um guarda e me interrogou sobre o que estávamos falando. Quanto ao guarda, ele desapareceu e nunca mais o vi.

"Junte todas as suas coisas", disse um guarda, me acordando pela manhã. Agarrei meu cobertor, meu Corão e o único livro da biblioteca que estava comigo. Fiquei muito feliz porque pensei que estava sendo mandado para casa.

O guarda me fez segurar minhas coisas enquanto me vendava. Eles não me mandaram para casa; em vez disso eu me vi trancado no porão, ████████████████████. A cela não estava limpa. Parecia abandonada havia muito tempo. Eu ainda queria acreditar em boas intenções, e pensei que era a cela de transição para detentos antes de serem liberados. Eu estava tão cansado e a cela era tão fria que fui dormir.

Por volta de quatro e meia da tarde foi servido o *Iftar*, e aos poucos me reanimei. Notei que havia um velho papel na porta, com as regras da prisão. Os guardas, canhestramente, tinham esquecido de tirá-lo dali. Não era para eu ler as regras, mas como ninguém é perfeito, tive a oportunidade de descobrir alguma coisa. As regras estabeleciam, entre outras coisas, (1) Você só tem permissão para fumar se estiver colaborando; (2) É proibido falar com os guardas; (3) O ICRC visita a prisão a cada catorze dias; (4) Não fale ao ICRC sobre o aspecto político do seu caso.* Fiquei

---

* O ICRC é o Comitê Internacional da Cruz Vermelha, que tem um mandato sob as Convenções de Genebra para visitar prisioneiros de guerra, civis internados durante conflitos e outros detentos em situação de violência por todo o mundo. Um propósito internacionalmente reconhecido dessas visitas é garantir tratamento humano e conter e prevenir abusos.

contente, porque pelo menos eu poderia enviar cartas a minha família, mas deixei escapar um ponto vital: eu tinha sido levado temporariamente para o porão para me ocultarem do ICRC, num jogo de gato e rato que durou oito meses, tempo de minha estada na Jordânia.

A cada catorze dias, os guardas me levavam, sistematicamente, de minha cela para o porão, onde eu passava alguns dias antes de me levarem de volta para minha cela. Quando descobri o truque, pedi com franqueza a meu interrogador ███████████ ███████████ para ver o ICRC.

"Aqui não há ICRC. Esta é uma prisão militar", ele mentiu.

"Eu vi as cláusulas das regras, e vocês estão me escondendo no porão a cada catorze dias para impedir que eu me encontre com a Cruz Vermelha."

███████████████████████ olhou para mim com firmeza. "Estou protegendo você! E você não vai se encontrar com o ICRC." Eu sabia que eles não mudariam de ideia, e ███████████ ███████████ nem poderia decidir quanto à questão. Estava acima dele. A conspiração entre a Mauritânia, os Estados Unidos e a Jordânia para cometer o crime era perfeita. Se meu envolvimento com o terrorismo fosse fundamentado, eu seria executado e a festa teria acabado, e quem iria saber o que acontecera?

"Gostaria de ver o embaixador mauritano", pedi ao interrogador.

"Impossível."

"O.k., então que tal a Inteligência Mauritana?", perguntei.

"O que você quer com eles?"

"Gostaria de perguntar-lhes sobre o motivo de meu encarceramento na Jordânia. Pelo menos você sabe que não fiz nada contra o seu país."

"Olhe, seu país é um bom amigo do nosso, eles entregaram você a nós. Podemos fazer com você o que quisermos, matar você, prender você indefinidamente, ou libertar você se você admitir seu crime." ▉▉▉▉▉▉▉▉▉▉▉▉▉▉▉▉▉▉▉▉ mentia e dizia a verdade ao mesmo tempo. Países árabes não são amigos. Ao contrário, eles se odeiam. Nunca cooperam; tudo que fazem é conspirar um contra o outro. Para a Mauritânia, a Jordânia não vale nada, e vice-versa. Contudo, em meu caso os Estados Unidos os compeliram a trabalhar juntos.

Tentei muitas vezes contatar minha família, mas em vão, então lavei minhas mãos e rezei a Deus que cuidasse de minha família e os fizesse saber onde eu estava. Em tempo, percebi que eu não era o único pacote que estavam escondendo: entre um e três detentos eram submetidos à operação do porão a cada período fixo, e os números mudavam com o correr do tempo. Durante todo o tempo que passei na Jordânia estive sempre em isolamento, é claro. Mas podia dizer se havia detentos nas celas vizinhas, com base nos movimentos do carrinho com a comida, os guardas e a movimentação dos detentos.

Por algum tempo meus vizinhos foram dois rapazes corajosos. Embora fosse proibido falar, esses dois rapazes estavam sempre gritando: "A ajuda de Deus logo estará vindo. Lembrem-se, Deus está do nosso lado, e Satã no deles!". A despeito do que os guardas lhes fizessem, eles continuavam a confortar os outros detentos e a lembrá-los do inevitável alívio que viria de Deus. Pelo sotaque, eles podiam ser jordanianos, o que fazia sentido, pois os locais tinham mais probabilidade que os estrangeiros de serem protegidos por suas famílias. Não obstante, não tenho dúvida de que esses rapazes pagavam com sofrimento pelo que faziam.

▉▉▉▉▉▉▉▉▉▉▉▉▉▉▉▉▉▉▉▉▉▉▉▉▉▉▉ eu era o único permanente em minha vizinhança; as celas vizinhas à minha viviam mudando de dono.* Em certo momento, meu vizinho de

---

* Neste trecho do manuscrito, que MOS intitula "Meus vizinhos detentos", ele descreve claramente alguns de seus colegas prisioneiros na Jordânia. Esta parte

porta foi um jovem libanês, um bobalhão que ficava chorando e se recusando a comer. Sua história, segundo os guardas, era assim: ele tinha vindo do Líbano à Jordânia para se divertir. Quando se deparou com uma patrulha de rotina da polícia, no centro de Amã, eles acharam um AKM-47 no porta-malas do carro, e o prenderam. Ora, ter uma arma com você no Líbano não é grande coisa, mas na Jordânia é proibido portar armas. Levado à prisão, o jovem suspeito libanês começou a perder a razão. Ficou chorando e se recusando a comer durante pelo menos duas semanas, até ser libertado. Oh, que alívio eu senti quando o liberaram! Eu me sentia mal por causa dele. Estou certo de que aprendeu a lição, e que vai pensar duas vezes sobre ter uma arma em seu porta-malas da próxima vez que vier à Jordânia.

██ .

Tinha sido sentenciado a um ano, e no final do ano ele enlouqueceu. Ficava gritando: "Preciso ver meu interrogador!". Quando perguntei aos guardas por que estava fazendo isso, eles responderam: "Porque sua sentença já foi cumprida, mas não o estão deixando ir embora". Às vezes ele começava a cantar alto, e outras vezes gritava para os guardas, pedindo um cigarro. Não o culpo: a não ser que se tenha nervos de aço, é possível perder a razão sob a custódia jordaniana.

██

████████ ficava tossindo o tempo todo. "Ele é muito velho", um guarda me disse.

"Por que o prenderam?", eu quis saber.

"Lugar errado, hora errada", respondeu o guarda. O velho estava sempre pedindo mais comida, algo para fumar. Após algumas semanas, foi libertado. Eu ficava feliz sempre que alguém era libertado desta instalação insana.

---

censurada, precedida do número 2, parece apresentar um segundo "vizinho", e os dois próximos textos censurados parecem apresentar mais dois.

É simplesmente espantoso que o FBI confie mais nos jordanianos que em outras agências de Inteligência Americanas. Quando eu me apresentei no outono de 2001, o FBI confiscou meu disco rígido, e quando me enviaram para a Jordânia, eles também enviaram o conteúdo de meu disco rígido. O DoD (Departamento de Defesa, na sigla em inglês) tinha tentado durante anos obter aquele disco. Não fazia sentido que o FBI cooperasse mais com organizações estrangeiras do que com as domésticas, mas creio que a indústria da inteligência é como qualquer outra: compra-se o melhor produto pelo melhor preço, a despeito do país de origem. Será que os jordanianos ofereciam o melhor produto nesse caso? Não estou certo disso, mas eles compreendiam a receita do terrorismo melhor que os americanos. É de se supor que, sem os jordanianos no campo, os americanos nunca teriam conseguido o que eles têm. No entanto, os americanos superestimam a capacidade dos jordanianos quando lhes enviam pessoas de todo o mundo, como se os jordanianos fossem alguma superagência de inteligência.

"Vou te mostrar algumas fotos, você me fala sobre elas", disse ███████████████████. Recentemente, ele e ███████████████ ███████████████ tinham sido encarregados de me interrogar; ███████████████ era o líder. Na Jordânia, eles têm uma técnica pela qual dois ou mais interrogadores interrogam você em separado sobre a mesma coisa, para terem certeza de que você não muda suas declarações. Eles raramente se sentavam juntos para me interrogar.*

"Está bem!", eu disse. ███████████████████████████ começou me mostrando fotos, e assim que vi a primeira eu soube que era de meu computador, ou mais precisamente do computa-

---

* Esses podem ser o segundo e o terceiro dos interrogadores jordanianos que MOS menciona em sua audiência na ARB em 2005, e descreve brevemente mais tarde neste capítulo. Transcrição da ARB, 21.

dor da empresa para a qual eu trabalhava. Meu coração começou a bater forte, e senti minha saliva ficar muito amarga. Meu rosto começou a ficar vermelho como uma maçã. Minha língua tornou-se pesada e retorcida. Não porque eu tivesse cometido algum crime com meu computador, na verdade não havia nada no disco rígido a não ser meus e-mails de negócios e outros dados relativos a isso. Lembro que eu tinha mais de 1500 mensagens de e-mail, e uma boa quantidade de fotos. Mas trata-se de mais do que isso, quando a liberdade de alguém é violada.

O PC pertencia à empresa que confiava em mim, e o fato de um país estrangeiro como os Estados Unidos estar examinando o disco e confiscando material era um grande ônus para a empresa. O PC guardava os segredos financeiros de uma empresa, os quais a empresa não queria partilhar com o resto do mundo. Além disso, eu trabalhava para uma empresa familiar, e a linha que dividia a empresa e suas vidas privadas era tênue, o que significava que o computador também continha dados privados que a família não ia querer partilhar com o mundo. E além de tudo isso, no escritório o PC era uma estação partilhada, e qualquer um podia usá-lo, e o usava, e assim havia muitos dados dos quais eu nada sabia, embora estivesse 100% certo de que não havia nenhum crime por trás disso, conhecendo meus colegas, sua dedicação ao trabalho e a sua vida. Eu pessoalmente trocava e-mails com meus amigos na Alemanha, alguns dos quais nem são muçulmanos. Mas eu estava mais preocupado com meus e-mails com amigos muçulmanos, sobretudo qualquer um dos que deram ajuda financeira ou espiritual às pessoas oprimidas na Bósnia ou no Afeganistão, porque suas mensagens seriam maldosamente interpretadas. Imaginem-se só em meu lugar e pensem em alguém invadindo suas casas e tentando bagunçar toda a sua vida privada. Você receberia bem uma agressão dessas?

Comecei a responder-lhe com o melhor de meu conhecimento, especialmente sobre meus próprios retratos. Ele pôs as fotos que eu consegui identificar num lado, o resto em outro lado. Eu lhe expliquei que o PC tinha sido usado por vários colegas, um dos quais havia escaneado todo tipo de fotos diferentes para os clientes do cibercafé, inclusive todo tipo de fotos familiares privadas. Eu estava muito aborrecido comigo mesmo, meu governo, os Estados Unidos e os jordanianos por ver como as vidas privadas de tanta gente estavam sendo violadas. Também me mostraram, numa sessão posterior, alguns e-mails que eu trocara com ███████ ██████████████████████. O engraçado foi que Mehdi tinha enviado um e-mail antes de eu ser preso, e o governo mauritano me interrogou sobre ele e eu lhes expliquei, com provas definitivas, que não havia nenhum mal nisso.* Assim que voltei ao escritório, escrevi a ██████████████ o seguinte e-mail: "Caro Irmão! Por favor pare de enviar e-mails, porque a inteligência está interceptando nossos e-mails e me fazendo passar dificuldades". Eu, abertamente, não queria ter nenhum problema, e assim queria fechar qualquer porta que levasse nessa direção.

"Por que você escreveu a ███████████████ este e-mail?", perguntou ████████████████.

Expliquei a ele o teor da mensagem.

"Não, é porque você teve medo de que o governo soubesse de seus malfeitos com seu amigo", ele comentou tolamente.

"Bem, esta mensagem foi dirigida tanto a Mehdi quanto ao governo. Eu sei que meus e-mails são interceptados pelo governo,

---

* O nome "Mehdi" aparece sem tarja duas vezes nesta passagem. Provavelmente se trata de Karim Mehdi. Nascido no Marrocos, Mehdi viveu na Alemanha, e acredita-se, a partir do parecer sobre o habeas corpus do juiz Robertson, que tenha viajado com MOS ao Afeganistão em 1992. Mehdi foi preso em Paris em 2003, e sentenciado a nove anos de prisão por planejar um atentado à bomba nas ilhas Reunião. Veja <https://www.aclu.org/files/assets/2010-4-9-Slahi-Order.pdf>; <http://articles.latimes.com/print/2003/jun/07/world/fg-terror7> e <http://news.bbc.co.uk/2/hi/africa/6088540.stm>.

e sempre supus que o governo tenha uma cópia de minha correspondência por e-mail", eu disse.

"Você estava usando um código quando escreveu ███████ ███████████████████████", disse ele.

"Bem, estou certo de que você tem lidado com códigos em sua carreira, ou tem especialistas para ajudá-lo nisso. Fale com eles primeiro, antes de chegar a uma conclusão."

"Não, eu quero que você explique o código para mim."

"Não há código algum, o que você entende é o que eu queria dizer." Mas havia outra questão com os interrogadores jordanianos: meus e-mails originais eram em alemão, e os americanos os tinham traduzido para o inglês e enviado aos jordanianos, que por sua vez traduziram do inglês para o árabe. Nessas circunstâncias, o texto original havia sofrido e cada tradução aumentara a brecha para interpretações maldosas.

E não houve um fim para as interpretações maldosas. No verão de 2001 fui encarregado por minha empresa para dar assistência tecnológica à visita do presidente da Mauritânia à cidade de Tidjikja. A família que me empregara era de Tidjikja, e assim fazia sentido que tivessem interesse no bem-estar da cidade. Instalamos um pequeno centro de consulta para a mídia que operava na internet, para a transmissão da visita do presidente em tempo real. A empresa tirou muitas fotos, onde meus colegas e eu aparecíamos perto do presidente. Na que eu estava mais perto, o presidente estava bem atrás de mim admirando como eu "brincava magicamente com o computador".

"Estou sabendo, você estava tramando para matar o presidente", disse ███████████.

Não pude conter o riso. "Então por que não o matei?"

"Não sei. Diga-me você", disse ███████████.

"Olhe! Se eu tentei matar meu presidente em meu país, isso não é da sua conta, nem da conta dos americanos. Apenas me entregue ao meu país e deixe que eles tratem de mim." Eu estava ao mesmo tempo zangado e esperançoso, zangado porque os Estados Unidos queriam me atribuir qualquer crime, não importa qual, e esperançoso porque eles iriam me entregar a meu país para sofrer a pena de morte. Os americanos não poderiam ter sonhado com uma opção melhor. Mas os jordanianos estavam tentando pescar algo por conta dos americanos, e sempre que você percebe que seu interrogador está pescando algo, pode ter certeza de que ele não tem nada.

Embora fosse tão maligno quanto possível, ▮▮▮▮▮▮▮▮ ▮▮▮▮▮▮▮▮ era um tipo razoável de interrogador, e assim ele nunca me perguntou novamente sobre o atentado contra meu presidente, nem sobre as fotos em meu disco rígido. E eu me arrependi de não ter agido de acordo com aquela suspeita e parecer culpado para ser extraditado para a Mauritânia. Foi uma ideia maluca e absurda, e eu não acho que os mauritanos poderiam cooperar porque sabiam que eu não havia conspirado contra o presidente. Mas quando minha situação na prisão jordaniana piorou, pensei em confessar que eu tinha uma operação em andamento na Mauritânia, e que tinha explosivos escondidos. Minha ideia era tentar ser enviado de volta para a Mauritânia.

"Não faça isso! Seja paciente, lembre-se de que Alá está olhando", disse-me um dos guardas quando lhe pedi um conselho. Eu então tinha feito uma porção de amigos entre os guardas; eles me traziam as notícias e me falavam sobre a cultura jordaniana, os métodos de tortura na prisão, e quem era quem entre os interrogadores.

Era categoricamente proibido aos guardas interagir com os detentos, mas eles sempre transgrediam as regras. Eles me contavam as últimas anedotas e me ofereciam cigarros, que eu recusava, pois não fumo. Falavam-me dos outros prisioneiros e seus casos, e também sobre suas próprias vidas privadas, casamento, filhos, e a vida social na Jordânia. Aprendi quase tudo sobre a vida em Amã só de conversar com eles. Também me traziam os melhores livros da biblioteca — até mesmo a Bíblia, que eu pedi porque queria estudar o livro que deve ter mais ou menos moldado a vida dos americanos. Na Jordânia eles têm uma coleção bem respeitável, embora muitos sejam para fazer propaganda do rei. A melhor parte quanto aos livros é que os detentos os usavam para circular mensagens, confortando uns aos outros ao escrever coisas boas em seu interior. Eu não conhecia nenhum dos detentos, mas a primeira coisa que eu sempre fazia era folhear um livro em busca de mensagens. Decorei todas elas.

Os guardas eram na maioria escolhidos nas tribos de beduínos, conhecidas por sua lealdade histórica ao rei, aos quais se pagavam salários miseráveis, cerca de 430 dólares por mês, mais ou menos. Embora esse salário esteja entre os melhores na Jordânia, um guarda não pode começar uma família sem outro tipo de sustento próprio. Mas quando um guarda serve durante quinze anos, ele tem a opção de se aposentar com metade de seu salário atual ou continuar a trabalhar, com esse valor mais o de seu salário normal. Os guardas são parte das Forças de Elite Especiais da Jordânia, e passam por todo tipo de treinamento no exterior. Não há mulheres nas Forças Especiais.

██████████████████ eram responsáveis por levar detentos de uma cela para outra, para o interrogatório, para o chuveiro, ou ver seus parentes durante as visitas, que tinham lugar às sextas-feiras. Eu ficava muito frustrado quando observava todos receberem suas famílias, enquanto eu, semana após semana, estava privado desse direito. Guardas de patente mais baixa eram responsáveis pela vigilância, e ██████████████ pela mercearia, que ocorria todo sábado. O responsável ████████████ ia de cela em cela com uma lista, anotando o que cada detento queria comprar. Podia-se comprar suco, leite, guloseimas, roupa de baixo, uma toalha, e isso é tudo; quem tivesse dinheiro bastante poderia receber o que pedira, se não tivesse, não. Eu tinha comigo 87 dólares quando fui enviado para a Jordânia, o que me pareceu suficiente para minhas modestas compras. Uma vez, quando o ▮▮▮▮▮▮▮▮▮▮▮▮▮estava passando com sua lista, eu localizei meu nome e a acusação contra mim: "participação em ataques terroristas".

A cada dois dias os guardas ofereciam cinco minutos de recreio. Eu quase não me vali disso: o fato de estar acorrentado e vendado tirava todo benefício disso. Ocasionalmente, os detentos tinham os cabelos cortados e a cada domingo os guardas nos davam material de limpeza para esfregar nossas celas, e eles esfregavam o chão. A prisão não era suja.

Três indivíduos dirigiam a prisão: o diretor da prisão ▮▮▮▮▮ ▮▮▮▮▮▮▮▮▮▮ seus dois assistentes, ▮▮▮▮▮▮▮▮▮▮▮▮ ▮▮▮▮▮▮▮▮▮▮▮▮▮. Seu papel era semelhante ao ▮▮▮▮▮ ▮▮▮▮▮▮▮▮▮▮ em GTMO Bay. Supostamente, eles eram independentes da comunidade de inteligência, mas na prática ambos trabalhavam juntos e coletavam informações, cada um com seus próprios métodos. O diretor era um sujeito muito grande que vestia orgulhosamente seus ternos civis beduínos. Ele passava por lá toda manhã e perguntava a cada um dos detentos: "Como está passando? Precisa de alguma coisa?". Ele sempre me acordava fazendo a mesma pergunta.

Durante todos os meus oito meses na prisão jordaniana, só uma vez eu lhe pedi uma garrafa de água, que ele me trouxe. Eu queria pôr a água gelada que eu tinha da pia no aquecedor e aquecê-la, para cuidar de minha higiene. Acho que para ele era uma boa coisa checar como iam os detentos. No entanto, na verdade eram zero as chances de os detentos resolverem quaisquer problemas com a ajuda de um diretor que também participava ativamente da tortura. O diretor cuidava que todos tivessem três refeições por dia, desjejum por volta de sete da manhã, almoço por volta de uma da tarde, geralmente galinha e arroz, e jantar, uma refeição leve e chá.

██

███████████████████████████ ficavam patrulhando continuamente o corredor e verificando tudo e todos, inclusive se os guardas estavam seguindo as regras. ████████████████████

██████████████████████ era responsável pelo que eles chamavam de Operações Externas, como capturas e revistas de casas.

E então havia os interrogadores. Os interrogadores jordanianos tinham trabalhado lado a lado com os americanos desde o início da operação batizada como "Guerra Global contra o Terrorismo", interrogando pessoas tanto dentro quanto fora da Jordânia. Tinham agentes no Afeganistão, onde se valiam de sua aparência geral de médio-orientais. No princípio os jordanianos eram vistos como associados potenciais para fazer o trabalho sujo; o fato de os jordanianos fazerem amplo uso da tortura como meio de facilitar um interrogatório parece ter impressionado as autoridades americanas. Mas havia um problema: os jordanianos não prendem e torturam qualquer um; eles precisam de um motivo para praticar uma tortura física pesada. À medida que os americanos iam endurecendo em seus pecados, começaram a tomar o trabalho sujo nas próprias mãos. Não obstante, estar preso numa prisão jordaniana já constitui uma irreparável tortura.

Eu tive três interrogadores na Jordânia. ██████████████████ ██ ██ ██

█████████████████████████. Ele tinha liderado a equipe de interrogadores na Jordânia, e ele mesmo interrogava detentos em GTMO, e muito provavelmente em outros lugares secretos, no Afeganistão e outros, por conta do governo dos Estados Unidos. Parece que era muito conhecido na Jordânia, como vim a saber por um detento em GTMO. ▬▬▬▬▬▬▬▬▬▬ parecia ter muito experiência: ele uma vez viu a minha pasta e concluiu que não valia a pena perder seu "precioso" tempo comigo, e assim nunca mais se incomodou em me ver novamente.

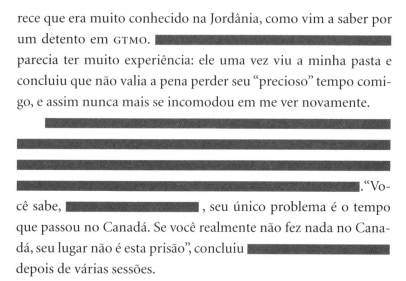

."Você sabe, ▬▬▬▬▬▬▬, seu único problema é o tempo que passou no Canadá. Se você realmente não fez nada no Canadá, seu lugar não é esta prisão", concluiu ▬▬▬▬▬▬▬ depois de várias sessões.

Ele era um especialista em Afeganistão; ele mesmo tinha estado nos campos de treinamento como agente secreto durante a guerra contra o comunismo. Quando eu estava treinando em Al-Farouq, em 1991, ele trabalhava secretamente como estudante em Khalden.* Ele me fez um interrogatório meticuloso sobre toda a minha ida ao Afeganistão e mostrou-se satisfeito com minhas respostas. Esse foi, em grande medida, todo o seu trabalho. No inverno de 2001 ele foi enviado, talvez secretamente, ao Afeganistão e à Turquia para ajudar os Estados Unidos a capturar *mujahidin*, e

---

* Documentos do tribunal indicam que MOS treinou no campo de treinamento de Al-Farouq, próximo a Khost, Afeganistão, durante seis meses no final de 1990 e início de 1991. Na época, os campos de Al-Farouq e Khalden treinavam combatentes da Al-Qaeda para o conflito com o governo apoiado pelos soviéticos, em Cabul. Como registrou a corte de apelação ao rever o caso de habeas corpus de MOS: "Quando Salahi fez seu juramento de fidelidade em março de 1991, a Al-Qaeda e os Estados Unidos tinham um objetivo comum: ambos queriam derrubar o governo comunista do Afeganistão". Veja <http://www.aclu.org/files/assets/2010-4-9-Slahi-Order.pdf> e <http://caselaw.findlaw.com/us-dc-circuit/1543844.html>.

eu o vi quando voltou, no verão de 2002, com todo um pacote de retratos. Parte de sua missão tinha sido reunir informações sobre mim de outros detentos no Afeganistão, mas ele não parecia ter conseguido alguma coisa. ██████████████████████████ ███ me mostrou os retratos. Eu não reconheci ninguém, e não gostei disso. Por que eles tinham me mostrado mais de cem retratos, e eu não conhecia nenhum deles? Não fazia sentido. Usualmente, interrogadores perguntam sobre pessoas que têm relação com você. Assim decidi reconhecer pelo menos um retrato.

"Este é Gamal Abdel Nasser", eu disse.

"Você está me gozando, não está?", disse ████████████████ ███████████████████ com raiva.

"Não, não, eu só pensei que ele se parece com ele." █████ ████████████████ é um ex-presidente do Egito que morreu antes de eu nascer.*

"Essas pessoas são da mesma gangue à qual você pertence", disse ████████████████.

"Pode ser. Mas eu não os conheço", eu disse. Ele não disse muito mais coisas depois disso; ████████████████ só falou sobre sua aventura no Afeganistão. "Você é corajoso", observei, dando-lhe combustível para que falasse mais.

"Você sabe, os americanos estão usando armas inteligentes que perseguem o alvo com base em mudanças de temperatura. Muitos irmãos têm sido capturados." ████████████████████ ████ contava isso sob a espessa nuvem de fumaça de seu cigarro. Nunca mais vi ████████████████████ após essa sessão.

████████████████████; sei qual é o seu primeiro nome.**

---

* Nasser, segundo presidente do Egito, morreu em 1970. A censura aqui parece ser especialmente absurda.

** Numerado como "3", parece que esse trecho censurado apresenta o terceiro interrogador jordaniano, que teria sido o principal interrogador de MOS na

Bum! Ele me deu um tapa no rosto e empurrou meu rosto de encontro à parede. Eu soluçava, talvez mais de frustração que de dor.

"Você não é um homem! Vou fazer você lamber este chão sujo e me contar sua história, começando do ponto em que você saiu da vagina de sua mãe", ele continuou. "Você ainda não viu nada." Ele estava certo, embora fosse o maior mentiroso que já conheci. Mentia tanto que se contradizia, porque esquecia o que tinha dito da última vez sobre um assunto específico. Para dar credibilidade a si mesmo, ficava xingando e usando o nome do Senhor em vão. Eu sempre me perguntei se ele achava que eu acreditava naquele lixo, embora eu sempre agisse como se acreditasse; ele ficaria com raiva se eu o chamasse de mentiroso. Ele tinha prendido sujeitos importantes da Al-Qaeda que diziam que eu era o sujeito mau, e os tinha libertado mil e uma vezes da prisão quando diziam a verdade. O engraçado é que ele sempre esquecia que já os tinha prendido e soltado antes.

"Prendi seu primo Abu Hafs e ele me contou toda a verdade. De fato, ele disse: 'Não ponha suas mãos em mim e eu lhe direi a verdade', e ele fez isso. Contou-me coisas ruins sobre você. Depois disso eu me despedi dele e o enviei à Mauritânia, onde vai ser interrogado por algumas semanas e solto. Mas você é diferente. Você está retendo informações. Vou enviar você à prisão política secreta, no meio do deserto. Ninguém vai dar a mínima para você." Tive de ficar ouvindo esse lixo mais e mais uma vez, a única

---

Jordânia. Em sua audiência à ARB em 2005, MOS disse que seu principal interrogador na Jordânia era "jovem" e "um sujeito muito inteligente". Ele afirmou que esse interrogador particular "me bateu duas vezes no rosto em diferentes ocasiões e me empurrou de encontro ao concreto muitas vezes, porque me recusara a falar com ele", e "ameaçou-me com muita tortura e… levou-me a uma sala onde eles torturam e lá estava esse sujeito que tinha apanhado tanto que estava chorando, chorando como uma criança". Transcrição da ARB, 21.

coisa que mudava eram as datas de prisão e de soltura. Em seus sonhos, ele também tinha prendido ███████████████████ ████████████████████, e outros indivíduos que teriam fornecido informações sobre mim. Bom para ele; enquanto não me batesse nem me atacasse verbalmente, eu permaneceria calmo, e só escutaria com atenção seus contos das mil e uma noites. "Acabei de chegar dos Estados Unidos, onde interroguei ███ ██████████████████", ele obviamente mentia.

"Bem, isso é bom, porque ele deve ter lhe dito que não me conhece."

"Não, ele disse que conhece."

"Bem, isso não é da sua conta, certo? Segundo você mesmo, eu cometi crimes contra os Estados Unidos, então me mande para os Estados Unidos ou me diga o que foi que eu fiz contra o seu país", observei rispidamente. Estava ficando cansado daquela conversa inútil com ele, e de tentar convencê-lo de que não tinha nada a ver com o Complô do Milênio.

"Não estou trabalhando para os americanos. Alguns de seus amigos estão tentando atingir o meu país, e eu estou fazendo a você perguntas indiretas como técnica de interrogatório", mentiu ████████████████████.

"Que amigos meus estão tentando atingir seu país?", eu quis saber.

"Não posso te dizer!"

"Como eu não tentei atingir seu país, não há como me culpar. Não são meus amigos. Vá prendê-los, e me solte." Mas se você quiser que as coisas tenham lógica, a sala de interrogatório não é para você. Sempre que ████████████████████ me dizia que tinha prendido alguém, eu sabia que a pessoa ainda estava livre.

Embora só tenha usado de violência física contra mim duas vezes, continuou me aterrorizando com outros métodos que talvez fossem piores do que a dor física. Ele pôs um pobre detento ao lado da minha sala de interrogatório, e seu colega começou a bater nele com um objeto duro até que ele irrompeu em choro, como um bebê. Que coisa mais desprezível! Isso foi doloroso. Comecei a tremer, meu rosto ficou vermelho, minha saliva ficou amarga como um caqui verde, minha língua, pesada como metal. Esses são sintomas que eu tenho quando fico extremamente amedrontado, e parece que o medo constante não havia me endurecido. Minha depressão chegava a seu ponto máximo.

"Você ouve o que está acontecendo aqui ao lado?"

"Sim".

"Quer passar por isso também?" Eu quase disse que sim. Para mim era muito duro ouvir, impotente, alguém sofrer. Não é fácil fazer um adulto chorar como um bebê.

"Por quê? Estou falando com você!", eu disse, exibindo uma falsa compostura. Afinal, o irmão ao lado também estava falando com seu interrogador. ███████████████████ sorriu ironicamente e continuou a fumar seu cigarro como se nada tivesse acontecido. Naquela noite fui muito cooperativo e comedido; o ser humano lógico e argumentador que há em mim desaparecera de repente. ████████████████ sabia o que estava fazendo, e aparentemente estava fazendo isso havia muito tempo.

Ele me fazia passar pela ala da tortura de modo que eu ouvisse os gemidos e os gritos dos torturadores. Me senti afortunado pelo fato de os guardas me manterem vendado, e assim não podia ver os detentos. Não era para eu vê-los, nem eu estava interessado em ver um irmão, ou de fato qualquer um, sofrendo. O profeta Maomé (a Paz esteja com ele) disse: "Deus tortura quem tortura seres humanos", e até onde eu entendia, a religião da pessoa não tinha importância.

"Vou enviar você à Piscina do Tubarão", ameaçou-me ██████████████████████, quando me recusei a falar com ele depois que ele me bateu.

"Você não me conhece. Juro pelo Deus Todo-Poderoso que nunca vou falar com você. Vá em frente e me torture. A morte será o preço de tentar me fazer falar, e para sua informação, lamento por cada pedacinho de cooperação que lhe ofereci no passado", eu disse.

"Para começar, sua cooperação foi obtida à força. Você não tinha escolha. Nem terá no futuro: vou fazer você falar", disse ████ ██████████████.

██████████████████████ começou a me empurrar de encontro à parede e a me bater nas duas faces, mas não senti dor alguma. Não creio que tenha me batido com toda a sua força; o sujeito parecia um touro, e um golpe de verdade da parte dele me custaria 32 dentes. Enquanto me batia, ele começou a me fazer perguntas. Não me lembro das perguntas, mas me lembro das minhas respostas. Só havia uma resposta.

"*Ana Bari'a*, sou inocente." Eu o deixei louco, mas não havia como me fazer falar.

"Não tenho tempo agora, mas amanhã você vai sofrer muito, filho de uma...", ele disse, e imediatamente saiu da sala.

A escolta me levou de volta à minha cela. Era por volta de meia-noite; sentei em meu tapete de oração e comecei a ler o Corão e a rezar até muito tarde. Quase não conseguia me concentrar no que estava lendo. Continuava a pensar: Como será a Piscina do Tubarão? Tinha ouvido dizer que era uma piscina eletrificada, eu sabia que usavam uma no Egito, mas "Piscina do Tubarão" parecia terrível.

Porém, a hora do encontro chegou e passou sem que eu fosse levado para o lugar da tortura, um dia, dois dias, três dias! Nada aconteceu comigo, exceto por não ter ingerido nenhum alimento, não porque não me deram, mas porque eu não tinha apetite, como sempre acontece quando fico deprimido. Soube depois de um detento jordaniano em GTMO que passara cinquenta dias na mesma prisão que não existe tal coisa, a Piscina do Tubarão, mas que eles têm outros métodos dolorosos de tortura, como pendurar detentos pelas mãos e pelos pés e espancá-los durante horas, e privando-os de sono durante dias, até perderem a razão.

"Na Jordânia eles não torturam a menos que tenham provas", disse ███████████████. "Se eles soubessem o que eu sei, nem se dariam ao trabalho de prender você. Os americanos é que disseram que o fizessem", continuou ███████████████.

"A tortura começa cerca de meia-noite e termina ao amanhecer. Todos participam, o diretor da prisão, os interrogadores e os guardas", disse ███████████████. A informação de ████████ ████████ coincidia com o que eu tinha visto. Eu pessoalmente tinha ouvido espancamentos, mas não sei se os detentos estavam pendurados ou não quando ocorria o espancamento. E eu testemunhei a privação de sono mais de uma vez.

Uma vez, tarde da noite, quando eu conversava com alguns dos guardas meus amigos, fiquei ouvindo sons como se pessoas estivessem realizando um duro treinamento, gritando em voz alta para obter toda a energia de seus corpos, como no kung fu. Ouvi como corpos pesados se chocavam com o solo. Era barulhento demais, e muito perto de meu ███████████████████████████.

"Vocês estão treinando tão tarde?", perguntei a um dos guardas. Antes que ele pudesse dizer uma palavra, apareceu outro sujeito vestido com uma roupa ninja que o cobria da cabeça aos pés. O guarda olhou para ele e se virou para mim, sorrindo.

"Você conhece esse cara?", ele perguntou. Eu forcei um sorriso formal.

"Não." O novo sujeito tirou sua máscara, e parecia ser o próprio demônio. Já sem medo, meu sorriso se transformou numa risada. "Oh, sim! Nós nos conhecemos", eu disse.

"████████████████ está perguntando se vocês estão treinando agora?", meu guarda perguntou ironicamente ao ninja.

"Sim! Quer treinar conosco? Temos muitos detentos usufruindo do treino", disse ele sardonicamente. Eu soube na mesma hora que ele se referia à tortura. Minha risada se desvaneceu num sorriso, e meu sorriso, em lábios apertados contra os dentes. Eu não queria mostrar meu desapontamento, meu medo e minha confusão. "Não, estou bem", eu disse. O demônio voltou a seus afazeres, e eu perguntei ao guarda: "Por que eles põem as máscaras para esse tipo de tarefa?".

"Eles querem proteger suas identidades. Na Jordânia você pode ser morto por fazer essas coisas." Ele tinha razão: a maioria dos detentos eram presos porque sabiam alguma coisa, não por terem cometido crimes, e assim eram libertados mais cedo ou mais tarde. E preferiam não ter sabido nada sobre aquele procedimento; para mim era absolutamente impossível dormir quando ficava ouvindo aqueles homens adultos chorar como bebês. Tentei pôr qualquer coisa nos ouvidos e em volta da cabeça mas de nada adiantava. Enquanto durava a tortura, eu não conseguia dormir. Ainda bem que a tortura não acontecia todo dia, e que as vozes nem sempre chegavam à minha cela.

Em fevereiro de 2002, o diretor do Departamento Antiterrorismo da Jordânia foi alvo de um atentado para assassiná-lo.* Ele quase entregou a alma. Alguém plantou uma bomba no chassi do carro do maior alvo do movimento islâmico na Jordânia. A bomba deveria explodir no caminho entre sua casa e seu gabinete — e explodiu. Mas o que aconteceu foi como um milagre. A caminho do trabalho, o diretor teve vontade de comprar cigarros. Seu motorista parou em frente a uma loja e saiu para comprar um maço

---

* Relatos na imprensa documentam uma tentativa de assassinato como a aqui descrita, dirigida ao general Ali Bourjac, chefe da unidade antiterrorista da Jordânia, em 20 de fevereiro de 2002, em Amã. Veja, por exemplo, <http://weekly.ahram.org.eg/2002/576/re72.htm>.

de cigarros. O diretor quis ir com seu motorista. Assim que ambos deixaram o carro, a bomba explodiu. Ninguém se feriu, mas o veículo já era.

A investigação conduziu a um suspeito, mas a polícia secreta não conseguiu encontrá-lo. Mas, em se tratando do rei da luta contra o terrorismo, isso não podia ficar assim; suspeitos teriam de ser presos e os culpados, encontrados. Imediatamente. A agência secreta jordaniana tinha de vingar seu grande chefe. O pacífico irmão do suspeito teria de ser preso como um peão e torturado até que seu irmão se entregasse. As Forças Especiais foram enviadas, prenderam o rapaz inocente num lugar cheio de gente e lhe bateram de maneira inacreditável. Queriam mostrar às pessoas o destino de uma família quando um de seus membros tentava atacar o governo. O rapaz foi levado à prisão e torturado dia após dia por seu interrogador.

"Não me importa o tempo que leve, vou continuar a torturá-lo até que seu irmão se apresente", disse seu interrogador. A família do rapaz foi autorizada a visitá-lo, não por razões humanitárias, mas porque o interrogador queria que a família visse a situação deplorável do rapaz, para que entregassem o filho suspeito. A família ficou devastada, e logo vazou uma informação de que o suspeito estava se escondendo na casa da família. Em operação naquela noite, bem tarde, a casa foi invadida e ele foi preso. No dia seguinte o irmão foi solto.

"O que você vai dizer se te perguntarem sobre os machucados e equimoses que te causei?", o interrogador lhe perguntou.

"Não vou dizer nada!", respondeu o rapaz.

"Olhe, usualmente mantemos as pessoas aqui até que sarem, mas estou libertando você. Vá em frente e diga o que quiser contra mim. Eu fiz o que tinha de fazer para capturar um terrorista, e você está livre para ir." Quanto ao irmão, o próprio diretor se encarregou dele: ficou batendo nele seis horas seguidas. Isso sem mencionar o que outros interrogadores fizeram para satisfazer seu chefe. Eu soube de tudo isso pelos guardas, quando percebi que a prisão tinha ficado bastante superpovoada. Não que eu pudesse ver alguém, mas o suprimento de comida sem dúvida diminuiu; eles ficavam levando detentos para dentro e para fora de suas celas; sempre que eles passavam por minha cela ao conduzi-los, fechavam o visor; e eu notava os diferentes turnos da guarda se movimentando mais do que o normal. A situação começou a melhorar no verão de 2002.

Àquela altura, os jordanianos já tinham basicamente terminado comigo. Quando ████████████████ acabou de me interrogar, ele me entregou as minhas declarações. "Leia as declarações e assine", ele disse.

"Não preciso ler, confio em você!", menti. Por que iria ler algo que eu não tinha a opção de assinar ou rejeitar? Nenhum juiz levaria em consideração as declarações de alguém que fora coagido numa instalação presidiária como a prisão militar da Jordânia.

Depois de cerca de uma semana, ████████████████ me levou a um interrogatório numa bela sala. "Seu caso está encerrado. Você não mentiu. E eu lhe agradeço pela cooperação. No que me toca, terminei com você, mas é meu chefe quem vai decidir quando você vai para casa. Espero que logo."

Fiquei feliz com a notícia; eu a esperava, mas não tão cedo.

"Você gostaria de trabalhar para nós?", ele me perguntou.

"Eu gostaria, mas não sou qualificado para esse tipo de trabalho", eu disse, em parte mentindo e em parte dizendo a verdade. Ele tentou me convencer de um modo amigável, mas eu, com a postura mais amigável que consegui arranjar, lhe disse que era ignorante demais para trabalhar em inteligência.

Mas quando os jordanianos partilharam o resultado de sua investigação com os Estados Unidos e lhes enviaram minha pasta, os Estados Unidos bateram com a pasta na cara deles. Senti a ira do Tio Sam a milhares de quilômetros quando ▮▮▮▮▮▮▮▮ ▮▮▮▮▮▮▮▮▮ entrou em sua antiga pele durante os dois últimos meses de meu encarceramento na Jordânia. Recomeçaram os interrogatórios. Tentei tudo que pude para me expressar. Fiz greve de fome por alguns dias, mas ▮▮▮▮▮▮▮▮▮▮▮ me fez comer sob ameaça de tortura. Eu queria compelir os jordanianos a me mandar de volta para casa, mas fracassei. Talvez não tivesse me empenhado o suficiente.

GTMO

UNCLASSIFIED//FOR PUBLIC RELEASE

SECRET//NOFORN 324   PROTECTED

They had no reason to doubt me b/c I never lied to them and ▓ made sure to get me the ▓▓▓▓ in GTMO. I took

"Who do you think you are? I am not telling the truth b/c of ▓▓▓, I would cooperate, to my advantage, with every body regardless his gender or his look. Just calm down,

"I am leaving" ▓ said. ▓ also was upset b/c I told ▓ that ▓ ~~doesn't~~ didn't have experience as much

SECRET//NOFORN   PROTECTED

UNCLASSIFIED//FOR PUBLIC RELEASE

5. GTMO

Fevereiro de 2003-agosto de 2003

Primeira "Carta" e Primeira "Prova"... A Noite de Terror... O DOD assume... Turnos de interrogatório de 24 horas... Sequestro dentro do sequestro... O grupo árabe-americano

"As regras mudaram. O que não era crime agora se considera crime."

"Mas não cometi crime nenhum, e por mais severas que sejam as leis de vocês, eu não fiz nada."

"Mas e se eu te mostrar a prova?"

"O senhor não vai conseguir. Mas se mostrar, colaboro."

███████ me mostrou as piores pessoas de █████. Eram quinze, e eu era o número 1; o número 2 era ████████.*

---

* Em sua audiência da ARB de 2005, MOS disse ao júri: "Então o FBI da baía de GTMO na época do general Miller divulgou uma lista dos detidos de mais alta prioridade aqui em GTMO. Era uma lista de quinze pessoas, e eu era, adivinhe que número, o número UM. Então eles mandaram uma equipe especial do FBI, e o chefe era [tarja], e trabalhei com ele especialmente para meu caso... Pensei que

"O senhor está de brincadeira", disse eu.

"Não estou não. Entende a gravidade de seu caso?"

"Então vocês me sequestram em minha casa, em meu país, me mandam para ser torturado na Jordânia, depois me levam da Jordânia para Bagram, e eu sou pior do que as pessoas que vocês capturaram com armas nas mãos?"

"Sim, você é. Você é muito esperto! Para mim, você preenche todos os critérios de terrorista de alto nível. Quando repasso os itens da minha lista de terrorismo, você é aprovado com ótimas notas."

Eu estava assustadíssimo, mas sempre tentava controlar o medo. "E como é sua lista de ▇▇▇▇▇▇▇ ?"

"Você é árabe, você é jovem, você foi ao jihad, você fala línguas estrangeiras, você esteve em muitos países, você é formado numa área técnica."

"E isso é crime?", perguntei.

"Veja só os sequestradores: eles eram assim."

"Não estou defendendo ninguém além de mim mesmo. Nem mencione ninguém mais na minha frente. Perguntei sobre meu crime, não sobre os crimes de fulano ou ciclano. Quero que se lixem!"

"Mas você faz parte de uma grande conspiração contra os Estados Unidos."

"O senhor sempre diz isso. Diga qual é minha participação nessa 'grande conspiração!'"

"Vou te dizer, só *sabr*, tenha paciência."

Minhas sessões continuaram com discussões desse tipo. Então um dia, quando entrei na sala de interrogatório ▇▇▇▇▇▇▇▇▇▇

---

ele estava me gozando quando disse que eu era o número UM do campo, mas ele não estava mentindo; estava dizendo a verdade, como acontecimentos futuros mostrariam. Ele ficou comigo até 22 de maio de 2003". Transcrição da ARB, p. 24.

██████████, vi um aparelho de vídeo já ligado. Para ser sincero, eu estava apavorado com a possibilidade de me mostrarem um vídeo em que eu cometia ataques terroristas. Não que alguma vez na vida eu tivesse feito isso. Mas outro preso chamado ████████ ███████████████████████ me contou que seus interrogadores forjaram um passaporte americano com o retrato dele. "Veja: temos provas definitivas de que você falsificou este passaporte e usou-o para fins terroristas", disseram a ele. ████████████████ riu às gargalhadas do disparate de seus interrogadores. "Vocês se esquecem que sou especialista em computadores, e sei que o governo americano não teria nenhuma dificuldade para forjar um passaporte para mim", disse ele. Os interrogadores se apressaram em levar embora o passaporte e nunca mais falaram no assunto.

Cenários como esse me deixavam paranoico com a possibilidade de o governo inventar alguma coisa a meu respeito. Tendo vindo de um país do terceiro mundo, sei como a polícia impinge crimes a adversários políticos do governo para neutralizá-los. Plantar armas na casa de alguém é comum, para levar a justiça a crer que a vítima se preparava para a violência.

"Está pronto?", perguntou ████████████ .

"S-i-i-m!", respondi, tentando me manter impassível, embora o vermelho do meu rosto dissesse tudo sobre mim. ███████████ apertou o play e começamos a ver o filme. Eu estava pronto para dar um pulo quando me visse mandando pelos ares alguma base americana em Tombuctu. Mas a fita era completamente diferente. Era uma fita de Osama bin Laden falando a um de seus homens, que eu não reconheci, sobre os ataques do Onze de Setembro. Eles conversavam em árabe. Gostei da facilidade para entender a conversa enquanto os interrogadores tinham de se virar com as legendas.

Depois de uma breve conversa entre Osama bin Laden e o outro sujeito, um comentarista da TV falou sobre o caráter controverso da fita. A qualidade era ruim, a fita teria sido apreendida por forças americanas num esconderijo de Jalalabad.

Mas não era essa a questão. "O que tenho a ver com essa besteira?", perguntei, irritado.

"Você vê que Osama bin Laden está por trás do Onze de Setembro", disse ▮▮▮▮▮▮▮.

"O senhor sabe que eu não sou Osama bin Laden, não? Isso é entre vocês e Osama bin Laden; não tenho nada a ver com isso, estou fora desse negócio."

"Você acha direito o que ele fez?"

"Não me interessa nem um pouco. Peguem Osama bin Laden e o castiguem."

"Como você se sente a respeito do que aconteceu?"

"O que sinto é que não participei disso. Nada mais importa nesse caso!"

Quando voltei ao Pavilhão ▮▮▮▮▮▮▮, contei a meus amigos sobre a palhaçada da "prova definitiva" contra mim. Mas ninguém se surpreendeu, já que muitos dos detentos tinham sido submetidos a essas brincadeiras.

Durante minha conversa com ▮▮▮▮▮▮▮ e seu acompanhante, levantei uma questão que me parecia a básica.

"Por que vocês estão vetando a correspondência que chega para mim?"

"Procurei, mas não havia nada para você!"

"O senhor está querendo dizer que minha família se recusa a me responder?"

Meus irmãos de pavilhão lamentavam por mim. Quase toda noite eu sonhava que tinha recebido correspondência de minha família. Sempre contava meus sonhos aos vizinhos, e os intérpretes de sonhos sempre me davam esperanças, mas as cartas não chegavam.

"Sonhei que você tinha recebido uma carta de sua família", era uma frase que eu costumava ouvir. Era muito difícil para mim ver outros detentos com retratos de suas famílias e não ter nada de meu. Não que eu quisesse que eles não recebessem cartas: pelo contrário, eu ficava feliz por eles, e lia a correspondência deles como se fosse de minha própria mãe. Era hábito fazer circular pelo pavilhão a correspondência recém-chegada e deixar que todos a lessem, mesmo as cartas mais íntimas de namoradas a seus amados.

████████ estava louco para que eu colaborasse com ele, e sabia que eu tinha contado meu problema aos detentos. Então ele estava combinando com o pessoal da correspondência que me dessem alguma coisa. Uma receita foi preparada e cozida, e por volta das cinco da tarde o carteiro apareceu em minha cela e me entregou uma carta, supostamente de meu irmão. Antes mesmo de ler a carta, gritei para todo o pavilhão: "Recebi uma carta da minha família. Vejam, meus sonhos se realizaram, eu não disse?". De toda parte meus companheiros de prisão responderam: "Parabéns, passe-me a carta depois de ler!".

Comecei a ler com avidez, mas em pouco tempo levei um choque: a carta era uma falsificação grosseira. Não vinha de minha família, era uma produção da comunidade de inteligência.

"Caros irmãos, não recebi carta nenhuma, desculpem!"

"Filhos da puta, eles já fizeram isso com outros detentos", disse um vizinho. Mas a falsificação era tão canhestra e amadora que nenhum bobo cairia nela. Em primeiro lugar, não tenho irmão com aquele nome. Em segundo, meu nome estava escrito errado. Em terceiro, minha família não morava onde o autor da carta dizia, embora fosse perto. Em quarto, eu não só conheço a letra de cada membro de minha família como o modo como cada um deles expressa por escrito as suas ideias. A carta era uma espécie de sermão: "Tenha paciência como faziam seus antepassados, e tenha fé que Alá vai recompensá-lo". Fiquei furioso com essa tentativa de me enganar e brincar com meus sentimentos.

No dia seguinte, ▮▮▮▮▮ foi me buscar para interrogatório.

"Como está passando sua família?"

"Espero que bem."

"Dei duro para você receber sua carta!"

"Muito obrigado, valeu mesmo, mas se vocês querem falsificar cartas, vou lhes dar um conselho."

"De que você está falando?"

Sorri. "Se você não sabe mesmo, tudo bem. Mas foi uma mancada falsificar uma mensagem e me fazer crer que fiz contato com minha querida família!", disse eu, devolvendo-lhe a carta.

"Não sei nada dessa merda", disse ▮▮▮▮▮▮.

"Não sei em que acreditar. Mas acredito em Deus, e se não voltar a ver minha família nesta vida, espero vê-la na outra, portanto não se preocupe com isso." Sinceramente, eu não tinha prova a favor nem contra de que ▮▮▮▮▮▮ estivesse envolvido naquela sujeira. O que sei é que aquilo tudo ia muito além de ▮▮▮ ▮▮▮▮▮▮; tinha um monte de gente trabalhando nos bastidores.*

▮▮▮▮▮▮ estava encarregado do meu caso, mas fui levado para interrogatório algumas vezes por outros ▮▮▮▮▮▮▮▮▮▮ ▮▮▮▮▮▮, sem consentimento ou até mesmo sem conhecimento dele. Quanto às cartas de minha família, só recebi a primeira delas, por intermédio da Cruz Vermelha, em 14 de fevereiro de 2004,

---

* Com efeito, havia gente "trabalhando nos bastidores". Embora o FBI ainda estivesse comandando o interrogatório de MOS, o IG do DOJ relatou que, durante a primavera de 2003, "o pessoal da Inteligência Militar assistiu a muitas entrevistas de Slahi com Poulson e Santiago numa cabine de observação", e que agentes da IM estavam reclamando da preferência do FBI por métodos baseados no cultivo de um relacionamento. O Comitê das Forças Armadas do Senado informou que interrogadores militares fizeram circular uma versão do "Plano Especial de Interrogatório" para MOS em janeiro de 2003. IG do DOJ, p. 298.

816 dias depois de ter sido sequestrado em minha casa na Mauritânia. A mensagem chegou a mim com sete meses de atraso.

"Vou te dar a prova, tim-tim por tim-tim", disse ▮▮▮▮▮▮ um dia. "Um cara graúdo da Al-Qaeda disse que você está envolvido."

"Acho então que o senhor não devia estar me fazendo perguntas, já que tem uma testemunha. É só me levar ao tribunal e me julgar", disse eu. "De acordo com sua testemunha, o que foi que eu fiz?"

"Ele disse que você faz parte da conspiração." Fiquei cansado de ouvir as palavras Grande Conspiração contra os Estados Unidos. ▮▮▮▮▮▮ não conseguia dizer nada mais a que eu pudesse me ater, por mais que eu discutisse com ele.

No que se refere a ▮▮▮▮▮▮, ele não era de muita discussão. "Se o governo acredita que você está envolvido em coisas ruins, vão mandar você para o Iraque ou de volta para o Afeganistão", disse ▮▮▮▮▮▮.*

"Então, se vocês me torturarem, eu vou dizer tudo o que vocês querem ouvir?"

"Não, veja só. Se uma mãe pergunta ao filho se ele fez alguma coisa errada, ele pode mentir. Mas se ela bater nele, ele vai admitir", respondeu ▮▮▮▮▮▮. Não tive resposta para essa analogia. De qualquer forma, o cara "graúdo da Al-Qaeda" que testemunhou contra mim acabou sendo ▮▮▮▮▮▮.** Dis-

---

* Pode tratar-se do agente que o inspetor-geral do DOJ chama de Santiago. O IG informou que MOS "identificou Santiago como 'um bom sujeito'" e disse que MOS relatou aos investigadores que "Santiago disse a Slahi que ele seria mandado ao Iraque ou ao Afeganistão se as acusações contra ele ficassem provadas". IG do DOJ, p. 296.

** O trecho provavelmente se refere a Ramzi bin al-Shibh. MOS explicou em sua audiência da ARB e indica também em outro ponto do manuscrito que tivera notícia do tratamento dispensado a Bin al-Shibh's nas prisões clandestinas da CIA por intermédio de detentos capturados com ele e mantidos juntos em lugares secretos antes da transferência para Guantánamo. Ele contou à mesa da ARB

seram que ▬▬▬▬▬▬▬ tinha contado que eu o ajudei a ir para a Tchetchênia com dois outros caras que estavam entre os sequestradores, o que eu não tinha feito. Embora tivesse visto ▬▬▬▬▬ uma ou duas vezes na Alemanha, eu nem sequer sabia seu nome. Mesmo que eu os tivesse ajudado a ir para a Tchetchênia, isso não seria crime nenhum, mas eu não tinha feito isso.

Foi então que fiquei sabendo da horrível tortura a que ▬▬▬▬▬ fora submetido desde sua prisão ▬▬▬▬▬. Testemunhas oculares que haviam sido capturadas com ele em Karachi disseram: "Pensamos que ele estivesse morto. Ouvíamos seus gritos e gemidos dia e noite, até que foi separado de nós". No campo, chegamos a ouvir boatos de que ele tinha morrido sob tortura. A tortura no exterior era obviamente uma prática comum e executada profissionalmente; ouvi tantos depoimentos de detentos que não se conheciam que não podiam ser mentiras. E, como o leitor verá, eu mesmo fui submetido a tortura nessa base de GTMO, como muitos outros detentos. Que Alá nos recompense a todos!

"Sou contra tortura", disse ▬▬▬▬▬. Não disse a ele que sabia do fato de Ramzi ter sido torturado. Mas como o governo tinha mandado detentos, entre eles eu, ▬▬▬▬▬▬▬ e ▬▬▬▬▬▬▬▬, para o exterior para facilitar nosso interrogatório sob tortura, isso quer dizer que o governo é a favor de tortura; aquilo que ▬▬▬▬▬ acha certo não deve ter muito peso quando se trata da implacável justiça dos Estados Unidos durante a guerra.

▬▬▬▬▬ finalmente cumpriu a promessa de informar as razões pelas quais seu governo me mantinha preso. Mas não mos-

---

que "um iemenita capturado com Ramiz [sic]" disse a ele que "Ramiz foi torturado. Ouvíamos seus gritos todas as noites, ouvíamos seus gemidos todas as noites". Transcrição da ARB, p. 25; ver também Manuscrito, pp. 83, 294.

trou coisa alguma que me incriminasse. Em março de 2002, a CNN transmitiu um relatório sobre mim dizendo que eu coordenava as comunicações entre os sequestradores do Onze de Setembro através do livro de visitas da minha homepage. Agora ██████ ███████████████ me mostrou o relatório.*

"Eu disse que você estava ferrado", disse ███████████.

"Não concebi minha homepage para a Al-Qaeda. Ela foi feita há muito tempo, e nem sequer a abri a partir de 1997. Além disso, se eu decidisse ajudar a Al-Qaeda, não usaria meu nome verdadeiro. Poderia escrever uma homepage em nome de John Smith." ████████ quis saber tudo sobre minha homepage, até por que eu a tinha. Precisei responder toda aquela bobajada sobre um de meus direitos básicos, que era escrever uma homepage com meu nome verdadeiro e links para meus sites preferidos.

Numa daquelas sessões, ████████████ perguntou: "Por que você estudou microeletrônica?".

"Eu estudo o que quiser. Não sabia que tinha de consultar o governo dos Estados Unidos sobre o que deveria ou não estudar", disse eu, ironicamente.

"Eu não acredito no princípio do preto e branco. Acho que todo mundo está no meio. Você não acha?", perguntou ████████.

"Eu não fiz nada."

"Então não é crime ajudar alguém a se ligar à Al-Qaeda e acabar se tornando um terrorista!" ██████████████████████

---

* Ao que parece, MOS se refere a uma matéria que a CNN transmitiu em 6 de março de 2002, cuja transcrição se intitula "Al-Qaeda on-line para o terrorismo". Como MOS indica aqui, a matéria sugere que ele tinha "um website aparentemente inocente" pelo qual membros da Al-Qaeda trocavam mensagens usando o livro de visitas. A acusação de que MOS tinha um website que facilitava as comunicações da Al-Qaeda não aparece entre as provas arroladas contra ele em Guantánamo. Fonte: <http://transcripts.cnn.com/TRANSCRIPTS/0203/06/lt.15.html>.

███████████. Entendi exatamente o que ███████████ queria dizer com isso: reconheça que você é um recrutador da Al-Qaeda e pronto.

"Pode ser. Não conheço bem as leis dos Estados Unidos. Mas seja como for, não recrutei ninguém para a Al-Qaeda, nem a Al-Qaeda me pediu que fizesse isso!", eu disse.

Como parte de sua "exibição de provas contra mim", ███████████ pediu a um colega que o ajudasse. ███████████, um ███████████ que já tinha me interrogado em ███████████.*

███████████ é um desses caras que, quando fala, você pensa que ele está zangado, mas pode não estar.

"Fico satisfeito que o senhor tenha aparecido, porque gostaria de discutir algumas questões", disse eu.

"Claro, ███████████ está aqui para responder a suas perguntas!", disse ███████████.

"Lembra de quando vocês me interrogaram na Mauritânia?", comecei. "Lembra de que o senhor tinha certeza de que eu não só estava envolvido no Complô do Milênio como era o cérebro daquilo? Como se sente agora, sabendo que eu não tenho nada com aquilo?"

"Não é esse o problema", respondeu ███████████. "O problema é que você não foi sincero conosco."

"Não tenho de ser sincero com vocês. E tenho uma novidade para o senhor: não vou falar com o senhor a menos que me diga por que estou aqui", disse eu.

"Isso é problema seu", disse ███████████. Alguém diria que ███████████ estava acostumado a detentos humilhados que provavelmente tiveram de colaborar devido à tortura. Na época,

---

* "Mauritânia" aparecerá sem tarja algumas frases adiante; o agente é, ao que tudo indica, um dos homens do FBI que questionaram MOS em Nouakchott em fevereiro de 2000.

ele estava interrogando ███████████████.* Falava com muita prepotência; ele chegou a me dizer: "Você vai colaborar, mesmo contra a sua vontade, haha!". Admito que fui rude com ele, mas eu estava furioso depois que ele me acusou falsamente de fazer parte do Complô do Milênio e agora se esquivava de meu pedido de que fosse claro comigo e dissesse que ele e seu governo tinham errado.

███████████████ parecia esgotado pela viagem; estava muito cansado naquele dia. "Não entendo por que você não colabora", disse ele. "Eles te dão comida, falam com você com modos civilizados", disse ele.

"Por que eu deveria colaborar com algum de vocês? Vocês estão me fazendo mal, me mantendo preso sem motivo algum."

"Nós não prendemos você."

"Traga-me o cara que me prendeu, gostaria de falar com ele." Depois dessa tensa discussão, os interrogadores foram embora e me mandaram de volta para minha cela.

"Para nossas próximas sessões, pedi a ███████████ que me ajudasse a cuidar de seu caso. Quero que seja cortês com ele", disse-me ███████████ em nossa sessão seguinte.

Virei-me para seu colega. "Agora você está convencido de que não faço parte do Complô do Milênio. Qual é a próxima merda que você vai me impingir?"

"Sabe como é, às vezes prendemos pessoas por motivos errados, mas acaba que estão envolvidas em alguma outra coisa!", disse ███████████.

"E quando vão parar com o jogo que estão fazendo comigo? Cada dia há uma nova suspeita, e quando se verifica que ela é incorreta, aparece outra, e assim por diante. Será que não há no mundo a possibilidade de que eu não esteja envolvido em nada?"

---

* Possivelmente Ramzi bin al-Shibh; ver nota da p. 276.

"É claro; portanto você deve colaborar e se defender. Tudo o que pergunto é para que você me explique alguma merda", disse ███████. Quando ██████████ chegou, trazia um maço de papeizinhos com anotações, e começou a lê-las para mim. "Você ligou para ████████ e lhe pediu açúcar. Quando você lhe falou sobre ███████████ na Alemanha, ele disse: 'Não mencione isso por telefone'. Eu não diria uma coisa dessas a pessoa alguma para quem ligasse."

"Não me importa o que ██████████ diga pelo telefone. Não estou aqui representando ██████████; vá lá e pergunte a ele. Lembre, estou lhe perguntando o que foi que eu fiz."

"Só quero que você me explique essas conversas — e há muito mais", disse ██████████.

"Não, não vou responder nada antes que o senhor responda à minha pergunta. O que foi que eu fiz?"

"Não estou dizendo que você fez alguma coisa, mas há muitas coisas que precisam ser esclarecidas."

"Respondi a essas perguntas mil vezes; disse ao senhor que o que quero dizer é exatamente o que estou dizendo e que não há nenhum código. Injusto e paranoico, é o que o senhor é. Está tirando vantagem do fato de eu vir de um país governado por uma ditadura. Se eu fosse alemão ou canadense, o senhor nem teria a oportunidade de falar comigo, nem me prenderia."

"Estamos te dando uma oportunidade ao pedir que colabore. Quando souber a causa de sua prisão, será tarde demais para você!", disse ██████████.

"Não preciso de oportunidades. Diga por que me prenderam e deixe que seja tarde demais." ██████████ me conhecia melhor do que ██████████; assim, tentou acalmar nós dois. ██████████ estava tentando me amedrontar, mas quanto mais tentava, mais irritado e menos prestativo eu ficava.

*　*　*

Todos os detentos do campo passaram o dia inteiro em isolamento. Por volta das dez da noite, fui tirado de minha cela e levado ao edifício ▉▉▉▉▉▉. A sala estava gelada. Eu detestava ser acordado para interrogatório, e meu coração estava aos pulos: por que teriam me levado tão tarde?

Não sei quanto tempo estive na sala, talvez duas horas. Tremia sem parar. Pus na minha cabeça que não ia discutir mais com os interrogadores. Vou ficar sentado como uma pedra e deixar que eles falem, disse a mim mesmo. Muitos detentos decidiam fazer isso. Eram levados para interrogatório dia após dia, queriam dobrá-los. Tenho certeza de que alguns se deixaram dobrar, porque ninguém consegue suportar aquela agonia pelo resto da vida.

Depois de me fazer suar, ou melhor, "tremer" durante algumas horas, levaram-me a outra sala ▉▉▉▉▉▉ ▉▉▉▉▉, onde estava ▉▉▉▉▉▉▉▉. O frio dessa sala estava no limite do tolerável. Como de hábito, os militares estavam em outra sala, vendo e ouvindo tudo.

"Não pudemos trazer você durante o dia por causa do isolamento", disse ▉▉▉▉▉▉. "Tivemos de trazê-lo agora porque ▉▉▉▉▉ está indo embora amanhã."

Não abri a boca. ▉▉▉▉▉ fez sair seus amigos. "O que há de errado com você?", perguntou ele. "Você está bem? Aconteceu alguma coisa?" Mas por mais que ele tentasse, não ia me fazer falar.

A equipe decidiu me levar de volta para a sala gelada. Talvez ela não fosse tão fria para uma pessoa que usasse sapatos normais, roupa de baixo e um casaco, como os interrogadores, mas sem dúvida era muito fria para um preso de chinelos de dedo e nenhuma roupa de baixo.

"Fale com a gente!", disse ▉▉▉▉▉. "Se você se recusa a falar, ▉▉▉▉▉ vai falar com você seja como for."

▄▄▄▄▄▄▄ começou sua arenga: "Nós te demos uma oportunidade, mas parece que você não quer aproveitá-la. Agora é tarde, porque vou te passar algumas informações".

▄▄▄▄▄▄▄ mostrou três grandes retratos de quatro pessoas supostamente envolvidas no ataque do Onze de Setembro. "Este cara é ▄▄▄▄▄▄▄. Foi preso ▄▄▄▄▄▄▄ ▄▄▄▄▄▄▄ e desde então está sendo interrogado por nós.* Sei mais coisas sobre ele do que ele próprio. Ele foi receptivo e verdadeiro comigo. O que ele disse coincide com o que sabemos sobre ele. Disse que tinha vindo à sua casa por recomendação de um cara chamado ▄▄▄▄▄▄▄, que ele conheceu num trem. ▄▄▄▄▄▄▄ queria que alguém o ajudasse a chegar à Tchetchênia."

"Isso foi lá por outubro de 1999", continuou. "Ele apareceu em sua casa com esses dois caras", disse ele, indicando ▄▄▄▄▄▄▄ ▄▄▄▄▄▄▄ e ▄▄▄▄▄▄▄. "O outro cara", disse, apontando para Atta, "não conseguia ver você porque usava uma venda. Você os aconselhou a viajar pelo Afeganistão e não pela Geórgia, porque seus traços árabes os denunciariam e eles provavelmente seriam mandados de volta. Além disso, você deu a eles um telefone de contato em Quetta de um cara chamado ▄▄▄▄▄▄▄ ▄▄▄▄▄▄▄. Esses caras viajaram ao Afeganistão pouco depois de se encontrarem com você, estiveram com Osama bin Laden e lhe prestaram juramento. Bin Laden os designou para o ataque do Onze de Setembro e despachou-os de volta para a Alemanha."

* Ao que parece, esse interrogador tinha estado, ou dizia ter estado, interrogando Ramzi bin al-Shibh em prisões clandestinas da CIA. Em sua audiência da ARB, citando Bin al-Shibh, MOS descreveu da seguinte forma o diálogo que poderia ter tido com um interrogador: "Está bem, então seu interrogador [tarja] do FBI pediu a ele que adivinhasse que tipo de pessoa eu era. Ele disse que eu acho que ele é um quadro operacional de Osama bin Laden e sem ele eu nunca estaria envolvido no Onze de Setembro. Era uma grave acusação. O interrogador pode ter mentido, porque eles mentem o tempo todo, mas foi isso o que ele disse". Transcrição da ARB, pp. 23-4.

E prosseguiu: "Quando perguntei a ▆▆▆▆▆ o que ele acha de você, ele respondeu que acha que você é um importante recrutador de Osama bin Laden. É a opinião pessoal dele. No entanto, ele disse que sem você ele nunca teria aderido à Al-Qaeda. De fato, eu diria que sem você o Onze de Setembro nunca teria existido. Esses caras teriam ido para a Tchetchênia e lá morreriam".

▆▆▆▆▆▆ pediu licença e se retirou. Fui deixado o resto da noite com ▆▆. Eu estava muito assustado. O cara me fez acreditar que era eu quem estava por trás do Onze de Setembro. Como isso pode ter acontecido? Pensei que talvez ele tivesse razão. Mesmo assim, qualquer pessoa que soubesse as coisas mais elementares a respeito do ataque, publicadas e atualizadas a toda hora, pode ver facilmente o tamanho da balela que ▆▆▆▆ ▆▆▆▆ estava tentando me vender. Era sabido que os caras mencionados por ele tinham sido treinados em 1998, filiaram-se à Al-Qaeda e depois foram incumbidos do ataque. Como eu poderia tê-los mandado para a Al-Qaeda em outubro de 1999, quando eles não só já pertenciam à Al-Qaeda como estavam havia mais de um ano incumbidos do ataque? Me deixaram acordado o resto da noite, obrigando-me a ver fotos de partes de corpos que tinham sido colhidos no site do Pentágono depois do ataque. Foi uma noite repulsiva. Por pouco não me dobraram, mas consegui me manter em silêncio e íntegro.

"Vê o resultado do ataque?", perguntou ▆▆▆▆▆▆▆.

"Acho que ele não previa o que aqueles caras iam fazer", disse ▆▆▆▆▆▆. Eles conversavam entre si, fazendo perguntas e respondendo a elas. Eu continuava como uma presença ausente. Passaram aquelas fotos repugnantes diante de mim a noite toda. Ao clarear o dia, mandaram-me para uma cela em outro pavilhão, o ▆▆▆▆▆▆. Rezei e tentei dormir, mas estava tapeando a mim mesmo. Não conseguia tirar da cabeça aquelas partes de corpos. Meus novos vizinhos, principalmente ▓▓▓▓▓▓▓▓▓▓▓ ▓▓▓▓▓▓▓, tentaram me ajudar.

Ele me deu força dizendo: "Não se preocupe! Fale com eles e tudo vai dar certo". Talvez o conselho dele tenha sido prudente, e seja como for eu pressentia que as coisas iam ficar piores. Foi então que resolvi colaborar.

▓▓▓▓▓▓▓▓▓▓ me levou para interrogatório no dia seguinte. Eu estava exausto. Não tinha dormido na noite anterior nem durante o dia.*

---

* Uma pesquisa da CIA de 1956 intitulada "Communist Control Techniques: An Analysis of the Methods Used by Communist State Police in the Arrest, Interrogation, and Indoctrination of Persons Regarded as 'Enemies of the State'" [Técnicas comunistas de controle: Uma análise dos métodos usados pela polícia comunista para prisão, interrogatório e doutrinação de pessoas vistas como "inimigos do Estado"] diz o seguinte sobre os efeitos da privação de sono e manipulação da temperatura como métodos coercitivos de interrogatório: "O funcionário encarregado tem outras maneiras simples e altamente eficazes de aplicar pressão. Duas das mais eficientes são a fadiga e a falta de sono. A iluminação permanente da cela e a necessidade de manter uma posição rígida na cama se somam aos efeitos da ansiedade e aos pesadelos para produzir perturbações do sono. Se não forem suficientes, é fácil fazer com que os carcereiros acordem os prisioneiros de tanto em tanto. Isso é particularmente eficaz se o prisioneiro for sempre acordado assim que pegar no sono. Os carcereiros também podem reduzir as horas de sono, ou impedir completamente o sono. A falta de sono contínua provoca uma turvação da consciência e perda do estado de alerta, o que reduz a capacidade de sustentar o isolamento. Provoca também intensa fadiga.

"Outro tipo simples e eficaz de pressão é manter a temperatura da cela num nível quente demais ou frio demais para permitir o conforto. Calor persistente, num patamar em que a sudorese constante é necessária para manter a temperatura corporal, causa nervosismo e fadiga. O frio constante é desconfortável é mal tolerado...

"Os comunistas não veem esses métodos como 'tortura'. Sem dúvida, eles usam métodos que se enquadram, à típica maneira legalista, a princípios comunistas explícitos que exigem que 'não se usará força ou tortura de espécie alguma

"Estou pronto a colaborar incondicionalmente", disse a ele. "Não preciso de prova alguma. Façam-me as perguntas e responderei." Assim, nosso relacionamento parecia entrar numa nova era. Durante o tempo em que se ocupou de mim, ███████ fez algumas viagens, uma delas a ████████████ e outra a ████████████, para investigar meu caso e reunir provas contra mim. Em fevereiro de 2003, enquanto ele estava em viagem a ████████████, um agente do ████████████████ ███████ me pegou para interrogatório.

"Meu nome é ████████, sou do ███████. Vim para lhe fazer algumas perguntas sobre o tempo que você esteve no ███ ████████", disse ████████, mostrando sua insígnia. Estava acompanhado de uma mulher e de um homem que se limitavam a tomar notas.*

"Bem-vindo! Fico muito feliz com sua chegada porque quero esclarecer alguns relatórios muito imprecisos que o senhor escreveu sobre mim." E continuei: "Principalmente desde que meu

---

para extrair informação de prisioneiros'. Mas é claro que esses métodos configuram tortura e coação física. Todos levam a graves perturbações de muitos processos corporais."

A privação de sono tem sido usada especificamente para induzir prisioneiros a falsas confissões. Uma pesquisa do sociólogo Albert Biderman, da Força Aérea dos Estados Unidos, sobre os meios pelos quais interrogadores norte-coreanos conseguiam coagir militares da Força Aérea americana capturados a confessar falsos crimes de guerra, descobriu que a privação de sono, como forma de enfraquecimento induzido, "debilita a capacidade física e mental de resistir". Fontes: <http://www.theblackvault.com/documents/mindcontrol/comcont.pdf> e <http://www2.gwu.edu/~nsarchiv/torturingdemocracy/documents/19570900.pdf>.

* Podem ter sido agentes do Serviço Canadense de Informações de Segurança (csis, na sigla em inglês). O jornal *Toronto Star* noticiou que agentes do csis entrevistaram detentos ligados ao Canadá em Guantánamo, inclusive mos, em fevereiro de 2003. Ver Michelle Shephard, "csis Grilled Trio in Guantánamo". Disponível em: <http://www.thestar.com/news/canada/2008/07/27/csis_grilled_trio_in_cuba.html>.

problema com os Estados Unidos começou a girar em torno do período que passei no ████████████, e cada vez que discuto com americanos eles se referem a vocês. Agora quero que vocês se sentem com os americanos e respondam a uma pergunta: por que me mantêm preso? Que crime cometi?".

"Você não fez nada", disse ████████████.

"Então não tenho nada a fazer aqui, não é?"

"Nós não prendemos você. Foram os Estados Unidos."

"Correto, mas os Estados Unidos dizem que vocês me indispuseram com eles."

"Só temos algumas perguntas sobre umas pessoas perversas, e precisamos de sua ajuda."

"Não vou ajudar vocês a menos que digam aos americanos, na minha frente, que algum de vocês mentiu."

Os agentes saíram e voltaram com ████████████, que provavelmente estava observando a sessão através do ████████████ ████████.

"Você não está sendo sincero, já que se nega a responder às perguntas de ████████. Esta é sua oportunidade de conseguir a ajuda deles", disse ████████████.

"████████████, conheço esse jogo melhor que você. Pare de me dizer maluquices", disse eu. "Você continua repetindo que o ████████████ disse isto e aquilo. Agora é a oportunidade de vocês me fazerem encarar minhas acusações", disse eu.

"Não acusamos você de nenhum crime", disse ████████████.

"Então me soltem!"

"Isso não depende de mim." ████████████ tentou me convencer, mas aquilo não me convencia. Fui devolvido a minha cela e tirado dela no dia seguinte, mas fiquei ali sentado como uma pedra. Não perdi tempo em dizer uma só palavra porque já tinha dito claramente quais eram minhas condições para colaborar. O ████████████ interrogou também um adolescente ████████████

▇ chamado ▇▇▇▇▇▇▇▇▇▇▇▇▇▇ e fez com que o Exército tomasse todos os seus pertences. Nós, os demais presos, tivemos pena dele. Era jovem demais para tudo aquilo.*

Quando ▇▇▇▇▇▇▇ voltou, estava furioso porque os ▇▇ ▇▇▇▇▇ tinham passado por cima dele e estavam me mostrando a quem eles quisessem. Agora eu sabia que ▇▇▇▇▇▇▇ não tinha controle sobre meu destino; eles não tinham capacidade de lidar comigo, e dali em diante eu não podia mesmo confiar neles. Não gosto de quem não é capaz de manter sua palavra. Agora eu sabia com certeza que ▇▇▇▇▇▇▇▇ não passava de uma etapa, e que o interrogatório propriamente dito seria feito por ▇▇▇▇▇▇▇. Examinando a situação, isso faz sentido: a maior parte dos detentos tinha sido capturada por ▇▇▇▇▇▇▇ numa operação militar, e eles queriam manter o controle. Os ▇▇ não passam de convidados em GTMO, nem mais, nem menos; o local é comandado por ▇▇▇▇▇▇▇▇▇▇▇▇▇▇▇▇.

Aconteceu de novo. Quando ▇▇▇▇▇▇ foi a ▇▇▇▇▇▇, em maio de 2003, o ▇▇▇▇▇▇▇▇▇ me convocou para interrogatório, mas eles não foram mais felizes que seus camaradas do

---

* O adolescente muito provavelmente é Omar Khadr. Em 2010, a Suprema Corte do Canadá descobriu que o interrogatório de Khadr por agentes do Serviço Canadense de Informações de Segurança (CSIS) e da Divisão de Inteligência Estrangeira do Departamento de Relações Exteriores e Comércio Internacional (DFAIT, na sigla em inglês) em Guantánamo, em fevereiro e setembro de 2003 e março de 2004, violou a Carta de Direitos e Liberdades do Canadá. A Suprema Corte decidiu que "a privação do direito à liberdade e segurança da pessoa [Khadr] não está de acordo com os princípios fundamentais da justiça. Interrogar um jovem detento sem acesso a assistência, extrair-lhe afirmações sobre graves acusações criminais sabendo que o jovem foi submetido a privação de sono e que o resultado dos interrogatórios seria comunicado a seus acusadores ofendem os padrões canadenses mais elementares de tratamento a jovens suspeitos". Opinião da Suprema Corte disponível em: <http://scc-csc.lexum.com/decisia-scc-csc/scc-csc/scc- csc/en/item/7842/index.do>.

▓▓▓▓▓; ▓▓▓▓▓ ficou completamente intimidado por seus colegas do comando do ▓▓▓▓▓.

▓▓▓▓▓ voltou de ▓▓▓▓▓. "Me mandaram deixar seu caso e voltar para os Estados Unidos. Meu chefe acha que estou perdendo tempo. O MI vai assumir seu caso", disse-me ▓▓▓▓▓. Não gostei muito do fato de ▓▓▓▓▓ estar indo embora, mas na verdade não fiquei lá muito preocupado. ▓▓▓▓▓ era o cara que compreendia melhor o meu caso, mas não tinha poder nem ninguém que o respaldasse.

No dia seguinte, a equipe organizou um belo almoço festivo. Compraram boa comida como despedida. "Você deveria saber que suas próximas sessões não serão tão amistosas", disse ▓▓▓▓▓, sorrindo ironicamente. "Não lhe trarão mais comida ou bebida." Entendi essa dica como tratamento duro, mas ainda não tinha pensado que seria torturado. Além disso, eu acreditava que ▓▓▓▓▓ e seu parceiro ▓▓▓▓▓ informariam a quem de direito se soubessem que algum crime estava para ser cometido para assim evitá-lo.

"Desejo-lhe boa sorte. Tudo o que posso dizer é: fale a verdade", disse ▓▓▓▓▓. Nos abraçamos e nos despedimos.*

---

* MOS disse à Junta Administrativa de Revisão (ARB) que sua última entrevista com interrogadores do FBI ocorreu em 22 de maio de 2003; o relatório do IG do DOJ confirma que "no fim de maio de 2003, os agentes do FBI envolvidos com Slahi saíram de GTMO, e as Forças Armadas assumiram o controle sobre o interrogatório de Slahi". Transcrição da ARB, p. 25; IG do DOJ, p. 122.

Poucos dias depois de os militares assumirem o interrogatório de MOS, um agente do FBI fez circular um relatório sobre as preocupações do FBI com os métodos de interrogatório dos militares em Guantánamo. Segundo o relatório do IG do DOJ, um mês depois, em 1º de julho de 2003, Spike Bowman, diretor jurídico assistente do FBI, enviou um e-mail a altos funcionários do órgão "alertando-os para as 'técnicas agressivas de interrogatório' que os militares estavam usando, 'golpeando fisicamente os detentos, desnudando-os, derramando água gelada sobre eles e deixando-os expostos à intempérie (um deles teve hipotermia)

* * *

Quando entrei na sala, havia uma mesa com diversas cadeiras arrumadas de um lado. Assim que os carcereiros me agrilhoaram ao piso ▌▌▌▌▌▌▌▌▌▌▌▌▌▌▌▌▌▌▌▌

▌▌▌▌▌▌▌▌▌▌▌▌▌▌▌▌▌▌▌▌▌▌▌▌▌

▌▌▌▌entrou na sala ▌▌▌▌▌▌▌▌▌▌▌▌

▌▌▌▌▌▌▌▌▌▌▌▌▌▌▌▌▌▌▌▌▌▌▌▌▌

▌▌▌▌▌▌▌▌▌▌▌▌▌▌▌▌▌▌▌▌▌▌▌▌▌

▌▌▌▌▌▌▌▌▌▌▌▌▌▌▌▌▌▌▌▌▌▌▌▌▌

▌▌▌▌▌▌▌▌▌▌▌▌▌▌▌▌▌▌▌▌▌▌▌▌▌

▌▌▌▌▌▌▌▌▌▌▌▌▌▌▌▌▌▌▌▌▌▌▌▌▌

▌▌▌▌▌▌▌▌▌▌▌▌▌▌▌▌▌▌▌▌▌▌▌▌▌

▌▌▌▌▌▌▌▌▌▌▌▌▌▌▌▌▌▌▌▌▌▌▌▌▌

▌▌▌▌▌▌▌▌▌▌▌▌▌▌▌▌▌▌▌▌▌▌▌▌▌

▌▌▌▌▌▌▌▌▌▌▌▌▌▌▌▌▌▌▌▌▌▌▌▌▌

▌▌▌▌▌▌▌▌▌▌▌▌▌▌▌▌▌▌▌▌▌▌▌▌▌

▌▌▌▌▌▌▌▌▌▌▌▌▌▌▌▌▌▌▌▌. Pode-se dizer que eles tinham uma vantagem que eu não tinha. ▌▌▌▌▌ ▌▌▌▌▌▌▌▌▌▌▌▌▌▌▌▌▌▌▌ trouxeram consigo grossos fichários e conversavam entre si.*

---

e procedimentos similares'. Bowman acreditava que 'sem dúvida, o que eles estão fazendo (e não conheço o alcance disso) seria ilegal se eles fossem Prisioneiros de Guerra Inimigos (PGI). O fato de não receberem essa designação não autoriza que se faça com eles algo que não se pode fazer com PGI ou com criminosos'. Bowman mostrou preocupação com o fato de haver no FBI 'farinha do mesmo saco' e procurou informações sobre se o FBI remeteria a questão ao inspetor-geral do DOD, declarando que '[se] eu ainda estivesse na ativa, não tenho dúvida de que fazer isso seria meu dever'". Transcrição da ARB, p. 25; IG do DOJ, pp. 122, 121.
* MOS declarou em sua audiência da ARB que sua nova equipe de DOD era comandada por uma "interrogadora", "uma moça muito bonita, uma moça decen-

"A que horas se supõe que o cara vai chegar?"

"Nove horas." Contra a rotina de interrogatório, 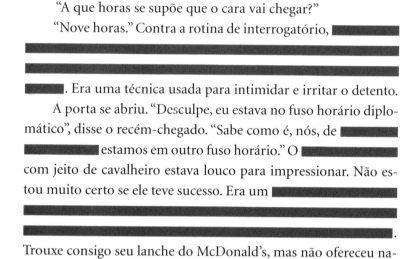. Era uma técnica usada para intimidar e irritar o detento. A porta se abriu. "Desculpe, eu estava no fuso horário diplomático", disse o recém-chegado. "Sabe como é, nós, de ▮▮▮ estamos em outro fuso horário." O ▮▮▮ com jeito de cavalheiro estava louco para impressionar. Não estou muito certo se ele teve sucesso. Era um ▮▮▮. Trouxe consigo seu lanche do McDonald's, mas não ofereceu nada a ninguém.

"Acabei de chegar de Washington", disse ele. "Vocês sabem como são importantes para o governo dos Estados Unidos?"

"Sei como sou importante para minha mãezinha, mas quanto ao governo dos Estados Unidos, não tenho certeza." ▮▮▮ não pôde evitar um sorriso, embora ▮▮▮ tenha tentado manter ▮▮▮ cara amarrada. A rigor, deviam me mostrar rispidez.

"Está pronto para trabalhar com a gente? Se não, sua situação vai ficar muito ruim", prosseguiu o homem.

---

te", que ele identificou, aparentemente por equívoco, com uma agente do FBI. Na verdade, ela podia apenas estar se passando por agente do FBI. O inspetor-geral do DOJ achou que "a pessoa que se apresenta como 'Samantha' era na verdade sargento do Exército". Segundo o inspetor-geral, "em diversas ocasiões, no começo de junho de 2003, um sargento da Equipe de Projetos Especiais do DIA em GTMO se apresentou a Slahi como sendo a SSA [agente supervisor especial] do FBI 'Samantha Martin' numa tentativa de fazer Slahi colaborar com os interrogadores". Em sua audiência na ARB, MOS disse que a equipe incluía "outro cara estranho, acho que era da CIA ou algo assim, mas era muito jovem". Transcrição da ARB, p. 25; IG do DOJ, pp. 296, 125.

"O senhor sabe que eu sei que o senhor sabe que eu não fiz nada", eu disse. "Vocês estão me segurando porque seu país é bastante forte para se dar ao luxo de ser injusto. E não é a primeira vez que vocês sequestram africanos e os escravizam."

"Tribos africanas venderam sua gente para nós", ele respondeu.

"Em seu lugar eu não defenderia a escravidão", contestei. Eu diria que ████████████████ era o mais poderoso, embora o governo deixasse outros órgãos tentarem a sorte com os detentos. É como um camelo morto no deserto, sendo devorado por todo tipo de inseto.

"Se você não colaborar conosco, vamos mandá-lo a juízo e você vai passar o resto da vida na cadeia", disse ██████.

"Pois faça isso!"

"Você deve assumir o que fez", disse ███████████████, apontando um grande fichário diante de ██████.

"O que foi que eu fiz?"

"Você sabe o que fez."

"Você sabe o que fez não me impressiona, mas se tiver perguntas posso respondê-las", disse eu.

"Estive trabalhando em seu caso junto com ████████████ ████████████████. ████████████████████ foram embora. Mas eu ainda estou aqui para te dar uma oportunidade."

"Guarde a oportunidade para si mesmo, eu não preciso dela." O objetivo da sessão era me assustar mortalmente, mas é preciso mais do que isso para me assustar. O ███████████ desapareceu para sempre, e nunca mais o vi. ██████████████ ████████████ continuou me interrogando por algum tempo, mas não havia nada de novo. Ambos os ██████████ estavam usando métodos e técnicas em tudo tradicionais nos quais provavelmente eu era mais versado que eles.

"Como se chama sua atual mulher?" Pergunta favorita de ██████████. Quando cheguei a Cuba, em ██ de agosto de 2002, estava tão ferido física e mentalmente que esqueci o nome de minha mulher e disse um nome errado. █████████████ queria provar que eu era um mentiroso.

"Olhe, você não vai nos dar nenhuma informação que já não tenhamos. Mas se continuar negando e mentindo, vamos acreditar no pior", disse ███████████████. "Já interroguei alguns outros detentos e concluí que eram inocentes. Fico realmente incomodado por dormir num quarto confortável enquanto eles sofrem em seu pavilhão. Mas você é diferente. Você é especial. Não há nada que de fato o incrimine, mas há muitas coisas que tornam impossível a possibilidade de você não estar envolvido."

"E qual foi a gota d'água?"

"Não sei!", respondeu ████████████. █████ era um ███ █████████ respeitável e eu admirava muito a honestidade de █████████████. ██████ foi designado para me torturar, mas ███ ███ acabou fracassando, o que levou ao afastamento de █████ █████████ do meu caso. Para mim, ████████████ era uma pessoa perversa. ███████ sempre ria sardonicamente.

"Você é muito rude", disse █████ uma vez.

"Você também!", retruquei. Nossas sessões não eram produtivas. Ambos █████████████████████████ queriam fazer um progresso, mas não havia progresso a fazer. Ambos queriam que eu admitisse que fazia parte do Complô do Milênio, o que não era verdade. A única maneira de me fazer assumir uma coisa que eu não tinha feito seria torturar-me além do limite do suportável.

"O senhor está dizendo que estou mentindo sobre isso? Adivinhe, não tenho nenhum motivo para não continuar mentindo. Pois não me impressiona mais que os cem interrogadores que tive nos últimos tempos", eu disse. ████████████████ estava fazendo o jogo interrogador esperto versus cara mau.

"Você é engraçado, sabia?"

"Seja lá o que isso quer dizer!"

"Estamos aqui para te dar uma oportunidade. Você está neste pavilhão faz um tempão, e eu vou embora logo, então se você não colabora…", continuou ████████████████.

"*Bon voyage!*", eu disse. Gostei de saber que ████████████ ia embora porque eu não gostava de ███████.

"Você fala com sotaque francês."

"Meu Deus, e eu pensando que falava como Shakespeare", disse eu, com ironia.

"Não, você fala muito bem, só comentei o sotaque." ██████████ ████████████████ era uma pessoa franca e cortês. "Olhe, temos uma porção de relatórios que vinculam você a todo tipo de coisa. Não há nada que o incrimine, é certo. Mas há coisinhas demais. Não vamos deixar nada de lado e simplesmente pôr você em liberdade."

"Não estou interessado em sua piedade. Só quero ser solto quando meu caso estiver totalmente esclarecido. Estou cansado de ser solto e voltar a ser preso, nesse interminável círculo vicioso."

"Você precisa de sua liberdade, e nós precisamos de informação. Você nos dá o que precisamos e em troca te damos o que você precisa", disse ████████████████. Nós três discutimos dessa forma durante dias sem nenhum sucesso.

Foi então que o sujeito que eu chamo de "EU-SOU-O-CARA" entrou em cena. Era por volta do meio-dia quando ████████████ ████████████ se reuniu a ████████████████, que estavam me interrogando. ████████████████████████████████ ████ disse, apontando para ████████████████.

"Esta ████████████ está funcionando para mim. Ele vai vê-lo com frequência, entre outros que trabalham para mim. Mas você vai me ver também." ████████████████████ ficou ali sentado como uma pedra; não me cumprimentou nem nada. Ficou tomando notas e mal me olhava, enquanto o outro ███████████ fazia perguntas. "Não faça gracinhas, limite-se a responder às perguntas", disse ele a certa altura. Eu pensei: Opa. ███████████

███

███

███████████ foi escolhido com alguns outros para fazer o trabalho sujo. Tinha experiência em MI; tinha interrogado iraquianos capturados durante a operação Tempestade no Deserto. Fala

███

███

███████████████████████████. Tudo o que ele conseguiu ouvir foi a própria voz. Eu estava sempre me perguntando: Será que esse cara está ouvindo o que estou dizendo? Ou talvez suas orelhas estejam programadas para ouvir o que ele quer.*

"Sou um babaca", disse ele uma vez. "É assim que as pessoas me conhecem e não tenho problema nenhum com isso."

Durante o mês seguinte, tive de lidar com ███████████ ███████████ e sua pequena gangue. "Não somos ███████████; não deixamos que detentos mentirosos fiquem impunes. Talvez só não valha a tortura física", disse ele. Nos últimos meses, eu tinha testemunhado a tortura sistemática de detentos sob as ordens de ███████████████████████.** ███████████████████

---

* Em sua audiência da ARB de 2005, MOS fala de um integrante da equipe de interrogatório das Forças Armadas, primeiro-sargento do Exército, dizendo: "Eu não o odeio, mas ele é um cara bem odioso". Tudo indica que MOS deu à comissão da ARB o nome verdadeiro de seu interrogador. Acredito que seja o mesmo que ele chama de "EU-SOU-O-CARA" neste episódio e também pelo apelido de sr. Durão, que aparece sem tarja na p. 296. Parece que eram quatro ao todo os interrogadores que tinham os principais papéis na equipe de "projetos especiais" de MOS. Transcrição da ARB, p. 25.

** Não sabemos exatamente quem são as pessoas de que MOS fala aqui. No entanto, está comprovado que os interrogadores militares em Guantánamo se

era levado para interrogatório toda santa noite, obrigado a ouvir música altíssima e a ver imagens aterrorizantes, além de ser molestado sexualmente. Eu via ███████████████ quando os carcereiros o levavam, à noite, e traziam de volta de manhã. Ele era proibido de rezar durante o interrogatório. Lembro-me de ter perguntado aos irmãos o que fazer num caso desses. "Você reza em seu íntimo, já que a culpa não é sua", disse-me o xeque argelino do pavilhão. Pude me valer dessa *fatwa* quando passei um ano submetido à mesma situação. ███████████████ não foi poupado da sala gelada. ███████████████ passou pela mesma situação; além disso, para dobrá-lo, seu interrogador atirava o Corão ao chão e fazia com que os carcereiros esfregassem o rosto dele no piso áspero. ███████████████ também foi sexualmente molestado. Eu o via sendo levado de cá para lá quase toda noite. Isso para não falar nos pobres jovens iemenitas e sauditas que eram brutalmente torturados da mesma forma.* Mas como neste livro estou falando de minha pró-

---

encontravam sob o comando da Força-Tarefa Conjunta Guantánamo (JTF-GT--MO, na sigla em inglês), liderada na época pelo general Geoffrey Miller. Seus métodos de interrogatório foram sancionados, em primeiro lugar, pelas "Técnicas de Contrarresistência" que o secretário da Defesa Donald Rumsfeld assinou em 22 de dezembro de 2002; depois, por um parecer legal de 13 de março de 2003, redigido por John Yoo, do Escritório do Conselho Jurídico, e finalmente por um memorando assinado por Rumsfeld em 16 de abril de 2003. O Comitê das Forças Armadas do Senado soube que o general Miller buscou a aprovação oficial do Pentágono para o "Plano Especial de Interrogatório" de MOS, que Rumsfeld aprovou pessoalmente. Sasc, pp. 135-8.
* O relatório Schmidt-Furlow, o do IG do DOJ, o do Comitê das Forças Armadas do Senado e diversas outras fontes documentaram a humilhação sexual e a agressão sexual a que foram submetidos os prisioneiros de Guantánamo, muitas vezes executadas por interrogadoras militares. Logo depois da divulgação do relatório Schmidt-Furlow, em 2005, um artigo da página de opinião do *New York Times* intitulado "The Women of GTMO" falava da "exploração e degrada-

pria experiência, que reflete um exemplo das práticas cruéis executadas em nome da Guerra ao Terror, não preciso falar de cada caso que testemunhei. Talvez em outra ocasião, se for a vontade de Deus.

Quando ██████████████████████ me informou das intenções de sua equipe, fiquei apavorado. Senti a boca seca, comecei a suar e meu coração disparou (poucas semanas depois passei a sofrer de hipertensão). Tive náuseas, dor de cabeça, dor de estômago. Desabei em minha cadeira. Sabia que ███████████████████ não estava para brincadeiras, e sabia também que ele estava mentindo sobre tortura física sem dor. Mas consegui me segurar.

"Não me importo", eu disse.

As coisas aconteceram mais rápido do que eu esperava. ██████████████████ me mandou de volta ao pavilhão, e contei aos meus companheiros de prisão que o esquadrão de tortura tinha assumido o meu caso.

"Você não é uma criança. Esses torturadores não merecem que pense neles. Tenha fé em Alá", disse meu █████████████ ████████████████ próximo. Eu devo mesmo ter agido como uma criança o dia inteiro, antes que os carcereiros me extraíssem do pavilhão de celas. Ninguém imagina como é terrível para um ser humano ser ameaçado de tortura. A pessoa se torna literalmente uma criança.

A equipe de escolta apareceu em minha cela.

"Você vai se mudar."

ção de mulheres nas Forças Armadas", observando que o relatório "continha páginas e páginas de repulsivas descrições do uso de soldados do sexo feminino como isca sexual em interrogatórios". Ver <http://www.nytimes.com/2005/07/15/opinion/15fri1.html?_r=0>.

"Para onde?"

"Não é problema seu", disse o odioso carcereiro ▆▆▆▆▆▆▆.
Mas ele não foi muito inteligente, já que tinha meu destino escrito na luva.

"Irmãos, rezem por mim, estou sendo transferido para ▆▆▆▆▆▆▆▆▆▆. Na época, ▆▆▆▆▆▆▆▆▆▆▆ era reservado para os piores detentos do campo; quando algum deles era transferido para ▆▆▆▆▆▆▆▆▆, muitas assinaturas tinham sido postas no papel, talvez até mesmo a do presidente dos Estados Unidos. Meus únicos conhecidos que tinham passado algum tempo em ▆▆▆▆ desde que o lugar foi destinado à tortura tinham sido um detento kuwaitiano e um outro detento de ▆▆▆▆▆▆▆▆.*

Quando entrei no pavilhão, ele estava completamente vazio e não dava sinal de vida. Fui posto no fim do pavilhão e meu companheiro iemenita estava no começo, então não havia nenhum tipo de comunicação entre nós. ▆▆▆▆▆▆▆▆▆ ▆▆▆▆▆▆▆▆▆ foi posto no meio, mas também sem contato. Mais tarde, os dois foram transferidos para algum outro lugar e o pavilhão inteiro ficou reservado para mim, só para mim, ALÁ, ▆▆▆▆▆▆▆▆▆▆▆, e os carcereiros que trabalhavam para eles. Eu estava completamente à mercê de ▆▆▆▆▆ ▆▆▆▆▆▆▆▆, e a compaixão era pouca.

---

* O fato ocorreu provavelmente em meados de junho de 2003. MOS disse à Junta Administrativa de Revisão que "por volta do dia 18 de junho de 2003, fui tirado do Pavilhão Mike e posto no Pavilhão Índia para isolamento total". Outros detentos mantidos durante algum tempo no Pavilhão Índia falam de celas de confinamento solitário mantidas muitas vezes em baixíssimas temperaturas. Ver, por exemplo, James Meek, "People the Law Forgot", *The Guardian*, 2 dez. 2003. O segundo detento mantido no Pavilhão Índia quando MOS chegou aparece identificado como iemenita no parágrafo seguinte. Transcrição da ARB, p. 26. Disponível em: <http://www.theguardian.com/world/2003/dec/03/guantanamo.usa1>.

No pavilhão, a fórmula começou. Tiraram-me todo objeto que pudesse me dar algum conforto, exceto um tapetinho emborrachado e uma manta fininha e surrada. Tiraram-me meus livros, que eram de minha propriedade, tiraram-me meu Corão, tiraram-me meu sabonete. Tiraram-me minha pasta de dentes e o rolo de papel higiênico que eu tinha. A cela — ou melhor, a caixa — era resfriada a tal ponto que eu passava a maior parte do tempo tremendo. Fui proibido de ver a luz do dia; de tempos em tempos, eles me davam um período livre no meio da noite para me impedir de ver outros detentos ou interagir com eles. Eu vivia literalmente aterrorizado. Durante os setenta dias que se seguiram, não conheci a brandura do sono: interrogatório 24 horas por dia, três e às vezes quatro turnos por dia. Eu dificilmente tinha um dia de folga. Não me lembro de ter dormido em paz uma só noite. "Se você começar a colaborar vai poder dormir e fazer refeições quentes", repetia ███████████████████████.

Alguns dias depois de minha transferência, ████████ ███████████, do Comitê Internacional da Cruz Vermelha, apareceu em minha cela e perguntou se eu queria escrever uma carta. "Sim!", disse eu. ███████████████████ me deu um papel e eu escrevi: "Mamãe, te amo, só quero dizer que te amo!". Depois daquela visita, passei mais de um ano sem ver a Cruz Vermelha. Eles tentavam me ver, mas em vão.*

---

* Em 9 de outubro de 2003, o Memorando de Registro do JTF-GTMO assinala um encontro controverso entre a delegação visitante do Comitê Internacional da Cruz Vermelha e o comandante geral de Guantánamo, Geoffrey Miller. Durante o encontro, o general Miller "informou [o líder da equipe da ICRC, Vincent] Cassard que os ISN 760, 558 e 990 estavam inacessíveis durante a visita devido a necessidades militares". O ISN 760 se refere a MOS. As atas da visita do ICRC estão disponíveis em: <http://www.washingtonpost.com/wp-srv/nation/documents/GitmoMemo10-09-03.pdf>.

"Vocês estão começando a me torturar, mas não sabem até onde posso aguentar. Vocês podem acabar me matando", eu disse quando ███████████████ e ███████████████ me pegavam para interrogatório.

"Fazemos recomendações, mas não temos a palavra final", disse ███████████████.

"Só estou avisando: estou ficando doente por causa das condições a que vocês estão me submetendo. Já tive uma crise do nervo ciático. E a tortura não vai me fazer colaborar."

"De acordo com minha experiência, você vai colaborar. Somos mais fortes do que você e temos mais recursos", disse ███████ ███████████████. ███████████████ nunca quis que eu soubesse como se chamava, mas ficou furioso quando um de seus colegas por engano o chamou pelo nome. Ele não sabe que eu sei, mas eu sei.

███████████████ ficava pior a cada dia. Ele começou a explicar meu caso. Saiu-se com a história de ███████████, que eu o tinha recrutado para o ataque do Onze de Setembro.*

"Por que ele mentiria para nós?", perguntou ███████ ███████████.

"Eu não sei."

"Tudo o que você tem a dizer é: 'Não lembro, não sei, não fiz nada'. Você acha que vai impressionar um júri americano com essas palavras? Aos olhos dos americanos, você está condenado. Só de olhar para você de roupa laranja, acorrentado, muçulmano e árabe, já basta para condená-lo", disse ███████████████.

"Isso é injusto!"

"Sabemos que você é um criminoso."

"O que foi que eu fiz?"

---

* É provável, pelo contexto, que o interrogador estivesse se referindo a Ramzi bin al-Shibh.

"Diga você, e reduziremos sua sentença a trinta anos, depois disso você terá a chance de tocar sua vida de novo. Se não, nunca mais verá a luz do dia. Se você não colaborar, vamos pôr você num buraco e apagar seu nome da base de dados de detentos." Fiquei aterrorizado porque, mesmo sabendo que ele não podia tomar uma decisão dessas por si só, tinha apoio total de altos escalões do governo. Ele não falava por falar.

"Não me importo para onde vai me levar, pode levar."

Em outra sessão, quando ele estava falando comigo ▆▆▆▆▆ ▆▆▆▆▆▆▆▆▆▆▆▆▆▆▆▆▆▆▆▆▆▆▆▆▆▆▆▆▆▆▆▆▆▆▆ ▆▆▆▆▆▆▆▆▆▆▆▆▆▆▆▆▆▆▆▆▆▆▆▆▆▆. "Que merda você quer dizer com chá ou açúcar?"

"Só quis dizer o que disse, não estava falando em código."

"Foda-se!", gritou ▆▆▆▆▆▆▆▆▆▆▆▆▆▆▆. Achei que não devia me degradar e baixar ao nível dele, então não respondi. Como não dei a resposta que ele esperava ouvir, ele me fez ficar de pé, com as costas curvadas porque minhas mãos estavam acorrentadas aos pés e à cintura, e as correntes presas ao chão. ▆▆▆▆ ▆▆▆▆▆▆▆▆▆ reduziu a temperatura ao mínimo e mandou que os carcereiros me mantivessem naquelas condições até que ele revogasse a ordem. Ele costumava armar uma briga antes de ir almoçar, assim podia me maltratar durante o almoço, que durava pelo menos de duas a três horas. ▆▆▆▆▆▆▆▆ gosta de sua comida, nunca perde o almoço. Sempre me perguntei como ▆▆▆ ▆▆▆▆▆▆▆▆ tinha conseguido passar nas provas de condicionamento físico do Exército. Mas entendi que ele estava no Exército por um motivo: era bom nisso de ser desumano.

"Por que você está preso?", ele me perguntou.

"Porque seu país é injusto, e meu país não está me defendendo?"

"Agora você está dizendo que nós, americanos, só procuramos árabes magros", disse ele. ▆▆▆▆▆▆▆▆▆▆▆▆ vinha

294

com ele de vez em quando, e era como uma bênção para mim. Eu estava cada vez mais cansado de encarar um rosto sem vida como o de ███████████████. Quando ████████████████████vinha, eu me sentia como se estivesse em contato com um ser humano. ████████ me oferecia uma cadeira adequada para minha dor nas costas, enquanto ███████████████████ sempre insistia na cadeira de metal ou no chão sujo.*

"Você sabe que ████████████████████████████████ está traficando tal e tal?", ████████ me perguntou, mencionando algum tipo de droga.

"Que diabos você quer dizer com isso?", perguntei.

"Você sabe o que ████████ quer dizer", e ████████████████ ██████████████████ sorriu porque ████████ sabia que eu não estava mentindo. Eu poderia ser qualquer coisa menos um traficante de drogas, e ████████████████████ estava louco para me imputar qualquer crime que fosse.

"É uma variedade de narcótico", ███████████████████████ respondeu.

"Lamento, não tenho nenhuma familiaridade com essa área."

█████████████████████ e seus chefes perceberam que levaria mais ████████████████████████████. Então resolveram trazer o interrogador do █████████████████ para o jogo. Em algum momento █████████████████████████████████ fui levado ████████████████ ███████████████████████ para a convocatória. A escolta ficou confusa.

"Eles falaram ██ ████? Isso é esquisito!", disse um dos carcereiros.

---

* MOS parece estar comparando a conduta de dois de seus interrogadores, possivelmente a do sexo feminino identificada como Samantha nos documentos oficiais e o interrogador que ele chama de "EU-SOU-O-CARA".

Quando entramos no edifício, não havia lá nenhum carcereiro monitorando. "Chamem o DOC!", disse o outro.* Depois da chamada pelo rádio, os dois carcereiros receberam ordens de ficar comigo até que meus interrogadores chegassem. "Alguma coisa está errada", disse o ▇▇▇▇▇▇▇▇▇ deles. Os homens da escolta não sabiam que eu entendia o que eles diziam; eles sempre supõem que os detentos não falam inglês, o que normalmente acontece. O comando do campo tentava alertar os carcereiros. Havia letreiros dizendo NÃO AJUDE O INIMIGO e CONVERSAS DESCUIDADAS ACABAM COM O SEGREDO, mas mesmo assim os carcereiros conversavam entre si.

▇▇▇▇▇▇▇▇▇▇▇▇▇▇▇▇▇▇▇▇ foi em certa época uma dependência de interrogatório normal, depois um lugar para tortura, depois um prédio administrativo. Meu coração estava aos saltos; eu estava perdendo o juízo. Odeio tortura. Um ▇▇▇▇▇▇▇▇▇ magro, pequeno, entrou na sala seguido do sr. Durão.** ▇▇▇▇▇▇▇▇▇ era um ▇▇▇▇▇▇▇
▇▇▇▇▇▇▇▇▇▇▇▇▇▇▇▇▇▇▇▇▇▇▇
▇▇▇▇▇▇▇▇▇▇▇▇▇▇▇▇▇▇▇▇▇▇▇
▇▇▇▇▇▇▇▇▇▇▇▇▇▇▇▇
▇▇▇▇▇▇▇▇▇▇. Nem me cumprimentou, nem soltou minhas mãos ▇▇▇▇▇▇▇▇▇▇▇.

"O que é isto?", perguntou, mostrando-me um saco plástico com um pequeno bastão de solda.***

---

* Segundo o manual "Camp Delta Standard Operating Procedures", de 2003, DOC é o acrônimo de Centro de Operações de Detenção, que regula toda a movimentação dentro de Guantánamo.

** O "sr. Durão" aparece aqui sem tarja.

*** Pelos pronomes que aqui aparecem com tarja, e pelos que aparecem sem tarja mais adiante, fica claro que esse interrogador era uma mulher. Na transcrição da ARB, MOS indica que alguns dias depois de o primeiro-sargento do sexo masculino ter começado a interrogá-lo, uma mulher veio somar-se à equipe. Parece ter sido a segunda dos quatro interrogadores que praticavam o "Pla-

"É incenso indiano", respondi. Foi a primeira coisa que me veio à cabeça. Achei que ████████ queria me agradar queimando o incenso durante o interrogatório, o que seria uma boa ideia.

"Não, você está errado!", ████████ quase enfiou o bastão na minha cara.

"Não sei", eu disse.

"Agora encontramos provas contra você; não precisamos de mais nada", disse ████████. Eu me perguntava que diabos estaria acontecendo, aquilo seria parte de uma bomba que eles pretendiam pôr em mim?

"Isto é um bastão de solda que você estava escondendo em seu banheiro", disse ████████████████.

"Como eu poderia ter uma coisa dessas em minha cela a menos que o senhor ou meus carcereiros me tivessem dado? Não tenho contato de espécie alguma com outros detentos."

"Você é esperto, poderia tê-lo contrabandeado", disse ████████████████.

"De que jeito?"

"Leve-o ao banheiro", disse ████████. ████████████████ ████████████████████. Os carcereiros me agarraram e me levaram ao banheiro. Eu pensava: "Essa gente estará tão desesperada para me culpar de alguma merda, quero dizer, de qualquer merda?". Nesse ínterim, um ████████carcereiro explicava a ████████████████ como esses bastões de solda iam parar nas celas; captei suas últimas palavras quando os carcereiros me traziam de volta do banheiro. "... é comum. Os pedreiros jogam os bastões na privada depois de usá-los." Assim que entrei, todos imediatamente se calaram. ████████ pôs o bastão de solda num envelope amarelo. ████████████ nunca se

---

no Especial de Interrogatório". Ela se tornaria um personagem central. Transcrição da ARB, p. 25.

apresentou, nem esperei que ███████ o fizesse. Quanto piores as intenções de um interrogador, mais ██████████████ protege a identidade dele ou █████. Mas aquela gente fazia muita besteira, e ████████████ também, quando um de seus colegas, por distração, ███████ chamou pelo nome.

"Que lhe parece sua nova situação?", perguntou-me ██████ ███████.

"Estou achando ótima!", respondi. Eu estava sofrendo bastante, mas não queria lhes dar a satisfação de conseguir seu objetivo perverso.

"Acho que ele tem conforto demais", disse ████████████████.

"Saia dessa cadeira!", disse █████████████, puxando a cadeira em que eu estava. "Preferia ter um roceiro imundo sentado nessa cadeira a um espertinho como você", continuou ████████, quando meu corpo desabou no chão sujo. ████████████████████ ███████████████████████ me matando. Desde 20 de junho eles não me davam trégua. Obviamente, ████████████████ estava cansado de lidar comigo, então seu chefe ofereceu-lhe sangue novo, personificado em ████████████████████████████ espalhou fotos de alguns suspeitos do Onze de Setembro diante de mim, principalmente ████████████████████████████ ██ ██ ████████.

"Olhe para esses filhos da puta", disse ████████████████.

"O.k., agora diga para nós o que você sabe sobre esses filhos da puta!", disse ████████.

"Juro por Deus não dizer nem uma palavra, seja lá o que for."

"De pé! Carcereiros! Se você não ficar de pé, a coisa vai ficar feia", disse █████████████. Antes que o esquadrão de tortura entrasse na sala, fiquei de pé, com as costas curvadas porque ████████████ ██ não permitiam que eu ficasse ereto.* Ia ter de aguentar dores em cada centímetro do corpo pelo resto do dia. Suportava a dor em silêncio; continuava rezando até que meus agressores se cansavam e me mandavam de volta para a cela no fim da jornada, depois de exaurir seus recursos diários de humilhação. Eu não dizia uma só palavra, como se não estivesse ali. Você, querido leitor, disse a eles mais coisas do que eu.

"Se quiser ir ao banheiro, peça educadamente para usá-lo. Diga: 'Por favor, posso?'. Se não, vai fazer nas calças", disse ▮▮▮▮▮▮▮.

Antes do almoço, ▮▮▮▮▮▮▮▮▮▮▮▮▮▮▮▮▮▮dedicou seu tempo a falar mal de minha família, qualificando minha mulher com o pior adjetivo que se possa imaginar. Por respeito a minha família, vou omitir essas citações degradantes. Durante todo aquele tempo, ▮▮▮▮▮▮▮▮▮▮▮▮▮▮▮▮▮▮▮ ofereceu-me apenas água e comida fria. "Você não vai ganhar uma refeição quente a menos que colabore", disse ▮▮▮▮▮▮ uma vez. Sempre que eles começavam a me torturar, eu recusava comida e bebida. ▮▮▮▮▮▮ trouxe o lanche dela de fora para me perturbar.

"Nham, nham, o presunto está gostoso", disse ▮▮▮▮ enquanto comia.

Aquela tarde foi dedicada a assédio sexual.

▮▮▮▮▮▮▮▮▮▮▮▮▮▮▮▮▮▮▮▮▮▮▮▮
▮▮▮▮▮▮▮▮▮▮▮▮▮▮▮▮▮▮▮▮▮▮▮▮
▮▮▮▮▮▮▮▮▮▮▮▮▮▮▮▮▮▮▮▮▮▮▮▮

---

* Muito provavelmente por estar acorrentado. Algumas páginas antes, mos conta como seu interrogador "me fez ficar de pé, com as costas curvadas porque minhas mãos estavam acorrentadas aos pés e à cintura, e as correntes presas ao chão". O Comitê das Forças Armadas do Congresso descobriu que manter mos acorrentado ao chão era uma prescrição de seu "Plano Especial de Interrogatório". Sasc, p. 137.

██████████████████████ blusa e sussurrava no meu ouvido: "Você sabe que sou boa de cama", e "os homens americanos gostam que eu diga coisas no ouvido deles", ████████████████████████

██

██

██

██

██████████████████████. "Tenho um corpão." De quando em quando, ████████████████████ mostrava o outro lado da moeda. "Se você começar a colaborar, paro de incomodá-lo. Se não, vou fazer isso com você, e pior, todos os dias. Sou ████████████████████ e por isso meu governo me designou para este trabalho. Sempre tive êxito. Fazer sexo com alguém não é considerado tortura."*

████████████████ estava comandando o monólogo ████████████ ████████████████████████. De tanto em tanto, o ████████████ entrava e tentava me fazer falar: "Você não pode nos derrotar: temos muita gente, e vamos continuar humilhando você com ██ ████████████████ americanas".

"Tenho um amigo ████████████████████████████, vou trazê-lo amanhã para me ajudar", disse ████████. "Pelo menos ████████ colabora", disse ████████████ ironicamente. ████████████████ não tirou minha roupa, mas tocava minhas partes íntimas com ████████ corpo.

No fim da tarde, outro esquadrão de tortura começou com outro pobre detento. Eu ouvia a música altíssima. "Você quer que eu mande você para aquela equipe, ou vai colaborar?", perguntou ████████████. Não respondi. Os carcereiros costumavam chamar ████

---

* Esse incidente está bem documentado no relatório Schmidt-Furlow, no relatório do IG do DOJ e em outras fontes. Tenente-general Randall Schmidt e tenente-general John Furlow, *Army Regulation 15-6: Final Report, Investigation into FBI Allegations of Detainee Abuse at Guantanamo Bay, Cuba Detention Facility* (doravante citado como Schmidt-Furlow). Schmidt-Furlow, pp. 22-3; IG do DOJ, p. 124. Disponível em: <www.defense.gov/news/jul2005/d20050714report.pdf>.

██████ porque a maior parte da tortura ocorria nesses edifícios, e à noite, quando a escuridão começava a cobrir o triste campo.*

████████████████████████████ me mandou de volta para minha cela e me avisou: "Hoje foi apenas o começo, o pior está por vir".

Para saber que grau de tortura um detento pode suportar, ████████████████████████████ precisam de assistência médica. Fui mandado a um médico, oficial da Marinha. Eu diria que é uma pessoa decente e humana.**

"████████████████████████. Não examino gente com essa merda em cima", disse ele ao ██████████ que me acompanhava.

"O cavalheiro tem um problema grave no nervo ciático", disse ele.

"Já não posso suportar as condições em que estou", eu lhe disse. Tinha sido obrigado a parar com meu remédio para a dor e com o Ensure, necessários para me manter em equilíbrio. Os interrogadores organizavam as sessões de modo a ocupar os horários em que a pessoa deveria tomar os remédios. Eu tomava dois

---

* Isso pode ser a "Boate". Em vários pontos do manuscrito, MOS se refere a um detento que era "membro da Boate" e a um carcereiro que era "um dos atendentes da Boate". Manuscrito, p. 293.

** Peças processuais de arquivo referentes ao pedido de habeas corpus de MOS fazem menção ao que provavelmente foi esse exame: "O prontuário médico registra dor na coluna lombar em aumento 'durante os cinco últimos dias enquanto em isolamento e sob interrogatório mais intenso'". Destaca que a medicação prescrita para ele não pôde ser ministrada durante o mês de julho de 2003 porque ele estava "convocado". A petição de apelação de 9 de junho de 2010 está disponível em; <https://www.aclu.org/national-security/salahi-v-obama-et-al--brief-appellee>.

remédios prescritos: comprimidos para a dor no nervo ciático e o Ensure para compensar a perda de peso que vinha tendo desde minha prisão. Normalmente, eu tomava os remédios entre quatro e cinco da tarde, por isso os interrogadores faziam questão de que eu estivesse com eles nesse horário e não os tomasse. Mas que sentido faz os interrogadores se empenharem ao máximo para machucar as minhas costas e depois me darem medicação para dor nas costas, ou me submeterem a uma dieta ruim e pretenderem que ganhe peso?

"Não tenho muito poder. Posso dar uma recomendação por escrito, mas a decisão é de outras pessoas. Seu caso é muito grave!", disse-me ele. Saí do ambulatório com alguma esperança, mas minha situação só piorou.

"Olhem, o médico disse que estou com pressão alta. Isso é grave; vocês sabem que eu era hipotenso", disse eu quando ███████████████ me chamou para interrogatório.

"Você está bem, falamos com o médico", responderam os interrogadores. Fiquei sabendo que minha fórmula ia continuar.

A tortura piorava dia a dia. Os carcereiros do pavilhão participavam ativamente do processo. Os ██████████████████████ ████████████ lhes diziam o que deviam fazer com os detentos quando voltavam ao pavilhão. Os carcereiros ficavam batendo em minha cela para me impedir de dormir. Me xingavam sem motivo. Acordavam-me a toda hora, a menos que meus interrogadores decidissem me dar uma folga. Nunca reclamei disso com os interrogadores porque sabia que eles tinham tudo isso combinado com os carcereiros.

Como prometera, ███████████████ vinha me pegar logo cedo. Sozinho em minha cela, eu ficava aterrorizado ao ouvir os carcereiros carregando pesadas correntes e gritando à minha porta: "Convocatória!". Meu coração começava a dar pulos porque eu sempre esperava o pior. Mesmo assim, o fato de eu não estar autorizado a ver a luz fazia com que eu "me divertisse" com a curta viagem entre minha cela mortalmente gelada e a sala de interrogatório. Era como uma bênção quando o sol quente de GTMO chegava até mim. Sentia a vida se esgueirando de volta a cada centímetro de meu corpo. Eu sempre aproveitava essa falsa felicidade, embora apenas por um momento. É como usar um narcótico.

"Como está passando?", perguntou um dos guardas porto-
-riquenhos de minha escolta, em seu inglês capenga.

"Bem, obrigado, e você?"

"Não se preocupe, você vai voltar para sua família", disse ele. Quando ele disse isso, não pude evitar romper em ▬▬▬▬▬▬.*
Nos últimos tempos, eu tinha me tornado muito vulnerável. O que havia de errado comigo? Uma única palavra de conforto naquele oceano de agonia era o bastante para me fazer chorar. Em ▬▬▬▬▬▬▬▬▬▬▬▬▬▬ tínhamos uma divisão inteira de porto-riquenhos.** Eles eram diferentes dos demais americanos; não eram tão rígidos e inamistosos. Às vezes, eles levavam os detentos para uma ducha ▬▬▬▬▬▬
▬▬▬. Todos gostavam deles. Mas eles tiveram problemas com os responsáveis pelo campo por causa de seu comportamento afável e humano com os detentos. Não posso falar com objetividade sobre o povo de Porto Rico porque não conheci muitos porto-riquenhos, no entanto, se alguém me perguntar se já vi algum porto-riquenho mau, minha resposta seria não. Mas, se me perguntarem se existe algum, eu não saberia dizer. O mesmo acontece com os sudaneses.

---

* É provável, ainda que incrível, que o governo americano tenha tarjado a palavra "lágrimas".
** MOS deve estar se referindo aqui a um certo pavilhão do Campo Delta onde conheceu a divisão porto-riquenha.

303

"███ e não lhe deem cadeira", disse o funcionário do DOC pelo rádio quando minha escolta me lançou em ████████████████████████████████ ███████████████████████████████████ e entrou na sala. Eles trouxeram a foto de um americano negro chamado ███████████ █████████████████████████. "Hoje vamos falar sobre ██████████ ██████████████████████", depois de me subornar com uma cadeira de metal enferrujada.*

"Já lhe disse o que sei sobre ████████████████████████████."

"Não, aquilo é besteira. Vai nos contar alguma coisa mais?"

"Não, não tenho mais nada a contar."

O novo ███████████ puxou a cadeira, jogando-me no chão. "Agora fale de █████████████████████████!"

"Não, isso já ficou para trás", disse eu.

"Certo, você tem razão. Se ficou para trás, pode falar, não vai fazer mal", disse o novo █████████████.

"Não."

"Então hoje vamos ensinar a você sobre o grande sexo americano. Levante-se!", disse █████████████. Fiquei de pé na mesma posição dolorosa em que estive durante cerca de setenta dias.** Eu preferia obedecer às ordens e reduzir a dor que seria causada se os carcereiros entrassem no jogo. Eles usavam toda oportunidade de contato para bater no detento até cansar. "O detento tentou resistir", era a ladainha com que se saíam, e adivinhe em quem acreditavam? "Você é bem esperto, porque se não ficar de pé vai ser pior", █████████████.

Assim que me levantei, as duas ████████████ tiraram a blusa e começaram a dizer toda sorte de obscenidade que se possa imagi-

---

* Logo ficou claro que o interrogador principal está acompanhado de uma interrogadora, como seu interrogador ameaçara na sessão anterior.

** Essa posição é provavelmente uma curvatura forçada provocada pelo fato de ter os pulsos algemados ao piso; ver notas das pp. 298 e 301.

304

nar, o que menos me importava. O que me atingia era ser forçado a participar de uma tríade sexual da maneira mais degradante. O que muita ▉▉▉▉▉ não entende é que um homem sofre tanto quanto as mulheres quando é obrigado a fazer sexo, talvez ainda mais, devido à posição masculina tradicional. Ambas grudaram em mim, uma delas pela frente e a outra velha ▉▉▉▉▉ pelas costas, esfregando ▉▉▉▉ corpo todo no meu. Enquanto isso elas diziam obscenidades e brincavam com meus órgãos sexuais. Vou poupar ao leitor a citação da conversa degradante e repulsiva que tive de ouvir desde o meio-dia, ou antes, até as dez da noite, quando me devolveram a ▉▉▉▉▉, o novo personagem que o leitor conhecerá em breve.

Para ser justo e sincero, as ▉▉▉▉▉ não tiraram minhas roupas em nenhum momento; fiquei com meu uniforme enquanto aquilo acontecia. O ▉▉▉▉▉ principal estava olhando tudo. ▉▉▉▉▉ ▉▉▉▉▉.* Fiquei rezando o tempo todo.

"Pare de rezar, porra! Você está fazendo sexo com ▉▉▉▉ ▉▉▉ americanas e fica rezando? Como você é hipócrita!", disse ▉▉▉▉▉ zangado, ao entrar na sala. Neguei-me a deixar de rezar, e depois disso fui impedido de fazer minhas orações rituais durante cerca de um ano. Também fui proibido de jejuar durante o mês sagrado do Ramadã, em outubro de 2003, e fui alimentado à força. Durante essa sessão eu também me recusava a comer e a beber, embora eles me oferecessem água a toda hora. "Precisamos te dar alimento e água; se não quer comer, está

---

* Como todos os interrogatórios, esta sessão provavelmente estava sendo observada por uma sala de monitoramento. Os Procedimentos Operacionais de Rotina de Campo Delta de 2003 estabeleciam que durante todos os interrogatórios seria instalado "um monitor JIIF numa sala de monitoramento equipada com espelhos falsos e circuito fechado de TV, ou numa sala apenas com circuito fechado de TV". SOP, p. 14.2.

bem." Eles me ofereceram também a mais repulsiva ração que tinham no campo. Os detentos sabiam que ▮▮▮▮▮▮▮▮▮ ▮▮▮▮▮▮▮ colhia informações sobre os alimentos que os detentos gostavam ou não, quando eles rezavam, e muitas outras coisas simplesmente ridículas.

Eu só estava querendo desmaiar e não sofrer mais, e esse era o motivo real de minha greve de fome; sei que pessoas como aquelas não se impressionam com greve de fome. É claro que não queriam que eu morresse, mas sabiam que há muitas etapas antes de alguém morrer. "Você não vai morrer, vamos alimentá-lo, seu burro", disse ▮▮▮▮▮▮▮▮▮▮▮▮.

Nunca me senti tão violentado em mim mesmo como quando a Equipe DoD começou a me torturar para me obrigar a admitir coisas que eu não tinha feito. Você, querido leitor, nunca poderá compreender o alcance da dor física e, muito mais, da dor psicológica que pessoas em minha situação sentem, por mais que tente se colocar no lugar do outro. Se eu tivesse feito aquilo de que me acusavam, eu teria cedido no primeiro dia. Mas o problema é que uma pessoa não pode simplesmente admitir uma coisa que não fez: é preciso dar detalhes, o que é impossível quando não se fez nada. Não basta com "Sim, eu fiz!". Não, a coisa não funciona dessa forma: é preciso construir uma história completa que faça sentido para o mais obtuso dos obtusos. Uma das coisas mais difíceis que existem é contar uma história inverídica e sustentá-la, e foi nisso exatamente em que eu me meti. Claro está que eu não queria me envolver em crimes horríveis que não tinha cometido — sobretudo naquelas circunstâncias, em que o governo americano estava pulando no pescoço de cada muçulmano para imputar-lhe um crime.

"Vamos fazer isto com você todo dia, dia sim e outro também, a menos que você fale sobre ▮▮▮▮▮▮▮▮▮ e admita seus crimes", disse ▮▮▮▮▮▮▮.

"Você tem de nos dar uma prova conclusiva sobre outro de seus amigos. Alguma coisa assim realmente te ajudaria", disse ██████████ numa sessão posterior. "Por que você vai suportar tudo isso se pode fazer parar?"

Decidi ficar em silêncio durante a tortura e falar quando eles me dessem um alívio. Percebi que mesmo pedindo educadamente a meus interrogadores para usar o banheiro, o que era um de meus direitos básicos, dava a meus interrogadores uma espécie de controle que eles não mereciam.

Eu sabia que não se tratava apenas de pedir para ir ao banheiro: tratava-se de me humilhar e me fazer dizer aquilo que eles queriam ouvir. Em última instância, o interrogador está interessado em obter informação, e quanto a isso normalmente os fins justificam os meios. E havia outra razão para que eu me recusasse a beber e comer: eu não teria de usar o banheiro. E funcionou.

O inusitado do momento me deu mais força. Minha determinação era lutar até a última gota de sangue.

"Somos mais fortes que você, temos mais gente, temos mais recursos, e vamos derrotá-lo. Mas se você começar a colaborar conosco, vai poder dormir e receber refeições quentes", disse ██████████ inúmeras vezes. "Se não colabora, não come, não toma remédio."

Humilhação, assédio sexual, medo e fome foram a ordem do dia até mais ou menos dez horas da noite. Os interrogadores faziam de tudo para que eu perdesse a noção do tempo, mas ninguém é perfeito. Os relógios de pulso deles sempre me revelavam a hora. Eu me valeria desse descuido mais tarde, quando me deixaram em isolamento no escuro.

"Agora vou mandar você de volta para sua cela, e amanhã vai ser ainda pior, disse ████████ depois de uma consulta com ██████ colegas. Fiquei feliz por ser liberado; tudo o que eu queria era uma pausa e ficar sozinho. Estava exausto, e só Deus sabia que aspecto eu tinha. Mas ▬▬▬▬▬ tinha mentido para mim; ▬▬▬ o que fez foi armar um ardil psicológico para me machucar ainda mais. Faltava muito para que eu fosse liberado. O DOC, que era totalmente colaborador no que se referia à tortura, mandou outra escolta. Assim que cheguei à porta ▬▬▬▬▬▬ ▬▬▬▬▬▬▬▬▬ caí de bruços, minhas pernas se recusavam a me levar, e cada centímetro do meu corpo conspirava contra mim. Os carcereiros não conseguiram me pôr de pé, então precisaram me arrastar pelas pontas dos pés.

"Tragam de volta o filho da puta!", gritou ▬▬▬▬▬▬, uma celebridade entre os integrantes do esquadrão de tortura.* Tinha cerca de ▬▬▬▬▬▬▬, mais ou menos 1,80 metro de altura, compleição atlética e ▬▬▬▬▬▬▬▬▬▬ ▬▬▬▬▬▬▬▬▬▬▬▬▬▬▬▬▬▬ ▬▬▬▬▬▬▬▬▬▬▬▬▬▬▬▬▬▬ ▬▬▬▬▬▬▬▬▬▬▬▬▬▬▬▬▬▬ ▬▬▬▬▬▬▬▬▬▬▬▬▬▬▬▬▬▬ ▬▬▬▬▬▬▬▬▬▬▬▬▬▬▬▬▬▬ ▬▬▬▬▬▬▬▬▬▬▬▬▬▬▬▬▬▬ ▬▬▬▬▬▬▬▬▬▬▬▬. ▬▬▬▬▬▬▬ sabia muito bem que estava cometendo graves crimes de guerra, por isso seus chefes ordenaram que usasse capuz. Mas, se existe algum tipo de justiça, ele será descoberto por meio de seus chefes; sabemos seus nomes e suas patentes.

---

* O terceiro dos quatro interrogadores que levaram a cabo o "Plano Especial de Interrogatório" de MOS, o interrogador mascarado, é chamado "Mr. X" nos relatórios Schmidt-Furlow, do IG do DOJ e do Comitê das Forças Armadas do Senado. Em 2005, em sua audiência na Junta Administrativa de Revisão, com característica presença de espírito, MOS disse que seu interrogador estava sempre encoberto "como na Arábia Saudita, do jeito como as mulheres se cobrem", com "aberturas para os olhos" e "luvas de O. J. Simpson nas mãos". Transcrição da ARB, pp. 25-6.

Quando conheci ▬▬▬▬ melhor e o ouvi falar, me perguntei como um homem inteligente como ele poderia aceitar um trabalho tão degradante, que certamente o assombraria para o resto da vida. Em nome da justiça e da honestidade, diga-se que ▬▬▬▬ falava comigo de maneira convincente, embora não tivesse nenhuma informação e estivesse completamente enganado. Talvez tivesse poucas oportunidades, porque muita gente que está no Exército vem de famílias pobres e por isso o Exército às vezes lhes encomenda os serviços mais sujos. Quero dizer que em tese ▬▬▬▬ poderia ter se negado a cometer crimes de guerra, e podia até não ser punido. Mais tarde, discuti com alguns de meus carcereiros o motivo pelo qual eles cumpriam a ordem de me impedir de rezar, sabendo que era ilegal. "Eu poderia ter me negado, mas meu chefe teria me dado um trabalho de merda ou me transferido para um péssimo lugar. Sei que posso ir para o inferno pelo que fiz com você", disse um deles. A história se repete: durante a Segunda Guerra Mundial, os soldados alemães não foram perdoados por alegar que tinham recebido ordens.

"Você tem dado muito trabalho a ▬▬▬▬▬▬▬", continuou ▬▬▬▬, arrastando-me para uma sala escura com ajuda dos carcereiros. Jogou-me no chão sujo. A sala estava escura como breu. ▬▬▬▬ pôs música muito alta — e com isso quero dizer alta mesmo. Era "Let the Bodies Hit the Floor". Nunca mais vou esquecer essa música. Ao mesmo tempo, ▬▬▬▬ ligou umas luzes piscantes que feriam os olhos. "Se você dormir, vou te bater", disse ele. Tive de ouvir a música até a manhã seguinte. Comecei a rezar.*

---

* O Comitê das Forças Armadas do Senado, que analisou os documentos que registram os interrogatórios de JTF-GTMO, situa o que parece ser essa sessão em 8 de julho de 2003. Nesse dia, diz o comitê, "Slahi foi interrogado por Mr. X e submetido a diversos tipos de iluminação e música de rock, ao som de 'Let the Bodies Hit [the] Floor, do Drowning Pool'". Sasc, p. 139.

"Pare com essa porra de reza!", disse ele bem alto. A essa altura eu estava realmente cansado e aterrorizado, então decidi rezar em silêncio. De vez em quando ████████ me dava água. Eu bebia porque só estava com medo de ser machucado. Na verdade, não tinha noção do tempo.

Até onde eu sei, ████████ me mandou de volta a minha cela por volta das cinco da manhã.

"Bem-vindo ao inferno", disse o carcereiro ███████████ ████████ quando entrei no pavilhão. Não respondi, e ███ não era digna de resposta. Mas comigo eu pensava: "Acho que você merece o inferno mais do que eu porque está trabalhando direitinho para chegar lá!".

Quando ████████ entrou para a equipe, eles implantaram um regime de turnos de 24 horas. O turno da manhã com ████████████████ começava entre sete e nove, e terminava entre três e quatro da tarde; o turno da tarde, com ████████, ia das quatro e meia às dez ou onze da noite; e o turno da noite era com ███████████. Ele sempre assumia quando ████████ ia embora; ██████ literalmente me entregava a ele. Isso durou até 24 de agosto de 2003; poucas vezes tive um intervalo ou descanso de pelo menos um dos turnos.*

"Três turnos! Não é demais para um ser humano ser interrogado 24 horas por dia, dia após dia?", perguntei a ████████ ████████, que era a menos malvada, então tentei falar com

---

* Segundo as descrições de MOS sobre as sessões seguintes de interrogatório, acredito que os turnos funcionassem da seguinte forma: manhã/início da tarde com o interrogador primeiro-sargento "EU-SOU-O-CARA"/sr. Durão; turno do fim da tarde/começo da noite com a interrogadora da equipe de projeto especial, e durante a noite com o interrogador conhecido como Mr. X.

██████ como um ser humano. O leitor ficará surpreso se eu disser que ██████ tem qualidades como pessoa. Por mais que eu deteste o que ██████ estava fazendo, devo ser justo, equânime e honesto.*

"Podemos pôr mais gente em serviço e fazer quatro turnos. Temos mais pessoal", respondeu ██████. E foi exatamente o que aconteceu. A equipe foi reforçada com outro ██████ ██████, e tive de enfrentar quatro equipes descansadas, em vez de três, durante cada período de 24 horas.

"Você está fodido!", disse um carcereiro que por acaso teve de me acompanhar duas vezes no mesmo dia de um prédio a outro. "O que está fazendo aqui? Você já foi convocado hoje!"

"Estou sendo interrogado 24 horas."

O carcereiro riu alto e maldosamente repetiu: "Você está fodido!". Limitei-me a olhar para ele e sorrir.

No terceiro dia do interrogatório por turnos a escolta apareceu em minha porta de manhã bem cedo, assim que comecei a dormir depois de vinte horas de duro interrogatório. Sabe quando você acaba de adormecer e a saliva começa a escorrer da boca?

"Convocatória!", gritou um dos carcereiros. Meus pés mal podiam me levar. "Depressa!" Lavei rapidamente o rosto e a boca. Eu tentava aproveitar cada oportunidade de me manter limpo, embora estivesse privado do direito de tomar uma ducha, como outros detentos. A equipe queria me humilhar.

"Que cheiro!", costumava dizer ██████ ao entrar na sala onde me interrogava.

"Homem, você está com cheiro de merda!", disse um dos carcereiros mais de uma vez. Só tinha a possibilidade de tomar uma ducha e mudar de roupa quando sua baixeza ██████ ██████ não aguentava mais meu cheiro; "Leve o cara, dê-lhe

---

* Este parágrafo deve referir-se ao membro do sexo feminino da equipe de "projetos especiais"; ver p. 315.

uma ducha, ele está cheirando a merda", dizia ele. Só então eu podia tomar um banho, em meses.

"Depressa!", os carcereiros insistiam. ███████████

██

████████████████████████████████. Eu estava com dor de cabeça, enjoo e azia por causa da falta de sono dos últimos dias. Meus olhos me enganavam. Eu odiava o lugar para onde estava indo.

Os carcereiros me lançaram em ████████████████. Não havia ninguém na sala. Cochilei enquanto esperava ███████ ████. Meu pescoço doía muito. Eu quase desejei que ele aparecesse, porque detestava dormir daquele jeito: pelo menos ele se divertiria privando-me de sono. ████████████████ é uma das pessoas mais preguiçosas que conheci. Não se dava ao trabalho de ler relatórios, e sempre me tomava por outros suspeitos. Na maior parte das vezes chegava atrasado, mas me convocava para logo cedo para que eu não pudesse dormir.*

Não havia muitas novidades: ██████████████████ e eu nos defrontávamos sempre com os mesmos tópicos, como no filme *O feitiço do tempo*. Mas eu tinha ficado muito nervoso agora que eles me proibiam o conforto do sono.

A ordem do dia era sempre assim: ██████████████ começava a ler um papel que trazia consigo e me fazia perguntas.

"Que merda você foi fazer no Canadá?"

"Queria ter um emprego e levar uma vida boa."

"Foda-se! De pé!"

"Prefiro ficar de pé desse jeito até morrer a falar com sua cara feia!"

---

* Como se trata de almoço, parece que MOS está descrevendo a rotina de seu interrogador do primeiro turno do dia.

Quando ▮▮▮▮▮▮▮▮▮▮▮▮▮ me obrigava a ficar de pé, fazia tudo para que os carcereiros fizessem cumprir suas ordens enquanto enchia a pança no almoço. Toda vez que eu tentava mudar minha incômoda posição, os carcereiros apareciam não se sabe de onde e me faziam ficar o mais ereto que eu pudesse. Todos os interrogadores que conheci pulavam uma refeição de vez em quando por algum motivo. ▮▮▮▮▮▮▮▮▮▮ nunca perdeu uma refeição, fosse por que fosse.

"Se você parar de negar o que fez, vamos começar a lhe dar refeições quentes e deixá-lo dormir um pouco. Somos mais fortes que você."

"Não preciso do que não tenho."

"Vamos deixar você num buraco para o resto de sua vida. Você já está condenado. Nunca mais vai ver sua família."

"Isso não compete a você, mas que seja, quanto antes melhor!"

Às vezes ▮▮▮▮▮▮▮▮ repassava os cartazes de propaganda de detentos supostamente postos em liberdade. "Olhe este cara, é um criminoso mas assumiu tudo e agora pode levar uma vida normal." Quero dizer, todos os interrogadores mentem, mas as mentiras de ▮▮▮▮▮▮▮▮ eram para lá de óbvias. Quando outro interrogador mente, sua expressão muda, mas ▮▮▮▮▮▮ ▮▮▮▮ conta uma mentira da mesma forma que diz a verdade: seu rosto tem sempre a mesma expressão detestável.

Quando a dor se tornava insuportável, eu ficava aberto à negociação e ele me deixava sentar numa cadeira desconfortável. Mas não demorava a ficar indignado porque eu não dava as respostas que ele queria ouvir.

"Vou fazer tudo o que me é permitido para dobrar você!", dizia ▮▮▮▮▮▮▮▮ furioso. ▮▮▮▮▮▮▮▮▮▮ me ameaçava com todo tipo de cenário horrível. "Você vai passar o resto da vida na cadeia." "Vamos apagar as informações sobre você da base de dados, deixar você num buraco e ninguém mais vai saber de você." "Você nunca mais vai ver sua família." Minha resposta era sempre: "Faça o que tem de fazer! Eu não fiz nada!" e assim que eu cuspia essas palavras ███████████ ficava enlouquecido, como se quisesse me comer vivo. Por isso eu evitava dar-lhe respostas e deixava que ele falasse a maior parte do tempo. Como já disse, ███████████ gosta de falar e detesta ouvir. Às vezes eu duvidava que seus ouvidos funcionassem. Ele falava como se estivesse lendo os Evangelhos.

Fiquei me perguntando por que ele tinha tanta certeza de que eu era um criminoso. "███████████, e se você estiver errado em suas suspeitas sobre mim?", perguntei.

"Eu estaria perdendo tempo", respondeu.

"Mais do que justo."

"Se você desse informação comprometedora sobre alguém, digamos ███████████████████████████████████ ███████, que leve à condenação dele, sua vida mudaria para melhor." Não respondi, porque não tinha aquilo que ele estava querendo. ███████████████ tinha uma ideia de justiça bem tosca: mesmo que eu lhe contasse tudo o que ele queria, ele comutaria minha condenação à cadeira elétrica pela de prisão perpétua, e depois talvez pela de trinta anos de prisão. Sinceramente, eu não estava interessado nessa proposta.

Nos intervalos de seu turno, ███████ ficava passando relatório a seu chefe. Eu não tinha certeza, naquela época, sobre quem era seu chefe, provavelmente ███████████████████ ███████. Mas tenho certeza de que a mais alta autoridade da cadeia de comando no GTMO era ███████████████, e que ele era informado com regularidade sobre meu caso e sempre dava as ordens sobre o que fazer a seguir com "aquele filho da puta". Segundo ███████, o presidente Bush era informado regularmente sobre meu caso, e ███████████████ também

bém. ▇▇▇▇▇▇ chegou a mandar seu secretário ▇▇▇▇▇▇ para me ver no verão de 2004.
Ele me fez algumas perguntas. Naquela época, no entanto, a tensão tinha sido aliviada.*
Passei o turno da tarde com ▇▇▇▇▇▇. Como eu já disse, ▇▇▇▇▇▇ era dos males o menor. A ordem do dia de ▇▇▇▇▇▇ se dava do seguinte modo: quando ▇▇ ▇▇▇▇▇▇ me pegava para interrogatório, ▇▇▇▇▇▇ instruía o DOC a não me dar uma cadeira para que assim eu tivesse de me sentar no chão sujo — mas nem isso acontecia, porque o DOC sempre dizia aos carcereiros que me mantivessem de pé até que ▇▇▇▇▇▇ chegasse. Então ▇▇▇▇ decidia se me autorizava a sentar ou se me faria ficar de pé durante todo o turno dela, e depois disso ▇▇▇▇ me fazia ficar de pé pelo resto das 24 horas.**

* Enquanto transcorriam essas sessões de julho de 2003, o general Miller submetia o Plano Especial de Interrogatório de Slahi à aprovação do comandante geral James Hill, do Southcom. Em 18 de julho de 2003, Hill enviou o plano ao secretário da Defesa, Donald Rumsfeld. O plano foi aprovado pelo vice-secretário da Defesa, Paul Wolfowitz, em 28 de julho de 2003, e assinado por Rumsfeld em 13 de agosto de 2003. Para um relatório detalhado da criação e aprovação do Plano Especial de Interrogatório de MOS ver o relatório do Comitê das Forças Armados do Senado. Sasc, pp. 135-41.

** Esse "dela" não foi tarjado, portanto parece claro que o turno da tarde cabia à mulher que integrava a equipe de interrogatório. Descrita como "o menor dos males" que ele estava enfrentando, deve tratar-se da mesma pessoa a quem algumas páginas antes ele se refere como "o menor de muitos males".

Quando o secretário da Defesa Donald Rumsfeld emitiu sua autorização original para a utilização de técnicas de interrogatório não previstas no manual de campo do Exército, entre elas forçar o interrogado a permanecer de pé, ele acrescentou uma célebre observação: "Fico de pé de oito a dez horas por dia. Por que limitar a quatro horas o período em que o detento é mantido de pé?". Mas como Albert Biderman descobriu em seu estudo de técnicas coercitivas de interrogatório empregadas por interrogadores norte-coreanos durante a Guerra da Coreia, "os prisioneiros submetidos a longos períodos de pé ou sentados […] relatam que nenhuma outra experiência pode ser mais excruciante". Biderman

comecei a recitar o Corão em silêncio, porque estava proibi-do de rezar. Uma vez ▮▮▮▮▮▮▮▮ perguntou: "Por que você não reza? Vamos, reze!". Pensei: que amável! Mas assim que comecei a rezar, ▮▮▮▮▮▮▮▮ começou a caçoar de minha religião, então pre-feri rezar só para mim e não dar a ▮▮▮▮▮▮▮ a oportunidade de cometer blasfêmia. Fazer troça da religião de outra pessoa é um dos atos mais bárbaros. O presidente Bush falava de sua guerra santa contra o que chamava de terrorismo como de uma guerra entre o mundo civilizado e o mundo bárbaro. Mas seu governo cometeu mais atos bárbaros que os próprios terroristas. Posso ci-tar toneladas de crimes de guerra em que o governo Bush está envolvido.

Esse dia foi um dos mais difíceis de meu interrogatório antes do dia do fim de agosto que foi minha "festa de aniversário", no dizer de ▮▮▮▮▮▮▮. ▮▮▮▮▮▮▮ trouxe alguém que era aparen-temente um fuzileiro naval; ele usava ▮▮▮▮▮▮▮▮▮▮▮▮▮▮▮▮ ▮▮▮▮▮▮▮▮▮▮▮▮▮▮▮▮▮▮▮▮▮▮▮▮▮▮▮▮▮▮▮▮ ▮▮▮▮▮▮▮▮▮▮▮▮▮▮▮▮▮▮▮▮▮▮▮▮▮▮▮▮▮▮▮▮ ▮▮▮▮▮▮▮▮▮▮▮▮.

▮▮▮▮▮▮▮ me deu uma cadeira de metal. "Como eu lhe disse, vou trazer algumas pessoas para me ajudar a interrogá-lo", disse ▮▮▮▮▮▮▮, sentado diante de mim a centímetros de distân-

---

explica: "Quando a pessoa é instruída a ficar em posição de sentido durante longos períodos, um fator interveniente se manifesta. A fonte imediata de dor não é mais o interrogador mas a própria vítima. De certa forma, o conflito passa a ser da pessoa consigo mesma. A força motivacional da pessoa provavel-mente se exaure nesse confronto interno. Levar o sujeito a agir 'contra si mes-mo' dessa forma traz novas vantagens para o interrogador. Leva o prisioneiro a exagerar o poder do interrogador. Enquanto o sujeito é mantido de pé, vai atribuindo ao captor o poder de lhe fazer algo pior, mas a capacidade do inter-rogador para isso na verdade não é posta à prova". Ver <http://www2.gwu.edu/~nsarchiv/torturingdemocracy/documents/19570900.pdf>.

cia. O convidado sentou-se quase roçando meu joelho. ▆▆▆▆▆▆▆▆ começou a fazer umas perguntas de que não lembro.

"Sim ou não?", gritava o convidado, em voz altíssima, num espetáculo destinado a me assustar e, quem sabe, impressionar ▆▆▆▆▆▆▆▆. Achei esse método bem infantil e bobo. Olhei para ele e disse: "Nem uma coisa nem outra!". O convidado arrancou violentamente a cadeira em que eu estava. Caí em cima das correntes. Isso dói.

"Fique de pé, filho da puta", gritaram os dois, quase em coro. E então começou a sessão de tortura e humilhação. Eles começaram a me fazer as perguntas outra vez depois de me fazer ficar de pé, mas já era tarde, porque eu disse a eles milhões de vezes: "Sempre que vocês começarem a me torturar, não direi uma palavra". E isso sempre acontecia; durante o resto do dia, eles falaram sozinhos.

▆▆▆▆▆▆▆▆ ligou o ar-condicionado a toda para me fazer congelar. Esse método vinha sendo empregado no campo pelo menos desde agosto de 2002. Vi pessoas submetidas à sala gelada dia após dia; nessa época, a lista era longa. As consequências do frio, como o ▆▆▆▆▆▆tismo, são devastadoras, mas só se manifestam em idade avançada porque leva tempo para que atinjam os ossos. O esquadrão de tortura era tão bem treinado que cometia crimes quase perfeitos, evitando deixar provas óbvias. Nada se fazia ao acaso. Eles golpeavam pontos definidos. Praticavam métodos horríveis cujas consequências só se manifestariam mais tarde. Os interrogadores ligavam o ar no máximo, tentando chegar a zero grau, mas obviamente os aparelhos de ar-condicionado não foram feitos para matar. Então, numa sala bem isolada, a temperatura chegava a 9,4 graus Celsius — em outras palavras, frio, muito frio, sobretudo para alguém proveniente de um país quente submetido a ele durante mais de doze horas, sem roupa de baixo e vestido apenas com um uniforme fino. Uma pessoa da Arábia

Saudita não suporta tanto o frio quanto um sueco, e vice-versa quando se trata de calor. Os interrogadores levavam em conta esses fatores, que usavam com eficiência.

O leitor perguntaria onde ficavam os interrogadores depois de instalar o detento na sala gelada. É uma boa pergunta. Em primeiro lugar, eles nao ficavam na sala; só vinham para humilhar, degradar, desencorajar ou qualquer outro ato de tortura, depois do qual saíam e passavam a verificar a sala seguinte. Em segundo, os interrogadores estavam adequadamente vestidos; ▬▬▬▬, por exemplo, estava vestido como uma pessoa que vai entrar numa câmara frigorífica. Mesmo assim, eles não ficavam muito tempo com o detento. Em terceiro, há uma grande diferença psicológica entre ser submetido a um lugar frio com o propósito de tortura e ir a um lugar assim como divertimento ou desafio. Por último, os interrogadores se movimentavam na sala, fazendo o sangue circular, o que os mantinha aquecidos, enquanto o detento permanecia ▬▬▬▬▬ ao piso, a maior parte do tempo de pé.* Todo o movimento que eu podia fazer era mexer os pés e esfregar as mãos. Mas o cara da Marinha me impediu de esfregar as mãos, encomendando algemas especiais que amarravam cada uma de minhas mãos ao quadril oposto. Quando eu ficava nervoso, começava sempre a esfregar as mãos ao mesmo tempo e a escrever em meu corpo, o que enlouquecia meus interrogadores.

"O que você está escrevendo?", gritava ▬▬▬▬▬▬▬▬. "Ou me diz o que é ou para com essa porra." Mas eu não conseguia parar, não era intencional. O fuzileiro naval começou a arremessar cadeiras, me deu uma cabeçada e me assacou todo tipo de adjetivos que não mereço, sem nenhum motivo.

"Você se juntou com o lado errado, rapaz. Você lutou por uma causa perdida", disse ele, junto com uma porção de palavras

---

* Mais uma vez, provavelmente algemado. Ver nota da p. 298.

vexatórias atacando minha família, minha religião e a mim mesmo, para não falar de todo tipo de ameaça à minha família, que pagaria por "meus crimes", o que extrapola o bom senso. Eu sabia que ele não tinha autoridade alguma, mas estava falando em nome do país mais poderoso do mundo e obviamente tinha pleno apoio de seu governo. No entanto, caro leitor, vou poupá-lo de citar aquele lixo. O cara era maluco. Perguntou-me coisas sobre as quais eu não tinha a menor ideia e nomes que eu nunca tinha ouvido.

"Estive na ████████████", disse ele, "e sabe quem foi nosso anfitrião? O presidente! Passamos muito bem no palácio." O fuzileiro naval fazia perguntas que ele mesmo respondia.*

Quando viu que não me impressionava com todo aquele palavrório e humilhações, e com a ameaça de prender minha família, já que o ██████████████████ era um lacaio obediente dos Estados Unidos, ele começou a me maltratar mais. Trouxe água gelada e me molhou todo, inclusive minhas roupas. Foi horrível; eu tremia como um doente de Parkinson. Tecnicamente, eu já não conseguia falar. O cara era estúpido: estava literalmente me executando aos poucos. ████████ indicou-lhe com um gesto que parasse de jogar água em mim. Outro detento tinha me contado que um interrogador "bonzinho" sugeriu que ele comesse para reduzir a dor, mas eu me recusava a comer. De qualquer forma, eu não ia conseguir abrir a boca.

O cara estava com a corda toda quando foi detido por ████ ██████, que temia o processo que haveria em caso de minha morte. Então ele encontrou uma outra técnica: trouxe um aparelho de som com amplificador e pôs um CD de rap para tocar. Eu não me importei muito porque a música me fazia esquecer a dor. Na verdade, a música era uma bênção disfarçada; eu estava ten-

---

* O interrogador devia estar se referindo à Mauritânia e ao então presidente Maaouya Ould Sid'Ahmed Taya. Ver notas das pp. 166 e 168.

tando entender o sentido das palavras. Tudo o que eu entendi foi que a música era de amor. Você pode acreditar? Amor! Só o que eu vinha experimentando ultimamente era ódio, ou as consequências dele.

"Ouça isso, filho da puta!", disse o convidado, fechando a porta com violência ao sair. "Você vai ter a mesma merda dia após dia, e sabe o que mais? Vai ficar pior. O que você está vendo é apenas o começo", disse ██████████. Continuei rezando e ignorando o que eles faziam. "Ó, ALÁ, me ajude... Ó, Alá, tenha piedade de mim", dizia ██████████, imitando minhas orações. "ALÁ, ALÁ... Alá não existe. Ele abandonou você." Sorri diante da ignorância de ██████████, falando do Senhor daquela forma. Mas o Senhor é muito paciente e não precisa ter pressa para castigar, porque não se pode escapar dele.

Os detentos conheciam a política do campo: se a Inteligência Militar acredita que o preso está ocultando informação crítica, tortura-o no Campo ████████████████████ ████████████████████, depois o sequestra e leva para um lugar secreto onde ninguém sabe o que fazem com ele. Durante o período em que estive no Campo ██████████, duas pessoas foram sequestradas e desapareceram para sempre, especificamente ████████████████████ ████████████████████ ████████████████████.

Comecei a pressentir que seria sequestrado porque eu realmente embatucava meus interrogadores, e por isso passei a reunir informações.

"O campo de lá é o pior de todos", disse um jovem policial.

"Eles não recebem comida?", perguntei.

"Mais ou menos isso", respondeu ele.

Entre dez e onze da noite, ██████████ me entregou a ████ ██████████ e ordenou aos carcereiros que me transferissem para sua sala especialmente preparada.* Estava gelada e cheia de imagens das glórias americanas: arsenais, aviões, retratos de George Bush. "Não reze! Você está insultando meu país ao rezar durante a execução do hino nacional. Somos o maior país do mundo livre, e temos o melhor presidente do mundo", disse ele. Durante a noite inteira tive de ouvir o hino nacional dos Estados Unidos. Odeio hinos. Só consigo me lembrar do começo, "*Oh say can you see...*" uma e outra vez. Fiquei feliz por não terem me jogado água gelada. No início tentei rezar dissimuladamente, mas ▬▬▬▬▬▬ estava me vigiando de perto por meio de ▬▬▬ ▬▬▬▬▬▬. "Pare com a porra da oração, você está insultando o meu país!" Eu estava cansado e acabado, e queria qualquer coisa menos arranjar problema, então decidi rezar em silêncio. Tremi durante a noite inteira.

Entre quatro e cinco da manhã, ▬▬▬▬▬ me dispensou, só para que umas horas depois eu fosse levado para recomeçar a rotina. Porém o mais difícil é o primeiro passo; os dias mais difíceis foram os primeiros, e a cada dia eu ficava mais forte. Enquanto isso, eu era o principal assunto das conversas no campo. Embora muitos outros detentos estivessem sofrendo destinos similares, eu era o "Criminoso Número Um" e estava sendo tratado como tal. Às vezes, quando eu me encontrava no pátio, os detentos gritavam: "Tenha paciência! Lembre-se de que Alá põe à prova aqueles que ele mais ama". Comentários como esse eram meu único consolo além de minha fé no Senhor.

Na verdade, nada de importante mudou em minha rotina: sala gelada, ficar de pé durante horas, interrogadores repetindo as mesmas ameaças de me sequestrar e me trancafiar para sempre.**

---

* Ao que parece, esse é o relato de uma sessão do turno da noite com Mr. X. A cena é mencionada mais uma vez no capítulo final.
** Investigadores das Forças Armadas, do Departamento de Justiça e do Senado descreveram em maiores detalhes diversas dessas ameaças. Segundo uma nota

██████████ me obrigou a escrever toneladas de páginas sobre minha vida, mas eu nunca o satisfazia. Uma noite, ele tirou minha roupa com ajuda de ████████████████████, um carcereiro. À espera da sala gelada, eu tinha vestido um short sobre a calça para diminuir o frio que me chegava aos ossos, mas ele estava extremamente furioso e fez o[a] carcereiro[a] ███████████ me despir. Nunca me senti tão violentado. Passei a noite toda de

---

de rodapé do relatório Schmidt-Furlow, "em 17 de julho de 2003 o interrogador mascarado disse que havia sonhado que o objeto do segundo interrogatório morria. Ele disse especificamente ao objeto do segundo interrogatório especial que no sonho ele 'via quatro detentos acorrentados juntos pelos pés. Eles cavavam um buraco de 1,80 metro de comprimento, o mesmo de profundidade e 1,20 metro de largura. Ele viu então os detentos baixando ao chão uma urna lisa de pinho com o número de identificação do detento pintado em laranja'. O interrogador mascarado disse ao detento que esse sonho queria dizer que ele nunca sairia de GTMO a menos que começasse a falar, que ele morreria de velho aqui e seria sepultado 'em solo americano soberano e cristão'". "Em 20 de julho de 2003, o interrogador mascarado 'Mr. X', disse ao objeto do segundo Plano Especial de Interrogatório que sua família estava 'encarcerada.'"

E o relatório continua: "O memorando de 2 de agosto de 2003 indica que o objeto do segundo interrogatório especial recebeu um mensageiro naquele dia que tinha uma 'mensagem para entregar a ele'. E afirma: 'A mensagem era simples: os colegas do interrogador estavam fartos de ouvir as mesmas mentiras mil vezes e estavam pensando seriamente na possibilidade de se livrar dele. Uma vez feito isso, ele desapareceria e nunca mais se ouviria falar dele. O interrogador convidou o detento a usar sua imaginação para pensar no pior cenário possível no qual ele poderia ir parar. Disse ao detento que golpes e dor física não eram a pior coisa do mundo. Afinal, depois de ser surrado durante algum tempo, o ser humano tende a desconectar a mente do corpo e consegue fazer isso. No entanto, há coisas piores do que a dor física. O interrogador garantiu ao detento que no fim ele falaria porque todos faziam isso. Mas até lá, ele em breve desapareceria num buraco bem escuro. Sua existência seria apagada. Seus arquivos eletrônicos seriam apagados dos computadores, seus arquivos em papel seriam empacotados e guardados e sua existência seria esquecida de todos. Ninguém saberia o que tinha acontecido com ele e com o tempo ninguém mais se importaria'". Schmidt-Furlow, pp. 24-5.

pé na sala gelada rezando, ignorando seus berros e suas ordens para eu parar de rezar. Já não me importava o mínimo com o que ele ia fazer.*

▌▌▌▌▌▌▌▌▌▌▌▌▌▌▌▌ saiu rastejando de trás dos panos. ▌▌▌▌▌▌▌ disse-me algumas vezes antes da visita de ▌▌▌▌▌▌▌▌▌▌▌▌▌▌▌▌▌ que eu receberia a visita de uma pessoa de alto escalão do governo que falaria comigo sobre minha família. Não interpretei a informação de forma negativa; achei que me traria mensagens de minha família. Mas eu estava enganado, tratava-se de atingir minha família. ▌▌▌▌▌▌▌▌▌▌▌▌▌▌▌▌▌▌ estava endurecendo minha situação incansavelmente.

▌▌▌▌▌▌▌▌▌▌▌▌▌▌▌chegou por volta das onze da manhã, escoltado por ▌▌▌▌▌▌▌e pelo novo ▌▌▌▌▌▌▌▌. Foi curto e grosso. "Meu nome é ▌▌▌▌▌▌▌▌. Trabalho para ▌▌▌▌▌▌▌▌. Meu governo está afoito para tirar informações de você. Entende?"**

---

* O contexto indica a presença de dois carcereiros, um homem e uma mulher, e que quem o despe é a mulher. Um incidente em que MOS foi "despido por uma interrogadora" está registrado no relatório do IG do DOJ. O relatório indica que a data da sessão foi 17 de julho de 2003. IG do DOJ, p. 124.

** A data, segundo o inspetor-geral do DOJ, é agora 2 de agosto de 2003. O inspetor-geral relata que "em 2 de agosto de 2003, um novo interrogador militar que se apresentou como capitão da Marinha da Casa Branca" apareceu diante de MOS. Tanto o relatório do Comitê das Forças Armadas do Senado quanto o do IG do DOJ falam da carta que ele entregou. Segundo o Comitê das Forças Armadas do Senado, a carta dizia que "sua mãe tinha sido presa, seria interrogada e, se não colaborasse, seria transferida para GTMO". O IG do DOJ conta que "a carta se referia a 'dificuldades administrativas e logísticas que a presença dela acarretaria nesse ambiente exclusivamente masculino'" e que "o interrogador disse a Slahi que sua família 'corria risco de morte se ele (760) não colaborasse'". O relatório do IG do DOJ e o do Sasc, além do relatório Schmidt-Furlow do Exército, deixam claro que esse interrogador era de fato o chefe da equipe de "projetos especiais" de MOS, e o relatório Schmidt-Furlow mostra que ele se

"Sim."

"Você lê inglês?"

"Sim."

██████████████████████ entregou-me uma carta obviamente falsa.

A carta era do DoD e dizia, basicamente, que "Ould Slahi está envolvido no Complô do Milênio e recrutou três dos sequestradores do Onze de Setembro. Como Slahi se recusou a colaborar, o governo dos Estados Unidos vai prender sua mãe e alojá-la em dependências especiais".

Li a carta. "Isso não é cruel e injusto?", perguntei.

"Não estou aqui para fazer justiça. Estou aqui para impedir que as pessoas lancem aviões contra edifícios de meu país."

"Então vá lá e impeça-os. Eu não fiz nada a seu país", eu disse.

"Você tem duas possibilidades: ser acusado ou testemunha", disse ele.

"Não escolho nenhuma."

"Você não tem escolha. Se não, sua vida vai mudar radicalmente", disse ele.

"Pois faça isso, quanto antes melhor!", disse eu. ████████████ ████████ pôs a carta falsificada em sua bolsa, fechou-a zangado e saiu da sala. ████████████████████████ lideraria a equipe que trabalhava em meu caso até agosto ou setembro de 2004. Sempre tentava me fazer acreditar que seu nome verdadeiro era ████████

---

apresentou a mos como "capitão Collins". É dele que mos diz que saiu rastejando de trás dos panos; no livro *The Terror Courts: Rough Justice at Guantanamo Bay*, o repórter Jess Bravin, do *Wall Street Journal*, diz que o chefe da equipe de projetos especiais que executou esse ardil tinha assumido o interrogatório de mos um mês antes, em 1º de julho de 2003, mesmo dia em que o general Miller aprovou seu Plano Especial de Interrogatório. ig do doj, p. 123; Sasc, p. 140; Schmidt-Furlow, p. 25; Bravin, p. 105.

███████████████, mas o que ele não sabia era que eu sabia o nome dele antes mesmo de conhecê-lo: ███████████████.*

Depois daquele encontro ███████████████ ███████████████, ele estava apenas esperando as formalidades necessárias para me sequestrar no campo e me levar para um lugar desconhecido. "Para você vir para cá foi preciso conseguir muitas assinaturas. Levou algum tempo para trazê-lo", me contaria mais tarde um dos carcereiros. ███████████████ estava também montando uma equipe completa que executaria o Sequestro. Tudo isso estava sendo feito em sigilo; os participantes sabiam apenas o indispensável. Eu sei, por exemplo, que ███████ não conhecia detalhes do plano.

Na segunda-feira 25 de agosto de 2003, por volta das quatro da tarde, ███████ me chamou para interrogatório.** Eu tinha passado o fim de semana no ███████████, que fora totalmente esvaziado de todos os demais detentos para me manter isolado do resto da comunidade. Mas vi aquilo como positivo: a cela era mais quente e eu podia ver a luz do dia, enquanto em ███████████ eu ficava trancado numa caixa gelada.

"Agora tenho o controle total. Posso fazer qualquer coisa com você; posso até transferi-lo para Campo ███████████."

---

* O interrogador que se apresentava como "capitão Collins" e conduziu a equipe de "interrogatório especial" de MOS foi identificado em documentos da justiça arquivados no pedido de habeas corpus de MOS, em notas de rodapé do relatório do Comitê das Forças Armadas do Senado e em outras fontes publicadas como sendo o tenente Richard Zuley. Em *The Terror Courts*, Jess Bravin informa que Zuley é oficial da polícia de Chicago e reservista da Marinha. Sasc, pp. 135-6; Bravin, pp. 100, 105; petição de apelação, p. 23.

** Pela hora do dia, esse é o turno da tarde, e os pronomes tarjados e o contexto levam a crer que se trata da interrogadora da equipe.

"Eu sei por que vocês me transferiram para o Pavilhão ███████", eu disse. "É porque não querem que eu veja ninguém." ████████ não fez comentários; ██████ apenas sorriu. Foi mais do que uma conversa amistosa. Por volta das cinco e meia da tarde, ████████ trouxe minha ração fria. Eu tinha me acostumado a ela; não que gostasse, mas tinha perdido peso como nunca e sabia que precisava comer para sobreviver.

Comecei a comer minha refeição. ████████████████ entrava e saía, mas não havia nada de suspeito nisso, ███████ sempre tinha sido assim. Eu mal tinha acabado de comer quando de repente ███████████████ e eu ouvimos uma barulheira, carcereiros xingando em voz alta ("Eu disse, seu filho da puta!"), fortes pisadas de coturnos, latidos de cachorro, portas se fechando com estrondo. Congelei na cadeira. ████████ ficou muda. Olhávamos um para o outro sem saber o que estava acontecendo. Meu coração disparou, porque eu sabia que iam maltratar um detento. Sim, e este detento era eu.

De repente, um comando composto de três soldados e um pastor-alemão irrompeu na sala de interrogatório. Tudo aconteceu mais rápido do que eu podia imaginar. ████████████ me esmurrou com violência, o que me fez cair de cara no chão.

"Filho da puta, eu disse, você já era!", disse █████████.* Seu parceiro continuou me dando socos por todo o corpo, principalmente no rosto e nas costelas. Ele também estava encoberto da cabeça aos pés; socava-me o tempo todo sem dizer uma palavra, porque não queria ser reconhecido. O terceiro homem não estava mascarado; ficou na porta segurando o cachorro pela coleira, pronto para lançá-lo contra mim.

"Quem mandou você fazer isso? Você está machucando o detento!", gritou ██████████, que não estava menos aterrorizada

---

* Ficará claro e explícito que se trata do Mr. X.

do que eu. ██████████ era o líder dos agressores, e estava executando ordens de ██████████████. Quanto a mim, eu não conseguia digerir a situação. Minha primeira ideia foi que tinham me tomado por outra pessoa. A segunda foi tentar reconhecer o ambiente olhando em torno enquanto um dos carcereiros apertava meu rosto contra o piso. Vi o cachorro lutando para se soltar. Vi ██████████ ficar de pé, olhando desconsolada para os carcereiros que lidavam comigo.

"Vendem os olhos do filho da puta, ele pode tentar olhar…"

Um deles bateu com força em meu rosto e rapidamente pôs uma venda em meus olhos, tampões nos ouvidos e uma sacola cobrindo minha cabeça. Não saberia dizer quem fez isso. Eles apertaram as correntes em volta de meus pulsos e tornozelos; depois, comecei a sangrar. Tudo o que eu podia ouvir era ██████████ xingando, "filho disso e filho daquilo!". Eu não dizia uma palavra, estava paralisado de surpresa, achando que iam me executar.

Por causa da surra eu não conseguia ficar de pé, então ██████████ e o outro carcereiro me arrastaram, com os dedos dos pés riscando o caminho, e me atiraram num caminhão que partiu imediatamente. O grupo da surra continuaria por três ou quatro horas, depois das quais eles me entregaram a outra equipe, que usaria outras técnicas de tortura.

"Pare de rezar, filho da puta, você está matando gente", disse ██████████, e me deu um forte soco na boca. Minha boca e meu nariz começaram a sangrar, e meus lábios incharam tanto que eu praticamente não conseguia mais falar. O colega de ██████████ era um de meus carcereiros, ████████████████████. ██████████ e ██████████ se puseram dos meus lados e começaram a me esmurrar e me bater contra o metal do caminhão. Um deles me bateu com tanta força que parei de respirar e me senti sufocado; era como se estivesse respirando através das costelas. Quase sufoquei sem que eles soubessem. Eu já estava respirando com dificuldade por causa da cabeça coberta, e além disso eles me bateram tantas vezes nas costelas que por um momento deixei de respirar.

Desmaiei? Talvez não; só sei que percebi que espirravam amônia no meu nariz diversas vezes. O engraçado era que Mr. ▓▓▓ era ao mesmo tempo meu "salvador", como também os carcereiros com quem eu teria contato no ano seguinte, ou a maior parte deles. Todos estavam autorizados a me dar remédios e prestar primeiros socorros.

Depois de dez a quinze minutos, o caminhão parou na praia e minha escolta me arrastou até uma lancha de alta velocidade. ▓▓▓▓▓▓▓▓▓ em nenhum momento me deu descanso; eles continuavam me batendo e ▓▓▓▓▓▓▓▓▓▓ ▓▓▓▓▓▓▓▓ para fazê-las me cortar.* "Você está matando gente", disse ▓▓▓▓▓▓. Acredito que ele estivesse pensando alto: ele sabia que seu crime era o mais covarde do mundo, torturar um detento indefeso completamente subjugado e à sua mercê. Que operação corajosa! ▓▓▓▓▓ tentava se convencer de que estava fazendo a coisa certa.

Dentro da lancha, ▓▓▓▓▓▓ me fez beber água salgada, acho que tirada diretamente do mar. Era tão repugnante que vomitei. Eles puseram alguma coisa em minha boca e gritaram: "Engole, filho da puta!", mas decidi não engolir aquela água prejudicial ao organismo que eles continuavam derramando em minha boca, fazendo-me sufocar. "Engole, seu idiota!" Pensei rápido e escolhi a água repugnante e nociva à morte.

▓▓▓▓▓▓ e ▓▓▓▓▓▓▓▓ ficaram comigo cerca de três horas na lancha. O objetivo de tal viagem era, primeiro, torturar o detento e declarar que "o detento se feriu durante o trans-

---

* Pode ser que a escolta de MOS estivesse puxando ou manipulando as algemas para lhe causar dor.

porte", e segundo, levar o detento a acreditar que estava sendo transferido para alguma prisão secreta distante. Os detentos sabiam disso tudo; alguns contavam que tinham circulado durante quatro horas e acabaram na mesma prisão de onde tinham saído. Eu sabia desde o início que estava sendo transferido para ▮▮▮ ▮▮▮▮▮▮▮▮▮▮▮, a cinco minutos de distância. O ▮▮▮ ▮▮▮▮▮▮▮▮▮▮▮ tinha péssima reputação: só de ouvir seu nome ficava com náuseas.* Sabia que a longa viagem que estava fazendo tinha como objetivo me aterrorizar. Mas que diferença faz? Eu me importava menos com o lugar e mais com as pessoas a quem seria confiado. Qualquer que fosse o lugar para onde estava sendo transferido, continuaria sendo um detento das Forças Armadas dos Estados Unidos; e quanto à transferência para um terceiro país, pensei que era capítulo encerrado por eu já ter sido enviado à Jordânia por oito meses. A política do DoD a meu respeito era cuidar de mim ele mesmo; "o Onze de Setembro não

---

* O Comitê das Forças Armadas do Senado descobriu que o "Plano Especial de Interrogatório" de MOS incluía uma encenação em que "militares em uniforme de combate o tirariam de sua cela, o levariam para uma embarcação e dariam voltas com ele para fazê-lo pensar que estava sendo levado embora da ilha". "Na verdade", informa o Comitê, "Slahi seria levado ao Campo Echo", onde sua cela e sua sala de interrogatório — montadas numa simples barraca de isolamento semelhante a um trailer — tinham sido "modificadas de modo a reduzir na medida do possível todo estímulo externo". O plano determinava que "as portas serão vedadas a ponto de não permitir a entrada de luz. As paredes serão cobertas de tinta branca ou papel branco para eliminar objetos em que o detento possa se concentrar. A sala deve contar com uma argola no piso e alto-falantes". O Sasc menciona também um e-mail de 21 de agosto de 2003 enviado por um especialista em inteligência do JTF-GTMO ao tenente Richard Zuley que relata os preparativos finais da barraca do Campo Echo: "O e-mail fala na vedação da cela de Slahi no Campo Echo para 'evitar a luz do sol' em seu interior e na cobertura total da parte externa da cela com uma lona para 'evitar que ele faça contato visual com os carcereiros'". Sasc, pp. 137-8, 140.

aconteceu na Jordânia; não esperamos que outros países extraiam informações de presos como nós fazemos", disse ▬▬▬▬ certa vez. Os americanos obviamente não estavam satisfeitos com os resultados obtidos por seus "aliados de tortura".

Mas acho que quando a tortura entra em cena, as coisas saem do controle. A tortura não garante que o detento colabore. Para deter a tortura, o detento precisa agradar seu agressor, ainda que com informações inverídicas, às vezes enganosas; averiguar informações leva tempo. E a experiência mostra que a tortura não impede nem reduz ataques terroristas: Egito, Argélia e Turquia são bons exemplos disso. Por outro lado, a discussão tem trazido excelentes resultados. Depois do ataque fracassado ao presidente do Egito em Adis Abeba, o governo firmou um cessar-fogo com o Al-Gawaa al-Islamiyah, e este mais tarde optou pela luta política. No entanto, os americanos aprenderam muito com seus aliados adeptos da tortura e vêm trabalhando em estreita colaboração com eles.

Quando a lancha chegou à praia, ▬▬▬▬ e seu colega me arrastaram para fora e me fizeram sentar de pernas cruzadas. Eu gemia por causa da dor insuportável.

"Ai… Ai… ALÁ… ALÁ… Eu disse parar você parar de encher o saco, não foi?", disse Mr. X, me imitando.* Eu esperava conseguir parar de gemer, porque o cavalheiro continuava me imitando e blasfemando contra o Senhor. No entanto, os gemidos eram necessários para que eu pudesse respirar. Meus pés estavam dormentes porque as correntes impediam a circulação do sangue nos pés e nas mãos; cada golpe que eu levava era um alívio porque eu podia mudar de posição. "Não se mexa, filho da puta!", dizia ▬▬▬▬, mas às vezes eu não podia evitar a mudança; ela valia a porrada.

---

* Mr. X aparece sem tarja no original.

"Somos gratos a todos os que trabalham conosco, obrigado, cavalheiros", disse ███████████████████████.* Reconheci a voz dele; embora estivesse dirigida a seus convidados árabes, a mensagem era para mim mais do que para qualquer outra pessoa. Era de noite. Minha venda não impedia que eu percebesse a luz forte que vinha de algum tipo de projetor de alta potência.

"Felizes estamos. Talvez se nós levar ele para Egito, vai falá tudo", disse uma voz que eu nunca tinha ouvido antes com forte sotaque egípcio. Eu diria que era um cara de uns vinte e tantos ou trinta e poucos anos com base em sua voz, seu discurso e, mais tarde, por seus atos. Também percebi que o inglês dele era fraco e a pronúncia ruim. Então ouvi conversas incompreensíveis aqui e ali, e depois disso o egípcio e outro cara se aproximaram. Agora eles falavam em árabe diretamente comigo:

"Que covarde! Vocês pedem direitos civis? Aposto que não vão ter nenhum", disse o egípcio.

"Uma pessoa como esse covarde nos toma apenas uma hora na Jordânia para cuspir tudo", disse o jordaniano. Obviamente, ele não sabia que eu tinha passado oito meses na Jordânia e nenhum milagre aconteceu.

"Levamos ele para Egito", disse o egípcio, dirigindo-se a ███ ██████████████████████.

"Talvez depois", disse ███████████████.

"Coitado desses americanos! Estão mimando esses putos. Mas agora nós vamos trabalhar com eles", disse o egípcio, dirigindo-se diretamente a mim em árabe. Quando ouvi "Egito" e uma nova transferência, meu coração disparou. Eu detestava a interminável volta ao mundo que seria obrigado a fazer. Pensei seria-

---

* Com base nos arquivos da justiça sobre o pedido de habeas corpus de MOS, trata-se provavelmente de Richard Zuley ("capitão Collins"), chefe da equipe do "projeto especial" de MOS. Petição de apelação, p. 2.

mente que a transferência imediata para o Egito fosse possível, porque eu sabia que os americanos estavam irritadíssimos e desesperados com o meu caso. O governo estava e ainda está enganado sobre meu caso.

"Mas você sabe que estamos trabalhando com americanos no campo", disse o egípcio. Ele tinha razão. Detentos iemenitas me disseram que tinham sido interrogados por ▉▉▉▉▉▉▉ ▉▉▉▉▉▉▉ e americanos na mesma rodada quando foram capturados em Karachi e depois transferidos para um lugar secreto em 11 de setembro de 2002.*

Depois de ouvir todo tipo de ameaça e declarações degradantes, comecei a perder grande parte da conversa entre os árabes e seus cúmplices americanos, e a certa altura mergulhei em meus pensamentos. Tinha vergonha de que meu povo estivesse sendo usado para esse horrível trabalho por um governo que afirma ser o líder do mundo livre democrático, um governo que prega contra a ditadura e "luta" pelos direitos humanos e manda seus filhos para a morte por esse objetivo: que peça esse governo prega em seu próprio povo!

O que pensaria o americano comum se visse o que seu governo está fazendo com pessoas que não cometeram crime algum contra ninguém? Por mais vergonha que eu tenha sentido daqueles árabes, eu sabia que eles não representam em absoluto o árabe comum. O povo árabe está entre os melhores do planeta, sensível, emotivo, amoroso, generoso, sacrificado, religioso, caridoso e alegre. Ninguém merece ser usado para um serviço tão sujo, por mais pobre que seja. Não, nós somos melhores que isso! Se o povo do mundo árabe soubesse o que está acontecendo nes-

---

* MOS pode estar se referindo a detentos capturados com Ramzi bin al-Shibh em 11 de setembro de 2002, também mantidos sob custódia da CIA antes da transferência para Guantánamo. Ver segunda nota da p. 269.

te lugar, o ódio contra os Estados Unidos seria exacerbado e a acusação de que os Estados Unidos estão ajudando ditadores de nossos países e trabalhando com eles se confirmaria. Tenho um pressentimento, ou melhor, uma esperança de que essa gente não fique impune por seus crimes. A situação não me fez odiar árabes ou americanos; apenas me sinto mal pelos árabes e por sermos tão pobres!

Todos esses pensamentos passavam pela minha cabeça e me distraíam de ouvir as conversas absurdas. Depois de cerca de quarenta minutos, não sei exatamente quanto tempo, ▉▉▉▉▉▉ ▉▉▉▉▉▉▉▉ disse à equipe árabe que assumisse a operação. Os dois caras me agarraram com brutalidade e, como eu não conseguisse andar sozinho, me arrastaram para a lancha. Eu devia estar bem perto do mar porque o caminho até a lancha foi breve. Não sei se me puseram em outra lancha ou em outro assento. Este era duro e reto.

"Mexa-se!"

"Não consigo!"

"Mexa-se, seu merda!" Eles davam essa ordem sabendo que eu estava machucado demais para conseguir me mexer. Eu sangrava pela boca, tornozelos, pulsos e provavelmente pelo nariz, não tenho certeza. Mas a equipe queria manter de pé o fator medo e terror.

"Sente-se!", disse o egípcio, que era o que mais falava enquanto os dois me puxavam para baixo até que bati no metal. O egípcio sentou-se à minha direita e o jordaniano, à esquerda.

"Qual é a porra do seu nome?", perguntou o egípcio.

"M-O-O-H-H-M-M-E-E-D-D-O-O-O-U!", respondi. Eu quase não podia falar por causa dos lábios inchados e da boca dolorida. Não surpreende que estivesse absolutamente apavorado. Em geral não falo quando alguém começa a me machucar. Na Jordânia, quando o interrogador bateu em meu rosto, recusei-me a falar e ignorei todas as suas ameaças. Foi um divisor de águas na história de meus interrogatórios. É de supor que eu jamais estivera tão ferido; eu já não era eu, e nunca mais seria o mesmo de antes. Uma grossa linha foi traçada entre meu passado e meu futuro com o primeiro golpe que ▬▬▬▬▬ me aplicou.

"Ele parece uma criança!", disse o egípcio com acerto, dirigindo-se ao colega jordaniano. Eu me senti aquecido entre eles dois, embora não por muito tempo. Com a colaboração dos americanos, uma longa viagem de tortura estava sendo preparada.

Não conseguia ficar sentado ereto. Eles me puseram uma espécie de jaqueta grossa que me prendia ao assento. Dava uma sensação boa. Mas havia um obstáculo para essa sensação: meu peito estava tão apertado que eu não conseguia respirar direito. Além disso, a circulação do ar era pior do que na primeira viagem. Eu não sabia exatamente o quê, mas alguma coisa com certeza ia mal.

"Nã... o... con... si... go... res...pir...ar!"

"Aspire!", disse o egípcio, com ironia. Eu estava literalmente sufocando dentro do saco que cobria minha cabeça. Todos os meus pedidos e súplicas por um pouco de ar fresco acabavam num gargalo.

Ouvi conversas indistintas em inglês, acho que era ▬▬▬▬ ▬▬▬ e seu colega e provavelmente ▬▬▬▬▬▬▬▬▬▬▬. Fossem quem fossem, eles estiveram fornecendo aos árabes material de tortura durante a viagem de três ou quatro horas. O procedimento era o seguinte: eles enchiam o espaço entre meu corpo e minhas roupas com cubos de gelo, do pescoço aos tornozelos, e quando o gelo derretia, punham novos cubos. Além de tudo, de quando em quando um dos carcereiros me batia, a maior parte das vezes no rosto. O gelo servia tanto para provocar dor quanto para apagar os hematomas provocados naquela tarde. Tudo parecia perfeitamente preparado. As pessoas de regiões frias podem não entender o alcance da dor causada por cubos de gelo colados no corpo. Em épocas medievais e pré-medievais, havia reis que usavam esse método para matar lentamente suas vítimas. O outro método, bater na vítima de olhos vendados a intervalos irregulares, era usado pelos nazistas na Segunda Guerra Mundial. Não há nada mais aterrorizante do que fazer alguém esperar um golpe a cada batida do coração.

"Sou de Hasi Matruh, e você?", perguntou o egípcio ao colega jordaniano. Ele conversava como se nada estivesse acontecendo. Parecia acostumado a torturar pessoas.

"Sou do Sul", respondeu o jordaniano. Eu tentava rezar para dentro. Mal conseguia recordar uma oração, mas sabia que precisava da ajuda do Senhor, como sempre faço, e minhas preces foram nessa direção. Quando estava consciente, mergulhava em meus pensamentos. Finalmente me acostumei à rotina, cubos de gelo até derreter, pancadas. Mas como seria aportar no Egito depois de cerca de 24 horas de tortura? Como seria o interrogatório de lá? ██████████████████████████ um ██ ████████████████████████████████tinha me contado sobre sua desventurada viagem do Paquistão ao Egito; até o momento, tudo o que eu estava experimentando, como os cubos de gelo e as pancadas, coincidia com a história de ██ ████████████████. Assim, eu esperava choques elétricos na piscina. Quanta eletricidade meu corpo, principalmente meu coração, poderia suportar? Eu sabia um pouco de eletricidade e seus efeitos devastadores e irreversíveis: tinha visto ████████ ████████████████desmaiar nos pavilhões algumas vezes com sangue jorrando do nariz e empapando suas roupas. ██████ ████████████████ tinha corpo atlético e praticava artes marciais.

Eu ia imaginando o interrogatório todo, repetidamente, as perguntas deles, minhas respostas. Mas e se eles não acreditassem? Não, eles iam acreditar, porque eles entendem a fórmula do terrorismo melhor do que os americanos, e têm mais experiência. A barreira cultural entre o mundo cristão e o muçulmano ainda afeta consideravelmente a abordagem americana da questão. Os americanos são propensos a ampliar o círculo de envolvimento para capturar o maior número possível de muçulmanos. Falam sempre da Grande Conspiração contra os Estados Unidos. Eu mesmo fui interrogado a respeito de gente que apenas pratica os princípios da religião e simpatiza com movimentos islâmicos; pediram-me cada detalhe sobre os movimentos islâmicos, ainda que moderados. Isso é surpreendente num país como os Estados Unidos, onde organizações terroristas cristãs como os nazistas e os suprematistas brancos têm liberdade para se expressar e recrutam pessoas abertamente sem que ninguém os incomode. Mas como muçulmano, se você simpatizar com as opiniões políticas de alguma organização islâmica, vai ter sérios problemas. Até mesmo frequentar a mesma mesquita de um suspeito é grave problema. Quero dizer que esse fato é claro para qualquer pessoa que entenda o ABC da política americana para o chamado Terrorismo Islâmico.

O grupo árabe-americano terminou o serviço e os árabes me devolveram uma vez mais à mesma equipe americana. Arrastaram-me para fora da lancha e me atiraram num caminhão que me pareceu o mesmo que me trouxera. Estávamos obviamente rodando por uma estrada de terra.

"Não se mexa!", disse ▮▮▮▮▮▮, mas eu já não identificava as palavras. Acho que ninguém me bateu, mas não estava consciente. Quando o caminhão parou, ▮▮▮▮▮▮ e seu acompanhante fortão me rebocaram do caminhão e me arrastaram um pouco. O ar frio da sala me atingiu, e bum! Eles me atiraram de cara no piso de metal de meu novo lar.

"Não se mexa, eu disse para você não brincar comigo, filho da puta!", disse ▮▮▮▮▮▮, com a voz baixando de tom. Ele estava

336

obviamente cansado. Foi embora com a promessa de novas ações, e a equipe árabe fez a mesma coisa. Pouco depois de minha chegada, senti alguém tirando ▬▬▬▬▬▬ ▬▬▬▬▬ da minha cabeça. Tirar essas coisas causava ao mesmo tempo dor e alívio. Dor porque elas tinham começado a penetrar na minha pele e espetavam, deixando marcas, e alívio porque comecei a respirar normalmente e a pressão que sentia na cabeça cessou. Quando a venda dos olhos foi retirada, vi um ▬▬▬▬▬▬▬▬▬▬▬▬▬▬▬▬▬▬▬▬▬▬▬▬▬▬▬. Pensei que fosse um médico, mas por que cargas-d'água ele estaria oculto atrás de uma máscara, e por que era do Exército, quando é a Marinha que se ocupa de tratar os detentos?

"Se fizer uma merda de um movimento, vou te machucar!" Eu me perguntava como seria possível fazer um movimento, e que mal eu poderia causar. Estava acorrentado e cada centímetro de meu corpo doía. Isso não é um médico, é um açougueiro de gente!

Quando o rapaz me examinou, viu que precisava de mais material. Saiu e voltou em seguida trazendo equipamentos médicos. Dei uma olhada no relógio dele: era cerca de uma e meia da madrugada, o que significa que tinham se passado cerca de oito horas desde meu sequestro do Campo ▬▬▬▬▬▬▬. O médico começou a lavar meu rosto ensanguentado com uma gaze molhada. Depois disso, me pôs num colchão — o único objeto que havia na cela — com ajuda dos carcereiros.

"Não se mexa", disse o carcereiro que estava de pé na minha frente. O médico enrolou uma porção de elásticos em volta do meu peito e das costelas. Depois, me fez sentar. "Se tentar me morder, vou te machucar pra caralho!", disse o médico, enquanto me enchia de comprimidos. Não respondi; eles me moviam daqui para ali como se eu fosse um objeto. Algum tempo depois ele retirou as correntes, e ainda mais tarde um dos carcereiros lançou sobre mim uma manta pequena, fina e surrada através da portinhola, e isso era tudo o que eu teria no quarto. Nada de sabonete, pasta de dentes, tapetinho emborrachado, Corão, nada.

Tentei dormir, mas estava me enganando; meu corpo conspirava contra mim. Levou algum tempo para que a medicação fizesse efeito, então eu apaguei e só acordei quando um dos carcereiros bateu seu coturno com violência em minha cela.

"Levante-se, seu merda!" O médico me deu mais um punhado de comprimidos e examinou minhas costelas. "Está pronto o filho da puta", disse ele, dando-me as costas e encaminhando-se para a porta. Eu estava tão chocado ao ver um médico agindo assim porque sabia que pelo menos 50% de um tratamento é psicológico. Pensei que aquele era um lugar do mal, já que meu único alívio vinha desse médico canalha.*

Pouco depois, fui a nocaute. Para ser franco, posso relatar muito pouco sobre as semanas seguintes porque minha cabeça não estava em boas condições. Ficava o tempo todo estirado em minha cama, e não era capaz de entender o que acontecia à minha volta. Tentei encontrar a *Qibla*, a direção de Meca, mas não havia nenhuma pista.

---

* Na petição de habeas corpus de MOS há referência a anotações médicas sobre o que poderia ter sido esse exame, falando de um socorrista da Marinha "que cuidou de suas feridas enquanto o insultava" e citando "prontuário médico que confirma o trauma no peito e no rosto de Salahi: '1) Fratura ?? costelas 7-8; 2) Edema do lábio inferior'". Petição de apelação, p. 26.

6. GTMO
Setembro de 2003-dezembro de 2003

Primeira visita ao lugar secreto... Minha conversa com os interrogadores e como encontrei um jeito de saciar a sede deles... Reação em cadeia de confissões... Ventura chega aos poucos... A grande confissão... Um marco importante

Lá no ▆▆▆▆▆▆▆▆, a *Qibla* estava indicada com uma seta em cada cela. Até o chamado à oração podia ser ouvido cinco vezes ao dia em ▆▆▆▆▆▆▆.* Os Estados Unidos repetem sempre que a guerra não é contra a religião islâmica — o que é muito prudente, já que seria estrategicamente impossível lutar

---

* O material publicitário do Departamento da Defesa sobre Guantánamo enfatiza a proteção à expressão religiosa existente lá. Em "Ten Facts About Guantanamo" afirma-se que "O chamado muçulmano à oração soa cinco vezes por dia. Há setas indicando a direção da cidade sagrada de Meca". (Ver "Ten Facts About Guantanamo", em <http://www.defense.gov/home/dodupdate/For-the-record/documents/20060914.html>.) Aqui MOS parece comparar a situação que viveu quando esteve preso no Campo Delta com a situação de sua cela no Campo Echo.

contra uma religião tão grande — e internamente os Estados Unidos estavam mostrando ao resto do mundo como se deve manter a liberdade religiosa.

Mas, nos campos secretos, a guerra contra a religião islâmica ficava mais do que evidente. Não só não existia o sinal que indica a direção de Meca como as preces rituais estavam proibidas. Recitar o Corão estava proibido. Ter o Corão estava proibido. Jejuar estava proibido. Quase todo ritual relacionado ao islamismo estava estritamente proibido. Não estou falando por ter ouvido de outros, falo por experiência própria. Não acredito que o americano comum esteja pagando impostos para fazer guerra contra o islã, mas acredito, sim, que há pessoas no governo que têm um grande problema com a religião islâmica.

Durante as primeiras semanas que se seguiram a minha "festa de aniversário" eu não tinha noção do tempo, se era dia ou noite, para não falar da hora do dia. Só podia rezar para mim mesmo, deitado, porque não conseguia ficar de pé, nem ereto nem curvado. Quando despertei daquele semicoma, tentei estabelecer uma diferença entre dia e noite. Na verdade, foi um trabalho relativamente fácil. Eu olhava para dentro da privada, e quando o ralo estava de muito claro a levemente escuro, era dia em minha vida. Tive êxito em fazer algumas orações proibidas escondido, mas ▓▓▓▓▓▓▓▓▓▓▓▓▓▓▓ me pegou.

"Ele está rezando!" ▓▓▓▓▓▓▓▓▓▓▓▓▓▓
▓▓▓▓▓. "Vamos lá!" Eles punham suas máscaras. "Pare com isso." Não me lembro se terminei minha oração sentado, nem mesmo se a terminei de alguma forma. Como castigo, ▓▓▓▓▓▓▓▓ ▓▓▓▓▓▓▓▓ me proibiu de usar o banheiro por algum tempo.

Assim que o médico da avaliação informou que eu estava sem dores, chegou a hora de bater de novo antes que as feridas cicatrizassem, de acordo com o lema "Malhe enquanto o ferro está quente". Quando ouvi aquela gritaria atrás da porta, e reconheci as vozes de ▇▇▇▇▇▇▇▇▇▇▇▇ e de seu colega egípcio, fiquei empapado de suor, atordoado, e meus pés se recusaram a me conduzir.* Meu coração batia tão forte que eu achei que ia me asfixiar e sair pela boca. Houve conversas indistintas entre ▇▇▇▇▇▇▇▇▇▇ e os carcereiros.

"▇▇▇▇▇▇▇▇▇▇▇, deixa eu pego ele", disse o egípcio em seu inglês desleixado a ▇▇▇▇▇▇▇▇. "Quero que ▇▇▇▇▇▇▇▇▇▇▇▇ me deixe entrar para ter uma conversinha com você", disse o egípcio em árabe, dirigindo-se a mim.

"Recuem agora, me deixem a sós com ele", disse ▇▇▇▇▇ ▇▇▇▇▇. Eu tremia ouvindo as negociações entre americanos e egípcios sobre quem ia ficar comigo. Era como se alguém fosse passar por uma autópsia estando ainda vivo e indefeso.

"Você vai colaborar, queira ou não queira. Pode escolher entre o modo civilizado, que eu, pessoalmente, prefiro, ou o outro", disse ▇▇▇▇▇▇▇▇▇▇▇▇▇▇ enquanto os carcereiros me arrastavam para fora de minha cela na direção dele. No fundo, o egípcio rosnava e me ameaçava com todo tipo de vingança violenta.

"Estou colaborando", disse eu com uma voz fraca. Já fazia tempo que eu não dizia nada e minha boca tinha perdido o costume de falar. Meus músculos estavam muito machucados. Eu estava aterrorizado além do imaginável. O mascarado de Halloween ▇▇▇▇▇▇▇▇▇ literalmente grudou em mim, andando para lá e para cá, pronto para me agredir num piscar de olhos.

* A petição de habeas corpus de MOS descreve o que pode ter sido esta cena: "Depois que Salahi esteve em isolamento durante alguns dias, Zuley lhe disse que ele precisava 'parar de negar as acusações do governo'. Enquanto Zuley falava, o homem [tarja] estava atrás da lona, xingando e gritando para que Zuley o deixasse entrar". Petição de apelação, pp. 26-7.

"Não, pare de negar. Não estamos interessados em suas negativas. Pare de sacanagem comigo", disse ▬▬▬▬▬▬▬▬.

"Não estou fazendo isso."

"Vou indicar alguns interrogadores para lhe fazer perguntas. Você conhece alguns deles, outros não."

"O.k.!", disse eu. A conversa parou por aí. ▬▬▬▬▬▬▬▬▬▬▬▬▬▬ mandou que os carcereiros me pusessem de novo na cela e desapareceu.

Então, nada menos que um "milagre" ocorreu: ▬▬▬▬▬▬▬▬▬▬▬▬▬ chegou ao "lugar secreto muito distante".

"Você está me causando muito problema — bem, em Paris não foi tão ruim, mas na Mauritânia o tempo fechou. Sentei-me à mesa diante de ▬▬▬▬▬▬▬, e quando perguntei a ele 'Quem recrutou você para a Al-Qaeda?', ele disse que tinha sido você. E com ▬▬▬▬▬▬▬▬▬▬▬ foi a mesma coisa. ▬▬▬▬▬▬▬ estão trabalhando conosco agora. Você sabe, você faz parte de uma organização que o mundo livre quer varrer da face da Terra", disse ▬▬▬▬▬▬▬▬.

Eu ouvia atentamente, e pensava: mundo livre? Perguntei a mim mesmo: será que tenho mesmo de ouvir essa merda? ▬▬▬▬▬▬▬▬▬▬▬ estava acompanhado das mesmas ▬▬▬▬▬▬▬▬▬▬▬▬▬▬▬▬▬ que ele trouxera havia cerca de dois meses para me molestar sexualmente.*

"Você sabe, na cadeia quem fala primeiro ganha. Você perdeu e ▬▬▬▬▬▬▬▬▬▬▬▬ ganhou. Ele contou tudo sobre você", ▬▬▬▬▬▬▬▬▬▬▬▬▬▬▬▬▬. "O lado bom é que não temos de sujar as mãos com você; temos israelenses e egípcios fazendo o serviço por nós", ▬▬▬▬▬ continuou, enquanto

---

* O tom dessa sessão de interrogatório indica que o interrogador deve ter sido o mesmo "odioso" primeiro-sargento que MOS identificou em sua ARB de 2005 como membro da equipe de "projetos especiais". O segundo interrogador desta cena parece ter sido a mulher que esteve na primeira agressão sexual.

me ridicularizava sexualmente tocando-me o corpo todo. Não falei nem mostrei nenhuma resistência. Fiquei sentado como uma pedra.*

"Por que ele está tremendo tanto?", perguntou ███████████.

"Não sei", respondeu ████████████████████, mas as mãos dele estão suando em bicas!"

"Se estivesse no lugar dele, o mesmo aconteceria comigo", disse ████████████. "Você pensa que este lugar é como ██████ ████████████████████████, onde você sobrevivia a todas as tentativas de ███████████████, mas aqui você não vai sobreviver se continuar de gracinha com a gente", disse ele.

"Como o quê?", perguntei.

"Como sua viagem à Eslovênia. Você só me falou sobre ela porque sabia que eu sabia daquilo. E agora? Vai colaborar conosco?", perguntou.

"Eu *estava* colaborando", eu disse.

"Não, não estava, e sabe o que mais? Vou escrever em meu relatório que você está cheio de frescura e que outras pessoas vão cuidar de você. O egípcio está muito interessado em você!"

Enquanto isso, a ████████████ parou de me molestar, já que eu não esboçava nenhuma resistência. "O que há com ele?", perguntou ███████ mais uma vez.

"Não sei. Talvez esteja muito à vontade aqui. Talvez devêssemos deixá-lo sem dormir um pouco", disse. ████████████████

---

* Ameaçar prisioneiros com o fantasma de interrogatórios abusivos por agentes israelenses e egípcios parecia lugar-comum. Em 2010, um antigo interrogador militar de Guantánamo chamado Damien Corsetti declarou ante as comissões militares no julgamento de Omar Khadr que, durante o tempo em que esteve em Guantánamo, "os interrogatórios incluíam ameaças de enviar detentos para Israel e Egito". Ver <http://www.thestar.com/news/canada/omarkhadr/2010/05/05/interrogator_nicknamed_the_monster_remembers_omar_khadr_as_a_child.html>.

██████. Eu nunca vi uma pessoa tão insensível quanto ele. Falava em me deixar sem dormir sem uma mudança na voz ou no rosto, na maior calma. Quero dizer que, a despeito de religião ou raça, os seres humanos sempre se sentem mais ou menos mal por alguém que está sofrendo. Eu mesmo não consigo reter as lágrimas quando leio uma história triste, ou vejo um filme triste. Não tenho problema em admitir isso. Alguns dirão que sou fraco; que seja!

"Você devia pedir perdão a ██████ ██████ por suas mentiras e começar tudo de novo", disse o ██████. Eu não respondi. "Comece aos poucos. Dê alguma informação que nunca tenha mencionado antes!", ██████ continuou. Não dei resposta àquela sugestão maliciosa e absurda.

"Sua mãe é uma senhora idosa. Não sei quanto tempo ela suportará as condições da prisão", disse ██████. Eu sabia que ele estava falando por falar. Mas sabia também que o governo estava disposto a fazer qualquer coisa para me extrair informações, mesmo que isso significasse atingir membros de minha família, sobretudo levando em conta que o governo da ██████ ██████ colabora cegamente com os Estados Unidos. Quero dizer que o governo dos Estados Unidos tem mais poder sobre ██████ do que sobre cidadãos americanos, tão longe vai a colaboração. Um cidadão americano não pode ser preso sem os devidos requisitos legais, mas ██████ ██████ podem — e pelo governo dos Estados Unidos!* Sempre disse a meus interrogadores: "Vamos supor que eu seja

---

* A referência deve ser ao governo da Mauritânia, à sua colaboração estreita com o governo dos Estados Unidos e à prisão do próprio MOS na Mauritânia, por solicitação dos Estados Unidos.

um criminoso. Um criminoso americano é mais sagrado que um não americano?". E a maior parte deles ficou sem resposta. Mas tenho certeza de que os americanos não têm mais sorte. Ouvi falar de muitos que foram indiciados e presos indevidamente, em especial muçulmanos e árabes, em nome da Guerra contra o Terror. Americanos, não americanos: é como diz o provérbio alemão: *Heute die! Morgen du!* Hoje eles, amanhã vocês!

Foi bem difícil começar uma conversa com ████████████ ████████; ele era odiado até pelos carcereiros. Hoje eu não conseguiria chegar a parte alguma com ele; não conseguiria encontrar o fio da meada em sua conversa. E quanto à outra ██████ ████, tinha sido enviada só para me assediar sexualmente, mas naquela altura eu já não sentia ████████████████ ████████. Assim, a missão ████████████ morreu antes de nascer.

"Você sabe como é quando sente o peso da nossa cólera", disse ████████████████, e me deixou com muitas outras ameaças, inclusive privação de sono e de comida, que supus verdadeiras e sérias. Os carcereiros me puseram rudemente em minha cela.

Nos dias seguintes, por pouco não perdi o juízo. A fórmula deles para mim era: eu deveria ser sequestrado de ████████ ████████████ e levado para um lugar secreto. Eu deveria acreditar que estava numa ilha remota. Devia ser informado por ████ ████████████ que minha mãe tinha sido capturada e posta numa prisão especial.

No lugar secreto, o sofrimento físico e psicológico devia chegar ao extremo. Eu não deveria saber a diferença entre dia e noite. Não deveria saber nada sobre a passagem dos dias ou das horas; meu tempo consistiria numa escuridão louca o tempo todo. As horas das refeições foram deliberadamente suprimidas. Passaria fome durante longos períodos e depois receberia comida, mas não teria tempo para comê-la.

"Você tem três minutos: coma!", o carcereiro gritaria para mim, e depois de cerca de meio minuto agarraria o prato. "Acabou!" Depois era o outro extremo: recebia comida demais e um carcereiro vinha a minha cela e me obrigava a comer tudo. Quando eu dizia "Preciso de água", porque a comida ficava entalada em minha garganta, ele me fazia beber duas garrafas de água de 740 mililitros.

"Não consigo beber", disse eu, quando meu abdome parecia que ia explodir. Mas ███████████████ gritava e me ameaçava, empurrando-me contra a parede e erguendo as mãos para me bater. Eu achava que seria melhor beber, e bebia até vomitar.

Todos os carcereiros usavam máscaras como as de Halloween, assim como o pessoal do atendimento médico, e os carcereiros eram informados de que eu era um terrorista de alto nível e incrivelmente esperto.

"Sabe quem é você?", disse o amigo de ███████████████. "Você é um terrorista que ajudou a matar 3 mil pessoas!"

"Sou mesmo!", respondi. Sabia que era inútil discutir meu caso com um carcereiro, principalmente porque ele não sabia nada sobre mim. Os carcereiros eram todos muito hostis. Xingavam, gritavam, me obrigavam a fazer exercícios de ordem-unida a toda hora. "De pé!" "Vá até a portinhola!" "Pare!" "Pegue essa merda!" "Coma." "Você tem dois minutos!" "Acabou!" "Dê-me essa merda de volta!" "Beba!" "É melhor beber essa garrafa toda!" "Rápido!" "Sentado!" "Não sente se eu não mandar!" "Procure essa merda!" A maior parte dos carcereiros raras vezes me agredia fisicamente, mas uma vez ███████████████ me bateu até que eu caísse de cara no chão, e quando ele e seu colega me levantaram, me agarraram com força e me fizeram correr com as correntes pesadas: "Anda!".

Não era permitido dormir. Para que eu ficasse acordado, davam-me garrafas de 740 mililitros de água a intervalos de uma a duas horas, a depender do humor dos carcereiros, 24 horas por dia. As consequências eram devastadoras. Eu não conseguia fechar os olhos durante dez minutos porque passava a maior parte do tempo sentado no banheiro. Mais tarde, depois que a tensão tinha sido aliviada, perguntei a um dos carcereiros: "Por que a dieta de água? Por que vocês não me mantêm acordado fazendo-me ficar de pé, como em ▇▇▇▇▇▇▇▇▇▇?".

"Psicologicamente é devastador fazer alguém ficar acordado por si só, sem lhe dar ordens para isso", disse ▇▇▇▇▇▇▇▇▇ ▇▇▇▇▇. "Pode crer, você ainda não viu nada. Já pusemos detentos nus debaixo do chuveiro durante dias, comendo, mijando e cagando na ducha!", continuou ele. Outros carcereiros me contaram sobre métodos de tortura que eu não tinha a menor vontade de conhecer.

Eu estava autorizado a dizer três frases: "Sim, senhor!", "Preciso de meu interrogador!" e "Preciso de médico". De tempos em tempos, toda a equipe de carcereiros irrompia em minha cela, me arrastava para fora, me punha de cara para a parede e jogava fora tudo o que havia na cela, gritando e xingando para me humilhar. Não era muita coisa: eu já estava privado de todos os objetos de que um detento precisa para seu conforto, exceto um colchão e uma manta fininha, curta e surrada. Durante as primeiras semanas, não tive banho, nem roupa lavada, nem dentes escovados. Por pouco não criei percevejos. Odiava meu cheiro.

Nada de dormir. Dieta de água. Cada movimento por trás de minha porta me fazia ficar de pé em posição de sentido, com o coração aos pulos como água em ebulição. Meu apetite era inexistente. Passava cada minuto à espera da próxima sessão de tortura. Eu esperava morrer e ir para o céu; por mais pecador que eu fosse, Deus não seria menos piedoso do que essa gente. No fim, todos estaremos face a face com o Senhor e imploraremos seu perdão, admitindo nossas fraquezas e nossos pecados. Eu mal podia me lembrar de alguma oração, tudo o que eu conseguia dizer era "Por favor, Deus, alivie minha dor…".

Passei a ter alucinações e a ouvir vozes claras como cristal. Ouvi minha família numa conversa informal da qual eu não conseguia participar. Ouvi a leitura do Corão numa voz celestial.* Ouvi música de meu país. Mais tarde, os carcereiros usaram essas alucinações e começaram a falar com vozes de chacota através do encanamento, incentivando-me a agredir os carcereiros e armar um plano de fuga. Mas não me enganaram, mesmo quando eu fazia o jogo deles. "Ouvimos alguém — talvez um gênio!", diziam eles.

"Sim, mas eu não estou ouvindo", eu respondia. Só sabia que estava à beira de perder o juízo. Comecei a falar sozinho. Por mais que tentasse me convencer de que não estava na Mauritânia, de que não estava próximo de minha família e portanto não poderia ouvi-la conversando, eu continuava ouvindo vozes permanentemente, dia e noite. Assistência psicológica estava fora de questão, como também assistência médica de verdade, além do imbecil que eu não queria nem ver.

Eu não ia conseguir sair daquela sozinho. Naquele momento, eu não sabia se era dia ou noite, mas suponho que era noite

---

* Isso se confirma friamente em documentos oficiais. Segundo o Comitê das Forças Armadas do Senado, em 17 de outubro de 2003, um interrogador do JTF-GTMO enviou um e-mail a um psicólogo da Equipe Consultiva de Ciência Comportamental (BSCT) que dizia: "Slahi disse que está ouvindo vozes… Está preocupado porque sabe que isso não é normal… A propósito… isso pode acontecer com pessoas que recebem poucos estímulos externos, como luz do dia, interação humana etc. etc???? parece um tanto assustador". O psicólogo respondeu: "privações sensoriais podem causar alucinações, mais visuais que auditivas, mas nunca se sabe… No escuro, a pessoa cria coisas a partir do pouco que tem…". Sasc, pp. 140-1.

porque o ralo da privada estava escuro. Reuni todas as minhas forças, imaginei a *Qibla*, ajoelhei-me e comecei a implorar a Deus. "Por favor, orienta-me. Eu não sei o que fazer. Estou cercado de lobos impiedosos, que não têm medo de ti." Enquanto rezava, prorrompi em lágrimas, mas engoli o choro para que os carcereiros não me ouvissem. Sabe-se que há orações sérias e orações desleixadas. Minha experiência me ensinou que Deus sempre atende às orações sérias.

"Senhor", disse eu quando terminei minhas orações. Um dos carcereiros apareceu, com sua máscara de Halloween.

"O quê?", perguntou o carcereiro, num tom seco e frio.

"Quero ver ████████████████████████. Não ███████ ██████████████████████; quero o cara ████████ ████████████████████", eu disse.

"Você quer dizer ███████████████████? Opa, o carcereiro acaba de cometer um grave erro ao revelar o nome real de ███████████████████. Na verdade, eu já conhecia o nome porque muito tempo antes o tinha visto num arquivo que estava com ████████████, e somando dois e dois, a charada está resolvida.*

"Sim, ████████████████████████████████ ███████████████, não o ███████████████████████."

Eu queria mesmo falar com alguém que provavelmente me compreendesse e não com ███████████████████, que tinha dificuldade para entender o que quer que fosse. Mas ███████████

---

* O relatório Schmidt-Furlow dá como data dessa sessão o dia 8 de setembro de 2003, observando que os registros do interrogatório mostram que nessa data "o objeto do segundo interrogatório especial quis ver o 'capitão Collins' e a equipe de interrogatório 'entendeu que o detento tinha tomado uma decisão importante e que o interrogador estava ansioso para ouvir o que o detento tinha a dizer'". Mas parece que outro membro da equipe de projetos especiais continuou a conduzir o interrogatório. Schmidt-Furlow, p. 25.

█████████ não apareceu, quem veio foi █████████
█████████.

"Você chamou █████████████████████?"

"Sim."

"E pediu para não me ver?"

"Sim."

"Bem, eu trabalho para ████████████████, e ele me enviou!", disse ████████████ secamente.

"O.k., não tenho nenhum problema em colaborar com você da mesma forma que faria com ████████████████████. No entanto, gostaria que o sr. █████████████████ participasse das entrevistas", eu disse.

"Não sou eu quem decide essas coisas, mas suponho que não haveria problema", disse ele.

"Eu estou morrendo de fome, quero que diga aos carcereiros que me deem um pouco de comida."

"Se começar a colaborar, vai ter mais comida. Virei mais tarde para entrevistá-lo. Só quero lhe dizer que você tomou a decisão certa."

A confissão é como um colar de contas: se cai a primeira, as demais vêm em seguida.

Para ser sincero, estou dizendo aqui muitas coisas que estava segurando só por medo. Eu simplesmente não conseguia encontrar uma base comum para discutir meu caso à vontade, num ambiente menos tenso. Eu não tinha crimes a confessar, e é exatamente nisso que eu embatucava com meus interrogadores, que não estavam buscando ações inocentes. Eles procuravam iniciativas do mal. Mas depois de minhas conversas com o FBI e o DoD, eu já tinha uma boa ideia sobre as teorias cabeludas que o governo tinha sobre mim.

"Sabemos que você veio ao Canadá para conspirar contra os Estados Unidos", disse ███████████████████████.

"E qual era meu plano maligno?"

"Talvez não prejudicar diretamente os Estados Unidos, mas atacar a torre CN em Toronto?", disse ele. Pensei: esse cara está louco? Eu nunca tinha ouvido falar nessa torre.

"Você há de compreender que se eu admitir isso tenho de envolver outras pessoas! E o que vai acontecer se eu estiver mentindo?", perguntei.

"E daí? Sabemos que seus amigos são maus, e se forem presos, mesmo que você minta sobre ████████████, não tem importância porque eles são maus." Pensei: "Que animal! Ele quer trancafiar pessoas inocentes só porque são árabes muçulmanos! Que loucos!". Então ███████████████████ me disse exatamente qual o crime que eu poderia admitir que fosse coerente com a teoria da Inteligência.

"Voltando aos Estados Unidos, se eu recomendar uma pessoa a uma boa escola e essa pessoa acabar dando tiros e matando gente, a culpa é minha?", perguntou-me ███████████ certa vez.

"Não!"

"Então, se você recrutou umas pessoas para a Al-Qaeda, não é culpa sua que elas tenham se tornado terroristas!", disse ██████ ████████.

"O único problema é que não fiz isso, não interessa as consequências."

████████████ foi mais explícito. "Estamos cagando para o fato de você ter ajudado ████████████████ e dois outros sequestradores a ir para a Tchetchênia. Só nos importa se você os mandou a seu ██████████████████." Assim, segundo ██████████, eu poderia acabar com a tortura se dissesse que recrutei ██████████ ████████ e dois outros sequestradores. Para ser franco, eles me levaram a acreditar que eu tinha recrutado ███████████████████; pensei, meu Deus, eu devo ter recrutado o cara antes de nascer!

"Tem cara de cachorro, andar de cachorro, cheiro de cachorro, late como cachorro, deve ser um cachorro", repetia ████████ durante suas sessões comigo. Isso me parecia horrível, sei que não sou um cachorro, não obstante, poderia ser. A teoria policial que consiste em fazer qualquer trapaça para manter as pessoas presas atribuindo-lhes coisas não faz sentido para mim. Só acho que um suspeito inocente deve ser posto em liberdade. Como disse o rei árabe Omar, lendário por sua justiça, "prefiro libertar um criminoso a manter preso um inocente".

"████████████████████ explicou melhor ████████ ████████████████: disse que você o ajudou a ir para a Tchetchênia sugerindo que ele e seus amigos passassem pelo Afeganistão porque a Geórgia estava devolvendo *mujahidin*. Além disso, quando perguntei a ████████████ o que ele achava que você fazia para a Al-Qaeda, ele disse que você era um recrutador."

"Acho que sem você o Onze de Setembro nunca teria acontecido", concluiu ████████████████████████. Segundo a teoria dele, eu era o cara; tudo o que eu precisava fazer era admitir isso. Muitos interrogadores me perguntaram: "O que você tem a dizer sobre as células da Al-Qaeda na Alemanha e no Canadá?". Para ser sincero, nunca ouvi falar disso; conheço organizações da Al-Qaeda, mas não sei nada sobre células da Al-Qaeda em outros países, o que não quer dizer necessariamente que elas não existam.

████████████████████ tornou a questão ainda mais clara. "Você é um líder, as pessoas gostam de você, que é respeitado e seguido por elas", ele me disse um sem-número de vezes. Como se vê, minha fórmula já estava prontinha para mim. Não só faço parte de uma célula da Al-Qaeda na Alemanha e no Canadá, também sou o líder.

Discuti o caso de ████████████ com ████████████ muitas vezes. "Na sua opinião, eu recrutei ████████████ e seus dois amigos para a Al-Qaeda", disse eu.

"Sim."

"Está bem, mas essa afirmação requer muitos outros fatores e coincidências."

"O quê, por exemplo?" perguntou ele.

Primeiro, expliquei, eu deveria conhecer ▮▮▮▮▮▮▮▮, mas o próprio ▮▮▮▮▮▮▮▮ disse que só tinha me visto uma vez, e se isso não basta para se conhecer alguém, muito menos para recrutá-lo. Segundo, eu devo ter recrutado ▮▮▮▮▮▮▮ sem conhecimento dele, porque ele alega que eu lhe disse como fazer para ir à Tchetchênia. "De acordo com o que você diz", disse eu, "e talvez de acordo com o que ele diz, eu o aconselhei a viajar pelo Afeganistão, então o que garante que ele não tenha ficado no Afeganistão? E se ele milagrosamente ficou no Afeganistão, o que garante que ele fosse treinar? E se ele decidisse treinar, o que garante que ele preencheria as exigências da Al-Qaeda? E se por acaso ele preenchesse as exigências da Al-Qaeda, o que me diria que ele estava pronto para ser um homem-bomba e que eu estava pronto para ensinar a ele como explodir? Isso é ridículo!"

"Mas você é muito esperto", ▮▮▮▮▮▮▮▮ disse.

"Nessas circunstâncias, concordo com você que sou muito mais do que esperto: sou um adivinho! Mas o que leva vocês a acreditar que sou tão mau?"

"Nós não sabemos, mas as pessoas inteligentes não deixam pistas. Por exemplo, tivemos um ▮▮▮▮▮▮▮▮▮▮▮▮ que trabalhou para a Rússia durante vinte anos sem ser descoberto", disse ▮▮▮▮▮▮▮.*

"Temos gente que ainda acredita que você conspirou com ▮▮▮▮▮▮▮▮▮▮▮▮▮▮▮ disse ▮▮▮▮▮▮▮▮ quando eu disse a ela para não me perguntar sobre ▮▮▮▮▮▮▮

---

* A referência deve ser a Robert Hanssen, agente do FBI que espionou para órgãos de Inteligência Soviéticos e Russos de 1979 até 2001, quando foi preso e condenado.

▇▇▇▇▇▇▇▇▇▇▇▇▇ porque o FBI tinha fechado o caso dele quando ele começou a colaborar.*

"Estou vendo que com vocês não tenho saída", eu disse a ▇▇▇▇.

"Estou lhe dizendo qual é!", ▇▇▇▇ respondeu.

Agora, graças à dor insuportável que estava sentindo, eu não tinha nada a perder e me permiti dizer qualquer coisa que satisfizesse meus agressores. Foi uma sessão atrás da outra desde que chamei ▇▇▇▇▇▇▇▇▇▇.

"As pessoas estão muito satisfeitas com o que você está dizendo", disse ▇▇▇▇▇▇▇▇▇ depois da primeira sessão. Respondi a todas as perguntas que ele me fez com respostas incriminadoras. Tentei tanto quanto pude parecer o pior possível, já que é a maneira de contentar um interrogador. Pus na cabeça que ia passar o resto da vida na cadeia. Pode-se encontrar muita gente que suporta o fato de ficar preso injustamente, mas ninguém pode suportar agonia todo santo dia pelo resto da vida.

▇▇▇▇▇▇▇▇▇ começou a tomar forma de um ser humano, embora mau. "Escrevi meu relatório como artigo de jornal, e os membros da comunidade mandaram seus comentários. Eles estão muito satisfeitos", disse ▇▇▇▇▇▇.

"Eu também", disse eu. Eu estava pensando no novo lado quase feliz de ▇▇▇▇▇▇▇▇▇▇▇▇▇▇▇ é uma pessoa emburrada; quando conversa com alguém está sempre olhando para o telhado, nunca olha ninguém nos olhos. Ele mal pode sustentar um diálogo, mas é muito bom em monólogos. "Divorciei-me porque minha mulher era muito chata", disse-me ele uma vez.

"Seu pedido para ver ▇▇▇▇▇▇▇▇▇▇▇ não foi aprovado, enquanto isso eu vou trabalhar em seu caso", disse ele.

---

* A referência deve ser a Ahmed Ressam e a sua colaboração com as autoridades americanas. Ver nota da p. 131.

"Tudo bem!" Eu sabia que ▮▮▮▮▮▮▮▮▮▮ era um teste, e que o DoD ainda queria que eu lidasse com o "cara mau".
"▮▮", disse ele.

"Mas como o senhor não conhece o meu limite, me levou para além dele", respondi. Quando comecei a falar copiosamente com ▮▮▮▮▮▮▮▮▮▮▮▮▮▮▮, ▮▮▮▮▮▮▮▮▮▮▮▮▮▮ trouxe ▮▮▮▮▮▮▮▮ de volta à cena; por alguma razão a equipe queria ▮▮ ▮▮▮▮▮▮▮▮ de volta também.

"Obrigado por trazer ▮▮▮▮▮▮▮▮ de volta", disse eu.

▮▮▮▮▮▮▮▮▮▮ parecia ao mesmo tempo alegre e triste. "Gosto de falar com você, é fácil conversar com você e você tem bons dentes", disse-me ▮▮▮▮▮ antes que eu fosse sequestrado de ▮▮▮▮▮▮▮▮▮▮▮▮▮▮▮▮▮▮▮▮▮▮▮. ▮▮▮▮▮▮▮▮▮▮▮▮▮▮ era a pessoa mais próxima de mim; a única com quem eu podia me relacionar.*

"Eu nunca poderia fazer o que ▮▮▮▮▮▮▮▮▮▮▮▮▮ está fazendo; ele só se preocupa em terminar seu trabalho", disse ▮▮▮ ▮▮▮▮▮▮▮▮ comentando os métodos de ▮▮▮▮▮▮▮▮▮▮ quando ▮▮▮▮▮▮▮▮▮▮▮▮▮▮▮▮ estava ausente. ▮▮▮▮▮▮▮▮▮▮ ▮▮▮▮▮▮▮▮▮▮▮▮▮▮▮▮ agora me interrogavam por turnos. Eles dedicaram o tempo todo até cerca de 10 de novembro a me perguntar sobre o Canadá e o Onze de Setembro; não fizeram uma única pergunta sobre a Alemanha, onde estava o centro de gravidade da minha vida. Sempre que eles me perguntavam sobre alguém do Canadá, eu dava alguma informação incriminadora sobre essa pessoa, mesmo que não a conhecesse. Sempre que eu

---

* Os pronomes tarjados e as afirmações "a pessoa mais próxima de mim" e "a única pessoa com quem eu poderia me relacionar" levam a crer que se trata do membro do sexo feminino da equipe de projetos especiais que antes fazia os interrogatórios do segundo turno. Ver nota da p. 315.

pensava nas palavras "Eu não sei" tinha náuseas, porque me lembrava das palavras de ▮▮▮▮▮▮▮▮▮▮: "Tudo o que você tem a dizer é 'Eu não sei, eu não lembro, e vamos foder com você!'". Ou ▮▮▮▮▮▮▮▮▮▮: "Não queremos mais ouvir suas negativas!". Foi assim que apaguei essas palavras de meu dicionário.

"Queremos que você ponha suas respostas no papel; dá muito trabalho acompanhar o que você diz, e você pode esquecer coisas enquanto fala", disse ▮▮▮▮▮▮▮▮▮▮.

"É claro!" Fiquei contente com a ideia, porque seria melhor falar com o papel do que com ele; pelo menos o papel não ficaria gritando comigo ou me ameaçando. ▮▮▮▮▮▮▮▮▮▮ afogou-me numa pilha de papéis, que eu preenchi devidamente com texto. Foi uma boa saída para minha frustração e minha depressão. "Você é muito pródigo em suas respostas escritas; chegou até a escrever uma porção de coisas sobre ▮▮▮▮▮▮▮▮▮▮, que você na verdade não conhece", disse ▮▮▮▮▮▮▮▮▮▮, com razão, esquecendo que tinha me proibido de usar as palavras "Eu não sei".

"▮▮▮▮▮▮▮▮▮▮ está lendo com muito interesse o que você escreve", disse ▮▮▮▮▮▮▮▮▮▮. Fiquei assustadíssimo, porque essa afirmação era ambígua. "Vamos dar a você uma tarefa sobre ▮▮▮▮▮▮▮▮▮▮. Ele está preso na Flórida, e não conseguem fazê-lo falar, ele insiste em negar tudo. É melhor você nos dar uma notícia quente contra ele", disse ▮▮▮▮▮▮▮▮▮▮. Fiquei muito triste: como era bruto esse cara, pedir-me que lhe desse uma notícia quente sobre alguém que eu mal conhecia!

"Eu só sei que Ahmed L. é um criminoso e deveria ficar preso o resto da vida.* Estou disposto a testemunhar contra ele nos

---

* "Ahmed L." aparece sem tarja no manuscrito. Pode ser uma referência a Ahmed Laabidi, um tunisiano que morou em Montreal no ano 2000 e mais tarde foi preso por violar leis de imigração nos Estados Unidos. Laabidi ficou sob

tribunais", disse eu, embora não estivesse disposto a mentir nos tribunais e acusar um inocente.

"███████████████ vai ser condenado à pena de morte se pudermos incriminá-lo por tráfico de drogas", disse ███████ ████████████ ele uma vez, mostrando o retrato dele. Desatei a rir assim que vi a expressão do rosto dele e o uniforme prisional Bob Barker-Calvin Klein.*

"De que está rindo?", ████████████████████ perguntou.

"É que é engraçado!"

"Como é que você pode rir de seu amigo?" Na mesma hora me senti culpado, embora soubesse que não era dele que eu estava rindo. Afinal, minha situação era pior que a dele. Eu estava rindo da situação: eu conseguia perceber o que estava passando pela cabeça dele só de ver a expressão de seu rosto. Tinham feito fotos minhas desse mesmo jeito muitas vezes, no Senegal, na Mauritânia, na Alemanha, na Jordânia, em Bagram e em GTMO. Eu detestava a pose, detestava a indumentária, detestava a fita métrica. E digo uma coisa: quando se vê um rosto sombrio metido num uniforme prisional, postado diante de uma fita métrica na parede, pode-se ter certeza de que essa pessoa não está feliz.

Na verdade, eu me senti mal pelo pobre sujeito. Ele tinha procurado obter asilo temporário no Canadá, mas o Canadá recusou seu pedido, em parte por considerá-lo um islamista. ██████ ████████████████████ desejava tentar a sorte nos Estados Unidos, onde se deparou com a dura realidade de um ambiente incandescente contra muçulmanos e árabes, e onde lhe deram "asi-

---

custódia da imigração americana e foi deportado para a Tunísia em setembro de 2003. Mais sobre Laabidi na nota da p. 370.

* Bob Barker Company, Incorporated, que se apresenta como "o maior fornecedor de artigos para detenção dos Estados Unidos", vende uniformes prisionais para o Departamento de Defesa americano. Ver <http://news.google.com/newspapers?nid=1454&dat=20020112&id=6gJPAAAAIBAJ&sjid=ux8EAAAAIBAJ&pg=5765,3098702>.

lo" numa prisão de segurança máxima e agora tentavam vincular seu nome a qualquer crime. Quando vi o rosto dele, soube que estaria imaginando: "Que se lixem esses americanos. Como eu os odeio! O que eles querem de mim? Como foi que vim parar na cadeia se cheguei aqui em busca de proteção?".

"Falei hoje com os canadenses e eles disseram que não acreditam em sua história sobre o envolvimento de ▬▬▬▬▬ ▬▬▬▬▬ em tráfico de drogas nos Estados Unidos, mas sabemos que ele está nessa", disse-me ele uma vez.

"Só posso dizer o que sei", disse eu.

"Mas queremos que você nos dê uma prova da ligação de ▬▬▬▬▬▬▬▬▬ com o Complô do Milênio. Coisas como o apoio dele aos *mujahidin* ou sua crença no jihad são boas, mas não bastam para mantê-lo preso pelo resto da vida", disse ele.

"Oh, claro, vou fazer isso", disse eu. Ele me entregou um maço de papel e voltei para minha cela. Ó meu Deus, estou sendo tão injusto comigo e com meus irmãos, fico pensando, e repetindo: "Nada vai nos acontecer... *Eles* vão para o inferno... Nada vai nos acontecer... *Eles* vão...". Fico rezando baixinho e repetindo minhas orações. Peguei papel e caneta e escrevi todo tipo de mentiras incriminadoras sobre uma pobre pessoa que só estava querendo refúgio no Canadá e tentando ganhar algum dinheiro e poder constituir família. Além do mais, ele é deficiente. Eu me senti muito mal e continuei rezando em silêncio: "Nada vai acontecer com você, querido irmão...", soprando os papéis à medida que terminava. É claro que estava fora de cogitação dizer a eles o que eu realmente sabia dele, porque ▬▬▬▬▬▬▬▬ já tinha me dado a orientação: "▬▬▬▬▬▬▬ está esperando seu depoimento contra ▬▬▬▬▬▬▬ com o maior interesse!". Entreguei a tarefa a ▬▬▬▬▬▬▬, e, depois de uma avaliação, vi ▬▬▬▬▬▬▬ sorrindo pela primeira vez.

"O que você escreveu sobre Ahmed é muito interessante, mas queremos que nos dê informações mais detalhadas", disse ele. Pensei: que informação esse idiota quer de mim? Eu nem sequer me lembrava do que tinha acabado de escrever.

"Sim, não há problema", disse eu. Estava bem contente por Deus ter atendido a minhas preces por ███████████████ ao saber que em 2005 ele tinha sido libertado incondicionalmente e enviado de volta a seu país. "Ele vai pegar pena de morte", ███████████████ costumava me dizer! E eu não estava em situação melhor.

"Já que estou colaborando, o que vocês vão fazer comigo?", perguntei a ████████████.

"Depende. Se você nos der grande quantidade de informação que ainda não temos, isso pode reduzir sua sentença. A pena de morte, por exemplo, pode ser comutada em prisão perpétua, e esta em trinta anos", respondeu ele. Que Deus tenha piedade de mim! Que justiça implacável!

"Oh, que ótimo", comentei. Sentia-me muito mal pelas pessoas que posso ter prejudicado com meus falsos depoimentos. Meus únicos consolos eram, primeiro, que eu não tinha prejudicado ninguém mais que a mim mesmo; segundo, que não tinha escolha; e terceiro, eu tinha certeza de que a injustiça seria derrotada, era uma questão de tempo. Além disso, eu nunca culparia ninguém por mentir a meu respeito ao ser torturado. Ahmed era apenas um exemplo. Durante esse período, escrevi mais de mil páginas de falsas informações sobre meus amigos. Eu tinha de dançar conforme a música tocada pela Inteligência dos Estados Unidos, e foi exatamente o que fiz.

No começo dessa fase de colaboração, a pressão afrouxou muito pouco. Fui interrogado ████████████████████ ████. Era brutal questionar um ser humano dessa forma, principalmente alguém que está colaborando. Eles me obrigaram a es-

crever nomes e lugares ██████████████████████████
███████████████████████████████████. Mostraram-me
milhares de retratos. Eu já os conhecia de cor, porque vi as fotos
muitas vezes. Tudo era déjà-vu. Eu pensava: que gente cruel!

Durante o tempo todo, os carcereiros eram atiçados contra
mim.

"Não tenha pena. Aumente a pressão. Leve-o à loucura", dizia ████████████████████████. E isso era exatamente o que os
carcereiros faziam. Batendo em minha cela para me manter acordado e assustado. Retirando-me violentamente da cela pelo menos duas vezes por dia para dar busca na cela. Levando-me para
fora no meio da noite e obrigando-me a fazer exercícios físicos
que eu não conseguia devido a meu estado de saúde. Virando-me
contra a parede diversas vezes ao dia e ameaçando-me direta e
indiretamente. Algumas vezes chegavam a me interrogar, mas eu
nunca disse uma só palavra a meus interrogadores porque sabia
que eles estavam por trás de tudo.

"Você sabe quem você é?", perguntou ████████████████
████████.

"Hã…"

"Você é um terrorista", ele continuava.

"Sim, senhor!"

"Não basta matar você uma vez. Precisamos matá-lo 3 mil
vezes. Mas não, estamos alimentando você!"

"Sim, senhor."

A dieta de água continuava me afetando brutalmente. "Você
ainda não viu nada", eles continuavam dizendo.

"Não estou com vontade de ver. Estou bem sem medidas
mais drásticas."

Os carcereiros estavam trabalhando numa rotina de dois
turnos, o do dia e o da noite. Quando chegava o novo turno, eles

anunciavam sua presença batendo forte na porta de minha cela para me assustar. Meu coração começava a dar saltos porque eles sempre vinham com novas ideias para fazer da minha vida um inferno, como me deixar comer pouco, dando-me apenas trinta segundos ou um minuto, ou obrigando-me a comer até o último bocado num espaço de tempo muito curto. "É melhor você acabar!", eles gritavam. Ou me faziam limpar exageradamente o chuveiro, ou me faziam dobrar minhas toalhas e minha manta de uma maneira impossível mil vezes até que se dessem por satisfeitos. Para proibir todo tipo de objeto que me desse conforto, eles inventavam novas regras. Um: eu nunca podia estar deitado; sempre que um carcereiro aparecia pela portinhola, eu tinha de estar acordado, ou acordar assim que um carcereiro se aproximasse de minha área. Não havia sono propriamente dito. Dois: minha privada tinha de estar sempre seca! Mas como, se eu estava sempre urinando e dando descarga? Para poder cumprir a ordem, eu precisava usar meu único uniforme para secar o vaso e ficar ensopado de merda. Três: minha cela devia estar sempre numa determinada ordem, como ter a manta dobrada, de modo que eu nunca pudesse usá-la.

Essa era a fórmula dos carcereiros. Eu sempre me mostrava mais assustado do que estava, como técnica de autodefesa. Não que eu quisesse bancar o herói; não sou herói, mas não tinha medo dos carcereiros porque sabia que eles recebiam ordens de cima. Se eles informassem "o detento não está assustado!", as doses aumentariam.

Eu, por meu lado, tinha minha própria fórmula. Antes de mais nada, eu sabia que estava a um passo de ▬▬▬▬▬▬ ▬▬▬▬▬▬.* Os interrogadores e os carcereiros sempre

---

* MOS deve estar se referindo à distância entre a cela de isolamento onde era mantido e os principais pavilhões de detenção do Campo Delta, onde havia ficado antes.

mencionavam o "lugar esquecido por Deus" onde eu estava, mas eu os ignorava totalmente, e quando os carcereiros me perguntavam "Onde você acha que está?", eu respondia: "Não tenho certeza, mas não estou preocupado com isso; já que estou longe de minha família, na verdade não importa onde esteja". Dessa forma, eu sempre encerrava o assunto quando eles se referiam ao lugar. Tinha medo de ser torturado se eles soubessem que eu sabia onde estava, mas era uma espécie de consolo saber que não estava longe dos companheiros de prisão.

Depois que consegui distinguir o dia da noite, comecei a fazer a conta dos dias recitando dez páginas do Corão por dia. Em sessenta dias eu terminava e recomeçava, assim contava os dias. "Cale a boca, porra! Não há motivo nenhum para cantar", dizia ▮▮▮▮▮▮▮▮▮▮▮▮▮▮▮▮▮▮ quando me ouvia recitando o Corão. Depois disso, passei a recitar em silêncio para que ninguém me ouvisse. Mas eu ainda estava confuso quanto aos dias da semana; só consegui me situar ao ver de relance o relógio que ▮▮▮▮▮▮▮▮▮ ▮▮▮▮▮▮▮▮ tirou do bolso para ver a hora. Ele era muito atento e cuidadoso, mas já era tarde, eu tinha visto ▮▮▮▮▮▮▮▮▮▮ ▮▮▮▮▮▮▮▮, mas ele não percebeu. A sexta-feira é um dia santo importante para os muçulmanos, e por isso eu queria saber em que dia da semana estávamos. Além disso, eu odiava o fato de estar privado de uma de minhas liberdades mais básicas.

Tentei descobrir o nome de todos os que estiveram envolvidos em minha tortura — não por retaliação ou algo assim; foi só porque eu não queria que essa gente tivesse autoridade sobre qualquer de meus irmãos, ou qualquer outra pessoa, não importa quem fosse. Acredito que eles deviam ser não apenas destituídos de seus poderes, mas presos. Consegui descobrir os nomes de ▮▮▮ ▮▮▮▮▮▮▮▮▮▮▮▮▮▮▮▮▮▮▮▮▮▮▮▮▮▮▮▮ dois de meus interrogadores, de dois carcereiros e outros que não estavam diretamente envolvidos em minha tortura mas podiam servir de testemunhas.

Logo que conheci os americanos, detestei sua língua por causa do sofrimento que eles me causaram sem nenhum motivo; eu não queria aprendê-la. Mas isso foi pura emoção, o apelo do saber foi mais forte e decidi aprender a língua. Embora eu já soubesse conjugar os verbos "ser" e "ter", minha bagagem do inglês era muito pouca. Como eu não era autorizado a ter livros, precisei captar a língua principalmente dos carcereiros e às vezes dos interrogadores, e depois de algum tempo eu já falava como uma pessoa do povo: "Tu vai, pra mim pegar, o que que eu fiz, foi com nós, foda-se isto, foda-se aquilo, porra x e porra y…".

Eu também analisava as pessoas à minha volta. Com minhas observações, fiquei sabendo que somente americanos brancos eram designados para lidar comigo, tanto carcereiros quanto interrogadores. Havia um único carcereiro negro, mas ele não tinha voz ativa. Trabalhava junto com um ████████████ branco e mais jovem, que era quem dava as cartas. Alguém pode perguntar: "Como você sabia da hierarquia dos carcereiros se eles estavam sempre encobertos?". Eu não devia saber quem estava no comando, nem eles me davam pistas sobre quem era o chefe, mas nos Estados Unidos é muito fácil saber quem é o chefe: não há como errar.

Minha desconfiança de estar perto de ████████████ surgiu quando um dia recebi a dieta a que estava acostumado em ████████████. "Por que me deram uma refeição quente?", perguntei ao sarcástico carcereiro-chefe. "O médico disse que precisávamos." Eu tinha mesmo o aspecto de um fantasma, só pele e osso. Em poucas semanas, meu cabelo embranqueceu nas têmporas, fenômeno que o povo de minha cultura entende como consequência extrema de depressão. Manter a pressão era crucial no meu processo de interrogatório. O plano funcionou: quanto mais pressão, mais histórias eu produzia e melhor se sentiam meus interrogadores a meu respeito.

Foi então que, aos poucos mas com firmeza, os carcereiros foram instruídos a me dar a oportunidade de escovar os dentes, mais refeições quentes e mais banhos. Os interrogadores começaram a me interrogar ███████████████████████████

███ foi o que deu os primeiros passos, mas tenho certeza de que deve ter havido uma reunião a respeito disso. Toda equipe entendeu que eu estava a ponto de perder o juízo em decorrência da minha situação física e psicológica. Eu tinha estado tempo demais em isolamento.

"Por favor, me tirem deste inferno!", dizia eu.

"Tão cedo você não volta ao convívio da população", ███████ disse. A resposta dela era dura mas verdadeira: não havia plano de me levar dali.* O objetivo era me manter em isolamento enquanto pudessem me tirar informações.

Eu ainda não tinha nada em minha cela. A maior parte do tempo eu recitava o Corão em silêncio. O resto do tempo falava sozinho e pensava em minha vida e nos piores cenários que poderiam ocorrer.

Contava os furos da gaiola em que eu estava. São cerca de 4100 furos.

Talvez por causa disso, felizmente ███████████████ começou a me dar quebra-cabeças e pude passar algum tempo solucionando-os. "Se descobrirmos que você mentiu, você vai sentir o peso da nossa cólera, e vamos trazer tudo de volta. Isso significa voltar aos velhos tempos, você sabe", dizia-me ████████████ quando me dava um quebra-cabeça. Meu coração dava saltos, mas eu pensava, que asno! Por que ele não pode me deixar curtir minha "recompensa" por ora? Amanhã é outro dia.

---

* "Dela" aparece aqui sem tarja.

Comecei a enriquecer meu vocabulário. Pegava um papel e escrevia palavras que não entendia, e ███████████████ ███ me explicava o significado delas. Se há alguma coisa positiva em ███████████████ é seu rico vocabulário. Não me lembro de ter perguntado a ele sobre uma palavra que ele não tivesse conseguido me explicar. O inglês era na verdade sua única língua, embora ele dissesse que falava persa. "Eu quis aprender francês, mas odiava o modo como eles falam e parei", disse ele.

" ███████████████████████ quer ver você em alguns dias", disse ███████████. Fiquei aterrorizado; naquela altura, eu ia muito bem obrigado sem a visita dele.

"Será bem-vindo", disse eu. Comecei a ir ao vaso sem parar. Minha pressão estava altíssima. Imaginava como seria essa visita. Mas graças a Deus foi muito mais fácil do que eu tinha imaginado. ███████████████ chegou, escoltado por ███████████. Foi, como sempre, prático e breve.

"Estou muito satisfeito com sua colaboração. Lembra-se de quando eu disse que preferia conversas civilizadas? Acho que você já informou 85% do que sabe, mas estou certo de que vai informar o resto", disse ele, abrindo uma sacola térmica com suco.

"Oh, sim, eu também estou satisfeito!", disse eu, me forçando a beber o suco só para agir como se eu estivesse normal. Mas eu não estava: pensava que 85% era um grande passo vindo dele. ███████████████ aconselhou-me a continuar colaborando.

"Trouxe um presente para você", disse ele, entregando-me um travesseiro. Sim, um travesseiro. Recebi o presente com uma imensa felicidade falsa, e não porque estivesse morto de vontade de ter um travesseiro. Não, entendi o travesseiro como o fim da tortura física. Em meu país contamos a piada de um homem que está na rua descalço. Quando alguém lhe pergunta: "Como posso ajudá-lo?", ele responde: "Me dando sapatos". E foi exatamente o que aconteceu comigo. Tudo de que eu precisava era um travesseiro! Mas era alguma coisa: sozinho em minha cela, li a etiqueta mais de mil vezes.

"Lembre-se quando ▬▬▬▬▬▬▬▬▬▬ falou sobre os 15% que você está segurando", disse ▬▬▬▬▬▬ alguns dias depois da visita de ▬▬▬▬▬▬▬▬ . "Acredito que sua história sobre o Canadá não faz sentido. Você sabe o que temos contra você, e sabe o que o FBI tem contra você", continuou.

"Então o que faria sentido?", perguntei.

"Você sabe exatamente o que faz sentido", disse ele, sardônico.

"Você tem razão, eu me enganei sobre o Canadá. O que eu fiz exatamente foi…"

"Quero que você escreva o que acaba de dizer. Faz perfeito sentido e já entendi, mas quero que você ponha no papel."

"Com todo o prazer, senhor!"

Vim ao Canadá com um plano para explodir a torre CN em Toronto. Meus cúmplices eram ▬▬▬▬▬▬▬▬▬▬ ▬▬▬▬▬▬▬▬▬▬ *e* ▬▬▬▬▬▬▬ . ▬▬▬▬▬▬▬▬▬ *foi para a Rússia a fim de conseguir os explosivos.* ▬▬▬▬▬▬▬▬ *criou um programa de simulação de explosivos que eu peguei, testei e passei para* ▬▬▬▬▬▬ ▬▬▬▬▬▬ *num dispositivo de armazenamento de dados. Ele deveria enviar o dispositivo e o plano todo para* ▬▬▬▬▬▬▬ ▬▬ *em Londres, assim poderíamos obter a* fatwa *final com o Xeque.* ▬▬▬▬▬▬▬ *devia comprar uma quantidade de açúcar para misturar aos explosivos e aumentar o efeito deles.* ▬▬▬▬▬▬ ▬▬ *proporcionou o financiamento. Graças à Inteligência Canadense, o plano foi descoberto e condenado ao fracasso. Admito que sou tão culpado quanto qualquer outro participante e lamento, envergonhado, o que fiz. Assinado, M. O. Slahi*

Quando entreguei o papel a ███████████████████, ele o leu e ficou contentíssimo.

"Esta declaração faz perfeito sentido."

"Se você está disposto a comprar, eu quero vender", disse eu.

██████████████████ mal se aguentava na cadeira, queria ir embora imediatamente. O peixe era graúdo e ███████████ estava exaltado por ter conseguido um êxito negado a todos os demais interrogadores, apesar de quase quatro anos de interrogatórios ininterruptos, em todo tipo de instituição de mais de seis países. Que sucesso! ██████████████████ quase teve um ataque cardíaco de felicidade.

"Vou lá vê-lo!"

Acho que a única pessoa infeliz da equipe era ███████████, porque ██████ duvidava da veracidade da história.

Com efeito, no dia seguinte ██████████████ veio me ver, como sempre escoltado por seu ███████████████. "Lembra quando eu lhe falei dos 15% que você estava segurando?"

"Sim, lembro."

"Acho que esta confissão cobriu esses 15%!" Pensei: sim, que diabo!

"Estou feliz com isso", disse eu.

"Quem deu o dinheiro?"

"Foi ██████████.

"E você, também?", perguntou ████████████.

"Não, eu me encarreguei da parte elétrica." Na verdade, nem sei por que neguei a parte financeira. Ia fazer alguma diferença? Talvez eu quisesse apenas manter a coerência.

"E se lhe dissermos que encontramos sua assinatura num cartão de crédito falsificado?", disse ██████████████. Eu sabia que ele estava dizendo besteira porque nunca lidei com essas coisas duvidosas. Mas não ia discutir com ele…

"Dê-me a resposta correta. É melhor dizer sim ou dizer não?", perguntei. Nessa altura, eu até queria estar envolvido em alguma coisa que pudesse admitir logo e me livrar de escrever sobre todo muçulmano praticante que conheci na vida e toda organização islâmica de que tenha ouvido falar. Teria sido muito mais fácil admitir um crime verdadeiro e dizer é isso mesmo. "Essa confissão é compatível com as informações que nós e outras agências temos", disse ██████████████████.

"Fico contente."

"Essa história é verdadeira?", perguntou ██████████████████.

"Olhe, essas pessoas com quem eu estava envolvido são más de qualquer modo, e deveriam ser trancadas a sete chaves. Quanto a mim, não me importo, desde que o senhor esteja satisfeito. Assim, se quer comprar, estou vendendo."

"Mas temos de checar com outros órgãos, e se a história não estiver certa eles vão descobrir", ██████████████████.

"Se quer saber a verdade, essa história não aconteceu", disse eu, com tristeza. ██████████████ tinha trazido bebidas e doces que me obriguei a engolir. Tinham gosto de sujeira porque eu estava nervoso. ██████████████ levou seu ████████ para fora e incitou-o contra mim. ██████████████ voltou me assediando e ameaçando com todo tipo de sofrimento e agonia. ████████ ██ ██ ██████████████.

"Você sabe como é quando sente o peso da nossa cólera", disse ██████████████. Eu me perguntava, o que esse panaca quer de mim? Se é uma confissão o que ele quer, eu já fiz. Quer que eu ressuscite os mortos? Quer que eu cure sua cegueira? Não sou profeta, nem ele acredita em profetas. "A Bíblia não passa da história do povo judeu, e nada mais", ele dizia sempre. Se quisesse a verdade, eu já tinha dito que não fiz nada! Não consigo ver uma saída. "Sim!... Sim!... Sim!" Depois que ▮▮▮▮▮▮▮▮▮▮▮▮▮ me fez suar até a última gota, ▮▮▮▮▮▮▮▮▮▮▮▮ chamou-o e lhe deu conselhos sobre as próximas táticas. ▮▮▮▮▮▮▮▮▮▮▮ foi embora e ▮▮▮▮▮▮▮▮▮▮▮▮ continuou.

"▮▮▮▮▮▮▮▮▮▮ controla tudo. Se ele está satisfeito, todos também estão. E se não está, ninguém está." ▮▮▮▮▮▮▮▮▮▮▮▮ começou a me fazer outras perguntas, sobre outras coisas, e aproveitei cada oportunidade para me apresentar como o mais malvado que pude. "Vou deixar você sozinho com papel e caneta e quero que escreva tudo o que se lembra sobre o plano de vocês no Canadá!"

"Sim, senhor." Dois dias depois ele voltava à minha porta.

"Levante-se! Passe as mãos pela portinhola!", disse um carcereiro com voz de poucos amigos. Não fiquei feliz com a visita: não tinha sentido a menor falta de ver o rosto de meus interrogadores durante o fim de semana, e eles me assustavam como o diabo. Os carcereiros me algemaram e me levaram para diante do edifício onde ▮▮▮▮▮▮▮▮▮▮▮▮▮▮▮▮▮▮▮▮▮ esperavam por mim. Era a primeira vez que eu via a luz do dia. Muita gente toma a luz do dia como algo corriqueiro, mas quando é proibida de vê-la, percebe como é importante. A luz do sol me fez apertar os olhos até que se adaptassem. O sol me atingiu sem dó nem piedade com seu calor. Eu estava apavorado e trêmulo.

"O que há com você?", perguntou-me um dos carcereiros.

"Não estou acostumado a este lugar."

"Trouxemos você para fora para que pudesse ver o sol. Temos mais recompensas como esta."

"Muito obrigado", consegui dizer, embora tivesse a boca seca e a língua pesada como aço.

"Não vai acontecer nada com você se nos contar sobre coisas ruins. Sabemos que você tem medo de que nossa opinião sobre

você mude", disse ████████████████████ enquanto ████████
████████████████ tomava notas.

"Eu sei."

"Vamos falar de hipóteses. Você entende o que é hipótese?"
████████████████████████ perguntou.

"Sim, entendo."

"Vamos supor que você tenha feito o que confessou."

"Mas eu não fiz."

"É só uma suposição."

"Está bem", disse eu. Apesar de sua alta posição, ████████████
████████████████████ era o pior interrogador que já conheci. Quero dizer, do ponto de vista profissional. Ele saltava daqui para ali sem nunca se concentrar numa coisa específica. Se tivesse de fazer uma avaliação, eu diria que o trabalho dele deveria ser qualquer coisa menos interrogar pessoas.

"Entre você e ████████████████████, quem era o responsável?"

"Depende. Na mesquita eu era o responsável, fora era ele", respondi. As perguntas davam por certo que Hannachi e eu éramos membros de uma gangue, mas eu nem sequer conhecia o sr. ████████████████████, que dirá ter conspirado com ele como parte de um grupo que nunca existiu.* Mas eu não podia dizer uma

---

* "Hannachi" deve aludir a Raouf Hannachi, canadense nascido na Tunísia que também morava em Montreal em 2000. Com base no prontuário de MOS, de 2008, e na decisão de seu pedido de habeas corpus, parece que confissões como a que MOS descreve aqui se tornaram peças de acusação do governo contra ele. Tanto Hannachi quanto Ahmed Laabidi aparecem no prontuário de 2008 e na decisão do juiz James Robertson sobre o pedido de habeas corpus de 2010. Em ambos, o governo considera MOS, Hannachi e Laabidi membros de uma célula da Al-Qaeda no Canadá, sendo Hannachi o líder e Laabidi, o financiador. Uma nota do parecer do juiz Robertson diz que a declaração de MOS sob interrogatório, segundo a qual "Laabidi [é] um terrorista que apoia o uso de homens-bomba", se deu numa sessão de interrogatório de 16 de setembro de 2003, que coincide com a cena que MOS descreve aqui. O prontuário de 2008 está dispo-

coisa dessas a ▓▓▓▓▓▓▓▓▓▓▓▓▓▓▓▓▓▓▓▓▓; tinha de dizer algo que me fizesse parecer mau.

"Você conspirou ou não com essas pessoas, como reconheceu?"

"O senhor quer a verdade?"

"Sim!"

"Não, não conspirei", eu disse. ▓▓▓▓▓▓▓▓▓▓▓▓▓▓▓▓▓ e ▓▓▓▓▓▓▓▓▓▓▓▓▓▓▓ tentavam me pregar todo tipo de peça, mas primeiro, eu conhecia todas as peças, e segundo, eu já tinha dito a verdade a eles. Portanto, era inútil me pregar peças. Mas eles me puseram num infame beco sem saída: se mentisse, "Você vai sentir o peso da nossa cólera"; se dissesse a verdade, ia parecer bonzinho, o que os levaria a crer que eu estava ocultando informações porque aos olhos deles EU SOU UM CRIMINOSO e eu ainda não tinha como mudar essa opinião.

▓▓▓▓▓▓▓▓▓▓▓▓▓▓▓▓▓▓▓▓▓ me entregou uma versão impressa do chamado Programa de Proteção à Testemunha. Esqueceu-se de ocultar a data da impressão, portanto pude lê-la. Eu não deveria ver a data, mas ninguém é perfeito.

"Oh, muito obrigado", disse eu.

"Se você nos ajudar, vai ver como nosso governo é generoso", disse ▓▓▓▓▓▓▓▓▓▓▓▓▓▓▓▓.

"Vou ler isso."

"Acho que isso serve para você."

"Certamente." ▓▓▓▓▓▓▓▓▓▓▓▓▓▓▓▓▓▓ indicou aos carcereiros que me levassem de volta à minha cela. Eles ficaram me segurando o tempo todo ▓▓▓▓▓▓▓▓▓▓▓▓▓▓▓▓▓▓▓▓.*

---

nível em: <http://projects.nytimes.com/guantanamo/detainees/760-mohamedou-ould-slahi. Detainee Assessment 10, Memorandum Order 26-8>.

* MOS indica mais adiante que durante todo o tempo em que redigiu seu manuscrito permaneceu na mesma cela à qual foi levado ao fim de seu sequestro

371

Assim que a equipe de interrogatório foi embora, um dos carcereiros abriu a porta de minha cela, gritando: "De pé, filho da puta". Pensei, ó meu Deus, de novo? ███████████████ ███████████████ me levou para fora da cela e me pôs de frente para a parede.

"Seu babaca. Por que não admite?"

"Estou dizendo a verdade."

"Não está. Os interrogadores não perguntam nada se não tiverem provas. Eles só queriam testar você. E sabe que mais? Você falhou. Perdeu sua chance", continuou. Eu suava e tremia, e me mostrava ainda mais amedrontado do que realmente estava. "É muito simples: só queremos que você diga o que fez, como fez e quem mais estava envolvido além de você. Usamos essa informação para impedir outros ataques. Não é simples?"

"Sim, é simples."

"Então por que continua agindo como um babaca?"

"Por que ele é bicha!", disse ███████████████.

"Você acha que ███████████████ acaba de lhe dar a informação sobre proteção à testemunha de brincadeira? Porra, devíamos matar você, mas não vamos fazer isso. Vamos lhe dar dinheiro, uma casa, um bom carro, está ruim? Afinal, você é um terrorista", ele prosseguiu. "É melhor que diga tudo da próxima vez que eles vierem. Pegue papel e caneta e escreva tudo."

Os interrogadores e carcereiros pensam que o Programa de Proteção à Testemunha é uma exclusividade dos Estados Unidos, mas não é. Ele é adotado no mundo inteiro. Mesmo nas piores

---

encenado. Não há indícios de que tenha sido transferido desde então. Um relatório do *Washington Post* de 2010 descreve um "pequeno cercado no complexo da prisão militar" que se encaixa na descrição de como MOS vivia na época em que produzia seu manuscrito. Ver <http://www.washingtonpost.com/wp- dyn/content/article/2010/03/24/AR2010032403135.html>. Manuscrito, p. 233.

ditaduras os criminosos podem se valer desse programa. ▮▮▮▮
▮▮▮▮▮▮▮▮▮▮▮▮ me contou histórias sobre outros criminosos que ficaram amigos do governo americano, como ▮▮▮▮▮
▮▮▮▮▮▮▮▮▮▮▮▮▮▮▮▮▮ e outro comunista que fugiu dos soviéticos durante a Guerra Fria. Não me entusiasmei na verdade por nenhuma delas, mas de qualquer forma peguei os papéis: ia ter alguma coisa para ler além da etiqueta do travesseiro. Li aquilo mil vezes só porque gosto de ler e não tinha outra coisa.

"Você se lembra do que disse a ▮▮▮▮▮▮▮▮▮▮▮▮,
quando ele comentou que você estava escondendo 15%", ▮▮▮▮
▮▮▮▮▮▮ disse na sessão seguinte.

"Sim, mas o senhor sabe que não posso discutir com ▮▮▮
▮▮▮▮▮▮▮▮▮. Senão ele fica furioso." ▮▮▮▮▮▮▮▮
pegou uma versão impressa de minha confissão e começou a ler, sorrindo.

"Mas você não está prejudicando só a si mesmo. Está prejudicando outras pessoas inocentes."

"Certo. Mas o que mais eu deveria fazer?"

"Você disse que vocês queriam misturar açúcar aos explosivos?"

"Sim." ▮▮▮▮▮▮▮▮ sorriu.

"Mas isso não é o que queríamos ouvir quando perguntamos o que você queria dizer com 'açúcar'. Aliás, ▮▮▮▮▮▮▮
▮▮▮▮▮▮▮▮▮▮▮▮▮▮▮▮▮▮▮▮▮▮▮▮▮
▮▮▮▮▮▮▮▮▮▮▮▮▮▮▮▮▮▮▮▮▮▮▮▮▮
▮▮▮▮▮▮▮▮▮▮▮▮▮▮."

" ▮▮▮▮▮▮ eu de fato não sei", eu disse.

"Você provavelmente não pode mentir sobre uma coisa tão grande", disse ▮▮▮▮▮▮. "Temos um especialista qualificadíssimo que poderia vir e interrogar você. O que você acha de ▮▮▮
▮▮▮▮▮▮▮▮▮?"

"█████████████████████████ estou morrendo de vontade de fazer!", disse eu, embora meu coração estivesse aos pulos porque eu sabia que podia fracassar no teste ainda que estivesse dizendo a verdade.

"Vou conseguir um ██████████████████████ para você assim que possível."*

"Estou vendo que o senhor quer parecer bonzinho", disse eu.

"Não, estou preocupado com você. Gostaria de vê-lo longe das grades, levando uma vida normal. Há alguns detentos que eu queria ver aqui pelo resto da vida. Mas você não!", ████████ ███████████ com sinceridade.

"Muito obrigado." ████████████ foi embora com aquela promessa e voltei para minha cela, absolutamente deprimido.

"Lembre-se de que o ████████████████████████ é decisivo para sua vida", disse ████████████████████ pouco depois que deixou uma de suas sessões, tentando, com ajuda de seu carrasco ████████████████ extrair de minha boca informação inexistente. Ele me assustava terrivelmente porque toda minha vida agora pendia de um ███████████████████████.

"Sim, senhor, eu sei."

"Quem você gostaria de ter consigo durante o ██████████ ██████████████ ?", perguntou ████████████████ poucos dias depois de ████████████ .

---

* O contexto, incluindo a palavra "poli" sem tarja um pouco adiante, indica que o tema dessa conversa e do longo trecho tarjado que se segue poderia ser o teste do polígrafo, ou detector de mentiras, a que MOS se refere no final de seu depoimento à ARB. Depois de relatar a viagem de lancha e o que aconteceu em seguida, MOS afirmou: "Como eles me disseram que ou eu falava ou eles continuariam fazendo aquilo, eu disse que ia dizer o que eles quisessem [...] disse a eles que estava tentando fazer as coisas por mim mesmo, e eles disseram ponha isso no papel, eu escrevi e assinei. Mencionei uma porção de gente, gente inocente, porque tinha de dar sentido à minha história. Eles acharam que minha história era falsa e por isso me submeteram ao polígrafo". Transcrição da ARB, p. 27.

"Acho que ▮▮▮▮▮▮▮▮▮▮▮▮▮▮ não seria uma boa escolha, mas eu ficaria satisfeito de que você pudesse estar aqui!"

"Ou o outro ▮▮▮▮▮▮." ▮▮▮▮▮▮▮▮▮▮.

"Sim", concordei, relutante. "Mas por que não o senhor?"

"Vou tentar, mas se não for eu, será o ▮▮▮▮▮▮▮."

"Estou muito assustado com o que ▮▮▮▮▮▮ disse", contei a ▮▮▮▮▮▮▮▮ na véspera do teste.

"Olhe, fiz o teste diversas vezes e passei. Você só precisa é esclarecer suas ideias, ser franco e verdadeiro", respondeu ▮▮▮▮▮▮▮.

"Vou fazer isso."

▮▮▮▮▮▮▮▮▮▮▮▮▮▮▮ "Sabe o que mais?", disse ▮▮▮▮▮▮▮▮, olhando-me através das grades de minha cela. Fiquei de pé rapidamente e me aproximei da portinhola.

"Sim, senhor!" Pensei que ▮▮▮▮▮▮▮ fosse um dos carcereiros. ▮▮▮▮▮▮ espantou-se e ▮▮▮▮ olhou para mim sorrindo.

"Oh, desculpe, pensei que fosse um dos carcereiros. Veio para o ▮▮▮▮▮▮▮▮▮▮▮▮▮▮▮▮▮, não veio?"

"Sim, em algumas horas vou voltar com o cara do ▮▮▮▮▮▮▮. Só queria que você estivesse preparado."

"O.k., muito obrigado." ▮▮▮▮▮ foi embora. Fiz uma abluição ritual e consegui dizer uma oração escondido dos carcereiros, não me lembro se a disse formalmente ou não. "Ó, Deus! Preciso de vossa ajuda mais do que nunca. Por favor, mostrai a eles que estou dizendo a verdade. Por favor, não deis a essa gente impiedosa motivo para me fazer mal. Por favor. Por favor!" Depois da prece, pratiquei uma espécie de ioga. Na verdade, nunca tinha praticado essa técnica de meditação, mas dessa vez sentei em minha cama, pus as mãos nas coxas e imaginei meu corpo ligado no poli.*

---

* "Poli" aparece aqui sem tarja.

"Você cometeu algum crime contra os Estados Unidos?", perguntei a mim mesmo.

"Não." Será que vou passar? Que se danem! Não cometi nenhum crime, por que deveria estar preocupado? Eles são maus! E depois pensei não, eles não são maus, eles têm o direito de defender seu país. São pessoas boas. São mesmo! E de novo, que se danem, não lhes devo nada. Eles me torturaram, são eles que estão em dívida! Fiz o ████████ com todas as perguntas possíveis.

"Você disse a verdade sobre ██████████████████?"

"Não." Esse é um grande problema, porque ████████████ ███████ disse "Se pegarmos você mentindo, você vai sentir o peso da nossa cólera." Dane-se ████████████████; não vou mentir para agradar-lhe e destruir minha vida. Nem pensar. Vou dizer a verdade seja lá qual for. Mas se eu não passar no teste, mesmo respondendo com a verdade? O.k.! Não há problema, vou mentir. Mas e se o ████████ mostrar minhas mentiras? Aí vou ficar num beco sem saída. Só Deus pode me ajudar: minha situação é grave e os americanos são doidos. Não se preocupe com isso, pegue o ████████ e tudo vai dar certo. Estava indo ao banheiro com tanta frequência que achei que fosse urinar até os rins.

A campainha tocou e ████████████ apareceu através das grades com o ██████████████████████████ ████████████████████████████████████ ██████████████████████████████.

"Meu nome é ███████████████. Prazer em conhecê-lo."

"O prazer é meu", eu disse, apertando a mão dele. Eu sabia que ele estava mentindo sobre o seu nome. Ele foi infeliz na escolha do nome falso, ████████████████, que eu sabia que era um nome genérico. Mas eu não me importava. Afinal, que interrogador é franco em relação ao que quer que seja? Ele poderia igualmente ter se apresentado como ████████████ com o mesmo resultado. "Hoje você vai trabalhar comigo. Como está?"

"Muito nervoso", respondi.

"Perfeito. É assim que deveria estar. Não gosto de detentos descontraídos. Dê-me um minuto, vou instalar o ███████████ ███████████." Na verdade, ███████████ e eu ajudamos a ██ ███ ███████████████████████████.

"Agora quero que sente e fique olhando para mim o tempo todo em que eu estiver falando com você." ███████████ não era exatamente o tipo do interrogador mal-encarado. Acho que era cético mas justo.

"Você já teve ███████████████████████████████?"

"Sim, já!"

"Então você entende o ███████████████████████████ ███ ███████████████."

"Acho que sim."

Mas, por via das dúvidas, ███████████████████████████ ███ ███ ███ ███ ███ ███ ███ ███ ███ ███ ███ ███ ███ ███ ███ ███ ███ ███

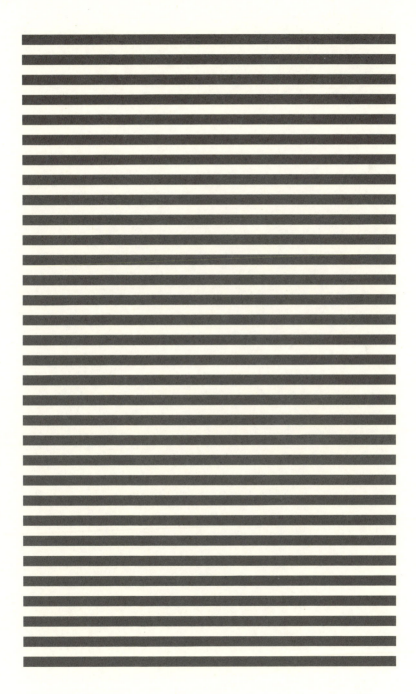

7. GTMO
2004-2005

As boas notícias... Adeus como membros de uma família... A TV e o laptop... O primeiro riso não oficial num oceano de lágrimas... A situação atual... O dilema dos detentos cubanos

"Estou contente e ▮▮▮▮▮▮▮▮▮▮▮▮▮ está muito satisfeito", disse ▮▮▮▮▮▮▮▮ quando ▮▮▮▮▮▮ apareceu, no dia seguinte ao ▮▮▮▮▮▮▮▮▮▮▮▮▮▮, acompanhado de uma ▮▮▮▮▮▮ branca de vinte e tantos anos.*

---

* Em *The Terror Courts*, Jess Bravin dá detalhes de um interrogatório de MOS com polígrafo em 31 de outubro de 2004. Bravin relata que MOS respondeu "não" a cinco perguntas sobre se sabia dos complôs do Milênio e do Onze de Setembro ou se tinha participado deles, e se estava escondendo informações a respeito de outros membros ou complôs da Al-Qaeda. Os resultados, segundo Bravin, foram "Não se Detecta Embuste" ou "Sem Opinião" — resultados que Stuart Couch, promotor das Comissões das Forças Armadas incumbido do caso de MOS, considerou que poderiam isentá-lo de culpa e precisariam ser comunicados aos advogados de defesa se MOS fosse indiciado e julgado. Bravin, pp. 110-1.

"O que quer dizer 'satisfeito'?", perguntei. Eu fazia ideia, mas queria ser claro já que a palavra era uma citação de ▮▮▮▮▮▮ ▮▮▮▮▮▮▮.

"Satisfeito significa muito contente."

"Ah, o.k. Eu não disse que não estava mentindo?"

"Sim, estou feliz", disse ▮▮▮▮▮▮▮ sorrindo. A felicidade de ▮▮▮▮▮▮▮▮▮ era óbvia e sincera. Dificilmente eu estaria mais feliz que ▮▮▮▮▮▮▮ com meu sucesso.* Agora eu podia afirmar que, devagar mas com firmeza, a questão da tortura estava tomando outra direção. Mesmo assim eu estava extremamente cético, já que me via cercado pelas mesmas pessoas desde o primeiro dia.

"Compare seu uniforme ao nosso. Você não é um de nós. Você é nosso inimigo!", ▮▮▮▮▮▮▮▮▮ dizia sempre.

"Eu sei."

"Não quero que você se esqueça disso. Quando falo com você, estou falando com meu inimigo."

"Eu sei!"

"Não esqueça."

"Não vou esquecer!" Essa conversa não deixa dúvida de que a animosidade dos carcereiros fora levada ao extremo. Durante a maior parte do tempo, eu sentia que eles tinham sido treinados para me comer vivo.

▮▮▮▮▮▮▮ me apresentou ▮▮▮▮ acompanhante. "Esta é outra interrogadora em quem você pode ▮▮▮▮▮▮▮ ▮▮▮▮▮▮▮ como em mim."

---

* Os pronomes tarjados e o tom da conversa levam a crer que o interrogador principal deve ter sido um membro do sexo feminino da equipe de Interrogatório Especial. Nesta passagem, ela parece estar apresentando outro interrogador que também vai trabalhar com MOS. As tarjas indicam que esse interrogador deve ter sido também uma mulher.

O [A] novo[a] interrogador[a] ▮▮▮▮▮▮▮▮▮▮▮▮▮▮▮▮
▮▮▮▮▮▮▮▮▮▮▮▮ era calmo[a] e cortês. Na verdade não posso dizer nada negativo sobre ▮▮▮▮▮▮▮▮▮▮▮▮ era viciado[a] em trabalho, e não se abria para outras pessoas. ▮▮▮▮▮▮ seguia literalmente as ordens do chefe ▮▮▮▮▮▮ , ▮▮▮▮▮▮▮▮▮▮▮▮ , e às vezes trabalhava como um computador.

"Você sabe da viagem de ▮▮▮▮▮▮▮▮▮▮▮▮ ao Iraque em 2003?", perguntou-me ▮▮▮▮▮▮ uma vez.

"Ora, ▮▮▮▮▮ você sabe que fui preso em 2001. Como poderia saber o que aconteceu em 2003? Isso não faz sentido, não acha?"

▮▮▮▮▮▮▮▮▮ sorriu. "Essa pergunta está em meu questionário."

"Mas você sabe que estou preso desde 2001!", disse eu.

▮▮▮▮▮▮▮▮▮▮▮▮▮ era cuidadosa, cuidadosa demais: ▮▮▮▮▮▮▮▮▮ costumava cobrir ▮▮▮▮▮▮ patente e ▮▮▮▮▮▮ nome o tempo todo, e nunca fazia referências às crenças ▮▮▮▮. Pessoalmente, eu estava contente com isso, já que ▮▮▮▮▮ não me fez passar momentos difíceis.

"Gosto da maneira como você faz ilações", disse ▮▮▮▮▮▮ ▮▮▮▮ , sorrindo para mim naquela sessão. Os interrogadores tinham tendência a entrar na casa pela janela e não pela porta: em vez de fazer uma pergunta direta, davam voltas em torno da questão. Tomei isso como um desafio, e na maior parte das vezes eu procurava descobrir qual era a pergunta direta e respondê-la. "Sua pergunta é se eu…", eu dizia. E ▮▮▮▮▮▮▮▮▮▮▮▮ parecia gostar desse atalho.

Mas teria havido, em toda a história da humanidade, outro interrogatório que tenha prosseguido continuamente, todo santo dia, durante mais de seis anos? Não havia nada que um interrogador pudesse dizer que fosse novo para mim. Já tinha ouvido todas as variantes. Cada novo interrogador se saía com as teorias e mentiras mais ridículas, mas seria possível afirmar que eram todos formados pela mesma escola: antes que o interrogador abrisse a boca eu já sabia o que ▇▇▇▇▇▇▇ ia dizer e por que o interrogador, ou interrogadora, estava dizendo aquilo.*

"Sou seu novo interrogador. Tenho uma longa experiência neste trabalho. Fui enviado diretamente de Washington, DC, para avaliar seu caso."

"Você é o detento mais importante deste campo. Se colaborar comigo, vou acompanhá-lo pessoalmente ao aeroporto. Se não colaborar, vai passar o resto da vida nesta ilha."

"Você é muito esperto. Não queremos que fique na cadeia. Preferimos capturar o peixe grande e libertar a arraia-miúda, como você."

"Você não lançou um avião contra um edifício; seu envolvimento pode ser perdoado com uma conversa de cinco minutos. Os Estados Unidos são o maior país do mundo, preferimos perdoar a punir."

"Muitos detentos falaram de você como uma pessoa ruim. Eu, pessoalmente, não acredito neles, mas gostaria de ouvir o seu lado da história, para que você possa se defender de maneira adequada."

"Não tenho nada contra o islã, tenho até muitos amigos muçulmanos."

"Já ajudei muitos detentos a cair fora deste lugar; basta escrever um relatório positivo afirmando que você disse toda a verdade…"

E assim por diante, na ladainha sem fim que todos os interrogadores recitavam quando viam pela primeira vez seus detentos. Muitos detentos não conseguiam deixar de rir ao ouvir esse absurdo mais próprio do *Feitiço do tempo*; na verdade, era o único entretenimento que tínhamos na câmara de interrogatório.

---

* O contexto leva a crer que a última palavra com tarja nesta frase seja "interrogadora." Se isso for verdade, é um exemplo claramente absurdo da tentativa de esconder que os Estados Unidos usavam interrogadores do sexo feminino.

Quando o interrogador disse a um dos detentos "Sei que você é inocente", ele riu com vontade e respondeu: "Preferia ser um criminoso e estar em casa com meus filhos". Acho que qualquer coisa perde força por ser muito repetida. Quando uma pessoa ouve pela primeira vez uma expressão como "Você é o pior criminoso da face da Terra", o mais provável é que fique assustadíssima. Porém, quanto mais ouve isso, mais o medo vai diminuindo, e chega o momento em que não tem efeito nenhum. Soa mais como um bom-dia.

Vamos observar isso do ponto de vista dos interrogadores. Eles eram ensinados a odiar, literalmente, os detentos. "Essas são as piores criaturas da Terra... Não ajude o inimigo... Tenha em mente que eles são inimigos... Cuidado, os árabes são os piores, principalmente os sauditas e iemenitas... Eles são intransigentes, eles são selvagens... Olho vivo, não ██████████████████ ████████ sem verificar tudo...". Em GTMO, os interrogadores são mais instruídos sobre o possível comportamento dos detentos do que sobre o valor real de seu trabalho de inteligência, e por isso é frequente que os interrogadores americanos deixem escapar as informações mais banais sobre seus próprios detentos. Não estou falando de ouvir dizer, falo sobre minha própria experiência.

"██████████████ falou de você!", disse-me ███████████ uma vez.

"██████████ não me conhece, como pode ter falado de mim? Leia meu arquivo de novo."

"Tenho certeza de que falou. Vou lhe mostrar!", disse ████████. Mas ███████ nunca fez isso porque ████████ estava errado. Eu tinha ████████ de exemplos como esse, e piores, da ignorância dos interrogadores a respeito de seus presos. O governo devia sonegar-lhes informação básica por razões táticas, então diziam a eles: "O detento a seu cargo está profundamente envolvido em terrorismo e tem informação vital sobre ataques já realizados e futuros; cabe a você conseguir tirar dele tudo o que ele sabe". Na verdade, dificilmente encontrei um detento que estivesse envolvido em algum crime contra os Estados Unidos.

Assim, você tem interrogadores preparados, instruídos, treinados e incitados contra seus piores inimigos. E tem detentos normalmente capturados e entregues às forças americanas sem nenhum tipo de processo judicial. Depois disso, eles sofreram tratamento pesado e se encontraram encarcerados em outro hemisfério, na baía de GTMO, por um país que se diz guardião dos direitos humanos no mundo todo — mas um país que muitos muçulmanos suspeitam que está conspirando com outras forças do mal para varrer a religião islâmica da face da Terra. No final das contas, não é provável que o ambiente seja um lugar de amor e reconciliação. O ódio aqui é alimentado com fartura.

Mas, acreditem se quiser, vi carcereiros chorando porque tinham de sair de seu posto em GTMO.

"Sou seu amigo, não me importa o que digam", disse-me um dos carcereiros antes de ir embora.

"Disseram-me coisas ruins de você, mas minha opinião não é bem essa. Gosto muito de você e gosto de falar com você. Você é uma grande pessoa", disse outro.

"Espero que você seja solto", disse ██████████ com sinceridade.

"Vocês são meus irmãos, todos vocês", sussurrou um outro.

"Eu te amo!", disse uma vez um ██████████ militar a meu vizinho, um garoto engraçado com quem eu mesmo gostava de conversar. Ele ficou impressionado.

"O que... Aqui não amor... Sou muçulmano!" Ri um bocado por causa daquele amor "proibido".

Mas eu mesmo não consegui segurar o choro um dia, quando vi um carcereiro ██████████ descendente de alemães chorando porque ██████████ tinha sido um pouco machucado. O engraçado é que eu escondi meus sentimentos porque não queria que fossem mal interpretados por meus irmãos, ou vistos como fraqueza ou traição. Por um momento me odiei e fiquei profundamente confuso. Comecei a me fazer perguntas sobre as emoções humanitárias que eu vinha experimentando em relação a meus inimigos. Como é possível chorar por alguém que lhe causou tanta dor e destruiu sua vida? Como é possível gostar de alguém que por ignorância odeia a sua religião? Como se pode conviver com essa gente má que continua maltratando seus irmãos? Como se pode gostar de alguém que trabalha dia e noite para incriminar você? Eu estava numa situação pior que a de um escravo: pelo menos um escravo não está sempre posto a ferros, tem uma relativa liberdade e não precisa ouvir as bobagens de um interrogador todos os dias.

Eu sempre me comparava a um escravo. Os escravos eram levados da África à força, como eu fui. Os escravos eram vendidos várias vezes antes de chegar ao destino final, como eu fui. Os escravos eram destinados de uma hora para outra a alguém que eles não tinham escolhido, como eu fui. E quando eu examinava a história dos escravos, notava que eles acabavam sendo uma parte essencial da casa de seu senhor.

Passei por fases diversas durante meu cativeiro. A primeira fase foi a pior: quase perdi o juízo lutando para voltar para minha família e para a vida à qual estava habituado. Minha tortura era o repouso: assim que fechava os olhos, me via reclamando com meus parentes do que tinha me acontecido.

"Estou com vocês de verdade, ou é apenas um sonho?"

"Não, você está em casa!"

"Por favor, me segure, não me deixe ir embora!" Mas a realidade sempre caía sobre mim assim que eu acordava em minha cela fria e escura, mantendo os olhos abertos só por um momento na tentativa de voltar a dormir e viver aquilo de novo. Levei várias semanas para aceitar que estava preso e que não iria para casa tão cedo. Por mais duro que fosse, esse passo foi necessário para me fazer entender minha situação e agir com objetividade para evitar o pior, em vez de perder tempo com as peças que minha mente me pregava. Muita gente não supera essa fase: perde o juízo. Vi muitos detentos que acabaram ficando loucos.

A fase dois chega quando você entende de verdade que está na prisão e que não possui nada além de todo o tempo do mundo para pensar na vida — embora em GTMO os detentos tenham também de se preocupar com os interrogatórios diários. Você entende que não tem controle sobre nada, que não decide quando vai comer, quando vai dormir, quando vai tomar banho, quando vai acordar, quando vai ao médico, quando vai estar com o interrogador. Não tem privacidade alguma; nem para expelir uma gota de urina sem ser vigiado. No começo, é horrível perder todos os privilégios num piscar de olhos, mas ainda que pareça mentira, as pessoas se acostumam. Eu mesmo me acostumei.

A fase três consiste em descobrir sua nova casa e sua nova família. Sua família é integrada por carcereiros e interrogadores. Certo, você não escolheu essa família, nem foi criado nela, mas seja como for é uma família, goste você ou não, com todas as vantagens e desvantagens. Eu pessoalmente amo minha família e não a trocaria por nada no mundo, mas criei uma família na cadeia com a qual também me preocupo. Cada vez que um membro de minha família atual vai embora, é como se um pedaço do meu coração estivesse sendo arrancado. Mas fico feliz quando um parente ruim tem de ir embora.*

"Vou embora em breve", disse ▆▆▆▆▆▆▆ uns dias antes da partida de ▆▆▆▆ .

---

* MOS acrescentou uma anotação na margem do manuscrito original: "Fase quatro: acostumar-se à prisão e ter medo do mundo lá fora".

"É mesmo? Por quê?"

"É por causa do tempo. Mas o outro ███████████████ vai ficar com você. Isso não era exatamente um consolo, mas de nada adiantaria discutir: a transferência de agentes da Inteligência Militar não é assunto que possa ser discutido. "Vamos ver um filme juntos antes que eu vá embora", disse ████████████.

"Oh, ótimo!", disse eu. Ainda não tinha digerido a novidade.

O mais provável era que ███████████ estudasse psicologia, tendo vindo da Costa Oeste, talvez da Califórnia ███████████ ████████████████████████████ vinte e poucos anos ████████████████████████████. Acho que ███████████ vem provavelmente de uma família pobre. O ████████████████ dá muitas oportunidades a pessoas das classes inferiores, e a maior parte das pessoas ██████████████ ██████ que vi são das classes baixas. ████████████████ e tem uma relação estremecida ███████████████████ ██████ tem uma personalidade muito forte, ████████ olha para ████████████ e ██████ ideias muito precisas. Ao mesmo tempo, ████████████ gosta do trabalho ████████, e algumas vezes deve ter sido levada ao limite de seus princípios. "Eu sei que o que estamos fazendo não é saudável para nosso país", ████████ me dizia.

████████████████████ meu primeiro encontro real com uma americana ████████████████████████ que boca suja você tem! Tenho vergonha por você", eu disse a ela uma vez. ██████████ sorriu.

"É porque passo a maior parte do tempo ███████████████ ██████████." No início, eu tinha dificuldade para começar uma conversa com uma ███████████ de boca tão suja, mas depois aprendi que não há como falar inglês coloquial sem dizer foda-se isto, foda-se aquilo. O inglês admite mais palavrões que qualquer outra língua, e em pouco tempo aprendi a dizer palavrões com aquele povo. Às vezes os carcereiros me pediam para traduzir algumas palavras para o árabe, alemão ou francês, mas a tradução dava voltas em minha cabeça e eu não conseguia pô-la para fora, porque me parecia muito grosseira. Por outro lado, quando eu dizia grosserias em inglês não me sentia nem um pouco mal, porque foi assim que aprendi a língua desde o primeiro dia. Tive problemas no que se refere a blasfêmias, mas tudo o mais era tolerável. Os palavrões são mais inócuos quando usados por todos sem parar.

████████████ era um de meus principais mestres do dicionário de palavrões, junto com ████████████████████████ ████████████████████ tinha passado por maus relacionamentos; ██████████ tinha sido traída e passado por outras coisas ruins.

"Você chorou quando ficou sabendo?", perguntei a ██████████.

"Não, eu não queria ████████████████████████ ████████████████████████████████████. Tenho dificuldade com essa coisa de chorar."

"Entendo." Mas eu pessoalmente não tenho esse problema: choro quando fico triste e me sinto mais forte ao admitir minha fraqueza.

██████████████████████ estava sendo usada por ██████████ ████████████, por seu colega ████████████████████████ ████████ e por outros caras por trás dos panos. Sei que estou procurando desculpas para justificar ████████████████, que tinha idade suficiente para saber que o que fazia estava errado, e ████████████ poderia ter salvado seu emprego e ao mesmo tempo fazer demitir os outros oficiais de alta patente. ████████████████ certamente contribuiu para a pressão à qual eu tinha sido submetido. Mas também sei que ████████████████ não é a favor de tortura.

Eu tinha por hábito fazer troça dos lemas que inventavam para elevar o moral de interrogadores e carcereiros, como: "Compromisso de honra para defender a liberdade". Uma vez falei sobre esse lema com ████████████████████.

"Odeio esse lema", disse ██████████ .

"Como você pode estar defendendo a liberdade quando a está tirando?", disse eu.

Os chefes notaram o relacionamento estreito entre ███████ ██████████ e mim, por isso nos separaram quando fui sequestrado. As últimas palavras que ouvi foram: "Você está machucando ele! Quem mandou fazer isso?". Os gritos de ██████ foram desaparecendo ██████████ e ██████████████████████████████ me arrastou para fora da sala em ██████████ . E quando decidiram me dar a chance de um interrogatório quase humano, ██████████ ██████ surgiu em cena outra vez. Mas dessa vez ████████ foi pouco amistosa comigo e aproveitava todas as oportunidades de fazer com que minhas afirmações parecessem estúpidas. Eu não conseguia entender o comportamento ██████ . Era comigo ou ela estava furiosa com todo mundo? Não vou julgar ninguém, deixo isso a Alá. Apenas mostro os fatos como vi e vivi, e não vou excluir nada para fazer alguém parecer melhor ou pior. Entendo que ninguém é perfeito e todo mundo faz coisas boas e ruins. A única pergunta é: quanto de coisas boas e quanto de ruins?

"Você odeia meu governo?", perguntou-me ████████████ uma vez enquanto examinava um mapa.

"Não, não odeio ninguém."

"Se eu fosse você eu odiaria os Estados Unidos!", disse ██████████ . "Veja só, ninguém sabe exatamente o que estamos fazendo aqui. Só algumas pessoas no governo sabem."

"É mesmo?"

"Sim. O presidente lê os prontuários de alguns detentos. Ele lê o seu caso."

"É mesmo?"

██████████████ gostava mais de premiar que de punir detentos. Posso afirmar sem dúvida que ████████████ não gostava de me assediar, embora ██████████ tentasse manter as aparências profissionais de ■■■■; por outro lado, ■■■■ gostava muito de retribuir. ■■■■ foi a pessoa que veio com a maior parte das ideias referentes à literatura que me ofereceram.

"Este livro é de ■■■■■■■ disse ■■■■ ■■■ um dia, entregando-me um grosso romance que se chamava algo assim como *Life in the Forest* [Vida na floresta].* Era ficção histórica, de um autor britânico, e cobria grande parte da história da Europa medieval e a invasão normanda. Recebi o livro com gratidão e o li com avidez, pelo menos três vezes. Mais tarde, ■■■■ me trouxe diversos livros de *Guerra nas estrelas*. Quando eu terminava um, ■■■■ o trocava por um novo.

"Oh, muito obrigado!"

"Gosta de *Guerra nas estrelas*?"

"Claro!" Na verdade, eu não gostava muito dos livros de *Guerra nas estrelas* e sua linguagem, mas tinha de me contentar com o que me davam. Na cadeia, você não tem nada além de todo o tempo do mundo para pensar na vida e em seu objetivo. Acho que a prisão é uma das mais antigas e maiores escolas do mundo: aprende-se sobre Deus e aprende-se a ter paciência. Uns poucos anos de prisão equivalem a décadas de experiência fora dela. É claro que o aprisionamento tem seu lado devastador, principalmente para inocentes, que além da dura rotina diária da prisão precisam lidar com o dano psicológico que resulta do confinamento sem que haja crime. Muitos inocentes presos pensam em suicídio.

Imagine-se a si mesmo indo para a cama, deixando de lado todas as preocupações, lendo sua revista preferida até o sono chegar, depois de ter posto as crianças na cama, sua família já dormindo. Você não tem medo de ser tirado da cama no meio da noite para ser levado a um lugar que nunca viu, onde fica impe-

---

* O livro mencionado deve ser o romance histórico *A floresta*, de Edward Rutherfurd, publicado em 2000.

dido de dormir e aterrorizado o tempo todo. Agora imagine que você não tem o controle de nada em sua vida — quando dorme, quando acorda, quando come, e às vezes quando ir ao banheiro. Imagine que seu mundo se resume a uma cela de no máximo 1,80 metro por 2,50 metros. Mesmo imaginando tudo isso, você não vai compreender o que realmente significa estar preso a menos que viva pessoalmente a experiência.

Poucos dias depois, ▮▮▮▮▮▮▮▮▮▮▮ apareceu, como prometera, trazendo um laptop e dois filmes. "Você pode escolher qual deles quer ver!", disse-me. Escolhi o filme *Falcão Negro em perigo*; não me lembro qual era o outro.

O filme era ao mesmo tempo sangrento e triste. Prestei mais atenção às emoções de ▮▮▮▮▮▮▮▮ e dos carcereiros do que ao filme em si. ▮▮▮▮▮▮▮▮ estava calma; ▮▮▮▮▮▮▮▮ ▮▮▮▮ de quando em quando dava uma pausa no filme para me explicar o pano de fundo histórico de certas cenas. Os carcereiros quase ficaram loucos ao ver tantos americanos baleados e mortos. Mas omitiram que o número de baixas americanas é mínimo se comparado ao de somalianos que foram atacados em suas próprias casas. Fiquei pensando em como os seres humanos podem ser tendenciosos. Quando as pessoas veem algo de uma perspectiva, certamente deixam de ver o quadro completo, e esse é o principal motivo da maior parte dos desentendimentos que podem levar a confrontos sangrentos.

Depois que o filme acabou, ▮▮▮▮▮▮▮▮ guardou o computador ▮▮▮▮ e se preparou para sair.

"Por sinal, você não me disse quando vai embora!"

"Estou pronta, você não vai me ver mais!" Fiquei paralisado, como se meus pés estivessem pregados no chão. ▮▮▮▮▮▮▮▮ não tinha me dito que iria embora *tão* rápido; eu tinha pensado em um mês, três semanas, uma coisa assim; mas hoje? Para mim aquilo era impossível. Imagine que a morte está levando um amigo seu e você fica ali, desvalido, olhando-o ir embora.

"É mesmo, tão rápido? Fiquei surpreso! Você não tinha me dito. Adeus", disse eu. "Desejo tudo de bom para você."

"Tenho de obedecer ordens, mas deixo você em boas mãos."

E ▆▆▆▆▆ foi embora. Voltei relutante para minha cela e em silêncio rompi em lágrimas, como se tivesse perdido ▆▆▆▆▆ ▆▆▆▆, e não alguém cujo trabalho era me fazer mal e extrair informações numa base de "os fins justificam os meios". Tive raiva e pena de mim mesmo pelo que estava me acontecendo.

"Posso ver meu interrogador, por favor?", pedi a um dos carcereiros, esperando que ele pudesse alcançar ▆▆▆▆▆ antes que ela chegasse ao portão principal.

"Vamos tentar", disse ▆▆▆▆▆. Retirei-me para minha cela, mas logo ▆▆▆▆▆ apareceu na porta.

"Isso não é justo. Você sabe que fui torturado e não estou preparado para outra rodada."

"Você não foi torturado. Deve ter confiança em meu governo. Desde que diga a verdade, nada de mau vai acontecer com você!" Entenda-se A Verdade em sua definição oficial. Mas eu não queria discutir com ▆▆▆▆▆ sobre coisa alguma.

"Eu só não quero começar tudo de novo com outros interrogadores", eu disse.

"Isso não vai acontecer", disse ▆▆▆▆▆. "Além disso, você pode me escrever. Prometo que vou responder a todos os seus e-mails", continuou ▆▆▆▆.

"Não, não vou escrever para você", disse eu.

"Certo", disse ▆▆▆▆▆. "Você está bem?", perguntou ▆▆▆▆.

"Não estou, mas você com certeza tem de ir embora."

"Só vou embora quando você me garantir que está tudo bem", disse ▆▆▆▆▆.

"Eu disse o que tinha a dizer. Boa viagem. Que Alá seja seu guia. Vou ficar bem."

"Tenho certeza disso. No máximo em uma semana você vai ter me esquecido." Depois disso, eu não falei mais. Me recolhi e me deitei. ███████████ ficou repetindo: "Só vou embora quando você me garantir que tudo está bem".

Depois que ████████ partiu, nunca mais ███ vi nem tentei entrar em contato com ████████. Assim, o capítulo do período de ████████████ comigo se encerrou.

"Ouvi dizer que a despedida de ontem foi muito emotiva. Eu nunca tinha pensado que você fosse assim. Você se definiria como um criminoso?", comentou ██████████ no dia seguinte.

Com prudência, respondi: "Até certo ponto". Eu não queria cair em nenhuma possível armadilha, embora sentisse que ele fazia a pergunta com sinceridade e inocência, agora que tinha percebido que suas teorias do mal sobre mim eram inválidas. "Todas as perguntas más se acabaram", disse █████████████.

"Não vou ter saudade", disse eu.

██████████████████████████ veio cortar meu cabelo. Já não era sem tempo! Uma das regras de meu castigo era me privar de aparar a barba, escovar os dentes e cortar o cabelo, portanto aquele era um grande dia. Eles trouxeram um barbeiro mascarado; o cara tinha um aspecto assustador, mas fez o serviço.

████████████████ trouxe também um livro que tinha prometido havia muito, *O último teorema de Fermat*, do qual gostei muito — tanto que o li mais de duas vezes. O livro foi escrito por um jornalista britânico e fala sobre o famoso teorema de Fermat, segundo o qual a equação $A^n + B^n = C^n$ não tem solução quando n é maior que dois. Durante mais de trezentos anos, matemáticos do mundo inteiro lutaram com esse teorema aparentemente inofensivo sem resolvê-lo, até que em 1993 um matemático britânico conseguiu uma demonstração complicadíssima que com certeza não era aquela a que Fermat se referia quando disse que "tenho uma prova cabal, mas não tenho papel suficiente".

Cortei o cabelo, e mais tarde tomei um banho decente. ▮▮▮ ▮▮▮▮▮▮▮▮▮▮▮▮▮▮ não era de muita conversa; ▮▮▮▮▮▮▮ só me fez uma pergunta sobre computadores.

"Vai colaborar com o[a] novo[a] ▮▮▮▮▮▮▮?"

"Sim."

"Ou com qualquer pessoa que venha trabalhar com ▮▮▮▮?"

"Sim."

Os carcereiros queriam ser chamados por nomes de personagens dos filmes de *Guerra nas estrelas*. "De agora em diante, nós somos os ▮▮▮▮▮▮▮ e você vai nos chamar assim. Seu nome é Pillow", disse ▮▮▮▮▮▮▮▮▮▮. Acabei sabendo, pelos livros, que ▮▮▮▮▮▮▮▮▮▮ são uma espécie de mocinhos que lutam contra as forças do mal. Portanto, durante algum tempo fui obrigado a representar as forças do mal, e os carcereiros, os mocinhos.

"▮▮▮▮▮▮▮▮▮▮▮▮, é como você vai me chamar", disse ele. Eu o chamava também de ▮▮▮▮▮▮▮▮▮▮▮▮▮▮ ▮▮▮▮▮▮▮▮▮▮▮▮▮▮▮▮▮▮▮▮▮▮▮▮▮▮▮▮ ▮▮▮▮▮▮▮▮▮▮▮▮▮▮▮▮▮▮▮▮▮▮▮▮▮▮▮▮ ▮▮▮▮▮▮▮▮▮▮▮▮▮▮ tinha quarenta e poucos anos, mulher e filhos, era de baixa estatura mas atlético. Havia passado algum tempo trabalhando no ▮▮▮▮▮▮▮▮▮▮▮▮▮▮ e acabou sendo mandado para executar "missões especiais" para o ▮▮▮▮▮ "▮▮▮▮▮▮▮▮▮▮▮. Estive trabalhando ▮▮▮▮ ▮▮▮▮▮▮▮▮▮▮▮▮▮▮", disse-me ele.

"Seu trabalho está concluído. Estou vencido", respondi.

"Não me pergunte nada. Se quiser perguntar alguma coisa, pergunte a seu interrogador."

"Compreendo", disse eu. Pode parecer confuso ou mesmo contraditório, mas embora fosse um cara rude, ▮▮▮▮▮▮▮▮ era humano. Isso significa que latia mais do que mordia. ▅▅▅▅▅▅▅▅ entendia o que muitos carcereiros não entendem: se você fala e conta aos interrogadores o que eles querem ouvir, deve ter um alívio. Muitos dos outros idiotas continuavam aumentando a pressão sobre mim, só por hábito.

▅▅▅▅▅▅▅ era responsável por todos os outros carcereiros "Meu trabalho consiste em fazer você ver a luz", disse ▅▅▅▅▅▅ ▅▅▅▅, dirigindo-se a mim pela primeira vez enquanto me observava fazendo minha refeição. Os carcereiros não eram autorizados a conversar comigo ou entre si, e eu não podia conversar com eles. Mas ▅▅▅▅▅▅▅▅ não era um cara certinho. Pensava mais que qualquer outro carcereiro, e seu objetivo era a vitória de seu país, por quaisquer meios.

"Sim, senhor", respondi, sem entender o que ele queria dizer. Pensei no sentido literal de luz, que eu não via fazia muito tempo, e acreditei que ele quisesse me induzir a colaborar me permitindo ver a luz do dia. Mas ▅▅▅▅▅▅▅▅ falava em sentido figurado. ▅▅▅▅▅▅ sempre gritava comigo e me assustava, mas nunca me bateu. Interrogou-me ilegalmente diversas vezes, e por isso eu o chamava de ▅▅▅▅▅▅▅▅▅▅▅▅ ▅▅▅▅▅▅▅ queria que eu confessasse muitas teorias sinistras de que tinha ouvido os interrogadores falarem. Além disso, ele queria aumentar seus conhecimentos sobre terrorismo e extremismo. Acho que seu sonho era se tornar interrogador. Que sonho!

▅▅▅▅▅▅▅▅▅ é um republicano assumido e odeia os democratas, principalmente Bill Clinton. Acha que os Estados Unidos não deveriam interferir em assuntos de outros países para se concentrar em questões internas — mas se algum país ou grupo atacasse os Estados Unidos, deveria ser destruído sem piedade.

"É justo", disse eu. Tudo o que eu queria era que ele parasse de falar. Ele é o tipo de sujeito que, quando começa, não para. Ó,

Deus, ele me fez ficar com dor de ouvido! Quando ▮▮▮▮▮▮ começou a falar comigo, eu me recusava a responder porque tudo o que eu estava autorizado a dizer era "Sim, senhor, não, senhor, preciso de médico, preciso de interrogador". Mas ele queria conversar comigo.

"Você é meu inimigo", disse ▮▮▮▮▮▮.

"Sim, senhor."

"Então vamos falar de inimigo para inimigo", disse ▮▮▮▮▮. Abriu minha cela e me deu uma cadeira. ▮▮▮▮▮▮ era quem falava a maior parte do tempo. Dizia que os Estados Unidos são grandes e poderosos; "A América é isto, a América é aquilo, nós, americanos, somos assim e assado…". Eu pensava e fazia que sim com a cabeça, de leve. De vez em quando, para mostrar que estava prestando atenção, eu dizia: "Sim, senhor… É mesmo? Eu não sabia! O senhor tem razão… Sei, sei…". Durante nossas conversas, ele tentava, sub-repticiamente, me fazer assumir coisas que eu não tinha feito.

"Que papel você desempenhou no Onze de Setembro?"

"Não participei do Onze de Setembro."

"Conversa!", gritava ele, raivoso. Compreendi que não era bom para mim parecer inocente, pelo menos no momento. Então disse: "Eu trabalhava em radiocomunicação para a Al-Qaeda".

Parece que ele ficou mais contente com a mentira. "Qual era a sua patente?" Ele continuava escarafunchando.

"Eu era tenente."

"Sei que você esteve nos Estados Unidos", ele blefou. Era uma coisa importante e não seria viável mentir a respeito. Pude engolir a autoria de uma porção de coisas vagas no Afeganistão porque os americanos não seriam capazes de confirmá-las ou desmenti-las. Mas eles poderiam checar de imediato se eu tinha estado ou não em seu próprio país.

"Na verdade, não estive nos Estados Unidos", respondi, pronto para mudar a resposta quando não tivesse alternativa.

"Você esteve em Detroit", disse ele, e sorriu, irônico.

Devolvi o sorriso. "Não estive mesmo." Embora sem acreditar em mim, ▮▮▮▮▮▮ não levou adiante a questão. Estava interessado num diálogo de longo prazo comigo. Em troca de minhas confissões, ▮▮▮▮▮▮▮ me daria alimentos extras e pararia de gritar comigo. Enquanto isso, para manter o terror, os demais carcereiros continuavam gritando comigo e batendo a porta metálica de minha cela. Sempre que faziam isso, meu coração dava pulos, embora o efeito daquilo sobre mim fosse diminuindo com a repetição.

"Por que está tremendo?", perguntou-me ▮▮▮▮▮▮ uma vez, quando me tirou da cela para conversar. Eu detestava e gostava, ao mesmo tempo, que ele estivesse de carcereiro: odiava que me interrogasse, mas gostava que me desse mais comida e uniformes novos.

"Não sei", respondi.

"Não vou machucá-lo."

"O.k." Levei algum tempo para aceitar conversar com ▮▮▮▮ ▮▮ . Ele começou a me passar lições e me fazia praticá-las com afinco. As lições se constituíam de provérbios e frases que ele queria que eu decorasse e pusesse em prática em minha vida. Ainda lembro as seguintes lições: 1) Pense antes de agir. 2) Não confunda bondade com fraqueza. 3) ▮▮▮▮▮▮ perguntas sempre em mente quando for indagado sobre alguém. Quando ▮▮▮▮▮▮ achava que eu tinha falhado numa das lições, me tirava de minha cela e esparramava as minhas coisas para todo lado e depois me mandava pôr tudo no lugar em segundos. Eu nunca conseguia organizar minhas coisas, mas ele me fez repetir aquilo tantas vezes que no fim, milagrosamente, eu conseguia pôr tudo de volta no lugar dentro do prazo.

Meu relacionamento com ▓▓▓▓▓▓▓▓▓▓▓ evoluía positivamente a cada dia, e o mesmo aconteceu com os demais carcereiros, que o respeitavam muito.

"Que merda! Olho para Pillow e não consigo pensar que é um terrorista, penso que é um velho amigo, e gosto de jogar com ele", dizia ele para os outros carcereiros. Eu relaxava um pouco e ganhava alguma autoconfiança. Agora os carcereiros tinham descoberto o humorista que havia em mim, e empregavam o tempo que passavam comigo em entretenimento. Começaram a trazer seus aparelhos de DVD e seus computadores para que eu os reparasse, e em troca me permitiam ver um filme. O micro de ▓▓▓ ▓▓▓▓▓▓ não era exatamente um zero quilômetro, e quando ▓▓▓▓▓▓▓▓▓▓▓ me perguntou se eu o havia visto, respondi: "Você se refere àquela peça de museu?".

▓▓▓▓▓▓▓▓▓▓ riu muito. "Melhor que ele não ouça o que você disse."

"Não conte a ele!"

Devagar e sempre, nos tornamos uma sociedade e começamos a fazer fofocas sobre os interrogadores e a xingá-los. Nesse ínterim, ▓▓▓▓▓▓ me ensinou as regras do xadrez. Antes de ser preso, eu não distinguia um peão de um cavalo visto de trás, nem era um grande jogador. Mas passei a ver no xadrez um jogo interessante, principalmente porque nele um prisioneiro tem controle total sobre suas peças, o que lhe traz de volta alguma confiança. Quando comecei, jogava com muita agressividade para extravasar minha frustração de não ser um grande jogador de fato; ▓▓▓▓▓▓ foi meu primeiro mentor e ▓▓▓▓▓▓ me derrotou em meu primeiro jogo. Mas ganhei o jogo seguinte, e isso aconteceu com todos os jogos que vieram depois. O xadrez é um jogo de estratégia, arte e matemática. Exige pensar muito, e a sorte não conta. Você é premiado ou punido por suas ações.

▓▓▓▓▓▓▓▓▓▓▓▓▓▓▓▓▓▓▓▓▓▓▓▓▓▓▓▓ me trouxe um tabuleiro,

assim pude jogar contra mim mesmo. Quando os carcereiros viram meu tabuleiro, todos quiseram jogar comigo, e quando começaram a jogar comigo, ganhavam sempre. O melhor entre os carcereiros era ██████████████. Ele me ensinou a controlar o centro do tabuleiro. Além disso, trouxe-me alguma literatura, o que me ajudou decisivamente a aprimorar minha técnica. Depois disso, os carcereiros não tiveram mais chance de ganhar de mim.

"Não foi assim que eu te ensinei a jogar xadrez", comentou ████████, zangado, quando ganhei uma partida.

"O que eu deveria fazer?"

"Deveria montar uma estratégia e organizar seu ataque! É por isso que esses árabes de merda nunca têm êxito."

"Por que você não joga e pronto?", perguntei.

"O xadrez não é apenas um jogo", disse ele.

"Imagine que está jogando com um computador!"

"Você acha que eu tenho cara de computador?"

"Não." No jogo seguinte eu tentei montar uma estratégia de modo a deixá-lo ganhar.

"Agora você entendeu como se joga xadrez", comentou. Eu sabia que ██████████ tinha dificuldade de lidar com a derrota, e eu não gostava de jogar com ele porque não me sentia à vontade para pôr em prática meus conhecimentos recém-adquiridos. ████████ acredita que existem dois tipos de pessoas: americanos brancos e o resto do mundo. Os americanos brancos são inteligentes e melhores que qualquer outra pessoa. Eu sempre tentava explicar-lhe coisas dizendo, por exemplo, "Se eu fosse você", ou "Se você fosse eu", mas ele se zangava e dizia: "Nunca mais se atreva a me comparar com você, ou comparar algum americano com você!". Fiquei chocado, mas fiz o que ele mandava. Afinal, eu não tinha de me comparar a ninguém. ████████ odiava o resto do mundo, principalmente árabes, judeus, franceses, cubanos e outros. O único país de que ele falava bem era a Inglaterra.

Depois de uma partida de xadrez que jogou comigo, ele atirou longe o tabuleiro. "Que se foda esse seu xadrez de preto, isso é xadrez de judeu", disse.

"O senhor tem alguma coisa contra pessoas negras?", perguntei.

"Preto não é negro, preto significa estúpido", afirmou. Tivemos muitas discussões como essa. Na época, tínhamos apenas um carcereiro negro sem voz ativa, e quando trabalhava com ██████████ os dois nunca interagiam. ██████████ não gostava dele. ██████████ tinha uma personalidade forte, era dominador, autoritário, patriarcal e arrogante.

"Minha mulher me chama de imbecil", contou-me ele, orgulhoso. ██████████ ouvia principalmente rock 'n' roll e alguma música country. Suas músicas prediletas eram "Die Terrorist Die", "The Taliban Song" e "Let the Bodies Hit the Floor."

████████████████████████████████████

████████████████████████████████████
████████████████████████████████████
████████████████████████████████████
████████████████████████████████████
████████████████████████████████████
████████████████████████████████████
████████████████████████████████████
████████████████████████████████████
████████████████████████████████████
████████████████████████████████████
████████████████████████████████████

██████████████████████ nunca tive a oportunidade de ver seu rosto porque ele foi embora ████████████████████
████████████████████████████████████
████████████████████████████████████
██████████████. Mas para mim estava tudo bem; naquela altura,

eu não estava interessado em ver o rosto de ninguém. No começo, ele foi rude comigo: me puxava com força e me fazia correr com as correntes, gritando alto "Anda!".*

"Você sabe quem é?", ele me perguntou.

"Sim, senhor!"

"Você é um terrorista!"

"Sim, senhor!"

"Vamos fazer umas contas: se você matou 5 mil pessoas com sua ligação com a Al-Qaeda, devíamos matá-lo 5 mil vezes. Mas não, como somos americanos, alimentamos você e estamos dispostos a lhe dar dinheiro se nos der informação."

"Certo, senhor!" Mas depois que ████████████████████ ███████████ mandou que os carcereiros fossem amistosos comigo, ████████████████████ começou a me tratar como um ser humano. Eu gostava de discutir com ele porque seu inglês era decente, embora ele sempre "tivesse razão."

"Nosso trabalho é lhe dar conforto!", ele dizia, com sarcasmo. "Você precisa de uma empregada." Como os carcereiros imitam uns aos outros, ████████████████████ era inclinado a imitar ████████████████████. ████████████████████ era o inspetor: gostava de inspecionar minha cela e conferir se tudo estava em seu lugar, o lençol dobrado em volta de um canto do colchão num ângulo de 45 graus e coisas assim. Estava sempre inspecionando o chuveiro, e se achasse ainda que fosse um fio de cabelo, ele e ████████████████████ me obrigavam a limpar tudo de novo.

---

* Nesta seção, que MOS intitulou "Carcereiros", ele apresenta diversos personagens. Desde a abertura da seção até as diversas linhas tarjadas, ele parece referir-se ao carcereiro número um, claramente um líder da equipe da guarda. As tarjas dificultam a distinção entre os diversos carcereiros que se seguem, embora provavelmente indiquem a apresentação do carcereiro número dois, cujo período parece ter acabado antes que os interrogadores de projetos especiais permitissem que os carcereiros de MOS removessem as máscaras em sua presença.

Não importava quantas vezes eu tivesse de limpar; tudo tinha de estar perfeito.

███████████████████ tinha especial interesse em como eu fazia para ter um calendário na cabeça e saber se era dia ou noite apesar das técnicas empregadas pelos carcereiros para me confundir. Uma vez eles quiseram me fazer crer que o Natal era o Dia de Ação de Graças, mas eu não acreditei.

"Na verdade, não tem importância, mas continuo achando que é Natal", eu disse a eles.

"Queremos que você nos explique quais erros cometemos, assim poderemos evitá-los com nosso próximo detento." Expliquei tudo o que foi preciso, mas tenho certeza de que eles vão cometer muitos erros com o próximo detento porque ninguém é perfeito.

████████████████████████ explicou-me que minha fórmula podia ficar pior. "Você ainda não viu nada."

"E posso lhe garantir que não tenho a menor vontade de ver", eu dizia. Ele provavelmente tinha razão, embora omitisse o fato de que nenhum dos carcereiros havia presenciado tudo o que acontecera comigo. O único carcereiro que participou do grupo de transporte foi █████████████████, e não perdia oportunidade de me bater em meu novo destino. Pode-se afirmar que ele não tinha problema nenhum com o fato de me bater, já que o fazia com as bênçãos do alto-comando de GTMO.

███████████████████ era o único carcereiro que não dormia durante seu turno de vigilância. Ele me enlouquecia andando de cá para lá o tempo todo, e gostava de me surpreender no meio da noite batendo a porta metálica de minha cela, fazendo-me tomar uma ducha e limpar tudo à perfeição. Eu não tinha descanso em minha cela durante mais de uma hora: esse é um dos métodos mais importantes para dobrar uma pessoa presa, porque você passa a odiar sua vida, seus carcereiros, sua cela, seus interrogadores e até você mesmo. E isso foi exatamente o que ██████████

███████████████ fez até que ████████████████████ e ██████████████████████ lhe ordenaram que parasse.

███████████████████████ era um homem branco na casa dos vinte anos, muito alto, preguiçoso, de aspecto nada atlético.*

"████████████ é meu melhor amigo", disse-me ele uma vez.

"E como sabe?" Ele não respondeu, limitou-se a sorrir, mas continuou mencionando ███████████████████ e como ele tinha me submetido a maus-tratos. Eu sempre mudava de assunto porque não queria que os outros carcereiros soubessem que bater em mim era uma coisa normal. Preferia que meus carcereiros não soubessem de tudo que acontecera comigo; não precisava que a gangue toda fosse incentivada a cometer crimes.

███████████████████ era o mais violento dos carcereiros. No Edifício ████████████ os carcereiros me agrediam regularmente para me manter aterrorizado. Vinham em grupo, mascarados, gritando e dando ordens contraditórias para que eu não soubesse o que fazer. Eles me arrastavam para fora da cela e atiravam minhas coisas para todo lado.

"De pé… De frente para a parede… Você anda descansando demais… Tem um travesseiro… Haha!… Olhem a cela dele… Esse merda deve estar escondendo alguma coisa… Encontramos dois grãos de arroz escondidos debaixo do colchão… Você tem vinte segundos para pôr tudo no lugar!" O jogo acabava quando me faziam suar. Eu sabia que os carcereiros não tinham ordem de me bater, mas esse carcereiro usava todas as oportunidades que tinha para me atingir e arranhar profundamente. Não acho que fosse um cara dos mais inteligentes, mas era bem treinado nisso de bater em alguém sem deixar lesões irreparáveis. "Bater nas costelas dói e não deixa marcas permanentes, sobretudo se for tratada logo em seguida com gelo", disse-me um dos carcereiros. ████

---

* A parte tarjada deve ser a apresentação do terceiro carcereiro que MOS menciona.

▇▇▇▇▇▇ era violento e barulhento, mas graças a Deus era muito preguiçoso; só rosnava um pouco no início de seu turno e logo saía de cena para ver um filme ou dormir.
▇▇▇▇▇▇ não tinha nenhum sentimento negativo em relação a seu trabalho. Pelo contrário, orgulhava-se do que fazia e se enfurecia com o fato de executar a parte suja do serviço e não ter recompensa adequada. "Fodam-se os interrogadores: nós fazemos o trabalho e eles ficam com os créditos", disse-me ▇▇▇▇▇▇ certa vez.

Ele não se dava bem com ▇▇▇▇▇▇, o único superior a ele em hierarquia. "▇▇▇▇▇▇ é uma bicha!", disse-me uma vez. Mas ▇▇▇▇▇▇ não era uma pessoa sociável. Não conseguia ter uma conversa normal com quem quer que fosse. Raramente falava, e quando o fazia, era sobre suas experiências sexuais desenfreadas. Os carcereiros tinham em comum o fato de não entender que algumas pessoas não praticam sexo fora do casamento.

"Você é gay", era o comentário habitual.

"Está tudo certo comigo, mas não posso ter sexo fora do casamento. Pode me achar um idiota, mas é assim!"

"Como você pode comprar um carro sem fazer um *test-drive*?"

"Em primeiro lugar, uma mulher não é um carro. E faço isso por causa de minha religião." Até mesmo ▇▇▇▇▇▇ interrogador[a] ▇▇▇▇▇▇ chocou-me uma vez quando disse: "Eu não me casaria com alguém sem fazer um *test-drive*". Mas ainda acho que alguns americanos são contra sexo pré-conjugal. ▇▇▇▇▇▇
▇▇▇▇▇▇
▇▇▇▇▇▇

sobre si mesmo.* Ele me contou que tinha sido incumbido de

---

* Essa parte tarjada parece apresentar o quarto carcereiro que MOS descreve nesta seção.

colher informações sobre mim antes de meu sequestro em ▮▮▮▮ ▮▮▮▮▮▮▮▮▮▮▮▮▮▮▮▮▮▮, e deu prova disso relatando detalhes precisos de minha situação especial. Eu nunca o tinha visto nos pavilhões de ▮▮▮▮▮▮▮▮▮▮▮▮▮▮▮▮, nem se esperava que o tivesse visto. ▮▮▮▮▮▮▮▮▮▮▮▮▮▮▮ tinha uma parceria especial com ▮▮▮▮▮▮▮▮▮▮▮▮▮▮▮; no início, e no período decisivo, ▮▮▮▮▮▮▮▮▮▮▮ estava de serviço. ▮▮▮▮▮▮▮▮▮▮▮▮▮ tinha bom condicionamento físico, ao contrário de seu amigo ▮▮▮▮▮▮ ▮▮▮▮▮▮▮▮▮.

▮▮▮▮▮▮▮▮▮▮▮▮▮▮▮▮ seguia as ordens que tinha recebido de ▮▮▮▮▮▮▮▮▮▮▮▮▮▮▮▮▮▮▮▮▮▮ com moderação e aplicação, e o resto do ▮▮▮▮▮▮▮▮▮▮▮▮▮▮▮▮ e seu parceiro me davam minha dieta de água, me faziam praticar exercícios físicos, proibiam-me de rezar ou jejuar, e continuavam me dando "festinhas". ▮▮▮▮▮▮▮▮▮▮▮▮▮▮▮ era o sujeito que vinha com aquela história enjoada de cada coisa em seu lugar, privada e pia sempre secas, e eu acabava tendo de usar meu uniforme porque não tinha toalha. ▮▮▮▮▮▮▮▮▮▮▮▮▮▮▮▮▮▮ ▮▮▮▮▮▮▮▮▮▮▮▮▮▮▮▮▮▮▮▮▮▮▮▮▮.

Não obstante, posso dizer sem medo de errar que ▮▮▮▮▮▮▮▮ ▮▮▮▮▮▮▮ não gostava de me amolar ou me torturar.

"Por que você me proíbe de rezar sabendo que isso é ilegal?", perguntei a ele quando ficamos amigos.

"Poderia não ter feito isso, mas teriam me dado algum trabalho sujo." Ele me contou também que ▮▮▮▮▮▮▮▮▮▮▮▮▮▮▮ ▮▮▮▮▮▮▮▮▮ tinha dado a ordem de me impedir de praticar qualquer atividade religiosa. ▮▮▮▮▮▮▮▮▮▮▮▮▮▮▮▮ disse ainda: "Vou para o inferno por ter proibido você de rezar".

▮▮▮▮▮▮▮▮▮▮▮ ficou felicíssimo quando recebeu ordens para me tratar bem. "Na verdade, gosto mais de estar aqui com você do que estar em casa", disse ele com franqueza. Era um cara muito generoso; trazia-me bolinhos, filmes e jogos de Play Station 2. Antes de ir embora, deixou que eu escolhesse entre dois jogos, Madden 2004 e Nascar 2004. Escolhi Nascar 2004, que ainda tenho. Acima de tudo, ████████████████ proporcionava um bom entretenimento. Ele costumava exagerar e me contava todo tipo de coisa. Às vezes me dava informação demais, coisas que eu não queria nem devia saber.

████████████████ era um viciado em jogos. Jogava videogames o tempo todo. Sou péssimo em videogames; não dou para isso. Sempre dizia aos carcereiros: "Os americanos não passam de bebês crescidos. Em meu país, não é adequado que uma pessoa da minha idade se sente diante de um console e perca tempo jogando videogames". Com efeito, um dos castigos da civilização dos americanos é que eles são viciados em videogames.

E os americanos cultuam o corpo. Comem bem. Quando fui entregue à base aérea de Bagram, pensei: "Que diabos está acontecendo, esses soldados nunca param de mastigar alguma coisa. E embora Deus tenha abençoado os americanos com uma grande quantidade de comida saudável, eles são os maiores esbanjadores de comida que já conheci. Se todos os países vivessem como os Estados Unidos, o planeta não poderia absorver a quantidade de lixo produzida.

Eles também malham. Tenho uma grande quantidade de amigos com todo tipo de formação, e na verdade nunca vi outro grupo de mortais falando de seu próximo programa de treino.

"É uma revista homossexual?", perguntei a um dos carcereiros que tinha em mãos uma revista de fitness com aqueles caras grandalhões. Sabe como é, aqueles caras que malham até ficar sem pescoço, com a cabeça mal cabendo entre os ombros hipertrofiados.

"Que diabo você está falando? Esta é uma revista de exercícios", ele respondeu. Os americanos são mais intolerantes que os alemães em relação a homossexuais masculinos, e malham como se estivessem se preparando para uma luta.

"Quando abraço minha mulher, ela se sente segura", disse-me ████████████████████ uma vez.

"Minha mulher sempre se sente segura, não precisa de um abraço para se acalmar", respondi.

████████████████████ era como qualquer outra pessoa: comprava mais comida do que precisava, exercitava-se mesmo durante o trabalho, pretendia aumentar o pênis, jogava videogames e joguinhos de computador, e era muito confuso quanto à religião.

"Pillow, estou lhe dizendo, eu não sei mesmo. Mas sou cristão e meus pais comemoram o Natal todos os anos", contou-me ele, acrescentando: "Minha namorada quer se converter ao islã, mas eu disse não".

"Ora, ████████████████, você devia deixá-la escolher. Vocês não são a favor de liberdade religiosa?", respondi. ████████████ tinha todas as qualidades de um ser humano. Eu gostava de conversar com ele porque sempre tinha alguma coisa a dizer. Gostava de impressionar as mulheres da ilha. E tinha uma raiva especial de ████████████████████████, e por isso não posso culpá-lo.

Todos tinham raiva dele.* Era preguiçoso e devagar quase parando. Ninguém queria trabalhar com ele, e falavam mal dele o tempo todo. ████████████████████ não tomava nenhuma iniciativa nem tinha personalidade própria, costumava imitar todos os outros carcereiros. Quando começou a trabalhar na equipe era calado, limitava-se a trazer minha comida e, disciplinadamente, me fazer beber água de hora em hora. E aquilo era fácil. Mas ele logo aprendeu que podiam gritar comigo, me tirar a comida e me obrigar a fazer duros exercícios físicos que eu não que-

---

* Deste ponto até o final da seção, o trecho parece referir-se a um quinto carcereiro.

ria. Ele não conseguia acreditar que tinha recebido tanto poder. Tornava-se quase selvagem quando à noite me fazia ficar de pé durante horas, sabendo do meu problema no nervo ciático. Fazia-me limpar a cela repetidamente. Fazia-me limpar o chuveiro repetidamente.

"Quero que você cometa um erro, qualquer erro, assim posso te acertar", dizia ele enquanto fazia umas poses fajutas de artes marciais que devia ter aprendido para sua missão. Mesmo depois que ███████████████ ordenou aos carcereiros que me tratassem bem, ele ficou pior, como se tentasse pôr em dia alguma coisa que tinha deixado de fazer.

"Você me chama de Mestre, o.k.?", disse ele.

"Oh, sim", respondi, pensando: "Quem ele pensa que é?". Quando viu outros carcereiros jogando xadrez comigo, quis jogar também, mas logo vi que ele podia ser ruim no xadrez como ninguém. Além disso, ele tinha suas próprias regras, que sempre impunha, sendo ele o Mestre e eu o detento. No xadrez dele, a partida se iniciava com cada rei na casa de sua própria cor, o que contraria a regra básica segundo a qual cada rei começa na casa da cor oposta. Eu sabia que ele estava errado, mas não havia como corrigi-lo, então com ele eu tinha que jogar sua versão do xadrez.

Em março, ███████████████████████ me deram uma TV com videocassete para ver os filmes que eles me traziam. O próprio ██████████████████ me deu o filme *Gladiador*, de sua coleção pessoal. Gosto do filme porque ele descreve claramente como no fim as forças do mal são derrotadas, por mais invencíveis que pareçam. Numa base de sugestão e aprovação,

▮▮▮▮▮▮▮▮▮▮ e ▮▮ colega me trouxeram muitos filmes interessantes.*

Na vida real, eu não era muito fã de cinema. Não me lembro de ter visto um único filme completo antes dos dezoito anos. Gosto de documentários e filmes baseados em histórias reais, mas tenho dificuldade para parar de pensar e acompanhar o fluxo da ação quando sei que tudo o que acontece no filme é falso. Mas na cadeia sou diferente: gosto de qualquer coisa que mostre seres humanos normais usando roupas informais e falando de alguma coisa que não seja terrorismo e interrogatório. Só quero ver alguns mamíferos com os quais possa me comparar.

Os americanos que conheci veem muitos filmes. Nos Estados Unidos é assim: "Diga-me quantos filmes você viu e lhe direi quem você é". Mas, se existe alguma coisa de que os americanos podem se orgulhar, é sua indústria cinematográfica.

Como seria de esperar, o aparelho não tinha receptor, porque eu não estava autorizado a ver TV ou a me informar sobre qualquer coisa que acontecesse fora de minha cela. Tudo o que eu podia fazer era ver os filmes que tinham sido aprovados ▮▮▮▮ ▮▮▮▮▮▮▮▮▮▮▮▮. É obviamente injusto separar uma pessoa do resto do mundo e proibir-lhe de saber o que está acontecendo lá fora, esteja ela envolvida ou não em atividades criminosas. Observei que a TV/VCR tinha um receptor de rádio FM que podia receber emissões locais, mas nunca toquei nele: embora seja meu direito elementar ouvir qualquer rádio que eu quiser, achei desonesto dar uma facada na mão que alguém estende para ajudá-lo.

---

* O fato deve ter ocorrido em março de 2004 — mais de sete meses depois de MOS ter sido arrastado para a cela de isolamento em Campo Echo. O parágrafo deve referir-se ao "capitão Collins", que, a julgar por trechos posteriores, talvez tenha ficado encarregado do interrogatório de Slahi até ser transferido para o Iraque, no verão de 2004, e à nova interrogadora. Ver nota da p. 424.

E apesar do que ▓▓▓▓▓▓▓▓▓▓▓▓▓▓ tinha feito comigo, achei positivo que eles me oferecessem esse instrumento de entretenimento, e eu não ia usá-lo contra eles. Além disso, ▓▓▓▓▓▓▓▓▓▓ me trouxe um laptop, que adorei. É claro que um dos principais motivos para me darem o laptop foi me fazer digitar as respostas durante os interrogatórios para poupar tempo e energia ▓▓▓▓▓▓▓ ▓▓▓▓▓▓▓▓▓▓▓▓▓▓. Mas não me incomodei com essa ideia, afinal, eu queria dizer minhas próprias palavras e não uma interpretação delas.

"Olha, consegui um pouco de música árabe", disse ▓▓▓▓ ▓▓▓▓▓▓ entregando-me um CD de áudio.

"Que bom!" Mas o CD não passava nem perto da língua árabe: era bósnio. Ri a mais não poder. "Bem parecido. É música bósnia", eu disse quando o CD começou a tocar.

"Não é a mesma coisa, bósnio e árabe?" perguntou ▓▓▓▓ ▓▓▓▓▓▓. Esse é um exemplo de como os americanos sabem pouco sobre os árabes e sobre o islã. ▓▓▓▓▓▓▓▓▓▓▓▓ é membro do ▓▓▓▓▓▓, e não um membro qualquer; a rigor, ▓▓▓ está munido de conhecimentos básicos sobre os árabes e o islã. Mas ▓▓▓▓▓▓▓▓▓ e os outros interrogadores sempre se dirigiam a mim dizendo: "Vocês, do Oriente Médio...", o que está completamente errado. Para muitos americanos, o mundo se compõe de três lugares: os Estados Unidos, a Europa e o resto do mundo, ou seja, o Oriente Médio. Infelizmente, o mundo, do ponto de vista geográfico, é um pouco mais que isso. No trabalho que tinha em meu país, precisei fazer algumas ligações profissionais para os Estados Unidos. Lembro-me da seguinte conversa:

"Alô, trabalhamos com material de escritório. Estamos interessados em representar sua empresa."

"De onde você está falando?", perguntou a moça do outro lado da linha.

"Mauritânia."

"De que estado?", perguntou a moça, procurando obter informação mais precisa. Fiquei surpreso com o tamanho mínimo do mundo dela.

A confusão ███████████████████████ era tão óbvia quanto sua ignorância sobre toda a questão do terrorismo. O homem estava completamente aterrorizado, como se estivesse se afogando e à procura de uma tábua à qual se agarrar. Suponho que eu fosse uma dessas tábuas com que ele deparou ao se debater, e me agarrou com muita força.

"Não entendo por que as pessoas nos odeiam. Ajudamos todo mundo!", afirmou ele uma vez, querendo ouvir minha opinião.

"Nem eu", respondi. Eu sabia que era inútil tentar esclarecê-lo sobre as razões históricas e objetivas que nos levaram àquele ponto, portanto optei por ignorar o comentário dele; além disso, não seria nada fácil mudar a opinião de um homem da idade dele.

Muitos homens e mulheres jovens entram para as Forças Armadas dos Estados Unidos por causa da propaganda enganosa do governo, que leva as pessoas a acreditar que as Forças Armadas são apenas uma grande Batalha de Honra: se entrar para o Exército, você é um mártir vivo; estará defendendo não só sua família, seu país e a democracia americana, mas também a liberdade e os povos oprimidos do mundo inteiro. Ótimo, não há nada errado com isso; pode até ser o sonho de todos os jovens. Mas a realidade das forças americanas é um tiquinho de nada diferente disso. Para ir direto à conclusão: o resto do mundo pensa nos americanos como um punhado de bárbaros vingativos. Pode ser duro, e eu não acredito que o americano médio seja um bárbaro vingativo. Mas o governo dos Estados Unidos aposta até a última ficha na violência como solução mágica de todos os problemas, e assim o país vai perdendo amigos a cada dia, e parece não dar a menor importância a isso.

"Olhe, ▉▉▉▉▉▉▉, todo mundo odeia vocês, até mesmo seus amigos tradicionais. Os alemães os odeiam, os franceses os odeiam, eu disse uma vez a ▉▉▉▉▉▉▉▉▉▉▉▉▉.*

"Que se fodam. É melhor mesmo que nos odeiem, assim damos um pé na bunda deles", respondeu ▉▉▉▉. Limitei-me a sorrir da simplicidade da solução.

"É uma forma de ver a questão", respondi.

"Que se fodam esses terroristas."

"O.k.", eu disse. "Mas primeiro vocês deviam encontrar os terroristas. Não podem sair atropelando e machucando todo mundo em nome do combate ao terrorismo." Ele achava que todo árabe é terrorista até que prove sua inocência.

"Precisamos de sua ajuda para manter ▉▉▉▉▉▉▉ preso para o resto da vida", disse ele.

"Estou ajudando. Já dei informação suficiente para incriminá-lo."

"Mas ele continua negando. Ele está com outras agências que têm regras diferentes das nossas. Eu gostaria de pôr as mãos nele: as coisas seriam bem diferentes!"

Pensei: "Espero que você nunca ponha as mãos em ninguém".

"Tudo o que ele diz é que fez a operação por sua conta, e isso é tudo", disse ▉▉▉▉▉.

"Oh, isso é muito conveniente!", disse eu, com ironia. Nos últimos tempos, eu tinha começado a imitar ▉▉▉▉▉▉▉▉, usando exatamente as mesmas frases que ▉▉▉▉▉▉▉▉▉. Ele sempre me dizia: "Tudo o que você sabe dizer é não sei, não lembro. Isso é muito conveniente! Você acha que vai impressionar um tribunal americano com seu carisma?". Ele gostava de citar o

---

* Aqui e nos próximos parágrafos, MOS parece remeter a conversas anteriores com seus interrogadores.

presidente, dizendo: "Não vamos mandar vocês ao tribunal e deixá--los usar nosso sistema judiciário, já que estão pretendendo destruí-lo".

"Isso faz parte da Grande Conspiração?", perguntei ironicamente.

"A Al-Qaeda está usando nosso sistema judiciário liberal", ele prosseguiu. Eu não sabia mesmo a que sistema de justiça liberal ele estava se referindo: os Estados Unidos bateram o recorde mundial em número de presos. Sua população carcerária passa de 2 milhões de pessoas, mais do que qualquer outro país do mundo, e seus programas de reabilitação são um fracasso total. Os Estados Unidos são o país "democrático" que tem o mais draconiano dos sistemas punitivos; é na verdade um bom exemplo de como castigos severos não ajudam a deter o crime. A Europa é de longe mais justa e humanitária, seus programas de reabilitação funcionam e suas estatísticas de criminalidade são sensivelmente menores que as dos Estados Unidos. Mas o provérbio americano é: "Quando a coisa fica preta, só os durões dão jeito nela". Violência gera naturalmente mais violência; o único empréstimo que se pode conceder com garantia de pagamento é o de violência. Pode levar algum tempo, mas você sempre terá seu empréstimo de volta.

Como as coisas vinham melhorando, pedi a ▬▬▬▬▬▬ ▬▬▬▬▬▬ que me transferisse para que eu pudesse apagar as más lembranças do que tinha vivido onde estava. ▬▬▬▬▬▬ ▬▬▬▬▬▬ tentou atender a meu pedido; prometeu várias vezes me transferir, mas não conseguiu manter suas promessas. Não duvido da seriedade dele, mas eu diria que havia uma espécie de luta pelo poder na pequena ilha de GTMO. Todos queriam a fatia maior da torta e o crédito pelo trabalho de ▬▬▬▬▬▬. Ele me prometeu muitas outras coisas de boa vontade, mas também nesses casos descumpriu o prometido.

418

Uma coisa incrível sobre ███████████████████████ é que ele nunca tocava na questão da minha tortura. Sempre esperei que ele abordasse o assunto, mas nada disso aconteceu: tabu! Pessoalmente, eu tinha medo de falar nisso, ainda não me sentia seguro. Mesmo que ele tivesse levantado o assunto, eu teria me esquivado de falar sobre isso.

Mas finalmente ele acabou dizendo onde eu estava.

"Contra a vontade de muitos membros de nossa equipe, devo informá-lo de que você está em GTMO", disse ele. "Você foi honesto conosco e lhe devemos o mesmo." Embora o resto do mundo não tivesse a menor pista de onde o governo dos Estados Unidos me mantinha encarcerado, eu sabia disso desde o primeiro dia, graças a Deus e à inépcia de ███████████. Mas agi como se aquilo fosse novidade, e fiquei feliz porque para mim significava muito ser informado de onde estava. Ao escrever estas linhas, ainda estou na mesma cela, mas pelo menos não tenho de fingir que não sei onde estou, e isso é bom. ████████████████ o Exército americano liberou a primeira carta de minha família.* Tinha sido enviada meses antes, em julho de 2003, por intermédio do Comitê Internacional da Cruz Vermelha. Haviam se passado 815 dias desde que fui sequestrado em minha casa e tive cortados à força todos os contatos com minha família. Mandei muitas cartas a ela desde que cheguei a Cuba, sem sucesso. Na Jordânia, fui proibido até de mandar uma carta.

████████████████████ foi quem me entregou aquele histórico papel, que dizia:

Nouakchott, ████████████████

Em nome de Deus misericordioso.

---

* Num ponto anterior do manuscrito, MOS indica que recebeu a primeira carta da família em 14 de fevereiro de 2004.

Que a Paz esteja convosco, e a misericórdia de Deus.

De sua mãe ████████████████████████████████

    Depois de te cumprimentar, informo que estou bem, assim como o resto da família. Esperamos que o mesmo aconteça contigo. Estou bem de saúde. Continuo com acompanhamento dos médicos. Acho que estou ficando melhor. E a família está bem.

    Como disse, todos te mandam lembranças. Filho amado! Até agora recebemos três cartas tuas. E esta é nossa segunda resposta. Os vizinhos estão bem e te mandam lembranças. Para terminar, repito meus cumprimentos. Que a Paz esteja convosco.

    Sua mãe ██████████████

Eu não conseguia crer que, depois de tudo por que tinha passado, estava com uma carta de minha mãe em mãos. Senti o cheiro de uma carta que tinha sido tocada pela mão de minha mãe e a de outros membros da família. As emoções que senti em meu coração eram confusas: eu não sabia se ria ou se chorava. Acabei fazendo as duas coisas. Li mil vezes a curta mensagem. Sabia que era autêntica e não falsificada como a que tinha recebido um ano antes. Mas não pude responder, porque ainda não estava autorizado a ver a Cruz Vermelha.

Nessa época, eu continuava recebendo livros em inglês que gostava de ler, a maior parte deles de literatura ocidental. Lembro-me ainda de um livro chamado *O apanhador no campo de centeio* que me fez rir de doer o estômago. Tentei conter o riso o mais possível, mas os carcereiros perceberam alguma coisa.

"Você está chorando?", perguntou um deles.

"Não, estou bem", respondi. Era meu primeiro riso não oficial num oceano de lágrimas. Como os interrogadores não são comediantes profissionais, o humor deles em geral se resumia a um punhado de piadas infames que não me faziam rir, mas eu sempre forçava um sorriso oficial. ██████████████████

420

▮▮▮▮▮ chegou numa manhã de domingo e esperou do lado de fora do edifício. ▮▮▮ ▮▮▮ apareceu diante de minha cela ▮▮▮▮▮. Claro que não o reconheci, achei que era um novo interrogador.* Mas quando ele começou a falar, soube que era ele.

"É ▮▮▮▮?"

"Não se preocupe. Seu interrogador está esperando por você lá fora." Fiquei exultante e aterrorizado ao mesmo tempo; era demais para mim. ▮▮▮▮▮ me levou para fora do edifício; pude ver ▮▮▮▮ desviando o olhar, constrangido pelo fato de eu estar vendo seu rosto. Quando você convive durante muito tempo com uma pessoa de rosto encoberto, é dessa forma que você a conhece ▮▮▮. Mas quando ela ▮▮▮ tira a máscara, você se depara com sua fisionomia, e é uma história completamente diferente para as duas partes. Acho que os carcereiros se sentiam pouco à vontade ao mostrar-me o rosto.

▮▮▮▮▮ disse isso sem rodeios. "Se eu te pegar olhando para mim, vou te dar porrada."

"Não se preocupe, não tenho a menor vontade de ver seu rosto." Ao longo do tempo, eu tinha formado uma percepção sobre como era cada um deles, mas a imaginação estava bem longe da realidade.

▮▮▮▮ preparou uma mesinha com um café da manhã simples. Eu estava assustadíssimo, primeiro porque ▮▮ ▮▮ nunca tinha me levado para fora do edifício, segundo porque eu não estava acostumado aos "novos" rostos de meus carce-

---

* Pode tratar-se de um dos carcereiros de MOS que aparece sem máscara pela primeira vez.

reiros. Tentei me comportar naturalmente, mas meu tremor me denunciava.

"O que há com você?", perguntou ██████████.

"Estou muito nervoso. Não estou habituado a este ambiente."

"Mas eu pretendia que fosse para o seu bem", disse ███████.

██████████████ era uma pessoa muito formal; quando ████████ interroga alguém, ela interroga formalmente, e se ████████ come com alguém, ████████ faz isso como parte de ██████ trabalho, e isso era bom.* Eu não via a hora de acabar com o café da manhã e voltar para minha cela, porque ████████████████████ tinha trazido o filme *Henrique V*, baseado na peça de Shakespeare.

"████████, posso ver o filme mais de uma vez?", perguntei. "Acho que não vou entender tudo de primeira."

"Sim, pode ver o filme quantas vezes quiser."

Quando ████████████████ trouxe a TV, ████████████ instruiu os carcereiros a permitir que eu visse cada filme só uma vez e fim de papo. "Você está autorizado a ver seu filme só uma vez, mas por nós, pode vê-lo quantas vezes quiser desde que não conte a seu interrogador. Na verdade, não nos importamos", disse-me ████████████ mais tarde.

"Não, se ████████ disse isso, eu vou atender. Não vou trapacear", disse a ele. Eu não queria de jeito nenhum arriscar uma comodidade que acabava de conquistar, por isso resolvi tratar tudo com muito cuidado. Mas uma coisa eu pedi.

"████████, posso ficar com minha garrafa na cela e beber água quando quiser?" Eu estava cansado pela falta de sono; assim que fechava os olhos, a pesada porta metálica se abria e eu tinha de beber outra garrafa d'água. Eu sabia que ████████████ não era a pessoa certa para tomar essa iniciativa; ████████████████

---

* "Ela" aparece sem tarja. Deve tratar-se da interrogadora com jeito de executiva apresentada no início do capítulo.

████ vinha seguindo estritamente as ordens de ████████
████. Mas, para minha surpresa, ██████████ chegou no dia seguinte e informou aos carcereiros que agora a garrafa ficaria em minha cela. Ninguém pode imaginar como fiquei feliz só de poder decidir quando e quanto ia beber. Quem nunca esteve nessa situação não consegue dar valor à liberdade de beber água quando quiser, quanto quiser.

Em julho de 2004, encontrei um exemplar do Sagrado Corão em meu cesto de lavanderia. Quando o vi entre as peças de roupa, me senti mal, achando que teria de roubá-lo para conservá-lo comigo. Mas levei o Corão para minha cela, e nunca ninguém perguntou por ele. Eu também não levantei o assunto. Como estava proibido de praticar todo tipo de ritual religioso, imaginei que descobrir um exemplar do Corão em minha cela não faria a alegria de meus interrogadores. E mais: ultimamente, a questão religiosa havia se tornado muito delicada. O capelão muçulmano de GTMO tinha sido preso, e um soldado muçulmano foi acusado de traição — sim, *traição*.* Muitos livros árabes e religiosos foram proibidos, assim como livros didáticos de inglês. Até pude entender a proibição de livros religiosos. "Mas por que livros didáticos de inglês?", perguntei a ████████████.

---

* Três funcionários de Guantánamo, muçulmanos praticantes, foram presos em setembro de 2003 e acusados de divulgar informação confidencial fora da prisão. MOS deve estar se referindo aqui ao capitão James Yee, capelão do Exército, acusado de cinco delitos, entre os quais sedição e espionagem; e o aviador veterano Ahmad Al-Halabi, tradutor de árabe acusado de 32 crimes, desde espionagem até prestar ajuda ao inimigo entregando aos detentos alimentos não autorizados, tal como um doce chamado *baklava*. As acusações de sedição e espionagem desmoronaram. Todas as acusações contra Yee acabaram caindo, e ele recebeu uma demissão honrosa. Al-Halabi foi declarado culpado de quatro acusações, entre as quais mentir para os investigadores e desobedecer ordens, e foi demitido por "má conduta". Fontes: ver, por exemplo, <http://usatoday30.usatoday.com/news/nation/2004-05-16-yee-cover_x.htm>; http://usatoday30.usatoday.com/news/washington/2004-09-23-gitmo-airman_x.htm>.

"Porque os detentos aprendem rápido a língua e passam a entender o que os carcereiros dizem."

"Isso é tão comunista, ███████████████", disse eu. Até aquele momento eu nunca recebera livros islâmicos, embora estivesse sempre pedindo; tudo o que eu conseguia eram romances e livros sobre animais. ████████████████████ minhas orações passaram a ser toleradas. Eu vinha calculando a tolerância em relação à prática de minha religião; de vez em quando, punha à prova a tolerância dos ████████████████, e eles me faziam parar de rezar. Então eu rezava em silêncio. Mas naquele dia do finzinho de julho de 2004, fiz minhas orações sob vigilância de alguns carcereiros novos e ninguém fez comentários. Começava uma nova era em minha prisão.

████████████████████████████ passou a liderança da equipe a █████████████████████ ██████████████████, de quem não sei o nome real. Muita gente no ██████████████████ tentou me fazer acreditar que ██████████████████████████ ainda estava no posto, para manter o fator medo. Na verdade, ████████████████ tinha sido mandado para o Iraque ██████████████████. ██████████████ voltou uma vez em ████████████████ e me visitou, garantindo-me que ainda estava em seu cargo.*

"Sabe como é, tenho muito trabalho em Washington e no exterior. Você não vai me ver com a frequência de antes. Mas sabe o que me faz feliz e o que me faz ficar furioso", disse.

"Com certeza!" ████████████████████ resolveu a meu favor algumas diferenças que eu tinha com a nova equipe e me deu

---

* Este trecho deve se referir ao chefe da equipe de projetos especiais "capitão Collins". Em abril de 2004, o general Miller saiu de Guantánamo para assumir o comando das operações de prisão e interrogatório no Iraque; pode indicar também que o chefe da equipe de projetos especiais incumbida do caso de MOS foi também transferido para o Iraque.

de lembrança um chapéu de camuflagem no deserto. Ainda tenho o chapéu. Nunca mais o vi depois daquele dia.

Finalmente, em setembro de 2004, depois de uma prolongada luta com o governo, a Cruz Vermelha foi autorizada a me visitar. Parecia muito estranho à Cruz Vermelha que de repente eu tivesse desaparecido do campo, como se a terra tivesse me engolido. Todas as tentativas dos representantes da Cruz Vermelha no sentido de me ver ou pelo menos saber onde eu estava tinham ido pelo ralo.

A Cruz Vermelha estava muito preocupada com minha situação, mas não conseguiu chegar até mim quando eu mais precisava. Não posso culpá-los, eles com certeza tentaram. Em GT-MO, o ▮▮▮▮▮▮▮▮▮▮▮▮▮▮▮▮ é o responsável absoluto pela felicidade e pela agonia dos detentos, exercendo assim controle total sobre eles. ▮▮▮▮▮▮▮▮▮▮▮▮ e seu colega ▮▮▮▮▮▮▮ ▮▮▮▮▮▮▮▮▮▮▮▮ recusaram categoricamente à Cruz Vermelha o acesso a mim. Só depois que ▮▮▮▮▮▮▮▮▮ foi embora a Cruz Vermelha conseguiu me visitar.

"Você é o último detento que tivemos de lutar para ver. Já conseguimos ver todos os outros", disse ▮▮▮▮▮▮▮. ▮▮▮▮▮▮ ▮▮▮▮▮▮▮▮▮▮▮▮▮▮▮▮▮▮ tentou me fazer falar do que tinha acontecido comigo antes que eles tivessem acesso a mim. "Temos uma ideia, porque falamos com outros detentos que foram submetidos a abuso, mas precisamos que você fale para podermos ajudar a impedir futuros abusos." Mas sempre escondi os maus-tratos, quando a Cruz Vermelha me perguntava sobre eles, por medo de retaliação. O fato é que a Cruz Vermelha não tem poder de pressão real sobre o governo americano: ela tenta, mas o governo americano não se afasta um centímetro de sua linha. Quando deixavam que a Cruz Vermelha visse um detento, era porque a operação contra esse detento estava encerrada.

"Não podemos agir se não nos disser o que aconteceu com você", eles insistiam.

"Desculpe! Só estou interessado em mandar e receber correspondência, e estou muito grato por me ajudarem nisso." ▆▆▆ ▆▆▆▆▆▆▆▆▆▆ trouxe um representante de alto nível da Cruz Vermelha ▆▆▆▆▆▆▆▆▆▆▆ da Suíça que tinha trabalhado no meu caso. ▆▆▆▆▆▆▆▆▆ tentou me fazer falar, sem sucesso.

"Compreendemos seus receios. Só estamos preocupados com seu bem-estar e respeitamos sua decisão."

As sessões com membros da Cruz Vermelha eram supostamente privadas, mas depois da primeira sessão fui interrogado sobre as conversas que tive, e disse aos interrogadores o que tínhamos conversado. Daí em diante, contei aos membros da Cruz Vermelha sobre essa prática, e depois disso nunca mais ninguém perguntou o que acontecia naquelas sessões. Os detentos sabiam que as reuniões com o pessoal da Cruz Vermelha eram monitoradas. Alguns detentos foram indagados sobre declarações feitas à Cruz Vermelha que o ▆▆▆▆▆▆▆▆▆▆▆▆▆▆▆▆ não tinha como conhecer a menos que as reuniões tivessem sido monitoradas. Muitos detentos se recusavam a falar com a Cruz Vermelha, suspeitando que se tratava de interrogadores disfarçados. Cheguei a conhecer alguns interrogadores que se apresentaram como jornalistas. Mas a mim isso parecia muito ingênuo: para que um detento confundisse um interrogador com um jornalista teria de ser um idiota, e há métodos melhores para fazer um idiota falar. Essas práticas enganosas promoviam tensões entre os detentos e a Cruz Vermelha. Alguns dos membros da organização chegaram a ser xingados e cuspidos.

Nesse mesmo período, pediram-me para falar com um jornalista de verdade. A época de ▆▆▆▆▆▆▆▆▆▆▆▆▆▆▆▆▆ tinha sido difícil para todos; ele era uma pessoa muito violenta e com certeza denegriu ainda mais a já prejudicada imagem do governo americano.* Agora, muitos membros do governo estavam tentan-

---

* Refere-se provavelmente à época do general Miller e seus "interrogatórios especiais".

do mudar a reputação conquistada graças à perversidade dispensada aos detentos. "Você sabe que muita gente está mentindo sobre este lugar e afirmando que os detentos são torturados. Gostaríamos que você conversasse com um jornalista moderado do *Wall Street Journal* e refutasse essas coisas erradas de que somos acusados."

"Bem, eu fui torturado e vou dizer a verdade a esse jornalista, a verdade nua e crua, sem exagero e sem meias palavras. Não vou passar um verniz na imagem de ninguém", disse eu. Depois disso, a entrevista com o jornalista foi cancelada de vez, o que foi bom porque eu não queria mesmo falar com ninguém.

Aos poucos, fui sendo apresentado ao novo chefe "secreto". Não sei exatamente por que a equipe fazia questão de manter segredo sobre ele e tentava me fazer crer que ▮▮▮▮▮▮▮▮▮▮▮▮ ainda estava no comando. Talvez achassem que eu seria menos colaborativo se alguém que não fosse ▮▮▮▮▮▮▮▮▮ assumisse o cargo. Mas estavam equivocados: mais do que qualquer pessoa na comunidade de inteligência, eu estava interessado em trazer meu caso à luz. ▮▮▮▮▮▮▮▮▮▮ tinha sido aconselhado a trabalhar em meu caso por debaixo dos panos, o que fez durante algum tempo, mas depois ele veio e se apresentou. Não sei seu nome verdadeiro, mas ele se apresentou como um ▮▮▮▮▮▮ ▮▮▮ é ▮▮▮▮▮▮▮▮▮▮▮▮▮▮▮▮▮▮▮▮▮▮▮▮ ▮▮▮▮▮▮▮▮▮▮▮▮▮▮▮▮▮▮▮▮▮▮▮▮▮▮ ▮▮▮▮▮▮▮▮▮▮▮▮▮▮▮▮▮▮▮▮▮▮▮▮▮▮ mais humilde. Ele tentou tudo o que estava a seu alcance para facilitar minha vida de preso.

Pedi a ele que pusesse fim a meu confinamento e me deixasse ver outros detentos, e ele organizou com sucesso diversos encontros entre mim e ▮▮▮▮▮▮▮▮▮▮▮▮▮▮▮▮, principalmente para comer juntos e jogar xadrez. ▮▮▮▮▮▮▮▮ não teria tido minha preferência, mas não me cabia decidir com quem me avistar e, de qualquer forma, eu estava louco para ver qualquer outro preso com quem pudesse me relacionar.

No começo do verão ███████████ eles instalaram ██████ ███████████ perto de minha barraca e fomos autorizados a nos ver durante o recreio.* ███████████ está mais para velho, tem cerca de ███████████████ de idade. ███████████████ parecia não ter passado incólume pelo choque da detenção. Sofria de paranoia, amnésia, depressão e outros problemas mentais. Alguns interrogadores diziam que ele estava se fazendo de louco, mas na minha opinião ele estava completamente desvairado. Na verdade, eu não sabia o que pensar, mas não me importava muito. Eu estava louco por companhia, e ele era uma companhia.

No entanto, há um obstáculo para a aproximação dos detentos, sobretudo entre os que se conheceram no próprio campo: eles tendem a ser céticos em relação aos outros. Mas eu estava bastante descontraído a esse respeito porque na verdade não tinha nada a esconder.

"Eles te pediram para tirar informações de mim?", ele me perguntou certa vez. Não fiquei impressionado porque supunha

---

* Matérias publicadas identificam o detento que se tornou vizinho de MOS como Tariq al-Sawah. Um artigo do *Washington Post* de 2010 indica que MOS e Al-Sawah ocupavam "um pequeno espaço cercado na prisão militar, onde levavam uma vida de relativo privilégio, praticando jardinagem, escrevendo e pintando". Numa entrevista concedida em 2013 à revista on-line *Slate*, o coronel Morris Davis, que serviu como promotor nas comissões militares de Guantánamo em 2005 e 2006, fala de encontros que teve com MOS e Al-Sawah no verão de 2006. "Eles estão num ambiente singular: dentro do perímetro da prisão, há uma grande cerca em volta das instalações e eles ficam dentro do que chamam de arame, que é outra camada interna, portanto lidar com os dois caras exige um esforço intensivo", disse ele. Nessa entrevista, Davis indica que esse arranjo permaneceu inalterado. Ver <http://www.washingtonpost.com/wp-dyn/content/article/2010/03/24/AR2010032403135_pf.html> e <http://www.slate.com/articles/news_and_politics/foreigners/2013/04/mohamedou_ould_slahi_s_guant_namo_memoirs_an_interview_with_colonel_morris.html>.

a mesma coisa em relação a ele. "███████████████, relaxe e admita que estou aqui só para espionar você. Fique de boca fechada e não fale de nada que te faça ficar inseguro", eu disse a ele.

"Você não tem segredos?", ele perguntou.

"Não, não tenho, e lhe permito que revele qualquer coisa que possa ficar sabendo a meu respeito", disse eu.

Lembro-me do primeiro dia de agosto em que ████████████ apareceu na porta sorrindo e me cumprimentou: "*Salamu Alaikum*".

"*Uaalaikum As-Salam! Tetkallami Arabi?*", respondi ao cumprimento dela e perguntei se ███████ falava árabe.*

"Não." Na verdade, ████████████ já tinha dito naquele momento todo o árabe que ████████ sabia, ou seja, a saudação "Que a paz esteja convosco". ████████████████ e eu começamos a conversar como se nos conhecêssemos havia anos. ████████████████ estudava biologia e tinha se alistado recentemente no ██████████████████████, é bem provável que para pagar a faculdade. Muitos americanos fazem isso, os estudos universitários são caríssimos nos Estados Unidos.

"Vou ajudá-lo a montar seu jardim", disse ████████████████. Muito tempo antes, eu tinha pedido aos interrogadores que me dessem algumas sementes para tentar cultivar alguma coisa no solo inóspito de GTMO. "Tenho experiência em jardinagem", continuou ████████. Com efeito, ████████ parecia experiente: ████████ me ajudou a cultivar girassóis, manjericão, sálvia, salsinha, coentro e coisas assim. No entanto, por mais solícita que ████████ fosse, continuei lhe dando trabalho por causa de uma única experiência ruim por que ██████████ me fez passar.

---

* O "dela" aparece sem tarja. Esta seção parece apresentar e se fixar numa nova interrogadora. Ver nota da p. 441 que cita registros em que se indica que no segundo semestre de 2004 MOS teve uma interrogadora.

"Tenho um problema com os grilos que estão destruindo meu jardim", reclamei.

"Dissolva um pouco de sabão na água e borrife as plantas levemente todos os dias", ███████████ sugeriu. Segui cegamente o conselho ████████.

No entanto, notei que minhas plantas estavam tristes, com jeito de doentes. Então decidi borrifar só a metade delas com o sabão diluído e observar o resultado. Não demorou muito para perceber que o sabão era responsável pelos efeitos negativos sobre as plantas, e parei completamente com aquilo.

Depois disso, eu disse a ███████████: "Já sei o que você estudou: você aprendeu a matar plantas com sabão diluído!".

"Cale a boca! Você não fez direito."

"Pode ser."

███████████████ tinha apresentado ███████████ a mim, e dali em diante ████████ assumiu completamente o meu caso. Por alguma razão o ████████████ achava que eu poderia desrespeitar ██████, e tinham dúvidas se ██████ fora uma boa escolha. Mas eles não tinham motivo para preocupação: ████████████ me tratava como se eu fosse irmão █████████ e como se █████ fosse minha irmã. É claro que alguns dirão que tudo aquilo era uma armadilha dos interrogadores para atrair os detentos e obter informações; eles podem ser amistosos, sociáveis, humanos, generosos e sensíveis, mas mesmo assim continuam sendo maus e dissimulados em relação a tudo. Quero dizer que há bons motivos para duvidar da integridade dos interrogadores, se mais não fosse, pela natureza de seu trabalho. O objetivo final do interrogador é extrair informação de seu alvo, quanto mais cabeluda melhor. Mas os interrogadores são seres humanos, com sentimentos e emoções; tenho sido interrogado ininterruptamente desde janeiro de 2000, e vi todo tipo de interrogador: bom, mau e mediano. Além disso, aqui em GTMO tudo é diferente. Em GTMO, o governo americano designa uma equipe de interrogadores que grudam em você quase que diariamente durante um período, depois do qual é substituída por uma nova equipe, numa rotina interminável. Assim, goste ou não, você tem de conviver com seus interrogadores e tentar levar a vida da melhor maneira possível. Além disso, eu trato as pessoas de acordo com o que elas mostram, e não com o que podem estar escondendo. É com esse lema que me aproximo de todo mundo, inclusive de meus interrogadores.

Como não fiz estudos regulares da língua inglesa, precisei e ainda preciso de muita ajuda para me aperfeiçoar. ▆▆▆▆▆▆▆ deu uma grande ajuda, principalmente na pronúncia e na ortografia. Quanto à ortografia, o inglês é uma língua terrível. Não conheço nenhuma outra língua em que se escreva *colonel* e se pronuncie *kernel*. Até mesmo os nativos da língua têm sérios problemas com a não correspondência entre os sons e as letras que os representam.

Acima de tudo, as preposições em inglês não fazem nenhum sentido. O único jeito é decorá-las. Lembro-me de ter dito "*I am afraid from...*", e ▆▆▆▆▆▆ levantando e me corrigindo para "*afraid* of". Com certeza, eu estava fazendo ▆▆▆▆ enlouquecer. Meu problema é que comecei a aprender a língua com as pessoas "erradas", ou seja, recrutas das Forças Armadas americanas que falavam incorretamente do ponto de vista gramatical. Então eu precisava de alguém que tirasse de mim a língua errada e a substituísse pela certa. Talvez seja possível ensinar novos truques a um cachorro velho, e foi exatamente isso o que ▆▆▆▆▆▆ tentou a duras penas fazer comigo. Acho que ▆▆▆▆ teve sucesso, embora às vezes eu desse a ▆▆▆▆▆ bastante trabalho. Certa vez, ▆▆▆▆ esqueceu ▆▆▆ estava perto de mim e disse alguma coisa como: "*Amana use the bathroom*", e eu perguntei: "'*Amana*' é uma das palavras que perdi?".

"Nem fale nisso!", disse ▆▆▆▆.

███████████ me ensinava o modo como os americanos falam inglês. "Mas os britânicos falam assim e assado", eu dizia.

"Você não é britânico", dizia ███████████.

"Só quis dizer que há maneiras diferentes de pronunciar isso", eu respondia. Mas ███████ não me mostrou quais eram as regras gramaticais a seguir, que é a única maneira como posso aprender realmente. Sendo uma falante nativa, ███████████ tinha uma intuição para a língua que eu não tenho. Além da língua materna, ███████ falava russo e se propôs a me ensinar. Eu bem que queria, mas ███████████ não tinha tempo e acabei perdendo o interesse. Uma pessoa preguiçosa como eu não aprende uma nova língua a menos que seja indispensável. ███████████ estava louca para aprender árabe, mas também não tinha tempo para isso. O trabalho ██████ mantinha ocupada dia e noite.

Nessa época, eu estava melhor de saúde do que na Jordânia, mas ainda estava abaixo do peso, vulnerável e doente a maior parte do tempo. Com o passar dos dias, minha saúde piorava visivelmente. Às vezes, quando a equipe de escolta me fazia passar pelo espelho de parede, eu ficava horrorizado ao ver meu rosto. Era uma triste visão. Embora a alimentação no campo melhorasse dia a dia, eu não conseguia tirar proveito dela.

"Por que você não come?", perguntavam os carcereiros.

"Não tenho fome", eu respondia. Um dia, por acaso, o [a] interrogador[a] ███████████ estava presente quando me serviram o almoço.

"Posso ver sua comida?"

"Claro."

"Que diabos estão dando para você comer? Isso é um lixo!", disse ███████████.

"Não, está bem. Não gosto de falar de comida", disse eu. E não gosto mesmo.

"Olhe, pode estar bem para você, mas não para os meus padrões. Temos de mudar sua alimentação", disse ███████. E, como num passe de mágica, ████████████ conseguiu num prazo relativamente curto organizar uma alimentação adequada, que foi decisiva para melhorar minha saúde.

████████████ mostrou-se uma pessoa muito religiosa para os padrões americanos. Eu estava muito entusiasmado por ter alguém com quem pudesse aprender.

"████████████, pode conseguir uma Bíblia para mim?"

"Vou tentar", disse ███████, e, com efeito, trouxe-me sua própria Bíblia, uma edição especial.

"Segundo sua religião, qual é o caminho para o céu?", perguntei a ████████████.

"Aceitar Cristo como seu Salvador e acreditar que ele morreu por seus pecados."

"Acredito que Cristo tenha sido um dos maiores profetas, mas não que tenha morrido pelos meus pecados. Isso não faz sentido para mim. Tenho de salvar a pele por mim mesmo, fazendo as coisas certas", respondi.

"Isso não basta para se salvar."

"Então para onde vou depois da morte?", perguntei.

"Segundo minha religião, você vai para o inferno." Ri com vontade, e disse a ████████████: "Isso é muito triste. Rezo todos os dias e peço a Deus que me perdoe. Sinceramente, sou muito mais devoto a Deus do que você. Na verdade, como você pode ver, não sou muito bem-sucedido nesta vida mundana, portanto minha única esperança é a outra vida".

████████████ ficou ao mesmo tempo zangado[a] e envergonhado[a] — zangado[a] por eu ter rido da afirmação ███████, e envergonhado[a] porque não conseguia encontrar um meio de me salvar.

"Não vou mentir para você: é o que minha religião afirma", disse ███████.

"Não, eu não tenho nenhum problema com isso. Cada um faz sua sopa como quiser. Não estou zangado por você me mandar para o inferno."

"E o que me diz das crenças islâmicas? Eu vou para o céu?"

"É uma história completamente diferente. No islã, para chegar ao céu, você tem de aceitar Maomé, o sucessor natural de Cristo, e ser um bom muçulmano. Como você rejeita Maomé, não vai para o céu", respondi com toda a sinceridade.

██████████████ ficou aliviado[a] por eu ███ mandado para o inferno também. "Então vamos os dois para o inferno e nos encontramos por lá!", disse ████████.

"Não quero ir para o inferno. Embora sendo um pecador assumido, peço a Deus que me perdoe." Sempre que tínhamos tempo, discutíamos religião e mostrávamos um ao outro o que a Bíblia e o Corão diziam.

"Você se casaria com um[a] muçulmano[a]?"

"Jamais", respondeu ████████. Sorri. "Eu pessoalmente não teria problema algum em me casar com uma cristã desde que ela não tivesse nada contra a minha religião."

"Está tentando me converter?", perguntou ████████, emocionado[a].

"Sim, estou."

"Nunca, jamais, serei muçulmano[a]."

Eu ri. "Por que fica tão ofendido[a] com isso? Você está meio que tentando me converter e eu não fico ofendido, já que é nisso que você acredita."

Continuei. "Você se casaria com um[a] católico[a], ████████?"

"Sim, casaria."

"Não entendo. A Bíblia diz que você não pode se casar depois do divórcio. Então você é um[a] pecador[a] potencial." ████████ ████████ ficou ofendidíssimo[a] quando mostrei a ████████ os versículos da Bíblia.

"Nem pense nisso, e se você não se importa, vamos mudar de assunto." Fiquei chocado e dei um sorriso seco.

"Está bem! Desculpe por falar sobre isso." Deixamos de discutir religião e demos um tempo de alguns dias no assunto, e depois retomamos o diálogo.

" ██████████, não há meios de eu entender o dogma da Trindade. Quanto mais penso nele, mais confuso fico."

"Temos o Pai, o Filho e o Espírito Santo, três coisas que representam Deus."

"Aguenta essa! Troque isso em miúdos para mim. Deus é o pai de Cristo, não é?"

"Sim!"

"Pai biológico?", perguntei.

"Não."

"Então por que chamá-lo de Pai? Ou seja, se você diz que Deus é nosso pai no sentido de tomar conta de nós, não tenho nenhuma dificuldade para entender", comentei.

"Sim, está certo", disse ████████.

"Então não faz sentido chamar Jesus de 'Filho de Deus.'"

"Mas ele diz isso na Bíblia", disse ██████████.

"Mas ██████████, eu não acredito que a Bíblia seja 100% exata."

"Seja como for, Jesus é Deus", disse ██████.

"Jesus é Deus ou é o Filho de Deus?"

"As duas coisas!"

"Você não está dizendo coisa com coisa, ██████████, está?"

"Olhe, na verdade eu não entendo a Trindade. Tenho de pesquisar e perguntar a um expert."

"Muito justo", disse eu. "Mas como você pode acreditar numa coisa que não entende?", continuei.

"Entender, entendo, mas não sei explicar", respondeu ██████ ██████.

"Vamos seguir em frente e falar de outro assunto", sugeri. "De acordo com sua religião, eu estou condenado de todas as maneiras. Mas e os boxímanes da África que nunca tiveram oportunidade de conhecer Jesus Cristo?", perguntei.

"Eles não vão se salvar."

"Mas que mal eles fizeram?"

"Não acho que eles devam sofrer, mas é o que minha religião diz."

"Muito justo."

"E para o islã, como é isso?", perguntou ▬▬▬▬▬.

"O Corão diz que Deus não castiga a menos que mande uma mensagem para ensinar o povo."

▬▬▬▬▬▬▬▬▬▬▬▬▬▬▬

▬▬▬▬▬▬▬▬▬ era um desses caras de quem você gosta desde o primeiro encontro.* ▬▬▬▬▬▬▬▬

▬▬▬▬▬▬▬▬▬▬▬▬▬▬▬

▬▬▬▬▬▬▬▬▬▬▬▬▬▬▬

▬▬▬▬▬▬▬▬▬▬▬▬▬▬▬

▬▬▬▬▬▬▬▬▬▬▬▬▬▬▬

▬▬▬▬▬▬▬▬▬▬▬▬▬▬▬

▬▬▬▬▬▬▬▬▬▬▬▬▬▬▬

▬▬▬▬▬▬▬▬▬▬▬▬▬▬▬

▬▬▬▬▬▬▬▬▬▬▬ Ele é mais do bem que do mal. ▬▬▬▬▬▬▬▬▬▬ são grandes amigos, e ele estava sempre lutando para melhorar nossas condições.

▬▬▬▬▬▬▬ apresentou-o a mim como um amigo que poderia ajudar ▬▬▬▬▬ a saciar minha sede de informação sobre o cristianismo. Embora eu tenha gostado de conhecer ▬▬▬▬▬

---

* Ao que parece, o [a] interrogador[a] chamou alguém para ajudar na discussão teológica.

████████, ele não conseguiu me fazer entender a Trindade. Ele me confundiu ainda mais, e minha sorte com ele não foi melhor: ele também me mandou para o inferno. ████████████████████ acabou discutindo com ████████████ por causa de algumas diferenças em suas crenças, embora ambos fossem protestantes. Compreendi que eles não tinham como me ajudar a entender, portanto desisti do assunto para sempre e começamos a falar sobre outras coisas.

É muito engraçada a ideia que os ocidentais fazem dos árabes: selvagens, violentos, insensíveis e sem coração. Posso afirmar sem medo de errar que os árabes são pacíficos, sensíveis, civilizados e grandes amantes, entre outras qualidades.

"████████, vocês dizem que nós somos violentos, mas se ouvir música árabe ou ler poesia árabe, vai ver que só tratam de amor. Por outro lado, a música americana é sobre violência e ódio, em sua maior parte." Durante meu período com ████████ ████, trocamos muitos poemas. Não tenho cópias, ████████ ficou com todos os poemas. ████████ me deu também um pequeno divã.

████████ é muito surrealista, e sou péssimo em surrealismo. Eu mal entendia seus poemas.

Um de meus poemas dizia:

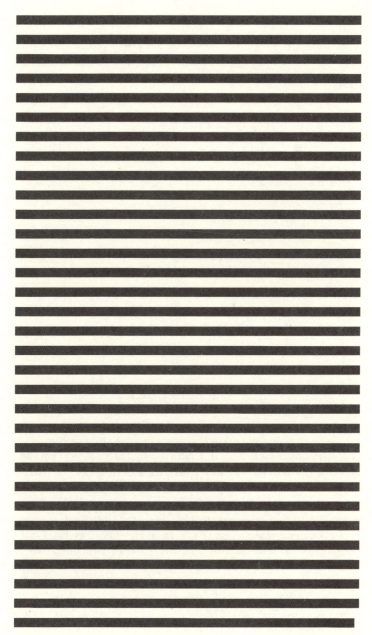

de Salahi, GTMO

Durante todo esse tempo, recusei-me a falar da forma como tinha sido tratado, o que ▆▆▆▆▆▆▆ compreendeu e respeitou. Eu não queria falar, primeiro, porque temia retaliações; segundo, porque duvidava da disposição do governo para lidar direito com as coisas; terceiro, porque a religião islâmica ensina que é melhor apresentar suas queixas a Deus do que revelá-las a seres humanos. Mas ▆▆▆▆▆▆ continuou tentando me convencer, com toda a paciência. Além disso, ▆▆▆▆▆▆ explicou-me que ▆▆▆ devia denunciar a seus superiores qualquer desvio de comportamento de seus colegas.

Depois de analisar cabalmente as opções, decidi conversar com ▆▆▆▆. Quando ▆▆▆▆ ouviu meu relato, ▆▆▆▆ trouxe ▆▆▆▆▆▆▆▆▆ que me interrogara a respeito, depois de mandar os carcereiros saírem. Prudentemente, ▆▆▆▆▆▆▆▆ queria evitar qualquer possível vazamento e divulgação da história. Eu não fazia ideia do que aconteceria depois daquilo, mas acho que houve algum tipo de investigação interna do DoD, porque mais tarde me fizeram perguntas sobre minha história.*

---

* O relatório Schmidt-Furlow diz que em 11 de dezembro de 2004, "depois de meses de colaboração com os interrogadores", "o objeto do segundo interrogatório especial informou à sua interrogadora que tinha sido 'submetido a tortura' por interrogadores anteriores, de julho a outubro de 2003". Uma nota de rodapé explicita: "Ele relatou essas afirmações a uma interrogadora. A interrogadora fazia parte da equipe de interrogatório na ocasião do relato. A interrogadora repassou as queixas a seu supervisor. Pouco depois de ser notificado do suposto abuso, o supervisor entrevistou o objeto do segundo interrogatório especial, em presença da interrogadora, em relação às queixas. Com base nessa entrevista e em anotações da interrogadora, o supervisor redigiu em 11 dez. 2004 um MFR dirigido a JTF-GTMO JIG e ICE. O supervisor encaminhou seu MFT ao JTF-GTMO JIG. O JIG encaminhou a queixa ao JAG para que desse início aos procedimentos IAW normais em GTMO para investigação de denúncia de abuso. O JAG, num e-mail de 22 dez. 2004, encarregou o JDOG, o JIG e o JMG de uma revisão da denúncia resumida no MFR de dez. 2004 e instruiu-os a obter informação relevante. A investigação interna de GTMO nunca foi concluída". Schmidt-Furlow, p. 22.

"Você é um cara muito corajoso!", dizia-me ▮▮▮▮▮▮ em relação a minha história.

"Não acho! Só gosto de paz. Mas sei com certeza que pessoas que torturam detentos indefesos são covardes." ▮▮▮▮▮▮

Não muito tempo depois, ▮▮▮▮▮▮▮▮▮ tirou uma licença de três semanas. "Vou a Montreal com uma amiga do ▮▮▮▮▮▮▮▮. Conte-me alguma coisa sobre Montreal." Contei a ele[a] tudo o que lembrava a respeito de Montreal, o que não era muito.

Quando ▮▮▮▮▮▮▮ voltou, veio me ver nem bem tinha trocado a roupa de viagem; ▮▮▮▮ estava sinceramente contente por me ver de novo, e eu também. ▮▮▮▮▮▮ disse que ▮▮▮▮▮ gostou do tempo passado no Canadá e que tudo tinha dado certo, mas que talvez estivesse mais contente por se encontrar de novo em GTMO. ▮▮▮▮▮▮▮▮ estava cansado[a] da viagem, então só ficou um tempinho para ver como eu estava e foi embora.

Voltei para minha cela e escrevi a ▮▮▮▮▮▮▮▮▮▮ a seguinte carta:

"Olá, sei que você esteve no Canadá ▮▮▮▮▮▮▮▮▮▮
▮▮▮▮▮▮▮▮▮▮▮▮▮▮▮▮▮▮▮▮▮▮▮▮▮
▮▮▮▮▮▮▮▮▮▮▮▮▮▮▮▮▮▮▮▮▮▮▮▮▮
▮▮▮▮▮▮▮▮▮▮▮▮▮▮▮▮▮▮▮▮▮▮▮▮▮
▮▮▮▮▮▮▮▮▮▮▮▮▮▮▮▮▮▮▮▮▮▮▮▮▮
▮▮▮▮▮▮▮▮▮▮▮▮▮▮▮▮▮▮▮▮▮▮▮▮▮
▮▮▮▮▮▮▮▮▮▮▮▮▮▮▮▮▮▮▮▮▮▮▮▮▮
▮▮▮▮▮▮▮▮▮▮▮▮▮▮▮▮▮▮▮▮▮▮▮▮▮
▮▮▮▮▮▮▮▮▮▮▮▮▮▮▮. Não lhe perguntei sobre isso, mas não gosto que uma pessoa minta para mim e me tome por idiota. Não sei em que você estava pensando quando inventou aquela história para me enganar. Não mereço ser tratado dessa forma. Preferi escrever e não falar com você para lhe dar a oportunidade de pensar nisso tudo e não fazê-lo[a] se sair com respostas inexatas. Além disso, você não precisa me dar nenhuma resposta ou fazer comentários. Destrua esta carta e considere que ela nunca existiu. Cordialmente, Salahi."

Li a carta para os carcereiros antes de entregar o envelope fechado a ▮▮▮▮▮▮▮ e pedir a ▮▮▮▮ que não a lesse em minha presença.

"Qual é? Como diabos você sabia que ▮▮▮▮▮▮▮▮ esteve com ▮▮▮▮▮▮▮▮▮▮▮▮▮▮▮▮?", perguntou-me o carcereiro de serviço.

"Alguma coisa em meu coração que nunca mente para mim!"

"Você não diz coisa com coisa. Além do mais, por que diabos você iria se importar?"

"Se você não é capaz de dizer se ███████████ tem intimidade com um homem, você não é um homem", disse eu. "Não me importo, mas não gosto que ███████████ use minha masculinidade para fazer um joguinho comigo, principalmente na minha situação. ███████████ deve pensar que sou vulnerável, mas eu sou forte."

"Você tem razão! Foi um vacilo!"

███████████ veio no dia seguinte e abriu o jogo comigo. "Desculpe! Imaginei que como tínhamos um relacionamento próximo, você ficaria magoado ███████████ ███████████.

"Em primeiro lugar, agradeço muito por sua receptividade. Estou tão confuso! Acha que estou louco para ver ███████████ ███████████? Não estou! Pelo amor de Deus, você é um[a] cristão[a] empenhada numa guerra contra minha religião e meu povo! Além disso, sou ███████████ ███████████ dentro desta prisão."

Depois disso, ███████████ sempre tentou me dizer que ███████ achava que não ia continuar com ███████████ ███████████. Mas eu não fazia nenhum comentário sobre o assunto. Tudo o que fiz foi um bracelete artesanal que mandei para ele[a] ███████████ ███████████ de quem eu gostava e tinha me ajudado de muitas formas.

"Estamos desesperados para obter informação de você", disse ███████████ na primeira vez em que me viu.

Era verdade: quando cheguei ao campo, em agosto de 2002, a maior parte dos detentos se recusava a colaborar com os interrogadores.

"Olhe, eu já lhe contei a minha história mais de 1 milhão de vezes. Agora ou você me manda para o tribunal ou me deixa em paz", diziam eles.

"Mas há contradições em sua história", contestavam os interrogadores, o que era uma forma delicada de dizer: "Você está mentindo".

Da mesma forma que eu, todos os detentos que conheci achavam que ao chegar a Cuba seriam submetidos a um interrogatório normal, depois do qual seriam indiciados e levados a julgamento, e lá se decidiria se eram ou não culpados. Se fossem inocentados, ou se o governo americano não apresentasse acusações contra eles, seriam mandados de volta para casa. Isso era o que todos acreditavam: os interrogadores diziam que as coisas seriam assim, e nós concordávamos: "Vamos lá". Mas, na verdade, ou os interrogadores mentiam de propósito para incentivar os detentos a colaborar, ou o governo mentia para os interrogadores sobre o procedimento como tática para coagir os detentos a dar informação.

Passavam-se as semanas e os meses, e a sede de informação dos interrogadores não parecia nem perto de estar satisfeita. Quanto mais informação o detento dava, mais os interrogadores complicavam seu caso e mais perguntas faziam. A certa altura, todos os detentos tinham uma coisa em comum: estavam cansados do interrogatório ininterrupto. Assim que cheguei, me enquadrei na pequena minoria que ainda colaborava, mas logo passei para o outro grupo. "Diga-me apenas por que me prendeu e responderei a todas as perguntas que fizer", dizia eu.

A maior parte dos interrogadores voltava de mãos vazias dia após dia. "Nenhuma informação obtida da fonte", era o que os interrogadores informavam todas as semanas. E exatamente como ▮▮▮▮▮▮▮▮▮▮▮ tinha dito, o ▮▮▮▮▮▮▮ estava desesperado para fazer os detentos falar. Assim, ▮▮▮▮▮▮ montou um mini▮▮▮▮▮▮▮ dentro da organização maior. Essa força-tarefa, que englobava gente do Exército, da Marinha, dos Fuzileiros Navais e civis, tinha como missão arrancar informações dos detentos. A operação foi cercada de máximo sigilo.

██████████ era um personagem de destaque nesse subgrupo ██████████. Embora ██████████ fosse uma pessoa inteligente, davam a ele o serviço mais sujo da ilha e, por meio de uma espantosa lavagem cerebral, o levavam a crer que estava fazendo a coisa certa. ██████████ estava sempre envolto num uniforme que o cobria da cabeça aos pés, porque ██████████ tinha consciência de que ele estava cometendo crimes de guerra contra detentos indefesos. ██████████ era A Coruja da Noite, O Adorador do Diabo, O Homem da Música Alta, o Cara da Antirreligião, o interrogador por excelência. Cada um desses apelidos se justificava.

██████████ tinha por hábito "entreter" os detentos que não estavam autorizados a dormir. Privou-me de sono durante cerca de dois meses, ao longo dos quais tentou subjugar minha resistência mental, sem sucesso. Para me manter acordado, ele resfriava ao máximo a temperatura de onde eu me achava, me obrigava a escrever todo tipo de coisa sobre minha vida, me dava água sem parar e às vezes me fazia ficar a noite inteira de pé. Um dia, me deixou pelado com ajuda de um carcereiro ██████████ para me humilhar. Outra noite, me pôs numa sala gelada cheia de fotos propagandísticas dos Estados Unidos, inclusive uma foto de George W. Bush, e me fez ouvir mil vezes o hino nacional americano.

██████████ cuidava de diversos detentos ao mesmo tempo. Eu ouvia muitas portas batendo, música alta e detentos indo e vindo, o barulho das pesadas correntes denunciando sua presença.

██████████ punha os detentos numa sala escura com imagens que supostamente representavam demônios. Fazia os detentos ouvir música de ódio e fúria, e a música "Let the Bodies hit the Floor" mil vezes, a noite inteira, na sala escura. Ele era muito explícito sobre seu ódio ao islã, e proibia terminantemente qualquer prática islâmica, inclusive as orações e a recitação do Corão.

Mesmo com tudo isso, por volta de ██████████ ██████████, a equipe especial entendeu que eu não ia colaborar com eles, como pretendiam, e por isso foi aprovado o nível seguinte de tortura. ▮▮▮▮▮▮▮▮▮▮▮▮▮▮▮▮▮ e outro cara com um pastor-alemão abriram a porta da sala de interrogatório onde ▮▮▮▮▮▮▮ e eu estávamos sentados. Isso foi no Edifício ▮▮▮▮▮▮▮▮. ▮▮▮▮▮▮▮ e seu colega começaram a me bater, principalmente nas costelas e no rosto, me fizeram beber água salgada durante três horas antes de me entregar a uma equipe árabe, com um interrogador egípcio e outro jordaniano. Esses interrogadores continuaram me batendo, cobrindo-me com cubos de gelo para me torturar e para fazer os hematomas recentes desaparecerem.

Depois de mais ou menos três horas, Mr. X e seu amigo me levaram de volta e me atiraram em minha cela atual.* "Eu disse para não brincar comigo, filho da puta!", foi a última coisa que ouvi de ▮▮▮▮▮▮▮. Mais tarde, ▮▮▮▮▮▮▮▮▮▮▮▮▮▮ me disse que ▮▮▮▮▮▮ queria me visitar com propósitos amistosos, mas não demonstrei nenhuma vontade de vê-lo, e a visita foi cancelada. Ainda estou na mesma cela, embora já não tenha de fingir que não sei onde estou.

Finalmente, por volta de março de 2004, eles permitiram que eu fosse atendido por médicos, e em abril consegui ter assistência psicológica pela primeira vez. Desde então, venho tomando o antidepressivo Paxil e Klonopin para me ajudar a dormir. Os médicos também receitaram um polivitamínico para uma carência devida à falta de exposição ao sol. Tive também algumas consultas com psicólogos, que me avaliaram. Eles me ajudaram de fato, embora eu não pudesse revelar o verdadeiro motivo de meu mal-estar por medo de retaliação.

"Meu trabalho é ajudar na sua reabilitação", disse um de meus carcereiros no verão de 2004. O governo entendeu que eu estava

---

* "Mr. X" aparece aqui sem tarja.

gravemente machucado e que precisava de uma recuperação autêntica. Desde o momento em que começou a trabalhar como meu carcereiro, em julho de 2004, ███████████ relacionou-se corretamente comigo; na verdade, ele mal falava com outra pessoa além de mim. Punha seu colchão bem diante da porta de minha cela, e começávamos a conversar sobre todo tipo de coisa como velhos amigos. Falávamos de história, cultura, política, religião, mulheres, tudo, menos atualidades. Os carcereiros eram informados de que eu era um detento que ia tentar passar-lhes a perna e saber de acontecimentos atuais por meio deles, mas os carcereiros são minhas testemunhas de que nunca tentei passar a perna em ninguém, nem estava interessado em fatos da atualidade na época porque eles só me faziam sentir-me mal.

Antes de ir embora, ███████████ trouxe-me algumas lembranças, e com ███████████ e ███████████ dedicaram a mim um exemplar do livro *The Pleasure of My Company*, de Steve Martin.

███████████ escreveu: "Pill, ao longo dos dez últimos meses cheguei a conhecê-lo e nos tornamos amigos. Desejo-lhe boa sorte, e com certeza pensarei muito em você. Cuide-se. ███████████".

███████████ escreveu: "Pillow, boa sorte com sua situação. Não se esqueça de que Alá tem um plano. Espero que você pense em nós não apenas como carcereiros. Acho que todos ficamos amigos".

███████████ escreveu: "19 de abril de 2005. Pillow: Durante os dez últimos meses fiz o que pude para manter uma relação detento-carcereiro. Às vezes falhei: é quase impossível não gostar de um tipo como você. Conserve sua fé. Tenho certeza de que ela vai levá-lo para o caminho certo".

Eu tinha o hábito de discutir religião com um dos novos carcereiros. ███████████ fora criado numa família católica conservadora. Não era religioso, mas eu diria que era bem filho de seus pais. Eu tentava convencê-lo de que a existência de Deus é uma necessidade lógica.

"Não acredito em nada que não possa ver", disse-me ele.

"Depois de ver uma coisa, você não precisa acreditar", respondi. "Por exemplo, se eu lhe disser que tenho uma Pepsi gelada em minha geladeira, você pode acreditar ou não. Mas depois de vê-la você já sabe, e não precisa acreditar em mim." Eu, pessoalmente, tenho fé. E imagino que ele, e os outros carcereiros, teríamos sido bons amigos se tivéssemos nos conhecido em outras circunstâncias. Que Deus os guie e os ajude a fazer as escolhas certas na vida.

As crises sempre trazem à tona o melhor e o pior das pessoas — e dos países também. O Líder do Mundo Livre, os Estados Unidos, tortura realmente seus prisioneiros? Ou as histórias de tortura fazem parte de uma conspiração para apresentar os Estados Unidos como um país horrível e fazer com que o resto do mundo o odeie?

Não sei como tratar desse assunto. Só escrevi o que vivi, o que vi e o que soube de fonte direta. Tentei não exagerar e não minimizar. Tentei ser o mais justo possível com o governo dos Estados Unidos, com meus irmãos e comigo mesmo. Não espero que pessoas que não me conhecem creiam em mim, mas espero que pelo menos me concedam o benefício da dúvida. E se os americanos estão querendo corresponder àquilo em que acreditam, espero também que a opinião pública induza o governo americano a abrir uma investigação sobre tortura e crimes de guerra. Estou mais que confiante em poder provar cada coisa que escrevi neste livro se me derem a oportunidade de convocar testemunhas num procedimento judiciário adequado no qual o pessoal das Forças Armadas não tenha a vantagem de esconder suas mentiras e destruir as provas que o incrimine.

Por sua natureza, os seres humanos odeiam torturar outros seres humanos, e os americanos não são diferentes. Muitos soldados faziam seu trabalho com relutância e se alegravam muito ao receber ordem de parar. Claro que em toda parte do mundo há gente doente que gosta de ver outros sofrendo, mas em geral o ser humano faz uso de tortura quando fica desnorteado e confuso. E os americanos certamente ficaram desnorteados, vingativos e confusos depois dos ataques terroristas de 11 de setembro de 2001.

Sob a orientação do presidente Bush, os Estados Unidos empreenderam uma campanha contra o governo talibã do Afeganistão. Em 18 de setembro de 2001, uma resolução conjunta do Congresso autorizou o presidente Bush a usar a força contra "nações, organizações ou pessoas" que tenham "planejado, autorizado, cometido ou auxiliado os ataques terroristas de 11 de setembro de 2001, ou abrigado essas organizações ou pessoas". Foi então que o governo dos Estados Unidos empreendeu uma operação secreta voltada para o sequestro, a detenção, a tortura e a morte de suspeitos de terrorismo, uma operação que não tem fundamento legal.

Fui vítima dessa operação, embora não tenha feito tais coisas nem participado de tais crimes. Em 29 de setembro de 2001, recebi uma ligação em meu celular e alguém me pediu que me apresentasse, o que fiz imediatamente, certo de que seria liberado. Mas os americanos me interrogaram em meu país, e depois chegaram a um acordo com o governo mauritano para me mandar para a Jordânia a fim de extrair de mim as últimas informações. Fiquei encarcerado e fui interrogado em horríveis condições na Jordânia durante um período de oito meses, depois do qual os americanos me levaram à base aérea de Bagram para duas semanas de interrogatório e finalmente para a ███████████████ ███████████ da base naval de Guantánamo, onde ainda estou.

Será que a democracia americana passou no teste a que foi submetida com os ataques terroristas de 2001? Deixo ao leitor esse julgamento. Enquanto escrevo estas linhas, no entanto, os Estados Unidos e seu povo ainda enfrentam o dilema dos detentos cubanos.

No começo, o governo dos Estados Unidos estava satisfeito com suas operações secretas, pois achava que tinha reunido todos os maus do mundo em GTMO, burlando a lei americana e tratados internacionais para poder perpetrar sua vingança. Mas então compreendeu, depois de muito trabalho, que havia reunido um punhado de não combatentes. Agora o governo dos Estados Unidos está embatucado com o problema, mas não quer dar o braço a torcer e revelar a verdade sobre toda a operação.

Todo mundo comete erros. Acredito que o governo dos Estados Unidos deva ao povo americano uma explicação verdadeira sobre o que está ocorrendo em Guantánamo. Até agora, eu pessoalmente devo ter custado ao contribuinte americano pelo menos 1 milhão de dólares, e a conta fica mais alta a cada dia. Os outros detentos custam mais ou menos o mesmo. Nessas circunstâncias, os americanos precisam saber que diabos está acontecendo, e têm direito a isso.

Muitos de meus irmãos estão perdendo o juízo, principalmente os detentos mais jovens, devido às condições de detenção. Enquanto escrevo estas palavras, muitos irmãos estão em greve de fome e decididos a ir em frente, seja como for.* Estou muito preocupado ao ver, impotente, esses irmãos quase morrendo e

---

* MOS terminou este manuscrito no outono de 2005; a última página está assinada e datada de 28 de setembro de 2005. Uma das maiores greves de fome de Guantánamo começou em agosto de 2005 e durou até o fim do ano. Ver, por exemplo, <http://www.nytimes.com/2005/09/18/politics/18gitmo.html?pagewanted=1&0_r=0> e http://america.aljazeera.com/articles/multimedia/guantanamo-hungerstriketimeline.html>.

com certeza vítimas de danos irreparáveis mesmo que acabem decidindo comer. Não é a primeira vez que temos uma greve de fome. Participei de uma delas, em setembro de 2002, mas o governo, ao que parece, não se impressionou muito. E os irmãos continuam em greve, pelas mesmas velhas razões e por outras, novas. E não parece haver solução à vista. O governo espera que as forças americanas de GTMO tirem da manga uma solução mágica. Mas as forças americanas de GTMO entendem a situação deste lugar melhor que qualquer burocrata de Washington, DC, e sabem que a única solução é que o governo volte atrás e liberte as pessoas.

O que pensa o povo americano? Estou ansioso para saber. Gostaria de acreditar que a maior parte dos americanos quer que a justiça seja feita e não está interessada em financiar a detenção de inocentes. Sei que existe aqui uma pequena minoria extremista que acha que todos os que estão nesta prisão cubana são maus e que somos tratados melhor do que merecemos. Mas essa opinião não tem outro fundamento além da ignorância. Surpreende-me que alguém possa ter uma opinião tão comprometedora sobre pessoas que nem conhece.

Nota do autor

Numa conversa recente com um de seus advogados, Mohamedou disse que não guarda ressentimento contra nenhuma das pessoas mencionadas neste livro, pede a elas que o leiam e corrijam, se acharem que contém erros, e que sonha com o dia em que todos se sentem juntos diante de uma xícara de chá depois de ter aprendido tanto uns com os outros.

UNCLASSIFIED//FOR PUBLIC RELEASE

~~UNCLASSIFIED~~   ~~PROTECTED~~

331

personality, very confident, knows what he is supped to do, and doesn't respect his less comptent superiors. Before ▮ left he so bought me a couple of souvenirs, and dedicated to me The Pleasure of My Company by Steve Martin, with ▮ and ▮ wrotes "PILL, Over the past 10 months I have gotten to know you and we have become friends. I wish you good luck and I am sure I will think of you often. take good care of yoursef. ▮ - "▮ Wrote: "Pillow, Good Luck with your situation, Just remember Allah always has a plan. I hope you think of us as more than just guards. I think we all became friends. ▮" ▮. Wrote: "Pillow 19 APRIL, 2005 For the past 10 months I have done my damnest to Detainee Guard relationship. At time I have ~~failed~~. It is almost impossible not to like a characher like yourself. Keep your fenith + I'm sure it will guide you in the right direction. ▮ " That was not exactly a bad time. ②▮

Religions, Islam, Christianity, and Judaism as the Middle Eastern culture as well. He ~~fand~~ found in me the bright address as I did in him. We had been discussing all the time, without any prejudices or any taboos. We had been even hitting, some time, Racism in the U.S where ~~the other~~ his other black colleague ▮ worked with him, ▮ is proud on his ▮ all he reads, watches is mostly ▮, and that why ▮ and I always startes a friendly discussion with ~~him~~. ▮ suspected me of having some time, instigated the discussion, and

UNCLASSIFIED//FOR PUBLIC RELEASE

Agradecimentos do organizador

O fato de podermos ler este livro se deve ao esforço dos advogados *pro bono* de Mohamedou Ould Slahi, que lutaram durante mais de seis anos pela liberação do manuscrito para divulgação pública. Isso foi feito sem alarde e desrespeito, mas com tenacidade, acreditando — e finalmente provando — que a verdade não é incompatível com a segurança. O tempo dirá o tamanho dessa conquista e quantos leitores terão uma dívida de gratidão com Nancy Hollander e Theresa M. Duncan, as principais defensoras de Mohamedou Ould Slahi; com os outros advogados particulares Linda Moreno, Sylvia Royce, Jonathan Hafetz; com os advogados Hina Shamsi, Brett Kaufman, Jonathan Manes; Melissa Goodman, do Projeto de Segurança Nacional da União Americana pelas Liberdades Civis (Aclu, na sigla em inglês), e Art Spitzer, da Aclu da Área da Capital Nacional.

Eu mesmo sou profundamente grato a Nancy Hollander, aos demais defensores de Mohamedou Ould Slahi e, sobretudo, ao próprio Mohamedou Ould Slahi, por ter me dado a oportunidade de ajudar a imprimir estas palavras. Cada dia que passei lendo o manuscrito de Mohamedou, refletindo sobre ele e trabalhando nele, tornou mais clara a dádiva que sua confiança e sua fé representaram para mim.

Publicar um material que continua submetido a severas restrições impostas pela censura não é para fracos, e por isso sou especialmente grato a todos os que apoiaram a publicação da obra de Mohamedou: a Will Dobson e à *Slate*, pela oportunidade de apresentar trechos do manuscrito e ceder espaço para contextualizar esses trechos; a Rachel Vogel, minha agente literária; a Geoff Shandler, Michael Sand e Allie Sommer da Little, Brown e Jamie Byng e Katy Follain, da Canongate, por sua visão e pelo paciente desbravamento das múltiplas dificuldades de publicação; a todos da Little, Brown/Hachette, da Canongate, e a todos os editores em língua estrangeira de *O diário de Guantánamo* por tornar possível que esta obra outrora proibida mas irreprimível seja lida no mundo todo.

Qualquer pessoa que tenha escrito sobre o que aconteceu em Guantánamo tem uma dívida com o Projeto de Segurança Nacional da Aclu, que, defendendo a Lei da Liberdade de Informação, desenterrou o tesouro dos documentos secretos que representam o registro histórico nu e cru dos métodos abusivos de detenção e interrogatório praticados pelos Estados Unidos depois do Onze de Setembro. Sou grato por esses registros, sem os quais as referências cruzadas, a apuração e a anotação do relato de Mohamedou não teria sido possível, e ainda mais grato pelas oportunidades que a Aclu vem me dando ao longo dos cinco últimos anos de explorar e assimilar esses registros indispensáveis, além de escrever sobre eles.

Agradeço às muitas pessoas que dividiram comigo seu tempo, suas impressões, experiências e ideias enquanto eu trabalhava neste manuscrito. Não teria como mencioná-los todos, mas não posso deixar de citar Yahdih Ould Slahi, que me ajudou a entender a experiência de Mohamedou do ponto de vista de sua família, Jameel Jaffer, Hina Shamsi, Lara Tobin e Eli Davis Siems pelo constante apoio, pelos conselhos valiosos e pela cuidadosa leitura das versões editadas deste livro.

Por último, terei para sempre uma dívida com Mohamedou Ould Slahi pela coragem de escrever este livro, pela integridade, inteligência e humanidade de seu texto, e pela confiança que depositou em todos nós, o público leitor, ao passar suas experiências para o papel. Que ele possa pelo menos, enfim, ter o mesmo julgamento limpo que permitiu a todos nós.

UNCLASSIFIED//FOR PUBLIC RELEASE

~~UNCLASSIFIED~~   ~~PROTECTED~~

372

responded the detainee in broken Arabic with his obvious
Turkish accent. I right away knew the setup. This interroga-
tion was meant for me in the first place. "Liar!" shouted
[REDACTED]. "I ain't lying" responded the guy in Arabic,
although [REDACTED] kept speaking his loose English.
"I don't care if you have a German or American passport
you're going to tell me the truth!" said [REDACTED].
Now, I knew that the [REDACTED].
The setup fitted perfectly, and meant to terrorize
me even more. Although I knew right away it was a
setup but the scaring effect was not affected. "Hi
[REDACTED] said [REDACTED]. "Hi" I responded feeling
his breath right in front of my face. I was so terrorized
that I couldn't realize what he was saying. "So your
name is [REDACTED]" he concluded. "No!". "But you
responded when I called you [REDACTED]" he argued. I didn't
really realize that he had called me [REDACTED] but I found
it idiot to tell him that I was so terrorized that I couldn't
realize what name he call me. "If you look at it we all
are [REDACTED]" I correctly answered. [REDACTED] means in
Arabic God's servant. However, I knew ~~where Abu Foi~~ How
came up with the name of [REDACTED]. The
Story of the Name [REDACTED]: When I arrived in Montreal
/ Canada on 26 Nov 1999 my friend [REDACTED] introduced
me to his roommate [REDACTED] with my ~~name~~ civilian name.
When I later on met with another [REDACTED]
who happened to see a year before with me, he called me
[REDACTED] and I responded b/c I found it impolite
to correct him. Since then [REDACTED] called me [REDACTED]

UNCLASSIFIED//FOR PUBLIC RELEASE

Sobre os autores

MOHAMEDOU OULD SLAHI nasceu em uma pequena cidade da Mauritânia em 1970. Recebeu uma bolsa de estudos para fazer faculdade na Alemanha, onde trabalhou por muitos anos como engenheiro. Voltou em 2000 para a Mauritânia. No ano seguinte, por ordem dos Estados Unidos, foi preso por autoridades mauritanas e enviado para uma prisão na Jordânia; depois, foi transferido primeiro para Bagram, no Afeganistão, e finalmente, em 5 de agosto de 2002, para a prisão americana na baía de Guantánamo, Cuba, onde foi submetido a intensas sessões de tortura. Em 2010, um juiz federal ordenou sua soltura imediata, mas o governo recorreu da decisão. O governo americano nunca o acusou de um crime. Ele permanece encarcerado em Guantánamo.

LARRY SIEMS é escritor e ativista de direitos humanos. Durante muitos anos, dirigiu o programa Liberdade para Escrever do PEN American Center. Recentemente, escreveu *The Torture Report: What the Documents Say about American's Post-9/11 Torture Program*. Mora em Nova York.